21世纪会计系列教材

Accounting Classics

施工企业会计

Construction Enterprise Accounting

王玉红 编著

中国人民大学出版社
·北京·

前　言

35 年前，在我开始接触会计知识的时候，就记得一句话：经济越发展，会计越重要。我国的会计改革经历了与国际接轨、趋同和等效之路，截至 2019 年 12 月我国完整的企业会计准则体系由 1 项基本准则、42 项具体会计准则和 35 个企业会计准则应用指南及 1 个附录会计科目和主要账务处理组成。2014 年至今新颁布和修订实施 16 项企业会计准则，为我国企业会计准则建设带来了新的跨越和突破。加上 2016 年至今税法方面全部以增值税替代营业税，以及增值税税率的数次变化，无疑对施工企业会计核算提出了更高的要求，对施工企业财务人员带来巨大的挑战。2019 年 7 月 16 日，国家统计局发布了我国 2019 年第二季度和上半年国内生产总值（GDP）初步核算结果，2019 年上半年国内生产总值为 450 933 亿元，比上年同期增长 6.30%。备受业内人士关注的建筑业总产值数据也新鲜出炉，2019 年上半年全国建筑业总产值为 27 466 亿元，比上年同期增长 5.50%。2019 年 1—6 月份，全国固定资产投资（不含农户）为 299 100 亿元，同比增长 5.8%，增速比 1—5 月份提高 0.2 个百分点。从环比速度看，6 月份固定资产投资（不含农户）增长 0.44%。其中，2019 年上半年民间固定资产投资为 180 289 亿元，同比增长 5.7%，增速比 1—5 月份提高 0.4 个百分点。①

建筑业作为我国国民经济中的支柱产业，与整个国家经济的发展、人民生活的改善密切相关。截至 2019 年第一季度，我国建筑业上市公司数量为 97 家。② 为了适应建筑业的发展和我国会计体制、税收体制的改革，进而配合新企业会计准则、营改增的全面有效实施，出版《施工企业会计》便成为当务之急。

本书共包括十四章内容，具有以下特点：

（1）注重前沿性。本书力图将企业会计准则的精髓全部融入施工企业具体会计核算中，内容体现现行企业会计准则的内涵和要求，尤其是 2018 年修订的 4 项会计准则，即《企业会计准则第 14 号——收入》、《企业会计准则第 22 号——金融工具确认和计量》、《企业会计准则第 23 号——金融资产转移》和《企业会计准则第 24 号——套期会计》，几乎影响了本书的所有章节。

（2）注重时效性。本书内容全部体现财政部和国家税务总局对施工企业增值税的要求。

---

① 数据来源于国家统计局网站。

② 根据中国证监会官网 2019 年第一季度上市公司行业分类结果统计而成。截至 2019 年第一季度，建筑业上市公司数量为 97 家，其中房屋建筑业 2 家，土木工程建筑业 65 家，建筑安装业 1 家，建筑装饰和其他建筑业 29 家。

（3）注重实用性。紧密结合施工企业实际，所有的例子都突出施工企业会计核算的特点。

（4）注重可读性和可理解性。本书各章都设置了学习目标、导入案例、各节随堂小测验、本章思考题等。

本书既可作为施工企业财会人员的业务学习用书、财经院校工程管理专业施工企业会计课程的教材，也可作为一级注册建造师考试的参考书，以及与工程管理有关业务人员的自学教材和参考书。

本书的出版恰逢企业会计准则新增与完善、施工企业增值税税率变动频繁时期，对于作者来说极具挑战性，对于读者来说可谓雪中送炭。本书在修订过程中，得到长春经开（集团）股份有限公司杜玉文对涉及增值税业务的倾力指导；另外，中审众环会计师事务所（特殊普通合伙）高级经理曲波、沈阳融创置业有限公司项目财务主管会计赵慧婷、中航国际成套设备有限公司桑达、深圳创维 - RGB 电子有限公司关书萌、多维联合集团有限公司李明月、普华永道中天会计师事务所（特殊普通合伙）大连分所袁梦琳、华为技术有限公司刘雨晴、天马微电子股份有限公司朱光耀和移梦琪、大岳咨询有限公司雷雨田、中交第二航务工程局有限公司杨超然、中交第三航务工程局有限公司刘俊苠等提供了很大的技术支持，我的硕士研究生徐舒怡、孙康平、张雪、朱慧婷、陈铭、王珊珊、那健、杜明洋、白文洁、胡昊、韩雨晴、李浩东、李思昂、范允祥、孙源婕等分别参与了各章节的修改、校对以及练习题的编写工作；本书出版得到了中国人民大学出版社的大力支持，李文重编辑为此付出了辛勤的努力，在此一并表示诚挚的谢意。

囿于作者水平，书中错误和疏漏在所难免，恳请专家、读者批评指正。

王玉红

目　录

第一章 总论

Chapter 1

学习目标

1. 掌握施工企业会计的性质、施工企业会计的对象、施工企业会计科目的设置、会计要素及其确认计量原则。

2. 理解会计基本假设和会计基础、会计信息质量要求、建筑业的定义及界定构成。

3. 了解施工企业的业务范围、施工企业生产经营的特点。

导入案例

宁波建工股份有限公司（简称宁波建工），是由宁波建工集团股份有限公司通过资产重组、资质变更设立的股份有限公司，是一家综合性的大型建筑施工企业。公司自成立以来一直聚焦于建筑施工及相关业务，经过近70年的积累和沉淀，目前已形成以建筑施工、装饰幕墙、市政工程为核心，涵盖建筑科研、勘察测绘、工程设计、施工、安装、钢结构、装修幕墙、商品混凝土、装配式建筑等完整而紧凑的产业链，各细分产业具有协同发展效应，整体效益日益增强。公司具有房屋建筑工程施工总承包特级、市政公用工程施工总承包特级、建筑装饰装修工程专业承包一级等资质，在长期生产实践和市场竞争中培养了核心竞争力，技术优势明显，为生产经营提供了强大的技术支持。公司自上市以来，积极推进实业经营和投资经营“双轮驱动”战略，先后投资收购南非安兰证券公司等国内外企业，公司“走出去”发展和跨行业投资取得成效。

根据公司2018年财报披露，公司资产总额为145.91亿元，同比增长4.86%；所有者权益为30.34亿元，同比增长11.62%。全年实现营业收入155.42亿元，同比增长5.40%；实现净利润2.20亿元，同比增长0.68%；实现归属于母公司所有者净利润2.20亿元，同比增长2.63%。

2018年，公司充分发挥上市公司旗下各总承包和专业分包板块的业务优势，积极抢占市场份额，实现营业收入155.42亿元。其中，房屋建设业务营业收入84.33亿元，占当年营业收入54.26%；市政与公用设施业务营业收入33.38亿元，占当年营业收入21.48%；安装业务营业收入13.87亿元，占当年营业收入8.92%；其他业务合计营业收入23.84亿元，占当年营业收入15.34%。

2018年在建重大项目宁波中心三期（A3-23/25-1地块），项目业务模式为施工总承包，项目金额为13.58亿元，工期为1 252天，完工百分比为64.11%；本期确认收入4.34亿元，累计确认收入7.70亿元；本期成本投入4.32亿元，累计成本投入7.66亿元。

由此可见，作为一家典型的施工企业，宁波建工的经营业务与一般的制造业企业相比显著不同。公司的工程建设往往涉及一个长期复杂的生产过程，需要大量施工人员、建筑材料、施工机械设备的投入，这些都决定了该公司会计核算的特点。

资料来源：根据宁波建工2018年年报整理而得。

施工企业会计核算具有什么特殊性？如何掌握施工企业会计业务处理的一般原理和方法？通过本章的学习，你将找到问题的答案。

第一节 施工企业会计概述

我国改革开放40多年来，建筑业迅猛发展，取得了骄人的业绩，产生了一大批优秀的建筑企业。在国民经济行业分类中，建筑业和制造业一起被列为第二产业，属于物质生产部门范畴，而施工企业与建筑业有着密切的关系。施工企业是建筑业的重要组成部分，担负着施工生产的艰巨任务，是从事基本建设建筑安装施工生产活动的基层生产单位。施工企业会计通过对施工企业在施工生产经营活动中所产生的会计信息的核算和加工，以反映、监督和控制施工生产的全过程，是施工企业的一项重要管理活动。

一、建筑业的含义

建筑业是国民经济的一个重要物质生产部门，从事社会基础设施和其他设施的建造等生产经营活动，包括与之相关的勘察、规划、设计、采购、施工、安装、维护和运行等若干环节。

我国于1997年颁布了《建筑法》，2011年和2019年经全国人民代表大会常务委员会进行修订，其总则中指出，建筑活动是指各类房屋建筑及其附属设施的建造和与其配套的线路、管道、设备的安装活动。《建筑法》从所管辖范围的角度，将建造活动分为以下四大类：

（1）各类房屋建筑及其附属设施的建造和与其配套的线路、管道、设备的安装活动。

（2）抢险救灾及其他临时性房屋建筑和农民自建低层住宅的建造活动。

（3）军用房屋建筑工程的建造活动。

（4）其他专业建筑工程（指铁路、水利水电设施、公路、港口、码头、机场等）的建造活动。

二、建筑业的构成界定

《国民经济行业分类和代码》（GB/4754—2017）对建筑业的内部构成进行了细分和

明确的范围界定，将建筑业分为以下四大类：

(1) 房屋建筑业，指房屋主体工程的施工活动，不包括主体工程施工前的工程准备活动。

(2) 土木工程建筑业，指土木工程主体的施工活动，不包括施工前的工程准备活动。

(3) 建筑安装业，指建筑物主体工程竣工后，建筑物内各种设备的安装活动，以及施工中的线路敷设和管道安装活动，不包括工程收尾的装饰，如对墙面、地板、天花板、门窗等的处理活动。

(4) 建筑装饰、装修和其他建筑业，指从事对建筑工程后期的装饰、装修和清理活动，以及对居室的装修活动；房屋、土木工程建筑施工前的准备活动；提供配有人员的施工设备服务；其他未列明的建筑活动。

三、施工企业的业务范围

施工企业主要从事建筑工程、设备安装工程和其他专业工程的生产经营活动，是具有独立的经营资格，实行自主经营、独立核算、自负盈亏的经济组织。

(一) 土木建筑工程

土木建筑工程包括对矿山、铁路、公路、隧道、桥梁、堤坝、电站、码头、机场、运动场、房屋（如厂房、剧院、旅馆、商店、学校和住宅）等建筑工程的施工生产活动，也包括专门从事土木工程和建筑物修缮和爆破等活动。

(二) 线路、管道和设备安装工程

线路、管道和设备安装工程包括专门从事电力、通信线路、石油、燃气、给水、排水、供热等管道系统和各类机械设备、装置的安装工程。施工企业从事土木工程时，在该工程内部铺设电路、管道和安装一些设备的活动，应列入土木建筑工程的施工生产活动。

(三) 装修装饰工程

装修装饰工程包括从事对建筑物内外装修和装饰的施工和安装活动的工程。

此外，在社会主义市场经济条件下，施工企业还广泛开展多种经营业务。一方面，施工企业对国民经济的发展起着重要的支持和促进作用。2018 年全国建筑业总产值达到 23.5 万亿元，成为国民经济的支柱产业。另一方面，施工企业在农业基本建设、国家宏观基础设施领域建设、城镇居民住宅建设以及加快城市化进程中都起着极其重要的作用。

四、施工企业生产经营的特点

施工企业作为物质生产部门，主要从事房屋、建筑物的建设和设备的安装活动，并在这一过程中形成施工企业的产品，通常为不动产及不动产在建工程，其具体表现为具有一定功能和美学要求的房屋建筑与构筑物。因此，施工企业的生产经营活动不

同于房地产开发企业，也不同于一般工商企业，其建筑产品也具有特殊性。

（一）建筑产品的特点

1. 建筑产品的固定性

建筑产品的固定性是指建筑产品的位置是固定的，具有不能移动和搬运的性质。除部分施工临时设施或简易构筑物外，任何一个建筑产品都是建造在预先选定的地点之上，建成后就与地基牢固地连接在一起，不能移动，建筑物的全部荷载都由地基来承担。大到几十层高的大厦，小到一幢单层的住宅，都是不可移动的，也不能进行拆卸和组装。一经移动、拆卸或组装，其物理、化学性质就会发生变化，其物质状态将会发生经济、功能的全部或部分损失。

2. 建筑产品的大型性

建筑物要满足使用和安全的要求，在使用期间，在各种因素作用下，既要实现所要求的功能，又应具有足够的稳定性和可靠性。所以从外观上看，建筑产品的特点是形体大，甚至有些建筑产品的形体是巨大的，以满足使用的要求和抵抗自然力的作用。例如，大型水电站工程中，一座混凝土大坝高可达二三百米，长可达数百米，甚至千米以上，混凝土量可达数百万立方米，这是一般工业产品所无法比拟的。

3. 建筑产品的单件性

由于建筑产品的固定性和大型性的特点，建筑产品的生产难以按照同一模式简单、大量、重复地成批生产，只能一个一个地建造。每个建筑产品都具有其特殊的个性，因此建筑产品是以单个产品来计量的，如一幢住宅楼、一栋车间厂房、一座桥梁、一个码头泊位、一座大坝等。建筑产品的单件性反映了建筑产品的特殊性，没有完全相同的建筑产品，即使它在建筑、结构及室内外装饰上完全相同，也很可能在周围环境上有所差异。因此，对于施工企业来说，几乎每一次新的建设任务都是一次新的开始、新的挑战。

4. 建筑产品的可分解性

建筑产品作为一个完整的系统，是由若干个相互联系、相互作用、具有特定功能的子系统构成的有机整体。这个整体可以按其组成和结构特点进行分解，使之成为若干个子系统。例如，一个单项工程可分解为若干个单位工程，一个单位工程可分解为若干个分部工程，一个分部工程可分解为若干个分项工程；一幢住宅楼可以分解为基础工程、结构工程、屋面工程、装饰工程、水电暖工程等，基础工程、结构工程、屋面工程、装饰工程等还可以再分解为更小的单元。将整体建筑物进行分解是任何一个建筑产品在进行设计、施工、安装时所应遵循的原则。

5. 建筑产品寿命的耐久性

建筑产品寿命耐久性又称效用长期性。土地具有不可毁灭性，在使用上具有永续性。建筑物虽然不像土地那样具有不可毁灭性，但只要建造完成、质量合格并进行正常的使用和维修，就可以在长时间内发挥固定资产的作用。一个建筑物或构筑物，无论是钢结构、钢筋混凝土结构，还是砖木结构，寿命少则十几年，多则数十年上百年，甚至更长。

6. 建筑产品的美观性

建筑产品是人居环境的重要组成部分，是城市和村镇的有机构件。建筑产品的功能是根据社会生产发展和人民生活水平提高的需要决定的。对美的向往的天性，促使人们追求把人工环境与自然环境和谐地融为一体，以一种被普遍接受的美学原则去指导建筑业产品的生产，同时还要考虑建筑性质、地理条件、民族特征、风俗习惯以及社会条件等方面的影响，从而使人们在使用这些产品时，不仅满足生理的需要，也得到了心理的愉悦。

（二）建筑产品生产的特点

建筑产品的生产是一个特殊的、复杂的过程，其特殊性和复杂性主要表现在以下几个方面：

1. 施工生产的流动性

由于建筑产品本身具有不能移动的特点，这就造成了施工生产的流动性。所谓流动性是指建筑物在施工过程中所有的生产要素，包括劳动力、建筑机械、建筑材料和预制构件等，都将随着建筑产品生产的进展而流动，在所形成的建筑产品的平面上和立面上流动，或在建筑工地的范围内，从一个正在建造的建筑物流向另一个正在建造的建筑物。不同工种的劳动力、不同类型的施工机械和机具、大量的建筑材料和构件，在一个建筑产品的范围内，形成在时间上和空间上的频繁交叉运动。为使这种运动有序、连续、协调、高效进行，对施工生产必须进行科学组织和管理。

2. 施工生产的一次性

所谓施工生产的一次性是指组织建筑产品施工生产的管理行为是一次性的。由于建筑产品的单件性，建筑产品本身随着不同需求者在使用上的不同要求，其组成、功能、结构、尺寸、形体、风格以及所采用的材料都会有所不同；又由于受建造地点、承建者、采用的施工方法和手段、生产环境等因素的影响，在建筑产品施工生产过程中也不可能采用统一的管理模式。此外，建筑等级、建筑标准和施工技术水平的不同，也会导致工程建设的差异。因此，施工生产必须针对每一个建筑物的具体特点进行管理。

3. 施工生产的阶段性

建筑产品生产的阶段性是指建筑产品的施工生产是按一定的程序和逻辑关系分阶段进行的，它是建筑产品施工生产必须遵循的客观规律。从建筑产品生产的全过程来看，一个建筑物，特别是大中型综合工程项目，需编制总体规划、概念性规划、控制性详细规划、修建性详细规划等。针对单体项目应首先进行方案设计与可行性研究，经论证技术上可行和经济上合理后，才能决策兴建，再进行选址和初步设计（如必要，还需进行扩大初步设计）；其次在初步设计批准后进行施工图设计；最后在施工图设计的基础上组织施工和安装，建成后必须经过交工验收，才能投入使用。这一过程是分阶段按顺序进行的，一个阶段完成，才能进行下一个阶段。

另外，从一个建筑产品本身来说，由于建筑产品的可分解性，分解成的子系统就形成了各个施工阶段，这些阶段按施工工艺要求具有严格的先后顺序。例如，房屋建筑工程必须遵循先地下后地上、先基础后结构、先主体后围护、先土建后安装的顺序；一个分部工程完成施工生产，经验收合格后才能进入下一个分部工程的施工，各阶段之间紧密衔接，协调有序。

4. 施工生产的波动性

建筑产品的生产一般都是露天进行的，暴露在自然环境中，受气象、水文、地质等自然因素的作用和约束，同时还受社会、技术、经济等因素的影响和干扰，而一些影响因素的出现及其对施工生产的影响程度又具有不确定性，因而建筑产品生产的进度、质量和成本按计划实施就具有一定的波动性，容易产生偏差。因此，对建筑产品在施工生产过程中要进行动态控制，力争把自然气候条件对施工生产的影响或造成的损失减少到最低限度，以达到企业预定的生产目标。

5. 施工生产的长期性

建筑产品形体庞大、技术复杂，影响施工生产的因素很多，受自然因素的制约也比较突出，特别是大中型工程项目，往往要花费几千万、上亿甚至百亿元的投资，工程量巨大，客观上决定了施工生产的周期相对较长，一般都要跨年度施工，一个大中型工程项目往往需要几年、十几年甚至更长的时间才能建成。工期越长，在建造过程中发生不确定性因素的机会就越多，会给施工管理工作带来困难。

另外，由于建筑产品和施工生产的特殊性，与施工企业发生经济往来关系的对象很多，包括建设单位、房地产开发企业、勘察设计部门、材料供应单位、施工机具租赁公司、质量检测单位等。

五、施工企业会计的性质

2014 年我国对企业会计准则体系体例进行了调整，以有助于使用者理解和应用企业会计准则，并与国际财务报告准则的体系体例基本保持一致；2017 年修订或新发布了收入准则、金融工具准则、政府补助准则，2018 年修订了租赁准则，2019 年修订了非货币性资产交换准则、债务重组准则。新的企业会计准则体系由基本准则、具体准则和解释构成，其中，具体准则的体例包括准则正文、应用指南和起草说明。目前我国完整的会计准则体系由 1 项基本准则、42 项具体会计准则及 1 个附录会计科目和主要账务处理组成。这对于施工企业来说意义重大，因为我国有一些施工企业是上市公司，其会计核算以及财务报表的编制都要按照新会计准则的要求进行。而非上市的施工企业实施新会计准则，对其会计核算提出了更高的要求。我国企业会计准则和国际财务报告准则已达到实质趋同。另外，税法上全部推开营业税改征增值税，这无疑给施工企业会计核算带来巨大挑战。

施工企业会计是按照企业会计准则及施工企业会计核算办法的核算要求，以基本准则为核心，以具体会计准则为依据，结合施工企业生产经营的特点，以施工企业作为会计主体的一门专业会计。它以货币为主要计量单位，运用专门的方法对施工企业的经济活动进行全面、连续的核算和监督，对企业的资金运动进行反映和控制，并获取系统的会计信息，是以取得最大经济效益和管理效益为目的的管理活动。我国社会主义市场经济属于商品经济的范畴，一切商品的价值都要通过货币来表现，这是经济规律，也是市场规律。在社会主义市场经济体制下，施工企业会计对于反映和监督施工企业各项经济活动业务情况；对于加强经济核算，提高经济效益；对于完善企业财产物资管理，保护企业财产的安全完整、保值增值；对于企业进行经济预测和决策均具有重要意义。

施工企业的基本职能是为社会提供建筑产品和安装产品，完成工程建设任务；施工企业的基本经济活动是施工活动。与其他行业会计相比，施工企业会计主要有以下特点：

1. 分级核算

施工企业生产具有流动性大、施工生产分散、地点不固定等特点，为了使会计核算与施工生产有机地结合，直接反映施工生产的经济效果，需要采用分级核算、分级管理的办法，以避免集中核算造成会计核算与施工生产相脱节的现象。

2. 分别计算每项工程的成本

由于施工企业产品的多样性和施工生产的单件性特点，不能根据一定时期内所发生的全部施工生产费用和完成的工程数量来计算各项工程的单位成本，而必须按照承包的每项工程分别归集施工生产费用，单独计算每项工程的成本。因此，施工企业工程成本的分析、控制和考核应以工程预算成本为依据，并使实际成本与预算成本的计算口径相一致，以便于分析考核。

3. 工程成本核算与工程价款结算的分段性

建筑安装工程的施工周期比较长，如果等到工程全部完工后才进行成本核算与价款结算，施工企业就要垫支大量资金，给施工企业的资金周转带来困难，而且不利于正确反映施工企业的各项经营成果。因此，施工企业应按照企业会计准则及施工企业会计核算办法的有关规定进行成本核算，依据建造合同与建设单位、房地产开发企业等进行工程价款的结算。

六、施工企业会计的对象

会计的对象是指会计作为一项管理活动，所要核算和监督的内容。在商品经济条件下，会计的具体对象是社会再生产过程中的资金及其运动。

施工企业为了进行施工生产以及设备安装活动，必须拥有一定数量的房屋、设备、材料等财产物资，各种财产物资的货币表现称为经营资金。企业利用这些财产物资从事供应、施工生产和工程结算（销售）三个主要经营过程的经济活动。随着施工生产经营活动的持续进行，便形成了施工企业的资金运动。资金运动是会计对象的重要组成内容，从其动态表现看可以归纳为：资金进入企业的运动，资金在企业内部的循环与周转运动，权益转化运动；从其静态表现看，则为资产与负债及所有者权益的相对平衡。

1. 资金进入企业的运动

施工企业的运行要有一定的资本或经济资源。资本进入企业时一般有两种情况：一是投资者投入的资本金；二是企业举借债务，即企业资金不足时，可以向银行、金融机构、其他企事业单位、个人借款。当施工企业收到投资者的资本金和借入款项时，就形成了资金进入企业的活动，资金的取得是施工企业资金运动的起点。在会计上，把企业所有者投入的资金称为所有者权益，把企业举借的债务称为债权人权益。所有者权益和债权人权益统称“权益”，它是指企业资产提供者对这些资产所拥有的要求权。也就是说，资金进入企业是以资产的形态出现的，企业的资产不是属于所有者，就是属于债权人，因此，可用公式表示为：

资产＝权益

资产＝债权人权益＋所有者权益

资产＝负债＋所有者权益

上述等式叫“会计等式”。企业资产的数额，完全取决于负债和所有者权益的数额，因此，资产和权益在任何时候都是相等的。即使企业发生任何经济活动，也不会破坏这一恒等关系。

这一会计等式是一个静态的平衡公式，表明企业在某一特定时点所拥有的财产状况，明确了资产、负债和所有者权益三者之间的关系。它是会计工作中设置会计科目和账户、复式记账、会计核算和编制财务会计报告的重要理论依据。

2. 资金在企业内部的循环与周转运动

施工企业的施工生产经营活动包括供应过程、施工生产过程和工程结算（销售）过程三个阶段。在供应过程，施工企业用货币资金购买各种材料物资，为施工生产进行必要的储备，这时货币资金就转化为储备资金形态。在施工生产过程，企业领用各种材料物资，发生材料物资的消耗；利用施工机械、运输设备等建造、安装产品，发生折旧费用；劳动者对劳动对象进行加工，发生工资费用，这时储备资金和一部分货币资金以及一部分固定资金就转化为生产资金。当施工生产过程结束、施工产品建造完成时，生产资金就转化为成品资金形态，即建筑产品。在工程结算（销售）过程，施工企业将建筑产品转交给发包单位或出售给购买单位，收回工程价款，成品资金又转化为货币资金形态。这样，资金从货币形态开始，经过三个阶段的运动，依次顺序转化，改变其原有形态，最后又回到货币形态的过程，称为资金循环。资金周而复始地循环，称为资金周转。

资金在供应过程和施工生产过程，不断变换其物质形态，从资产的一种形态变换成另一种形态，但资产的总量不变。在工程结算（销售）过程，则必然会发生收入，用收入补偿费用后的净损益，即为施工企业的利润或亏损。用公式表示如下：

收入＋部分利得－费用－部分损失＝利润(或亏损)

这是一个动态的公式，表明了施工企业在一定期间的经营成果与相应期间的收入、计入当期损益的利得和费用、计入当期损益的损失之间的关系。企业的经营成果最终要影响到企业的财务状况，企业发生收入时可增加资产，支付费用和补偿成本时要减少资产。企业实现利润时，将使资产增加，或负债减少；企业发生亏损时，将使资产减少，或负债增加。因此，收入、利得和费用、损失的发生将影响企业的所有者权益，会计等式也可以写成下列形式：

资产＝负债＋所有者权益＋利润
＝负债＋所有者权益＋(收入＋部分利得－费用－部分损失)

从上式可以看出，施工企业实现利润（或发生亏损）以后，将使资产和权益的总量同增或同减。

3. 权益转化的运动

通过资金的循环与周转，一方面资产的总量有所增减；另一方面在权益内部，负债的种类有多种，在施工生产经营活动中，有时需要变换负债的种类，这将影响负债的总量。而由于企业是由所有者投资而组成的，因此企业实现的净利润只能属于企业所有者。利润的实现表明所有者在企业中的权益增加；反之，企业发生亏损，也只能由所有者承担，表明所有者在企业中的权益减少。企业实现利润（或发生亏损）以后，要进行利润分配（或亏损弥补），也就是要将利润（或亏损）转化为负债和所有者权益。另外，还包括负债与所有者权益之间，以及所有者权益各项目之间的增减变动。由于负债和所有者权益实际上都是对企业资产的权益，因此，以上各方面的运动可概括为权益转化运动。这项运动的平衡公式分为两步：

第一步，利润分配（或亏损弥补）前：

资产＝负债＋所有者权益＋利润(或亏损)

第二步，利润分配（或亏损弥补）后：

资产＝负债＋所有者权益

施工企业发生的任何一项经济业务，都将引起会计等式一边或两边各相应项目的金额发生增减变化，但无论怎样变化，都不会破坏会计等式的平衡关系，企业的资产和权益永远相等。

综上所述，施工企业会计的对象是指社会再生产过程中的资金及其运动。了解和掌握施工企业资金及其运动的特点和规律，是合理组织会计核算、正确选择和确定施工企业会计核算方法和程序的前提和基础。

随堂小测验 1－1

1.【单项选择题】下列各项不属于施工产品生产特点的是（　　）。

A. 流动性　　B. 一次性　　C. 波动性　　D. 单件性

2.【单项选择题】下列各项属于权益转化运动的平衡公式的是（　　）。

A. 资产＝负债＋所有者权益＋利润（或亏损）

B. 资产＝收入＋所有者权益

C. 收入－负债＝利润（或亏损）

D. 资产＝负债＋所有者权益＋利润

3.【多项选择题】下列各项属于我国施工企业业务的有（　　）。

A. 土木建筑工程　　B. 线路、管道和设备安装工程

C. 装修装饰工程　　D. 房屋管理部门兼营的零星房屋维修

4.【多项选择题】与其他行业会计相比，下列各项属于施工企业会计主要特点的有（　　）。

A. 分级核算

B. 分别计算每项工程的成本

C. 工程成本核算与工程价款结算的分段性

D. 遵循企业会计准则的核算要求

5.【判断题】从动态看，施工企业会计的资金运动表现为资产与负债及所有者权益的相对平衡。（　　）

6.【判断题】对施工企业而言，资金在供应过程和施工生产过程，不断变换其物质形态，从资产的一种形态变换成另一种形态，但资产的总量不变。（　　）

第二节　会计基本假设和会计基础

一、会计基本假设

会计作为一项经济管理工具，所面对的是变幻不定而且复杂的社会经济环境。因

此会计人员在核算过程中，就不得不建立会计核算的基本前提，即一定的合理会计基本假设。

会计基本假设是企业会计确认、计量和报告的前提，是对会计核算所处时间、空间环境等作出的合理设定，包括会计主体、持续经营、会计分期和货币计量。

（一）会计主体

会计主体，是指企业会计确认、计量和报告的空间范围。会计主体不同于法律主体，通常，法律主体必然是一个会计主体。例如，一个企业作为一个法律主体，应当建立财务会计系统，独立反映其财务状况、经营成果和现金流量。但是，会计主体不一定是法律主体。例如，在企业集团的情况下，母公司拥有若干子公司，母子公司是不同的法律主体，而母公司对于子公司拥有控制权，为了全面反映企业集团的财务状况、经营成果和现金流量，需要将企业集团作为一个会计主体，编制合并财务报表，但企业集团并不是法律主体。再如，业务上可以与其他部门相区别的分厂、分公司，同样可以成为会计主体，应当对其进行会计确认、计量和报告，但它们均不是法律主体。

（二）持续经营

持续经营，是指在没有相反证据的情况下，会计主体在可以预见的将来，将会按当前的规模和状态继续经营下去，不会停业，也不会大规模削减业务。在持续经营前提下，会计确认、计量和报告应当以企业持续、正常的生产经营活动为前提。在绝大多数情况下，持续经营假设是适用的，只有在清算的情况下才放弃这一假设，将企业的全部资产和负债按现行价值进行核算。

一般情况下，应当假定企业将会按照当前的规模和状态继续经营下去。企业持续经营，企业的固定资产会在持续经营的生产经营过程中长期发挥作用，并服务于生产经营过程，固定资产就可以根据历史成本进行记录，并采用折旧的方法，将历史成本分摊到各个会计期间或相关产品的成本中。如果企业不会持续经营，固定资产就无法采用历史成本进行记录并按期计提折旧。如某企业购入一套机械设备，预计使用寿命为 12 年，考虑到企业将会持续经营下去，因此可以假定企业的固定资产会在持续经营的生产经营过程中长期发挥作用，并服务于生产经营过程，即不断地为企业生产产品，直至机械设备使用寿命结束。

（三）会计分期

会计分期，也称会计期间，是指人为地将一个企业持续经营的生产经营活动划分为一个个连续的、长短相同的期间。会计分期的目的在于，通过会计期间的划分，将持续经营的生产经营活动划分成连续、相等的期间，据以结算盈亏，从而及时提供有关企业财务状况和经营成果。会计期间通常分为年度和中期。中期，是指短于一个完整的会计年度的报告期间。

根据持续经营假设，一个企业将按当前的规模和状态持续经营下去。由于会计分期，才产生了当期与以前期间、以后期间的差别，才使得不同类型的会计主体有了记账的基准，进而出现了折旧、摊销等会计处理。例如，划分会计期间后，就产生了某些成本要在不同的会计期间进行摊销，分别列为当期费用和下期费用的问题。

(四) 货币计量

货币计量，是指会计主体在会计核算过程中以货币为计量单位，记录、反映会计主体的生产经营情况。

在会计的确认、计量和报告过程中之所以选择货币为基础进行计量，是由货币的本身属性决定的。货币是商品的一般等价物，是衡量一般商品价值的共同尺度，具有价值尺度、流通手段、贮藏手段和支付手段等特点。其他计量单位，如重量、长度、容积、台、件等，只能从一个侧面反映企业的生产经营情况，无法在量上进行汇总和比较，不便于会计计量和经营管理，只有选择货币尺度进行计量才能充分反映企业的生产经营情况，所以，《企业会计准则——基本准则》规定，会计确认、计量和核算选择货币作为计量单位，应以人民币为记账本位币。

二、会计基础

企业应当以权责发生制为基础进行会计的确认、计量和报告。权责发生制要求，凡是当期已经实现的收入和已经发生或应当负担的费用，无论款项是否收付，都应当作为当期的收入和费用，计入利润表；凡是不属于当期的收入和费用，即使款项已在当期收付，也不应当作为当期的收入和费用。

在实务中，企业交易或者事项的发生时间与相关货币收支时间有时并不完全一致。例如，款项已经收到，但销售并未实现；或者款项已经支付，但并不是为本期生产经营活动而发生的。为了更加真实地反映特定会计期间的财务状况和经营成果，《企业会计准则——基本准则》明确规定，企业在会计确认、计量和报告中应当以权责发生制为基础。

收付实现制是与权责发生制相对应的一种会计基础，它是以收到或支付的现金作为确认收入和费用等的依据。2019 年执行新的政府会计制度，预算会计实行收付实现制，而财务会计实行权责发生制。

随堂小测验 1-2

1. 【单项选择题】我国企业进行会计确认、计量和报告的基础是（　　）。

A. 分散核算制　B. 集中核算制　C. 权责发生制　D. 收付实现制

2. 【单项选择题】下列各项中，不属于会计主体的是（　　）。

A. 企业集团　B. 事业单位　C. 合伙企业　D. 车间生产线

3. 【多项选择题】下列各项属于会计基本假设的有（　　）。

A. 会计主体假设　B. 权责发生制　C. 持续经营　D. 会计分期

4. 【多项选择题】企业以权责发生制为基础进行会计确认、计量和报告，要求（　　）。

A. 凡是当期已经实现的收入，无论款项是否收到，都应作为当期的收入

B. 凡是当期应当负担的费用，无论款项是否支付，都应作为当期的费用

C. 凡是不属于当期的收入，即使款项在当期已经收取，也不得作为当期的收入

D. 凡是不属于当期的费用，即使款项在当期已经支付，也不得作为当期的费用

5.【判断题】在我国，目前所有企业、经济组织都以权责发生制为基础进行会计确认、计量和报告。（ ）

6.【判断题】法律主体必然是一个会计主体，会计主体不一定是法律主体。（ ）

第三节 会计信息质量要求

会计信息质量要求是对企业财务报告中所提供的会计信息质量的基本要求，是使财务报告中所提供的会计信息对投资者等财务报告使用者决策有用而应具备的基本特征，主要包括可靠性、相关性、可理解性、可比性、实质重于形式、重要性、谨慎性和及时性等。

一、可靠性

可靠性要求企业应当以实际发生的交易或者事项为依据进行会计确认、计量和报告，如实反映符合确认和计量要求的各项会计要素及其他相关信息，保证会计信息真实可靠、内容完整。

会计信息要有用，必须以可靠为基础。如果财务报告所提供的会计信息是不可靠的，就会给投资者等财务报告使用者的决策产生误导甚至损失。为了贯彻可靠性要求，企业应当做到：

(1) 以实际发生的交易或者事项为依据进行会计确认、计量，将符合会计要素定义及其确认条件的资产、负债、所有者权益、收入、费用和利润等如实反映在财务报表中，不得根据虚构的、没有发生的或者尚未发生的交易或者事项进行确认、计量和报告。

(2) 在符合重要性和成本效益原则的前提下，保证会计信息的完整性，其中包括应当编报的报表及其附注内容等保持完整，不能随意遗漏或者减少应予披露的信息，与使用者决策相关的有用信息都应充分披露。

(3) 包括在财务报告中的会计信息应当是中立的、无偏的。如果企业在财务报告中为了达到事先设定的结果或效果，通过选择或列示有关会计信息以影响决策和判断，这样的财务报告信息就不是中立的。

二、相关性

相关性要求企业提供的会计信息应当与投资者等财务报告使用者的经济决策需要相关，有助于投资者等财务报告使用者对企业过去、现在或者未来的情况作出评价或者预测。

会计信息是否有用，是否具有价值，关键是看其与使用者的决策需要是否相关，是否有助于决策或者提高决策水平。相关的会计信息应当能够有助于使用者评价企业过去的决策，证实或者修正过去的有关预测，因而具有反馈价值。相关的会计信息还应当具有预测价值，有助于使用者根据财务报告所提供的会计信息预测企业未来的财务状况、经营成果和现金流量。例如，区分收入和利得、费用和损失、流动资产和非流动资产、流动负债和非流动负债以及适度引入公允价值等，都可以提高会计信息的预测价值，进而提升会计信息的相关性。

会计信息质量的相关性要求，需要企业在确认、计量和报告会计信息的过程中，充分考虑使用者的决策模式和信息需要。但是，相关性是以可靠性为基础的，两者之间并不矛盾，不应将两者对立起来。也就是说，会计信息在可靠性前提下，尽可能地做到相关性，以满足投资者等财务报告使用者的决策需要。

三、可理解性

可理解性要求企业提供的会计信息应当清晰明了，便于投资者等财务报告使用者理解和使用。

企业编制财务报告、提供会计信息的目的在于使用，而要使使用者有效使用会计信息，应当能让其了解会计信息的内涵，弄懂会计信息的内容，这就要求财务报告所提供的会计信息清晰明了，易于理解。只有这样，才能提高会计信息的有用性，实现财务报告的目标，满足向投资者等财务报告使用者提供决策有用信息的要求。

会计信息毕竟是一种专业性较强的信息产品，在强调会计信息可理解性要求的同时，还应假定使用者具有一定的与企业经营活动和会计有关的知识，并且愿意付出努力去研究这些信息。对于某些复杂的信息，如交易本身较为复杂或者会计处理较为复杂，但其对使用者的经济决策相关，企业就应当在财务报告中予以充分披露。

四、可比性

可比性要求企业提供的会计信息应当相互可比，主要包括两层含义：

（一）同一企业不同时期可比

为了便于投资者等财务报告使用者了解企业财务状况、经营成果和现金流量的变化趋势，比较企业在不同时期的财务报告信息，全面、客观地评价过去、预测未来，从而做出决策，会计信息质量的可比性要求同一企业不同时期发生的相同或相似的交易或者事项，应当采用一致的会计政策，不得随意变更。但是，满足会计信息可比性要求，并非表明企业不得变更会计政策，如果按照规定或者在会计政策变更后可以提供更可靠、更相关的会计信息，可以变更会计政策。有关会计政策变更的情况，应当在附注中予以说明。

（二）不同企业相同会计期间可比

为了便于投资者等财务报告使用者评价不同企业的财务状况、经营成果和现金流量及其变动情况，会计信息质量的可比性要求，不同企业同一会计期间发生的相同或者相似的交易或者事项，应当采用统一规定的会计政策，确保会计信息口径一致、相互可比，以使不同企业按照一致的确认、计量和报告要求提供有关会计信息。

五、实质重于形式

实质重于形式要求企业应当按照交易或者事项的经济实质进行会计确认、计量和报告，不仅仅以交易或者事项的法律形式为依据。

在多数情况下，企业发生的交易或事项的经济实质和法律形式是一致的，但在个别情况下，也会出现不一致。例如，以融资租赁方式租入的资产虽然从法律形式来讲企业并不拥有其所有权，但是由于租赁合同中规定的租赁期相当长，接近该资产的使用寿命，租赁期结束时承租企业有优先购买该资产的选择权，在租赁期内承租企业有权支配资产并从中受益等，因此，从其经济实质来看，企业能够控制融资租入资产所创造的未来经济利益，在会计确认、计量和报告上就应当将以融资租赁方式租入的资产视为企业的资产，列入企业的资产负债表。

六、重要性

重要性要求企业提供的会计信息应当反映与企业财务状况、经营成果和现金流量有关的所有重要交易或者事项。

在实务中，如果会计信息的省略或者错报会影响投资者等财务报告使用者据此做出决策，则该信息就具有重要性。重要性的应用需要依赖职业判断，企业应当根据其所处环境和实际情况，从项目的性质和金额大小两方面加以判断。

例如，我国上市公司要求对外提供季度财务报告，考虑到季度财务报告披露的时间较短，从成本效益原则考虑，季度财务报告没有必要像年度财务报告那样披露详细的附注信息。因此，《企业会计准则第 32 号——中期财务报告》规定，公司季度财务报告附注应当以年初至本中期末为基础编制，披露自上年度资产负债表日之后发生的有助于理解企业财务状况、经营成果和现金流量变化情况的重要交易或者事项。这种附注披露，就体现了会计信息质量的重要性要求。

七、谨慎性

谨慎性要求企业对交易或者事项进行会计确认、计量和报告时应当保持应有的谨慎，不应高估资产或者收益，也不应低估负债或者费用。

在市场经济环境中，企业的生产经营活动面临着许多风险和不确定性，如应收款项的可收回性、固定资产的使用寿命、无形资产的使用寿命、售出存货可能发生的退货或者返修等。会计信息质量的谨慎性要求企业在面临不确定性因素的情况下做出职业判断时，应当保持应有的谨慎，充分估计各种风险和损失，既不高估资产或者收益，也不低估负债或者费用。例如，要求企业对可能发生的资产减值损失计提资产减值准备，对售出商品可能发生的保修义务等确认预计负债等，就体现了会计信息质量的谨慎性要求。

谨慎性的应用也不允许企业设置秘密准备，如果企业故意低估资产或者收益，或者故意高估负债或者费用，将不符合会计信息的可靠性和相关性要求，损害会计信息质量，扭曲企业实际的财务状况和经营成果，从而对使用者的决策产生误导，这是不符合会计准则要求的。

八、及时性

及时性要求企业对于已经发生的交易或者事项，应当及时进行确认、计量和报告，不得提前或者延后。

会计信息的价值在于帮助所有者或者其他利益相关者做出经济决策，具有时效性。即使是可靠、相关的会计信息，如果不及时提供，就失去了时效性，对于使用者的效用就大大降低甚至不再具有实际意义。在会计确认、计量和报告过程中贯彻及时性，一是要求及时收集会计信息，即在经济交易或者事项发生后，及时收集整理各种原始单据或者凭证；二是要求及时处理会计信息，即按照会计准则的规定，及时对经济交易或者事项进行确认或者计量，并编制财务报告；三是要求及时传递会计信息，即按照国家规定的有关时限，及时将编制的财务报告传递给财务报告使用者，便于其及时使用和决策。

在实务中，为了及时提供会计信息，可能需要在有关交易或者事项的信息全部获得之前即进行会计处理，这就满足了会计信息的及时性要求，但可能会影响会计信息的可靠性；反之，如果企业等到与交易或者事项有关的全部信息获得之后再进行会计处理，但由于时效性问题，这样的信息披露可能会对投资者等财务报告使用者决策的有用性大大降低。这就需要在及时性和可靠性之间做出权衡，以更好地满足投资者等财务报告使用者的经济决策需要为判断标准。

随堂小测验 1-3

1.【单项选择题】下列各项中，不属于反映会计信息质量要求的是（　　）。

A. 企业应当按照交易或事项的经济实质进行会计确认、计量

B. 企业提供的会计信息必须清晰易懂，能够被使用者所理解

C. 企业不得多计资产或收益，少计负债或费用，不得计提秘密准备

D. 将一个企业持续经营的生产经营活动划分为一个个连续的、间隔相同的期间

2.【单项选择题】下列各项中，不能体现会计信息质量的谨慎性要求的有（　　）。

A. 对固定资产计提减值准备

B. 对售出商品可能发生的保修义务等确认预计负债

C. 如果不能合理确认退货可能性，退货期满才能确认收入

D. 将以融资租赁方式租入的资产视为企业的资产

3.【多项选择题】下列各项属于会计信息质量要求的有（　　）。

A. 可靠性　　B. 相关性　　C. 可理解性　　D. 实质重于形式

4.【多项选择题】下列各项关于会计信息质量要求的叙述正确的有（　　）。

A. 可靠性要求企业以实际发生的交易或者事项为依据进行会计确认、计量和报告

B. 相关性要求企业提供的会计信息应当与财务报告使用者的经济决策需要相关

C. 可比性是指不同企业相同会计期间的会计信息可比

D. 谨慎性要求企业不得高估资产和收益，不得低估负债和费用

5.【判断题】实质重于形式要求企业按照交易或事项的法律形式进行会计确认和计量。（ ）

6.【判断题】会计信息应在可靠的前提下尽可能做到相关。（ ）

第四节 会计要素及其确认与计量原则

会计要素是指会计核算的具体内容，是对会计对象的基本分类，是会计用于反映其主体财务状况、确定其经营成果的基本单位。按照我国《企业会计准则》的规定，会计要素分为资产、负债、所有者权益、收入、费用和利润六项内容。

一、资产、负债和所有者权益

资产、负债和所有者权益是反映企业财务状况的会计要素，是静态会计要素，列示在资产负债表中。

（一）资产的定义及确认条件

1. 资产的定义

根据《企业会计准则——基本准则》的规定，资产是指企业过去的交易或者事项形成的、由企业拥有或者控制的、预期会给企业带来经济利益的资源。资产按照流动性可分为流动资产和非流动资产。根据资产的定义，资产具有以下特征：

（1）资产应为企业拥有或者控制的资源。资产作为一项资源，应当由企业拥有或者控制，具体是指企业享有某项资源的所有权，或者虽然不享有某项资源的所有权，但该资源能被企业所控制。

（2）资产预期会给企业带来经济利益。资产预期会给企业带来经济利益，是指资产直接或者间接导致现金或者现金等价物流入企业的潜力。这种潜力可以来自企业日常的生产经营活动，也可以来自非日常活动；带来的经济利益可以是现金或者现金等价物形式，也可以是能转化为现金或者现金等价物的形式，或者是可以减少现金或者现金等价物流出的形式。

（3）资产是由企业过去的交易或者事项形成的。过去的交易或者事项包括购买、生产、建造行为或者其他交易或事项。例如，企业有购买某存货的意愿或者计划，但是购买行为尚未发生，就不符合资产的定义，不能因此而确认存货资产。

2. 资产的分类

资产按照流动性可分为流动资产和非流动资产。

流动资产是指可以在 1 年或者超过 1 年的一个营业周期内变现或者耗用的资产，主要包括货币资金、交易性金融资产、衍生金融资产、合同资产、应收及预付款项和存货等。

非流动资产是指企业在超过 1 年或一个营业周期以上变现或者耗用的资产，也称为长期资产，主要包括投资性房地产、固定资产、无形资产、长期股权投资、债权投资、其他债权投资、其他权益工具投资等。

3. 资产的确认条件

根据《企业会计准则——基本准则》的规定，将一项资源确认为资产，需要符合资产的定义，还应同时满足以下两个条件：

(1) 与该资源有关的经济利益很可能流入企业。从资产的定义来看，能否带来经济利益是资产的一个本质特征，但在现实生活中，经济环境瞬息万变，与资源有关的经济利益能否流入企业或者能够流入多少实际上带有不确定性。因此，资产的确认还应与经济利益流入的不确定程度的判断结合起来。如果根据编制财务报表时所取得的证据，与资源有关的经济利益很可能流入企业，那么就应当将其作为资产予以确认；反之，不能确认为资产。

(2) 该资源的成本或者价值能够可靠地计量。财务会计系统是一个确认、计量和报告的系统，其中计量起着枢纽作用，可计量性是所有会计要素确认的重要前提，资产的确认也是如此。只有当有关资源的成本或者价值能够可靠地计量时，资产才能予以确认。在实务中，企业取得的许多资产都是发生了实际成本的，例如企业购买或者生产的存货，企业购置的厂房或者设备等，对于这些资产，只要实际发生的购买成本或者生产成本能够可靠计量，就视为符合资产确认的可计量条件。在某些特定情况下，企业取得的资产没有发生实际成本或者发生的实际成本很少，例如企业持有的某些衍生金融工具形成的资产，对于这些资产，如果其公允价值能够可靠计量，也被认为符合资产可计量的确认条件。

例 1-1

某施工企业为甲方建造一项跨年度工程，至资产负债表日，完成合同收入为500万元，所有与该项工程相关的风险和报酬均已转移给甲方，甲方开出一张银行承兑汇票，承诺3个月后付款。该施工企业应当在资产负债表日将该应收票据确认为企业的一项资产。

资产不等于财产，凡是由过去的交易、事项所形成的，有助于企业目前和未来的施工生产经营活动，预期能给企业带来经济效益，企业拥有使用权或控制权，并且能够以货币进行合理计量的经济资源，都应当作为施工企业的资产予以确认。在后面的各章节中，凡是涉及资产确认条件的内容，都应当以上述两个条件为标准。

(二) 负债的定义及确认条件

1. 负债的定义

负债是指企业过去的交易或者事项形成的，预期会导致经济利益流出企业的现时义务。根据负债的定义，负债具有以下特征：

(1) 负债是企业承担的现时义务。这是负债的一个基本特征。现时义务是指企业在现行条件下已承担的义务。未来发生的交易或者事项形成的义务，不属于现时义务，不应当确认为负债。

(2) 负债预期会导致经济利益流出企业。只有企业在履行义务时会导致经济利益流出企业的，才符合负债的定义；如果不会导致企业经济利益流出，就不符合负债的定义。在履行现时义务清偿负债时，导致经济利益流出企业的形式是多种多样的，例如用现金偿还或以实物资产形式偿还，以提供劳务形式偿还，以部分转移资产、部分提供劳务形式偿还等。

（3）负债是由企业过去的交易或者事项形成的。换句话说，只有过去的交易或者事项才形成负债；企业未来将发生的承诺、签订的合同等交易或者事项，不形成负债。

2. 负债的分类

按照流动性，负债可分为流动负债和非流动负债。

流动负债是指将在1年（含1年）或者超过1年的一个营业周期内偿还的债务，包括短期借款、交易性金融负债、应付票据、应付账款、合同负债、应付职工薪酬、应交税费、应付股利、其他应付款和1年内到期的长期借款等。

非流动负债是指偿还期在1年或者超过1年的一个营业周期以上的债务，包括长期借款、应付债券、长期应付款项等。

3. 负债的确认条件

将一项现时义务确认为负债，既需要符合负债的定义，还需要同时满足以下两个条件：

（1）与该义务有关的经济利益很可能流出企业。从负债的定义可以看到，预期会导致经济利益流出企业是负债的一个本质特征。在实务中，履行义务所需流出的经济利益带有不确定性，尤其是与特定义务相关的经济利益通常需要依赖于大量的估计。因此，负债的确认应当与经济利益流出的不确定性程度的判断结合起来。如果有确凿证据表明与现时义务有关的经济利益很可能流出企业，就应当将其作为负债予以确认；反之，如果企业承担了现时义务，但是导致企业经济利益流出的可能性很小，就不符合负债的确认条件，不应将其作为负债予以确认。

（2）未来流出的经济利益的金额能够可靠地计量。负债的确认在考虑经济利益流出企业的同时，对于未来流出的经济利益的金额应当能够可靠计量。对于与法定义务有关的经济利益流出金额，通常可以根据合同或者法律规定的金额予以确定。考虑到经济利益流出的金额通常在未来期间，而且有时未来期间较长，因此有关金额的计量需要考虑货币时间价值等因素的影响。对于与特定义务有关的经济利益流出金额，企业应当根据履行相关义务所需支出的最佳估计数进行估计，并综合考虑有关货币时间价值、风险等因素的影响。

例 1-2

某施工企业与银行签署1 000万元1年期的贷款协议，贷款已按照约定用途使用，1年后该施工企业将向银行归还这笔贷款的本利和。该业务属于该施工企业过去已经发生的交易事项，而且未来流出的经济利益的金额能够可靠地计量。因此，需要确认为该施工企业的负债。

综上所述，凡是由企业过去的经济活动形成的，能够用货币确切计量或合理预计的，需要企业将来以现金、其他资产或劳务偿付的债务，都应当作为施工企业的负债予以确认。

（三）所有者权益的定义、来源构成及确认条件

1. 所有者权益的定义

所有者权益，又称股东权益，是所有者对企业资产的剩余索取权，是企业资产中扣除债权人权益后应由所有者享有的部分，既可反映所有者投入资本的保值增值情况，又体现了保护债权人权益的理念。

2. 所有者权益的来源构成

所有者权益的来源包括所有者投入的资本、直接计入所有者权益的利得和损失、留存收益等，通常由股本（或实收资本）、其他权益工具、资本公积（含股本溢价或资本溢价、其他资本公积）、其他综合收益、盈余公积和未分配利润构成。

其中，直接计入所有者权益的利得和损失，是指不应计入当期损益、会导致所有者权益发生增减变动、与所有者投入资本或者与向所有者分配利润无关的利得或者损失。

3. 所有者权益的确认条件

所有者权益的确认和计量，主要取决于资产、负债、收入、费用等其他会计要素的确认和计量。所有者权益，即企业净资产，是企业资产总额中扣除债权人权益后的净额，反映所有者或股东权益的净增加额。通常企业收入增加时，会导致资产的增加，相应地会增加所有者权益；企业发生费用时，会导致负债的增加，相应地会减少所有者权益确认。因此，企业日常经营的好坏和资产负债的质量直接决定着企业所有者权益的增减变化和资本的保值增值。

二、收入、费用和利润

收入、费用和利润是反映企业经营成果的会计要素，是动态会计要素，列示在利润表中。

（一）收入的定义和特征及其确认条件

1. 收入的定义和特征

收入是指企业在日常活动中形成、会导致所有者权益增加、与所有者投入资本无关的经济利益的总流入，如销售商品、施工企业提供建造工程服务等。收入不包括为第三方或者客户代收的款项。

根据收入的定义，收入具有以下特征：

（1）收入是企业在日常活动中形成的。日常活动是指企业为完成其经营目标所从事的经常性活动以及与之相关的活动。例如，施工企业建造并移交工程、工业企业制造并销售产品、商品流通企业销售商品、咨询公司提供咨询服务、软件企业为客户开发软件等，均属于企业的日常活动。明确界定日常活动是为了将收入与利得相区分，因为企业非日常活动所形成的经济利益的流入不能确认为收入，而应当计入利得。

（2）收入是与所有者投入资本无关的经济利益的总流入。收入应当会导致经济利益的流入，从而导致资产的增加。例如，施工企业结算工程价款，应当收到现金或者在未来有权收到现金，才表明该交易符合收入的定义。但是在实务中，经济利益的流入有时是所有者投入资本的增加所导致的，而所有者投入资本的增加不属于收入，应当将其直接确认为所有者权益。

（3）收入会导致所有者权益的增加。与收入相关的经济利益的流入应当会导致所有者权益的增加，不会导致所有者权益增加的经济利益的流入不符合收入的定义，不应确认为收入。例如，企业向银行借入款项，尽管也导致了企业经济利益的流入，但该流入并不导致所有者权益的增加，反而使企业承担了一项现时义务，因此企业对于因借入款项所导致的经济利益的增加，不应将其确认为收入，应当确认为负债。

2. 收入的确认条件

企业收入的来源渠道多种多样，不同收入来源的特征有所不同，其收入确认条件也往往存在差别，如销售商品、提供劳务等。一般而言，只有在经济利益很可能流入企业从而导致企业资产增加或者负债减少，且经济利益的流入额能够可靠计量时才能确认为收入，即收入的确认至少应当符合以下条件：一是合同各方已批准该合同并承诺将履行各自义务；二是该合同明确了合同各方与所转让商品或提供劳务（以下简称转让商品）相关的权利和义务；三是该合同有明确的与所转让商品相关的支付条款；四是该合同具有商业实质，即履行该合同将改变企业未来现金流量的风险、时间分布或金额；五是企业因向客户转让商品而有权取得的对价很可能收回。

收入的确认是施工企业财务成果的最初形式，也是企业获得利润、实现盈利的前提条件。

（二）费用的定义、特征及其确认条件

1. 费用的定义、特征

费用是指企业在日常活动中发生、会导致所有者权益减少、与向所有者分配利润无关的经济利益的总流出。按照经济用途，也即费用是否构成产品实体，费用可以分为生产成本和期间费用两大类。根据费用的定义，费用具有以下特征：

（1）费用是企业在日常活动中形成的。这些日常活动的界定与收入定义中涉及的日常活动的界定一致。因日常活动所产生的费用通常包括营业成本、职工薪酬、折旧费、无形资产摊销费等，将费用界定为日常活动所形成的，目的是将其与损失相区分，企业非日常活动所形成的经济利益的流出不能确认为费用，而应当计入损失。

（2）费用导致的经济利益总流出与向所有者分配利润无关。费用的发生应当会导致经济利益的流出，从而导致资产的减少或者负债的增加（最终也会导致资产的减少）。其表现形式包括现金或者现金等价物的流出，存货、固定资产和无形资产等的流出或者消耗等。企业向所有者分配利润也会导致经济利益的流出，而该经济利益的流出显然属于所有者权益的抵减项目，不应确认为费用，应当将其排除在费用的定义之外。

（3）费用会导致所有者权益的减少。与费用相关的经济利益的流出应当会导致所有者权益的减少，不会导致所有者权益减少的经济利益的流出不符合费用的定义，不应确认为费用。

2. 费用的确认条件

费用的确认除了应当符合定义外，也应当满足严格的条件，即只有在经济利益很可能流出从而导致企业资产减少或者负债增加且经济利益的流出额能够可靠计量时才能确认为费用。因此，费用的确认至少应当符合以下条件：一是与费用相关的经济利益很可能流出企业；二是经济利益流出企业会导致资产的减少或者负债的增加；三是经济利益的流出额能够可靠计量。

费用是经营成果的扣除要素，当施工企业在一定时期内的收入大于费用时，就意味着新资产的价值大于原资产的价值，这样就为企业盈利奠定了基础；否则就会为企业发生亏损增大概率。

(三) 利润的定义、来源构成及其确认条件

1. 利润的定义

利润是企业在一定会计期间的经营成果，包括营业利润、利润总额和净利润，是反映企业最终财务成果的要素。利润是评价企业管理层业绩的一项重要指标，也是投资者等财务报告使用者进行决策的重要参考。

2. 利润的来源构成

利润包括收入减去费用后的净额、直接计入当期利润的利得和损失等。其中，收入减去费用后的净额反映的是企业日常活动的业绩，直接计入当期利润的利得和损失反映的是企业非日常活动的业绩。直接计入当期利润的利得和损失，是指应当计入当期损益、最终会引起所有者权益发生增减变动、与所有者投入资本或者向所有者分配利润无关的利得或者损失。企业应当严格区分收入和利得、费用和损失，以更加全面地反映企业的经营成果。

3. 利润的确认条件

利润反映的是收入减去费用、利得减去损失后的净额。因此，利润的确认主要依赖于收入和费用以及利得和损失的确认，其金额的确定也主要取决于收入、费用、利得和损失金额的计量。

三、会计要素计量属性

(一) 会计要素计量属性概述

会计计量是为了将符合确认条件的会计要素登记入账并列报于财务报表而确定其金额的过程。企业应当按照规定的会计计量属性进行计量，确定相关金额。计量属性是指予以计量的某一要素的特性，如桌子的长度、矿石的重量、楼房的高度等。从会计角度看，计量属性反映的是会计要素金额的确定基础，主要包括历史成本、重置成本、可变现净值、现值和公允价值。

1. 历史成本

历史成本，又称实际成本，就是取得或制造某项财产物资时实际支付的现金或者其他等价物。在历史成本计量下，资产按照其购置时支付的现金或者现金等价物的金额，或者按照购置资产时付出的对价的公允价值计量；负债按照其因承担现时义务而实际收到的款项或者资产的金额，或者承担现时义务的合同金额，或者按照日常活动中为偿还负债预期需要支付的现金或者现金等价物的金额计量。

2. 重置成本

重置成本，又称现行成本，是指按照当前市场条件，重新取得同样一项资产所需支付的现金或现金等价物的金额。在重置成本计量下，资产按照现在购买相同或者相似资产所需支付的现金或者现金等价物的金额计量；负债按照现在偿付该项债务所需支付的现金或者现金等价物的金额计量。

3. 可变现净值

可变现净值，是指在正常生产经营过程中以预计售价减去进一步加工成本和销售所必需的预计税金、费用后的净值。在可变现净值计量下，资产按照其正常对外销售

所能收到现金或者现金等价物的金额扣减该资产至完工时估计将要发生的成本、估计的销售费用以及相关税金后的金额计量。

4. 现值

现值是指对未来现金流量以恰当的折现率折现后的价值，是考虑货币时间价值因素等的一种计量属性。在现值计量下，资产按照预计从其持续使用和最终处置中所产生的未来净现金流入量的折现金额计量；负债按照预计期限内需要偿还的未来净现金流出量的折现金额计量。

5. 公允价值

公允价值，是指市场参与者在计量日发生的有序交易中，出售一项资产所能收到或者转移一项负债所需支付的价格。企业应当严格按照公允价值定义对相关资产或负债进行公允价值计量。

（二）各种计量属性之间的关系

在各种会计要素计量属性中，历史成本通常反映的是资产或者负债过去的价值，而重置成本、可变现净值、现值以及公允价值通常反映的是资产或者负债的现时成本或者现时价值，是与历史成本相对应的计量属性。当然这种关系也并不是绝对的。另外，公允价值相对于历史成本而言，具有很强的时间概念，也就是说，在当前环境下某项资产或负债的历史成本可能是过去环境下该项资产或负债的公允价值，而当前环境下某项资产或负债的公允价值也许就是未来环境下该项资产或负债的历史成本。

随堂小测验 1-4

1.【单项选择题】下列各项中，不属于会计计量属性的是（　　）。

A. 重置成本　B. 历史成本　C. 未来成本　D. 现值

2.【单项选择题】反映企业经营成果的会计要素的是（　　）。

A. 利润　B. 资产　C. 负债　D. 所有者权益

3.【多项选择题】将一项资源确认为资产，除了需要符合资产的定义以外，还应同时满足的确认条件有（　　）。

A. 与该资源有关的经济利益很可能流入企业

B. 该资源的成本或者价值能够可靠地计量

C. 是企业过去的交易或者事项形成的

D. 为企业拥有或控制

4.【多项选择题】下列各项属于所有者权益的有（　　）。

A. 股本（实收资本）B. 资本公积　C. 盈余公积　D. 未分配利润

5.【多项选择题】在我国，会计要素的计量属性主要有（　　）。

A. 历史成本　B. 现值　C. 重置成本　D. 公允价值

6.【判断题】负债是指企业过去的交易或者事项形成的，预期会导致经济利益流出企业的潜在义务。（　　）

7.【判断题】重置成本、可变现净值、现值以及公允价值通常反映的是资产或者负债的现时成本或者现时价值，是与历史成本相对应的计量属性。（　　）

8.【判断题】按经济用途，费用可分为期间费用和生产成本两大类。（　　）

第五节 施工企业会计科目的设置

施工企业会计是适用于施工企业的一门专业会计。企业会计制度根据企业资金构成的内在联系和资金运动的特点，把会计科目分为五大类，即资产类、负债类、所有者权益类、成本类和损益类。施工企业除了设置企业会计制度中的通用会计科目以外，还应根据施工生产经营活动的特点，设置一些专用的会计科目，以满足施工企业管理的需要。

一、会计科目的设置原则

企业会计制度对会计科目的设置原则包括以下方面：

(1) 会计科目必须统一编号。企业不应当随意打乱会计科目统一编号，以便于编制会计凭证、登记账簿、查阅账目、实行会计电算化。某些会计科目之间留有空号，供增设会计科目之用。

(2) 施工企业应按企业会计制度的规定设置和使用会计科目。在不影响会计核算要求和会计报表指标汇总，以及对外提供统一的财务会计报告的前提下，可以根据实际情况自行增设、减少或合并某些会计科目。明细科目的设置，除企业会计制度已有规定者外，在不违反统一会计核算要求的前提下，施工企业可以根据需要自行确定。

(3) 依据原则，灵活设置。对于会计科目名称，施工企业可以根据本企业的具体情况，在不违背会计科目使用原则的基础上，确定适合本企业的会计科目名称。

二、施工企业会计科目的设置

施工企业专用的会计科目以及会计制度中的特殊规定主要有以下方面：

(1) 存货类会计科目。根据施工生产经营的特点，施工企业可以设置“1411 周转材料”科目。

(2) 为了核算施工企业实际发生的工程施工合同成本，根据《企业会计准则第 14 号——收入》，施工企业应设置“合同履约成本”和“合同履约成本减值准备”等科目。

(3) 为了核算施工企业为保证施工和管理的正常进行而购建的各种临时设施的实际成本，各种临时设施的累计摊销额，企业因出售、拆除、报废和毁损等原因转入清理的临时设施价值及其在清理过程中所发生的清理费用和清理收入等，施工企业应设置“1506 临时设施”科目、“1507 临时设施摊销”科目和“1508 临时设施清理”科目。

(4) 为了核算施工企业根据工程施工合同的完工进度向业主开出工程价款结算单办理结算的价款，施工企业应设置“5402 合同结算”科目。

(5) 施工企业因转让商品收到的预收款，适用《企业会计准则第 14 号——收入》进行会计处理时，应设置“合同负债”科目。

(6) 为了核算施工企业及其内部独立核算的施工单位、机械站和运输队使用自有施工机械和运输设备进行机械作业（包括机械化施工和运输作业等）所发生的各项费用，施工企业应设置“5403 机械作业”科目。

根据企业会计制度和对会计核算的一般要求，结合施工企业施工生产经营活动所涉及的一般会计核算内容，设置统一的会计科目，主要解决和满足施工企业一般会计核算的需要。至于企业内部二级核算或三级核算所需的会计科目以及特殊业务所需会计科目由企业自行补充。另外，对于某些属于阶段性或过渡性财税政策引起的经济业务，其核算所用会计科目应采取特殊处理办法，即补充规定的办法，而不将其作为相对固定统一的会计科目。施工企业应设置的会计科目及其编号应以企业会计准则及其应用指南中相关要求为依据，企业会计准则及其应用指南中没有明确的会计科目编号，本书按照会计科目的性质以及前后会计科目编号，加上作者自己的理解进行编号，仅供参考。施工企业应设置的会计科目及其编号如表 1－1 所示。

表 1－1　施工企业会计科目及其编号表

顺序号	编号	会计科目名称
		一、资产类
1	1001	库存现金
2	1002	银行存款
3	1015	其他货币资金
4	1101	交易性金融资产
5	1121	应收票据
6	1122	应收账款
7	1123	预付账款
8	****	合同资产
9	****	合同资产减值准备
10	1131	应收股利
11	1132	应收利息
12	1221	其他应收款
13	1231	坏账准备
14	1401	材料采购
15	1402	在途物资
16	1403	原材料
17	1404	材料成本差异
18	1405	库存商品
19	1408	委托加工物资
20	1411	周转材料
21	1461	存货跌价准备
22	1471	持有待售资产
23	1472	持有待售资产减值准备
24	1501	债权投资
25	1502	债权投资减值准备
26	1503	其他债权投资
27	1504	其他权益工具投资
28	1506	临时设施

续表

顺序号	编号	会计科目名称
29	1507	临时设施摊销
30	1508	临时设施清理
31	1514	长期股权投资
32	1515	长期股权投资减值准备
33	1521	投资性房地产
34	1522	投资性房地产累计折旧
35	1523	投资性房地产累计摊销
36	1524	投资性房地产减值准备
37	1531	长期应收款
38	1541	未实现融资收益
39	1601	固定资产
40	1602	累计折旧
41	1603	固定资产减值准备
42	1604	在建工程
43	1605	工程物资
44	1606	固定资产清理
45	1607	在建工程减值准备
46	1701	无形资产
47	1702	累计摊销
48	1703	无形资产减值准备
49	1711	商誉
50	1712	商誉减值准备
51	1801	长期待摊费用
52	1811	递延所得税资产
53	1901	待处理财产损溢
		二、负债类
54	2001	短期借款
55	2101	交易性金融负债
56	2202	应付账款
57	2203	预收账款
58	****	合同负债
59	2211	应付职工薪酬
60	2221	应交税费
61	2231	应付利息
62	2232	应付股利
63	2241	其他应付款
64	****	持有待售负债
65	2411	预计负债
66	2401	递延收益
67	2501	长期借款
68	2502	应付债券
69	2701	长期应付款

续表

顺序号	编号	会计科目名称
70	2702	未确认融资费用
71	2711	专项应付款
72	2801	预计负债
73	2901	递延所得税负债
		三、共同类
74	3101	衍生工具
75	3201	套期工具
76	3202	被套期项目
		四、所有者权益类
77	4001	实收资本
78	4002	资本公积
79	4003	其他综合收益
80	****	其他权益工具
81	4101	盈余公积
82	4103	本年利润
83	4104	利润分配
84	4201	库存股
		五、成本类
85	****	合同履约成本
86	****	合同履约成本减值准备
87	****	合同取得成本
88	****	合同取得成本减值准备
89	5301	研发支出
90	5401	合同取得成本
91	5402	合同结算
92	5403	机械作业
		六、损益类
93	6001	主营业务收入
94	6051	其他业务收入
95	6101	公允价值变动损益
96	6111	投资收益
97	6115	资产处置收益
98	6117	其他收益
99	6301	营业外收入
100	6401	主营业务成本
101	6402	其他业务成本
102	6403	税金及附加
103	6602	管理费用
104	6603	财务费用
105	6701	资产减值损失
106	6702	信用减值损失
107	6711	营业外支出

续表

顺序号	编号	会计科目名称
108	6801	所得税费用
109	6901	以前年度损益调整

随堂小测验 1-5

1.【单项选择题】下列各项中，属于施工企业会计专用的会计科目的是（　）。

A. 原材料　B. 合同结算　C. 固定资产　D. 银行存款

2.【单项选择题】下列各项中，不属于所有者权益类会计科目的是（　）。

A. 制造费用　B. 股本（实收资本）　C. 盈余公积　D. 未分配利润

3.【多项选择题】下列各项属于企业会计科目设置原则的有（　）。

A. 会计科目必须统一编号

B. 按照企业会计准则的规定设置和使用会计科目

C. 明细科目的设置，除企业会计准则已有规定外，在不违反统一会计核算要求的前提下，可根据需要自行确定

D. 企业可根据自身具体情况，任意确定适用于本企业的会计科目名称

4.【多项选择题】下列各项属于流动资产的有（　）。

A. 货币资金　B. 存货　C. 固定资产　D. 无形资产

5.【判断题】根据企业资金构成的内在联系和资金运动的特点，可以把会计科目分为五大类，即资产类、负债类、所有者权益类、成本类和损益类。（　）

6.【判断题】施工企业根据工程施工合同的完工进度向业主开出工程价款结算单办理结算的价款，通过“合同结算”科目进行核算。（　）

□ 本章思考题

1. 为什么要学习施工企业会计?
2. 施工企业会计核算的基本前提是什么?
3. 如何理解施工企业资产确认的条件?
4. 如何理解会计要素的计量属性?
5. 简述会计信息的质量要求。
6. 施工企业应当如何设置会计科目?
7. 简述建筑业的含义及其构成界定。
8. 简述施工企业生产经营的特点。
9. 简述资产、负债、所有者权益的含义。
10. 简述收入、费用、利润的含义。

第二章 Chapter 2 货币资金

学习目标

1. 掌握现金、银行存款核算的内容及会计处理，掌握现金清查的核算内容。
2. 理解现金管理制度、银行存款的管理内容、银行存款余额调节表的编制方法、其他货币资金核算的内容及会计处理。
3. 了解各种银行结算方式的特点和会计处理。

导入案例

四川路桥建设股份有限公司（简称四川路桥）是一家大型综合性建设企业，主要从事铁路、公路、港口、码头、航道、机场、市政基础设施的施工以及铁路、公路、水运项目的勘察、设计、技术咨询等。公司依托建设大型重点项目开展行业关键技术攻关，形成和巩固了以高速公路路面铺筑关键技术、深水大跨径桥梁施工技术为代表的核心技术，在高速公路、特大型桥梁、特长隧道等领域具有明显的竞争优势。公司拥有公路工程施工总承包特级资质，为全国为数不多的拥有该特级资质的企业之一。同时，公司还拥有公路行业甲级设计资质、房建一级资质，为公司市场开拓、资金筹措、资源整合等提供强有力的支撑。

随着企业经营发展日趋成熟，公司各项资产规模基本保持稳定。四川路桥 2018 年年报显示，公司货币资金项目期末余额为 1 071 393.17 万元，较期初余额 956 725.14 万元有所上升，增长率为 11.99%。其中，库存现金期末余额为 1 613.39 万元，较期初余额 1 864.92 万元有一定程度下降，下降幅度为 13.49%；银行存款期末余额为 1 050 828.74 万元，较期初余额 934 783.28 万元有一定程度上升，上涨幅度为 12.41%；其他货币资金期末余额为 18 951.04 万元，较期初余额 20 076.95 万元小幅下降 5.61%。此外，公司拟以 2018 年末股本总数 3 610 525 510 股为基数，向全体股东每 10 股派送现金红利 0.50 元（含税），共计分配 18 052.63 万元，母公司剩余未分配利润 10 774.89 万元全部结转以后年度分配。预计该项政策将导致 2019 年货币资金减少 18 052.63 万元。

资料来源：根据四川路桥建设股份有限公司 2018 年年度报告整理而得。

施工企业会计中货币资金由哪几部分构成？各组成部分的核算方法是怎样的？货币资金在核算与管理过程中应该遵循哪些相关规定？通过本章的学习，你将找到这些问题的答案。

第一节 现金管理与核算

会计上所说的现金是指存放在企业的库存现金，包括库存的人民币和外币，主要用于企业日常的零星开支，可以随时购买所需的物资，支付有关费用，偿还债务或存入银行。现金作为一般等价物，具有极强的流动性、普遍的可接受性、收支频繁、最容易发生意外和损失等特点，为了严格控制现金，保证工程项目的实际需要，合理使用现金，保护现金的安全完整，防止现金的丢失、被盗以及舞弊行为的发生，施工企业必须严格遵守现金的使用范围，不积压多余的现金，加强现金收支的日常管理与核算。

一、现金管理制度

（一）现金的使用范围

按照《现金管理暂行条例》的规定，施工企业可以在下列范围内使用现金：

（1）发放职工工资、津贴；

（2）支付个人劳务报酬；

（3）根据国家规定颁发给个人科学技术、文化艺术、体育等各种奖金；

（4）支付各种劳保、福利费用以及国家规定的对个人的其他支出；

（5）向个人收购农副产品和其他物资支付的价款；

（6）出差人员必须随身携带的差旅费；

（7）结算起点以下的零星支出；

（8）中国人民银行确定需要支付现金的其他支出。

施工企业在施工生产经营活动过程中的各项经济往来，除在上述范围内可以使用现金以外，其他款项的收支均应通过开户银行办理转账结算。

（二）库存现金的限额

施工企业日常零星开支所需现金，由开户银行根据企业的实际情况核定最高限额，一般为 3～5 天的日常零星开支所需的数量。边远地区和交通不便地区的库存现金限额可以多于 5 天但不得超过 15 天的日常零星开支需要量。企业每日的现金结存数，不得超过核定的限额，超过部分应及时送存银行，以保证现金管理的安全。企业如需增加或减少库存现金限额，应向开户银行提出申请，由开户银行核定。

（三）现金日常收支的管理

按照《现金管理暂行条例》的规定，施工企业现金收支应当依照下列规定办理：

（1）企业现金收入应于当日送存开户银行，不得超额存放现金。当日送存确有困难的，由开户银行确定送存时间。

（2）企业支付现金，可从库存现金限额中支付或者从开户银行提取，不得从本企业的现金收入中直接支付（即坐支）。因特殊情况需要坐支现金的，应事先通过开户银行的审查批准。

（3）企业按规定从开户银行提取现金时，应当写明用途，由本企业财会部门负责人签字盖章，经开户银行审核后予以支付。

（4）因采购地点不固定、交通不便、抢险救灾以及其他特殊情况必须使用现金的，企业应当向开户银行提出申请，由本企业财会部门负责人签字盖章，经开户银行审核后支付现金。

银行对于违反上述规定的企业，将按照违规金额的一定比例予以处罚。

（四）现金的内部控制制度

根据《企业内部控制应用指引第 6 号——资金活动》的规定，施工企业应该按照下列规定实施现金的内部控制制度：

（1）企业应当建立货币资金业务的岗位责任制，明确相关部门和岗位的职责权限，确保不相容岗位相互分离、制约和监督，并根据具体情况进行岗位轮换。

（2）企业应当对货币资金业务建立严格的授权批准制度，明确审批人对货币资金业务的授权批准方式、权限、程序、责任和相关控制措施，规定经办人的职责范围和工作要求。

（3）企业应当按照规定的程序办理货币资金支付业务。对现金收付的交易必须根据原始凭证编制记账凭证，并在原始凭证与记账凭证上加盖“现金收讫”与“现金付讫”印章。

（4）企业取得的货币资金收入必须及时入账，不得私设“小金库”，不得账外设账，严禁收款不入账。

（5）企业应当定期和不定期进行现金盘点，确保现金账面余额与实际库存相符。发现不符，及时查明原因，做出处理。

（6）企业应当建立监督检查制度，明确监督检查机构或人员的职责权限，定期和不定期进行检查。

二、现金核算应设置的账户及会计处理

为了总括地核算和监督库存现金的收入、支出和结存情况，施工企业应设置“库存现金”账户。其借方登记现金的增加数，贷方登记现金的减少数。月末借方余额，反映库存现金的数额。

库存现金总账可以根据现金收付款凭证和银行存款凭证直接登记。如果企业日常现金收支业务量比较大，为了简化核算工作，可以采用汇总记账凭证、科目汇总表等核算形式，定期或于月份终了时根据汇总收付款凭证或科目汇总表等登记库存现金总账账户。

为了加强现金管理，保证现金安全，随时掌握库存现金收付动态和余额，企业必须设置库存现金日记账，按照现金业务发生顺序逐日逐笔登记。每日终了，应计算当日的现金收入、支出的合计数和结余数，库存现金的账面余额必须与库存数相符；月份终了，库存现金日记账的余额必须与库存现金总账的余额相符。

例 2-1

某施工企业向开户银行提取现金，金额为 3 000 元，做如下会计分录：

借：库存现金　　3 000
　贷：银行存款　　3 000

例 2-2

某施工企业行政部门用现金购买办公用品，金额为 325 元，取得增值税普通发票，做如下会计分录：

借：管理费用　　325
　贷：库存现金　　325

例 2-3

某施工企业将超出库存限额的现金 1 500 元存入银行，做如下会计分录：

借：银行存款　　1 500
　贷：库存现金　　1 500

三、现金清查的核算

施工企业应根据现金管理的规定，对库存现金进行定期和不定期清查，以保证账款相符和现金的安全完整。清查现金的基本方法是实地盘点。清查中发现有待查明原因的现金短缺或溢余，先通过“待处理财产损溢——待处理流动资产损溢”账户进行核算，待查明原因后再分情况进行处理。如为现金短缺，属于应由责任人赔偿的部分，通过“其他应收款——应收现金短缺（××个人）”账户核算（如已收到应由责任人赔偿的现金，直接通过“库存现金”等账户核算）；属于应由保险公司赔偿的部分，通过“其他应收款——应收保险赔款”账户核算；属于无法查明原因的现金短缺，根据企业内部管理权限，经批准后记入“管理费用”账户。如为现金溢余，属于应支付有关人员或单位的，通过“其他应付款——应付现金溢余（××个人或单位）”账户核算；属于无法查明原因的现金溢余，根据企业内部管理权限，经批准后，记入“营业外收入——现金溢余”账户的贷方。现金清查的核算流程如图 2-1 所示。

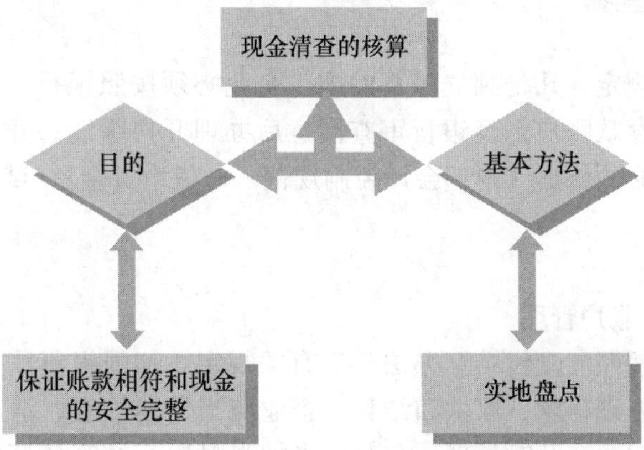

图 2-1　现金清查的核算流程图

随堂小测验 2-1

1.【单项选择题】在下列项目中，不属于货币资金的是（　　）。

A. 库存现金　　B. 银行存款　　C. 其他货币资金　　D. 应收账款

2.【单项选择题】某施工企业在现金清查中发现，库存现金比账面余额多出 200 元。经反复核查，长款原因仍然不明，经批准后应转入（　　）科目。

A. “库存现金”　B. “营业外收入”　C. “待处理财产损溢”　D. “其他应付款”

3.【多项选择题】按照《现金管理暂行条例》的规定，下列各项属于现金使用范围的有（　　）。

A. 职工交回差旅费剩余款　　B. 从银行提取现金

C. 将现金送存银行　　D. 收取结算起点以下的小额销货款

4.【多项选择题】施工企业应实施的现金内部控制制度包括（　　）。

A. 建立货币资金业务的岗位责任制

B. 建立严格的授权批准制度

C. 企业取得的货币资金收入必须及时入账，不得私设“小金库”

D. 企业应当定期和不定期进行现金盘点

5.【判断题】库存现金的清查主要包括出纳人员每日的清点核对和清查小组定期及不定期的清查。（　　）

6.【判断题】管理现金的出纳人员可以兼管收入、费用、债权、债务等的账簿登记工作。（　　）

第二节　银行存款的核算

银行存款是指施工企业存放在银行或其他金融机构的货币资金。根据国家现金管理和结算制度的规定，施工企业除在规定限额内留存少量现金以外，其余货币资金必须全部存入银行；企业的一切货币收支，除在规定范围内使用现金以外，都必须通过银行办理结算。

一、银行存款的管理

按照国家有关规定，凡是独立核算的施工企业必须按照银行开户办法的规定，向当地银行申请开立存款账户，经银行审查同意后办理开户手续。开户企业通过银行账户办理资金收付，必须依据《内部会计控制规范——货币资金》（试行）的规定对银行存款进行管理。

（一）加强银行账户管理

企业应当严格按照《支付结算办法》等有关规定，加强银行账户的管理，严格按照规定开立账户，办理存款、取款和结算。企业应当定期检查、清理银行账户的开立及使用情况，发现问题，及时处理。企业应当加强对银行结算凭证的填制、传递及保管等环节的管理与控制。

（二）严格遵守银行结算纪律

企业应当严格遵守银行结算纪律，不准签发没有资金保证的票据或远期支票，套取银行信用；不准签发、取得和转让没有真实交易和债权债务的票据，套取银行和他人资金；不准无理由拒绝付款，任意占用他人资金；不准违反规定开立和使用银行账户。

（三）定期核对银行账户

企业应当指定专人定期核对银行账户，每月至少核对一次，编制银行存款余额调节表，使银行存款账面余额与银行对账单调节相符。如调节不符，应查明原因，及时处理。

（四）加强银行预留印鉴管理

企业应当加强对银行预留印鉴的管理。财务专用章应由专人保管，个人名章必须由本人或其授权人员保管。严禁一人保管支付款项所需的全部印章。

二、银行存款核算应设置的账户及会计处理

施工企业应设置“银行存款”账户，核算以摊余成本[①]计量的、企业存入银行或其他金融机构的各种款项。其借方登记存入银行的各种款项；贷方登记从银行提取或支出的各种款项。期末借方余额，反映企业银行存款的结余数额。

银行存款总账应由不从事出纳工作的会计人员按照各种存款的实际收入和支出数进行登记。它可以根据银行存款收付款凭证和现金付款凭证直接登记，也可以根据汇总记账凭证或科目汇总表进行定期汇总登记。

为了加强对银行存款的管理，随时掌握银行存款的收付动态和结存余额，企业应按开户银行、其他金融机构的名称和存款种类等，分别设置银行存款日记账，出纳人员按照业务的发生顺序逐日逐笔登记，每日终了应结出余额。银行存款日记账应定期与银行对账单核对，至少每月核对一次。月份终了，企业账面结余与银行对账单余额之间如有差额，可能因为存在未达账项，未达账项一般分为如下四种情况：

（1）银行已登记收款并入账，而企业尚未收到银行的收款通知，因而未登记收款入账（银行已收，企业未收）。

（2）银行已登记付款并入账，而企业尚未收到银行的付款通知，因而未登记付款入账（银行已付，企业未付）。

（3）企业已登记收款并入账，而银行尚未办理完转账手续，因而未登记收款入账（企业已收，银行未收）。

（4）企业已登记付款并入账，而银行尚未办理完转账手续，因而未登记付款入账（企业已付，银行未付）。

---

① 金融资产或金融负债的摊余成本，是指该金融资产或金融负债的初始确认金额经过调整后的结果。

上述四种情况中，出现（1）和（4）时，会使企业银行存款日记账的账面余额比银行对账单的存款余额要小；而出现（2）和（3）时，会使企业银行存款日记账的账面余额比银行对账单的存款余额要大。

企业通过将银行存款日记账与银行对账单逐笔查对的办法找出未达账项，并由会计负责按月编制银行存款余额调节表进行调节，从而使银行和企业的余额相符。

银行存款余额调节表的编制方法一般是在双方账面余额的基础上，分别补记未达账项的金额，然后验证调节后的双方账目是否相符。计算公式如下：

$$\text{银行对账单存款余额}+\text{企业已收银行未收账项}-\text{企业已付银行未付账项}$$
$$=\text{银行存款日记账余额}+\text{银行已收企业未收账项}-\text{银行已付企业未付账项}$$

通过核对调节，银行存款余额调节表上的双方余额相等，一般可以说明双方记账没有差错。如果企业对所有的未达账项进行调整之后，企业的银行存款日记账余额与银行的实有存款余额仍不一致，则表明企业或银行中至少有一方账目存在差错，应该重新查找原因并及时进行相应处理。

月份终了，银行存款日记账的余额必须与银行存款总账账户的余额核对相符。

例 2-4

某施工企业收到甲单位偿还的欠款 290 000 元，款项已存入银行，做如下会计分录：

借：银行存款　　290 000
　贷：应收账款——甲单位　　290 000

例 2-5

施工企业从银行提取现金备发工资，金额为 65 000 元，做如下会计分录：

借：库存现金　　65 000
　贷：银行存款　　65 000

例 2-6

某施工企业从银行借入半年期借款 82 000 元，已存入银行，做如下会计分录：

借：银行存款　　82 000
　贷：短期借款——某银行　　82 000

例 2-7

某施工企业以银行存款支付管理部门水电费，金额为 4 500 元，取得增值税普通发票，做如下会计分录：

借：管理费用——水电费　　4 500
　贷：银行存款　　4 500

三、银行结算方式

施工企业在施工活动过程中经常与各方发生往来结算业务，这些结算业务除少量按现金管理办法规定可以用现金支付以外，大部分都需要通过银行转账结算方式办理收付款项。所谓转账结算，是指企业与各方面的经济往来款项，不采用现金收付，而是按照规定的结算方式，通过银行将款项直接从付款单位账户转账划拨给收款单位账户的一种货币清算行为，也称非现金结算。根据现行银行结算办法的规定，目前企业发生的货币资金收付业务可以采用以下几种结算方式，企业应根据具体情况采用不同的转账结算方式进行会计处理。

（一）支票结算方式

支票是出票人签发的，委托办理支票存款业务的银行或者其他金融机构在见票时无条件支付确定的金额给收款人或者持票人的票据。凡是同城各单位之间或在同一票据交换区域的单位和个人的各种款项结算，都可以采用这种结算方式。

支票分为现金支票、转账支票和普通支票。支票上印有“现金”字样的为现金支票，只能用于支取现金。支票上印有“转账”字样的为转账支票，只能用于转账。支票上未印有“现金”或“转账”字样的为普通支票，既可以用于支取现金，也可以用于转账。在普通支票左上角划两条平行线的为划线支票，只能用于转账，不得支取现金。转账支票在批准的地区内可以背书转让。支票的提示付款期限为自出票日起 10 日内，但中国人民银行另有规定的除外。

企业签发支票应注意以下事项：

（1）企业签发支票时必须记载表明“支票”的字样、无条件支付的委托、确定的金额、付款人名称、出票日期、出票人签章等 6 项内容，否则支票无效。

（2）支票的金额、收款人名称，可以由出票人授权补记。未补记前不得背书转让和提示付款。

（3）签发支票应使用碳素墨水或墨汁填写，中国人民银行另有规定的除外。

（4）企业签发支票之前，应认真查明银行存款的账面结余数额，禁止签发空头支票。

（5）企业不得签发与其预留银行签章不符的支票；使用支付密码的企业，不得签发支付密码错误的支票。

企业签发空头支票、签章与其预留银行签章不符的支票，或者支付密码错误的支票，银行应予以退票，并按票面金额处以 5%但不低于 1 000 元的罚款；持票人有权要求出票人按照支票金额的 2%支付赔偿金。对屡次签发以上支票的，银行应停止其签发支票。

采用支票结算方式，对于付出的支票，企业应根据支票存根和有关原始凭证编制付款凭证进行账务处理，借记“材料采购”“原材料”等有关账户，贷记“银行存款”账户；对于收款的支票，企业委托开户银行收款时，应做委托收款背书，在支票背面背书人签章栏签章，记载“委托收款”字样、背书日期，在被背书人栏记载开户银行名称，并将支票和填制的进账单送交开户银行，根据银行盖章退回的进账单第一联和有关原始凭证编制收款凭证，进行账务处理，借记“银行存款”账户，贷记有关账户。

（二）汇兑结算方式

汇兑是汇款人委托银行将款项支付给收款人的结算方式。汇兑分为信汇、电汇两种。信汇是指汇款人委托银行通过邮寄方式将款项划转给收款人；电汇是指汇款人委托银行通过电报将款项划转给收款人。汇兑结算方式划拨款项简便、灵活，单位和个人均可使用。

企业使用汇兑结算方式时，应填写银行印发的汇兑凭证，汇兑凭证必须记载以下内容：(1) 表明“信汇”或“电汇”的字样；(2) 无条件支付的委托；(3) 确定的金额；(4) 收款人名称；(5) 汇款人名称；(6) 汇入地点、汇入行名称；(7) 汇出地点、汇出行名称；(8) 委托日期；(9) 汇款人签章。否则，银行不予受理。汇出银行受理企业签发的汇兑凭证，经审查无误后，应及时向汇入银行办理汇款，并向企业签发汇款回单。付款企业应根据取回的汇款凭证回单联进行账务处理，借记有关账户，贷记“银行存款”账户。企业收到汇入的款项时，应根据银行转来的信汇、电汇凭证，编制收款凭证，借记“银行存款”账户，贷记有关账户。

（三）委托收款结算方式

委托收款是指收款人委托银行向付款人收取款项的结算方式。委托收款按款项划回方式的不同分为邮寄和电报划回两种。这种结算方式不受金额起点的限制，只要收款人凭已承兑的商业汇票、债券、存单等付款人债务证明即可办理款项的结算，同城或异地结算均可。

企业委托开户银行收款时，应填写银行印制的委托收款凭证和有关债务证明。委托收款凭证必须记载以下内容：(1) 表明“委托收款”的字样；(2) 确定的金额；(3) 付款人名称；(4) 收款人名称；(5) 委托收款凭据名称及附寄单证张数；(6) 委托日期；(7) 委托人签章。否则，银行不予受理。企业的开户银行受理委托收款后，将委托收款凭证寄交付款单位开户银行，由付款单位开户银行审核，并通知付款单位。付款单位接到通知和有关附件后，应在规定的付款期（3 天）内付款。如果在付款期内未向银行提出异议，银行视作同意付款，并在付款期满的次日将款项主动转账给收款单位。付款人审查有关债务证明后，对收款人委托收取的款项需要拒绝付款的，可以办理拒绝付款手续。

企业采用委托收款结算方式，在接到银行款项已收到的通知时，填制收款凭证，进行账务处理，借记“银行存款”账户，贷记“其他应收款”等有关账户；付款单位在付款期满银行通知款项已经转账付出时，填制付款凭证，进行账务处理，借记“材料采购”“应付账款”等有关账户，贷记“银行存款”账户。如在付款期满前提前付款，应于通知银行付款之日，编制付款凭证。如拒绝付款，属于全部拒付的，不做账务处理；属于部分拒付的，企业应在付款期内出具部分拒付理由书并退回有关单位，根据银行盖章退回的拒付理由书第一联编制部分付款凭证。委托收款结算方式流程如图 2-2 所示，其他结算方式流程图可以参考委托收款结算方式。

（四）银行汇票结算方式

银行汇票是出票银行签发的，由其在见票时按照实际结算金额无条件支付给收款

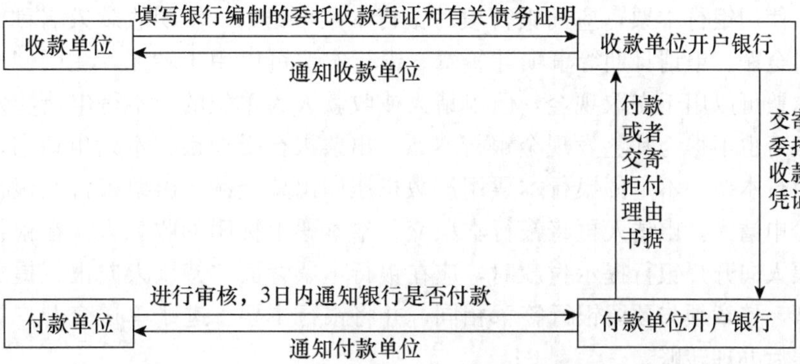

图2-2 委托收款结算方式流程图

人或者持票人的票据。单位和个人的各种款项结算，均可使用银行汇票。

申请人使用银行汇票，应向出票银行填写银行汇票申请书，填明收款人名称、汇票金额、申请人名称、申请日期等事项并签章，签章为其预留银行的签章。出票银行受理银行汇票申请书，收妥款项后签发银行汇票，并用压数机压印出票金额，将银行汇票和解讫通知一并交申请人。申请人应将银行汇票和解讫通知一并交付汇票上标明的收款人。收款人受理申请人交付的银行汇票时，应在出票金额以内，根据实际需要的款项办理结算，并将实际结算金额和多余金额准确清晰地填入银行汇票和解讫通知的有关栏内。未填明实际结算金额和多余金额或实际结算金额超过出票金额的，银行不予受理。

采用银行汇票结算方式，应注意以下几点：

(1) 银行汇票的提示付款期限为自出票日起1个月内。持票人超过付款期限提示付款的，代理付款人不予办理。

(2) 受理银行汇票的企业，应注意审查下列事项：银行汇票和解讫通知是否齐全，汇票号码和记载的内容是否一致；收款人是否确为本单位或本人；银行汇票是否在提示付款期限内；必须记载的事项是否齐全；出票人签章是否符合规定，是否有压数机压印的出票金额，并与大写出票金额一致；出票金额、出票日期、收款人名称是否更改，更改的其他记载事项是否由原记载人签章证明。

(3) 持票人向银行提示付款时，必须同时提交银行汇票和解讫通知，缺少任何一联均无效，银行不予办理。

(4) 银行汇票可以用于转账，填明“现金”字样的银行汇票也可用于支取现金。

(5) 银行汇票的实际结算金额不得更改，更改实际结算金额的银行汇票无效。

(6) 收款人可以将银行汇票背书转让给被背书人。

(7) 银行汇票的实际结算金额低于出票金额的，其多余金额由出票银行退交申请人。

银行汇票的核算方法详见本章第三节。

(五) 银行本票结算方式

银行本票是银行签发的，承诺自己在见票时无条件支付确定的金额给收款人或者持票人的票据。单位和个人在同一票据交换区域需要支付各种款项，均可以使用银行本票。银行本票分为不定额本票和定额本票两种。定额银行本票面额为1 000元、5 000元、10 000元和50 000元。

申请人使用银行本票，应向银行填写银行本票申请书，填明收款人名称、申请人名称、支付金额、申请日期等事项并签章。银行本票可以用于转账，注明“现金”字样的银行本票可以用于支取现金，但申请人或收款人为单位的，不得申请签发现金银行本票，银行也不得为其签发现金银行本票。出票银行受理银行本票申请书，收妥款项后签发银行本票，不定额银行本票用压数机压印出票金额，出票银行在银行本票上签章后交给申请人，申请人再将银行本票交付给本票上标明的收款人。在银行开立存款户的持票人向开户银行提示付款时，应在银行本票背面“持票人向银行提示付款签章”处签章，签章须与预留银行签章相同，并将银行本票、进账单送交开户银行。银行审查无误后办理转账。

采用银行本票结算方式，应注意以下几点：

(1) 银行本票见票即付款。

(2) 银行本票的提示付款期限为自出票日起最长不超过2个月。持票人超过付款期限提示付款的，代理付款人不予受理。

(3) 受理银行本票的企业，应注意审查票据的有效性，其内容与银行汇票基本一致。

(4) 收款人可以将银行本票背书转让给被背书人。

银行本票的核算方法详见本章第三节。

(六) 商业汇票结算方式

商业汇票是出票人签发的，委托付款人在指定日期无条件支付确定的金额给收款人或者持票人的票据。在银行开立存款账户的法人以及其他组织之间，必须具有真实的交易关系和债权债务关系，才能使用商业汇票。商业汇票的付款期限，最长不得超过6个月，其提示付款期限为自汇票到期日起10日。商业汇票可以在出票时向付款人提示承兑后使用，也可以在出票后先使用再向付款人提示承兑。定日付款或者出票后定期付款的商业汇票，持票人应当在汇票到期日前向付款人提示承兑；见票后定期付款的汇票，持票人应当自出票日起1个月内向付款人提示承兑。汇票未按规定期限提示承兑的，持票人丧失对其前手的追索权。商业汇票的付款人接到出票人或持票人向其提示承兑的汇票时，应当向出票人或持票人签发收到汇票的回单，记明汇票提示承兑日期并签章。付款人应当自收到提示承兑的汇票之日起3日内承兑或者拒绝承兑，拒绝承兑的，必须出具拒绝承兑的证明。

符合条件的商业汇票的持票人可将未到期的商业汇票连同贴现凭证向银行申请贴现，贴现银行可持未到期的商业汇票向其他银行转贴现，也可向中国人民银行申请再贴现。商业汇票可以背书转让。企业存款领购商业汇票时，必须填写票据和结算凭证领用单并签章，签章应与预留银行的签章相符。存款账户结清时，必须将全部剩余空白商业汇票交回银行注销。出票人不得签发无对价的商业汇票用以骗取银行或者其他票据当事人的资金。

商业汇票按其承兑人不同分为商业承兑汇票和银行承兑汇票两种。

1. 商业承兑汇票

商业承兑汇票按交易双方约定，由收款人或付款人签发，但由银行以外的付款人承兑。商业承兑汇票的出票人为在银行开立存款账户的法人以及其他组织，与付款人具有真实的委托付款关系，具有支付汇票金额的可靠资金来源。

商业承兑汇票的付款人开户银行收到通过委托收款寄来的商业承兑汇票，将商业承兑汇票留存，并及时通知付款人。

首先，付款人收到开户银行的付款通知，应当在当日通知银行付款。付款人在接到通知日的次日起 3 日内（遇法定休假日顺延，下同）未通知银行付款的，视同付款人承诺付款，银行应于付款人接到通知日的次日起第 4 日（法定休假日顺延，下同）上午开始营业时，将票款划给持票人。

付款人提前收到由其承兑的商业汇票，应通知银行于汇票到期日付款。付款人在接到通知日的次日起 3 日内未通知银行付款，付款人接到通知日的次日起第 4 日在汇票到期日之前的，银行应于汇票到期日将票款划给持票人。

其次，银行在办理划款时，付款人存款账户不足支付的，应填制付款人未付票款通知书，连同商业承兑汇票邮寄持票人开户银行转交持票人。

最后，付款人存在合法抗辩事由拒绝支付的，应自接到通知日的次日起 3 日内，做成拒绝付款证明送交开户银行，银行将拒绝付款证明和商业承兑汇票邮寄持票人开户银行转交持票人。

2. 银行承兑汇票

银行承兑汇票由银行承兑，由在承兑银行开立存款账户的存款人签发。承兑银行应按票面金额向出票人收取万分之五的手续费。

银行承兑汇票的出票人必须具备下列条件：在承兑银行开立存款账户的法人以及其他组织；与承兑银行具有真实的委托付款关系；资信状况良好，具有支付汇票金额的可靠资金来源。

银行承兑汇票的出票人应于汇票到期前将票款足额交存其开户银行。承兑银行应在汇票到期日或到期日后的见票当日支付票款。承兑银行存在合法抗辩事由拒绝支付的，应自接到商业汇票的次日起 3 日内，做成拒绝付款证明，连同银行承兑汇票邮寄持票人开户银行转交持票人。银行承兑汇票的出票人于汇票到期日未能足额交存票款时，承兑银行除凭票向持票人无条件付款外，对出票人尚未支付的汇票金额按照每天万分之五计收利息。

施工企业如果采用商业汇票进行商品交易，其结算的账务处理是通过设置“应收票据”和“应付票据”账户核算的，其核算的具体内容详见第三章第一节“应收账款及应收票据的核算”和第十章第二节“流动负债的核算”。

（七）信用卡

信用卡是指商业银行向个人和单位发行的，凭以向特约单位购物、消费和向银行存取现金，且具有消费信用的特制载体卡片。

信用卡按使用对象分为单位卡和个人卡；按信誉等级分为金卡和普通卡。采用信用卡结算方式，应注意以下几点：

第一，凡在中国境内金融机构开立基本存款账户的单位可申领单位卡；第二，单位卡账户的资金一律从其基本账户转账存入，不得交存现金，不得将销货收入的款项存入其账户；第三，单位卡不得用于 10 万元以上的商品交易、劳务供应款项的结算；第四，单位卡一律不得支取现金；第五，信用卡透支额，金卡最高不得超过 1 万元，普通卡最高不得超过 5 000 元，透支期限最长为 60 天，按照商业银行的具体规定计算；第六，持卡人使用信用卡不得发生恶意透支。

采用信用卡结算方式，对于当日受理的信用卡签购单，填写现金交款单和进账单，连同签购单一并送交收单银行办理进账，在收到银行收账通知时，据以编制收款凭证；对于付出的信用卡资金，应根据银行转来的付款通知和有关原始凭证编制付款凭证，进行账务处理。

信用卡的核算方法详见本章第三节。

（八）托收承付结算方式

托收承付是根据购销合同由收款人发货后委托银行向异地付款人收取款项，由付款人向银行承认付款的结算方式。使用托收承付结算方式的收款单位和付款单位，必须是国有企业、供销合作社以及经营管理好并经开户银行审查同意的城乡集体所有制工业企业。办理托收承付结算的款项，必须是商品交易，以及因商品交易而产生的劳务供应的款项。代销、寄销、赊销商品的款项，不得办理托收承付结算。

托收承付结算款项的划回方法分邮寄和电报两种。采用托收承付结算方式，应注意以下几点：

（1）收付双方办理托收承付结算，必须重合同、守信用。收款人对同一付款人发货托收累计 3 次收不回货款的，收款人开户银行应暂停收款人向该付款人办理托收；付款人累计 3 次提出无理由拒付的，付款人开户银行应暂停其向外办理托收。

（2）托收承付结算每笔的金额起点为 1 万元。

（3）收付双方必须签有符合《中华人民共和国合同法》的购销合同，并在合同上订明使用托收承付结算方式。

（4）收款人办理托收，必须具有商品确已发运的证明文件，包括铁路、航运、公路等运输部门签发的运单、运单副本和邮局包裹回执等。

施工企业使用异地托收承付结算方式办理款项结算，对于托收的款项，应在收到开户银行的收账通知时，根据收账通知和有关原始凭证，编制银行存款收款凭证，进行账务处理，借记“银行存款”账户，贷记有关账户；对于承付的款项，应于承付时，根据开户银行转来的托收承付结算凭证和所附的发票账单等有关原始凭证，编制银行存款付款凭证，进行账务处理，借记“材料采购”“原材料”等有关账户，贷记“银行存款”账户。

（九）信用证结算方式

信用证结算方式是国际结算的一种主要方式。经中国人民银行批准经营结算业务的商业银行总行以及商业银行总行批准开办信用证结算业务的分支机构，也可以办理国内企业之间商品交易的信用证结算业务。

例 2-8

某施工企业为增值税一般纳税人，在购买材料时取得的增值税专用发票上注明材料金额（增值税税控系统开具的增值税发票的票面上“金额”栏仅有一个，且为不含税金额）为 50 000 元，增值税税额为 6 500 元①，以转账支票方式结算，取得的增

① 增值税一般纳税人销售或者进口货物，除低税率适用范围外，税率一律为 13%，即增值税基本税率。

值税专用发票已通过认证，做如下会计分录：

借：原材料　50 000
　应交税费——应交增值税（进项税额）　6 500
　贷：银行存款　56 500

例 2-9

某施工企业收到应收电汇工程款 56 800 元，根据银行进账通知单做如下会计分录：

借：银行存款　56 800
　贷：应收账款　56 800

随堂小测验 2-2

1.【单项选择题】下列各项，属于支票适用范围的是（　）。

A. 同城结算　B. 异地结算　C. 同城或异地结算　D. 国际结算

2.【单项选择题】银行本票自出票日起，付款期限是（　）。

A. 1 个月　B. 2 个月　C. 3 个月　D. 1 年

3.【多项选择题】银行存款的总分类核算，应当根据（　）逐笔或分别定期汇总登记。

A. 银行收款凭证　B. 银行付款凭证

C. 银行转账凭证　D. 有关现金付款凭证

4.【多项选择题】下列各项，属于定额银行本票面额的有（　）。

A. 1 000 元　B. 5 000 元　C. 10 000 元　D. 50 000 元

5.【判断题】商业汇票是收款人或付款人（或承兑申请人）签发，由承兑人承兑，并于到期日向收款人或被背书人支付款项的票据。（　）

6.【判断题】银行存款余额调节表是调整企业银行存款账面余额的原始凭证。（　）

第三节　其他货币资金的核算

其他货币资金是指施工企业除库存现金和银行存款以外的其他各种货币资金，如外埠存款、银行汇票存款、银行本票存款、信用卡存款、信用证保证金存款、存出投资款等。施工企业应加强对其他货币资金的管理，及时办理各项收支结算业务。

一、其他货币资金核算的内容

（一）外埠存款

外埠存款是指企业到外地进行临时或零星采购时，汇往采购地银行开立采购专户的款项。这项存款是为采购结算而准备的资金，已具有专门用途且处于待支付或待结算状态。

(二) 银行汇票存款

银行汇票存款是指企业为取得银行汇票按照规定存入银行的款项。这种款项一经存入银行就有了专门的用途，企业不可再将其用于其他方面。

(三) 银行本票存款

银行本票存款是指企业为取得银行本票按照规定存入银行的款项。这种款项一经存入银行就有了专门的用途，企业不可再将其用于其他方面。

(四) 信用卡存款

信用卡存款是指企业为取得信用卡按照规定存入银行的款项。

(五) 信用证保证金存款

信用证保证金存款是指企业为取得信用证按规定存入银行的保证金。

(六) 存出投资款

存出投资款是指企业已存入证券公司但尚未进行交易性金融资产投资的资金。

二、其他货币资金核算应设置的账户

由于其他货币资金的存放地点和用途与企业的库存现金和银行存款不同，因此，企业必须对其进行单独核算。

施工企业应设置“其他货币资金”账户，核算以摊余成本计量的企业的外埠存款、银行汇票存款、银行本票存款、信用卡存款、信用证保证金存款、存出投资款等其他货币资金。其借方登记企业其他货币资金的增加数；贷方登记企业其他货币资金的减少数；期末借方余额，反映企业实际持有的其他货币资金。本账户应按“外埠存款”“银行汇票”“银行本票”“信用卡”“信用证保证金”“存出投资款”等设置明细账户进行核算。

三、其他货币资金核算的会计处理

(一) 外埠存款核算的会计处理

(1) 当企业将款项委托当地银行汇往采购地开立专户时，借记“其他货币资金——外埠存款”账户，贷记“银行存款”账户。

(2) 收到采购员交来供应单位发票账单等报销凭证时，借记“材料采购”“原材料”等账户，贷记“其他货币资金——外埠存款”账户。

(3) 将多余的外埠存款转回当地银行时，根据银行的收账通知，借记“银行存款”账户，贷记“其他货币资金——外埠存款”账户。

外埠存款核算的会计处理如图 2-3 所示，其他几种货币资金的核算可以参考外埠存款的核算。

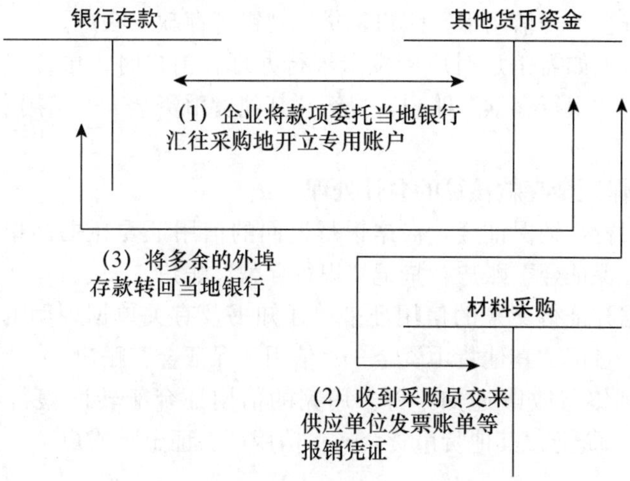

图 2-3 外埠存款核算的会计处理流程图

(二) 银行汇票存款核算的会计处理

(1) 企业填写银行汇票申请书并将款项交存银行，取得银行汇票后，根据银行盖章退回的申请书存根联，借记“其他货币资金——银行汇票”账户，贷记“银行存款”账户。

(2) 企业使用银行汇票后，根据发票账单等有关凭证，经核对无误后，借记“材料采购”“原材料”等账户，贷记“其他货币资金——银行汇票”账户。

(3) 银行汇票如有多余款或因银行汇票超过付款期等原因而退回款项时，借记“银行存款”账户，贷记“其他货币资金——银行汇票”账户。

(三) 银行本票存款核算的会计处理

(1) 企业向银行提交银行本票申请书并将款项交存银行，取得银行本票后，根据银行盖章退回的申请书存根联，借记“其他货币资金——银行本票”账户，贷记“银行存款”等账户。

(2) 企业使用银行本票后，应根据发票账单等有关凭证，借记“材料采购”“原材料”等账户，贷记“其他货币资金——银行本票”账户。

(3) 企业因本票超过付款期等原因而要求退款时，应填制进账单一式两联，连同本票一起送交银行，根据银行盖章退回的第一联进账单，借记“银行存款”账户，贷记“其他货币资金——银行本票”账户。

(四) 信用卡存款核算的会计处理

(1) 企业申领信用卡时，要按规定填制申请表，连同支票和有关资料一并送交发卡银行，再根据银行盖章退回的进账单第一联，借记“其他货币资金——信用卡”账户，贷记“银行存款”账户。

(2) 企业用信用卡购进货物或支付有关费用时，借记“原材料”“管理费用”“应交税费”等账户，贷记“其他货币资金——信用卡”账户。

(3) 企业在使用信用卡过程中，如需要向其账户续存资金，应根据银行的进账单，借记“其他货币资金——信用卡”账户，贷记“银行存款”账户。

（4）企业持卡人如需销户时应到发卡银行办理。销户时，单位卡账户余额转入基本存款账户，借记“银行存款”账户，贷记“其他货币资金——信用卡”账户。

（五）信用证保证金存款核算的会计处理

（1）企业向银行交纳保证金，根据银行退回的信用证委托书回单，借记“其他货币资金——信用证保证金”账户，贷记“银行存款”账户。

（2）企业根据开证行交来的信用证来单通知书及有关单据列明的金额，借记“材料采购”等账户，贷记“其他货币资金——信用证保证金”账户。

（3）企业接到银行收账通知，将未用完的信用证余额转回银行结算户时，借记“银行存款”账户，贷记“其他货币资金——信用证保证金”账户。

（六）存出投资款核算的会计处理

（1）企业向证券公司划出资金时，应按实际划出的金额，借记“其他货币资金——存出投资款”账户，贷记“银行存款”账户。

（2）企业购买股票、债券等时，根据持有金融资产的目的，按实际发生的金额，借记“交易性金融资产”或“可供出售金融资产”等账户，贷记“其他货币资金——存出投资款”账户。

例 2-10

某施工企业委托银行将 100 000 元汇往采购地某银行开立专门的存款账户。

借：其他货币资金——外埠存款　　100 000
　贷：银行存款　　100 000

例 2-11

某施工企业办理信用卡申领手续，缴存信用卡备用金存款为 50 000 元。

借：其他货币资金——信用卡　　50 000
　贷：银行存款　　50 000

例 2-12

某施工企业用银行汇票支付前欠货款，金额为 180 000 元。

借：应付账款　　180 000
　贷：其他货币资金——银行汇票　　180 000

随堂小测验 2-3

1.【单项选择题】存出投资款应在（　　）账户核算。

A.“其他应收款”　　B.“银行存款”

C.“其他货币资金”　　D.“交易性金融资产”

2.【单项选择题】企业取得银行汇票时，应根据银行盖章退回的申请书存根联借记（　）账户。

A.“其他货币资金——银行汇票存款”　　B.“银行汇票存款”

C.“其他货币资金——银行本票”　　D.“银行存款”

3.【多项选择题】下列各项中，通过“其他货币资金”账户核算的有（　　）。

A. 外埠存款　　B. 银行汇票存款

C. 短期债券投资　　D. 银行本票存款

4.【多项选择题】下列各项中，属于信用卡存款核算的会计处理的有（　　）。

A. 企业申领信用卡时，要按规定填制申请表，连同支票和有关资料一并送交发卡银行，再根据银行盖章退回的进账单第一联，借记“其他货币资金——信用卡”账户，贷记“银行存款”账户

B. 企业用信用卡购进货物或支付有关费用时，借记“原材料”“管理费用”“应交税费”等账户，贷记“其他货币资金——信用卡”账户

C. 企业向银行交纳保证金，根据银行退回的信用证委托书回单，借记“其他货币资金——信用证保证金”账户，贷记“银行存款”账户

D. 企业持卡人如需销户应到发卡银行办理。销户时，单位卡账户余额转入基本存款账户，借记“银行存款”账户，贷记“其他货币资金——信用卡”账户

5.【判断题】银行汇票如有多余款而退回款项时，借记“银行存款”账户，贷记“其他货币资金——银行汇票”账户。（　　）

6.【判断题】企业办理银行本票时，应先向银行提交银行本票申请书，并将款项交存银行，才能取得银行本票。（　　）

7.【判断题】企业向银行交纳保证金，根据退回的信用证来单通知书列明的金额登记入账。（　　）

□ 本章思考题

1. 简述现金的使用范围及内部控制制度。
2. 现金清查的方法是什么？如果现金发生短缺或盈余应如何进行会计处理？
3. 阐述银行存款账户如何开立和使用。
4. 银行结算方式有哪些？其主要区别是什么？
5. 简述未达账项的种类及银行存款余额调节表的编制方法。

□ 本章练习题

1. 资料：某施工企业2×18年6月30日收到的银行对账单的存款余额为67 000元，与银行存款日记账余额48 460元不符。经核对，公司与银行均无记账错误，但是发现有下列未达账款：

（1）6月28日，企业开出一张金额为15 800元的转账支票用以支付供货方货款，但供货方尚未持该支票到银行兑现。

（2）6月30日，企业收到购货方转账支票，金额为7 900元，已经送存银行，但银行未入账。

（3）6月30日，银行收企业的手续费为360元，银行已入账，而企业尚未入账。

（4）6 月 30 日，企业委托银行代收的款项为 11 000 元，银行已转入企业的存款户，但企业尚未收到通知入账。

假定该施工企业与银行的存款余额调整后核对相符。

要求：请代该施工企业完成以下银行存款余额调节表（见表 2－1）的编制。

表 2－1 银行存款余额调节表

单位：元

项目	金额	项目	金额
银行存款日记账余额		银行对账单余额	
加：银行已收、企业未收的款项合计		加：企业已收、银行未收的款项合计	
减：银行已付、企业未付的款项合计		减：企业已付、银行未付的款项合计	
调节后余额		调节后余额	

2. 甲公司是一家施工企业，以下是其 2×18 年 5 月份发生的与货币资金有关的经济业务：

（1）4 日，开出现金支票，从银行提取现金 5 000 元备用。

（2）7 日，采购员张三到北京某地采购材料，预借差旅费为 2 000 元，以现金支付。

（3）10 日，开出转账支票支付东方公司材料款及运费为 18 000 元，取得增值税普通发票。

（4）15 日，向证券公司开立的资金账户转账 300 000 元，准备购买证券。

（5）19 日，通过银行汇款 60 000 元，开立采购专户。

（6）22 日，以现金发放工资 56 000 元。

（7）22 日，填写汇款委托书交银行，偿还上月购货款 12 000 元。

（8）23 日，收到众人公司应付的工程款 86 000 元，存入银行。

（9）26 日，银行转来自来水公司托收承付结算凭证支款通知和有关凭证，支付管理部门耗用水费 600 元，取得增值税普通发票。

（10）28 日，公司以银行存款支付电话费 1 000 元。

要求：编制上述 10 笔经济业务的会计分录。

第三章 应收及预付款项

Chapter 3

学习目标

1. 掌握应收账款、坏账损失、预付账款、其他应收款、合同资产、合同资产减值准备核算的内容及其会计处理。

2. 理解应收票据、应收利息、应收股利核算的内容及其会计处理。

3. 了解长期应收款核算的内容及其会计处理。

导入案例

成都市路桥工程股份有限公司（简称成都路桥），成立于1988年，公司拥有公路工程施工总承包一级、市政公用工程施工总承包一级和公路路基工程专业承包一级、公路路面工程专业承包一级、桥梁工程专业承包一级、隧道工程专业承包一级、公路交通工程专业承包等资质；持有中华人民共和国进出口企业资格证书和中华人民共和国对外经济合作经营资格证书，可从事境外公路工程和境内国际招标工程施工、境外工程所需设备材料出口、对外派遣公路工程施工劳务人员等业务，通过了ISO9001：2008质量管理体系、ISO14001：2004环境管理体系、GB/T28001—2001职业健康安全管理体系认证。

2018年成都路桥的应收账款余额为827 372 082.82元，应收账款坏账准备为219 254 182.6元，应收账款账面价值为608 117 900.22元；预付账款账面价值为25 891 643.18元。该公司2018年财务报表附注显示，对应收款项分别按单项或组合计提减值准备。第一，该公司将金额为100万元以上的应收款项确认为单项金额重大的应收款项，并对单项金额重大的应收款项单独进行减值测试。单独测试未发生减值的应收款项，包括在具有类似信用风险特征的应收款项组合中进行减值测试；单项测试已确认减值损失的应收款项，不再包括在具有类似信用风险特征的应收款项组合中进行减值测试。第二，对单项金额不重大以及金额重大但单项测试未发生减值的应收款项，按信用风险特征的相似性和相关性对应收款项进行分组，并对组合采用账龄分析法计提减值准备。第三，对单项金额虽不重大但有客观证据表明其发生了较大的信用风险的应收款项，采用个别计价法单项计提其坏账准备。

资料来源：根据成都路桥2018年年度报告整理而得。

成都路桥对于应收及预付款项计提坏账准备的政策符合企业会计准则的规定吗？施工企业所涉及的应收及预付款项经济业务是如何进行会计处理的？应收及预付款项其计提坏账准备还有哪些方法？企业该如何选择？通过本章的学习，相信你会找到问题的答案。

第一节 应收账款及应收票据的核算

应收款项属于《企业会计准则第22号——金融工具确认和计量》的核算范围，是企业无条件收取合同对价的权利。只有在合同对价到期支付之前仅仅随着时间的流逝即可收款的权利，才是无条件的收款权。应收款项主要包括应收账款、应收票据、应收利息、应收股利、其他应收款以及长期应收款等。施工企业应加强对应收款项的管理，从而加快资金周转。

一、应收账款的核算

（一）应收账款核算的内容

1. 应收账款的范围及计价

应收账款是指施工企业因履行了合同中的单项履约义务，应向发包单位无条件收取合同对价的权利，且该权利仅取决于时间流逝因素，以及销售材料，提供劳务、作业等业务，应向购货单位或接受劳务、作业单位收取货款及劳务补偿的要求权。应收账款是施工企业在销售、结算过程中产生的债权，在正常情况下，应在短期内（1年或超过1年的一个营业周期内）收回。与施工企业施工生产经营业务无关的应收款项不包括在应收账款范围之内。

一般情况下，应收账款的入账金额，按买卖双方在成交时的实际发生额记账，但在采用含有折扣条件的方式销售时，应收账款的计价还要考虑折扣因素。

2. 合同资产的界定

合同资产，是指企业已向客户转让商品而有权收取对价的权利，且该权利取决于时间流逝之外的其他因素。如企业向客户销售两项可明确区分的商品，企业因已交付其中一项商品而有权收取款项，但收取该款项还取决于企业交付另一项商品的，企业应当将该收款权利作为合同资产。

企业应当按照《企业会计准则第22号——金融工具确认和计量》评估合同资产的减值，该减值的计量、列报和披露应当按照《企业会计准则第22号——金融工具确认和计量》和《企业会计准则第37号——金融工具列报》的规定进行会计处理。

3. 合同资产和应收账款的关系

合同资产和应收账款都是企业拥有的有权收取对价的合同权利，二者的区别在于，应收账款代表的是无条件收取合同对价的权利，即企业仅仅随着时间的流逝即可收款，而合同资产并不是一项无条件收款权，该权利除了时间流逝之外，还取决于其他条件（例如，履行合同中的其他履约义务）才能收取相应的合同对价。即应收账款仅承担信用风险，而合同资产除信用风险之外，还可能承担其他风险，如履约风险等。

合同资产符合金融资产的本质，其和应收账款相比就差一个时间以外的因素，即已经提供了商品或服务除了时间因素以外的应收债权。因此将合同资产核算的内容放在应收账款部分进行介绍。

（二）应收账款核算应设置的账户及其会计处理

1. 应收账款核算应设置的账户

为了核算以摊余成本计量的、企业因销售商品或提供劳务等日常活动应收取的款项，以及企业已向客户转让商品而有权收取对价的权利及该权利发生的减值情况，施工企业应设置下列会计账户：

（1）“应收账款”账户。“应收账款”账户核算和监督施工企业以摊余成本计量的、因结算工程价款或提供劳务和作业等应向客户收取的款项。其借方登记企业发生的应收账款；贷方登记已收回的应收账款、改用商业汇票结算的应收账款、已结转坏账损失的应收账款和以债务重组方式收回的债权等；期末借方余额反映尚未收回的各种应收账款的实际数。本账户应设置“应收工程款”和“应收销货款”两个明细账户，并分别按客户单位设置明细账进行核算。

（2）“合同资产”账户。“合同资产”账户核算施工企业已向客户转让商品而有权收取对价的权利。其借方登记企业在客户实际支付合同对价或在该对价到期应付之前，已经向客户转让了商品的应当按因已转让商品而有权收取对价的金额；贷方登记企业取得的无条件收款权利；期末借方余额反映企业已经向客户转让了商品的应当按因已转让商品而有权收取对价的金额且尚未取得无条件收款的权利。涉及增值税的，还应进行相应的处理。本账户应按合同进行明细核算。

（3）“合同资产减值准备”账户。“合同资产减值准备”账户核算合同资产的减值准备。其贷方登记合同资产发生减值的金额；借方登记转回已计提的资产减值准备金额；期末贷方余额反映企业已计提但尚未转销的合同资产减值。本账户应按合同进行明细核算。

2. 应收账款和合同资产核算的会计处理

（1）带息的应收款项，应于期末按照本金（或票面价值）与确定的利率计算的金额，增加其账面余额，并确认为利息收入，计入当期损益。

（2）施工企业发生应收已结算的工程账款时，按应收金额，借记“应收账款”账户，按已结算的工程价款，贷记“合同结算——价款结算”“应交税费——应交增值税（销项税额）”等账户；收回应收账款时，借记“银行存款”等账户，贷记“应收账款”账户。

（3）施工企业代垫项目工程费用时，借记“应收账款”账户，贷记“银行存款”等账户；收回代垫费用时，借记“银行存款”账户，贷记“应收账款”账户。

（4）施工企业应收账款改用商业汇票结算，在收到承兑的商业承兑汇票时，按票面价值，借记“应收票据”账户，贷记“应收账款”账户。

例3-1

某施工企业为增值税一般纳税人，2×18 年 1 月末承包了客户甲公司的工程，结算合同价款 2 000 000 元，采取一般计税方式，增值税税率为 9%。做如下会计分录：

借：应收账款——应收工程款（甲公司） 2 180 000
　贷：合同结算——价款结算 2 000 000
　　应交税费——应交增值税（销项税额） 180 000

例 3-2

某施工企业为增值税一般纳税人，于 2×18 年 7 月初向乙公司出售一批多余材料，开具的增值税专用发票上注明金额 85 000 元、增值税税额 11 050 元。该材料的控制权在交付时转移给乙公司，此时该施工企业取得无条件的收款权。若货款尚未收到，做如下会计分录：

借：应收账款——应收销货款（乙公司） 96 050
　贷：其他业务收入——材料销售收入 85 000
　　应交税费——应交增值税（销项税额） 11 050

例 3-3

2×18 年 4 月，某施工企业收到乙公司上一年度所欠材料款 32 000 元，并已存入银行。做如下会计分录：

借：银行存款 32 000
　贷：应收账款——应收销货款（乙公司） 32 000

例 3-4

若例 3-1 中甲公司将合同价款改为商业承兑汇票结算，做如下会计分录：

借：应收票据 2 180 000
　贷：应收账款——应收工程款（甲公司） 2 180 000

例 3-5

某施工企业为增值税一般纳税人，2×18 年 3 月 1 日与客户签订合同，销售工程施工剩余的甲、乙两种材料，合同价款为 3 000 元。合同约定，甲材料于合同开始日交付，乙材料在两个月之后交付，只有当甲、乙两种材料全部交付之后，施工企业才有权收取 3 000 元的合同对价。假定甲、乙两种材料构成两项履约义务，其控制权在交付时移交给客户，分摊至甲、乙两种材料的交易价格分别为 900 元和 2 100 元。上述价格均不含增值税，且假定不考虑其他相关税费影响。做如下会计分录：

（1）交付甲材料时：

借：合同资产 900
　贷：其他业务收入 900

（2）交付乙材料时：

借：应收账款 3 000
　贷：合同资产 900
　　其他业务收入 2 100

假设经核算该施工企业合同资产发生减值 100 元。

借：信用减值损失　　100
　贷：合同资产减值准备　　100

二、应收票据的核算

（一）应收票据核算的内容

1. 应收票据概念及其分类

应收票据是指施工企业因结算工程价款、对外销售产品或材料、提供劳务等业务而收到未到期票据所形成的债权。企业持有的尚未到期兑现的票据包括支票、本票、银行汇票和商业汇票等。在我国会计实务中，大部分票据都是即期票据，不需要作为应收票据核算，而这里的应收票据主要是指商业汇票。商业汇票流通范围广泛，在施工企业的债权债务结算过程中起着非常重要的作用。

应收票据按照不同的标准可以分为以下几类：

（1）按其承兑人不同，应收票据可以分为商业承兑汇票和银行承兑汇票。

商业承兑汇票是由收款人签发，经付款人承兑，或由付款人签发并承兑的商业汇票。

银行承兑汇票是由收款人或承兑申请人签发，并由承兑申请人向开户银行申请，经银行审查同意承兑的商业汇票。

（2）按其是否计息，应收票据可以分为带息票据和不带息票据。

带息票据是指票面上注明利率及付息日期的应收票据。在应收票据到期时，承兑人除了按票面金额向收款人或被背书人支付款项外，还要按票面金额和规定利率计算并支付到期利息的汇票。

不带息票据是指在应收票据到期时，承兑人只按票面金额向收款人或被背书人支付款项的汇票，票据上没有关于利息的规定。

2. 应收票据到期日的计算

按照国际惯例，应收票据到期日的计算有按日计算和按月计算两种方式，具体应用时应根据应收票据签发的期限是天数还是月份加以选择。

如果商业汇票签发的期限是天数，应收票据的到期日一般按日计算，即应从出票日起，按实际经历的天数计算。通常出票日和到期日只可计算一天，采用“算头不算尾”或“算尾不算头”的办法。例如，10 月 10 日出票的一张 50 天到期的商业汇票，其到期日应为 11 月 29 日（10 月份实有 21 天，“算尾不算头”）。

如果商业汇票签发的期限是月份，应收票据的到期日一般按月计算，即以应到期月份中与出票日相同的那一天为到期日。例如，8 月 18 日出票的一张 2 个月到期的商业汇票，其到期日应为 10 月 18 日。如果月末出票，不论月份大小，均以到期月份的最后一天为到期日。

3. 应收票据到期值的计算

施工企业收到的应收票据如果是不带息的，则应收票据的到期值为应收票据的票面价值；如果是带息的，还要计算票据的到期利息，则应收票据的到期值为应收票据的票面价值加上到期利息。由于我国商业汇票的付款期限最长不得超过 6 个月，因此，带息应收票据的到期利息一般是以单利计算的。其计算公式如下：

票据利息＝票据本金×利率×期限

票据到期值＝票据本金＋票据利息

＝票据本金×(1＋利率×期限)

式中，票据本金是指应收票据的票面价值；利率是指票面规定的利率，没有另外指明的，一般为年利率，如需换算成月利率或日利率，每月统一按 30 天计算，全年按 360 天计算。

例 3-6

某施工企业持有一张面值 200 000 元、利率 3%、3 个月到期的应收票据，其到期值的计算步骤为：

票据到期利息＝200 000×3%÷12×3＝1 500(元)

票据到期值＝200 000＋1 500＝201 500(元)

还持有一张面值 200 000 元、利率 3%、60 天到期的应收票据，其到期值的计算步骤为：

票据到期利息＝200 000×3%÷360×60＝1 000(元)

票据到期值＝200 000＋1 000＝201 000(元)

4. 应收票据的计价

(1) 施工企业应在收到、开出、承兑商业汇票时，按应收票据的票面价值入账。

(2) 带息应收票据应在期末时按应收票据的票面价值和确定的利率计算计提利息，计提的利息增加应收票据的账面余额。

(3) 到期不能收回的带息应收票据，转入“应收账款”账户核算后，期末不再计提利息，其所包含的利息在有关备查簿中登记，待实际收到时再冲减当期的财务费用。

(4) 施工企业持有的应收票据如有确凿证据表明其不能够收回或收回的可能性不大时，应按规定计提相应的坏账准备。

5. 应收票据的贴现

施工企业收到商业汇票，如在票据未到期前需要资金周转，可持未到期的应收票据向银行申请贴现。银行同意受理后，要从票据到期值中扣除票据自贴现日起至票据到期日止的利息，并将其余额即贴现净值支付给企业。这种利用未到期应收票据向银行融资的做法，称为应收票据贴现。银行所扣的利息称为银行贴现息，计算贴现息所使用的利率称为贴现率。贴现行为实质上是银行对企业的一种短期贷款。贴现时会发生各项费用，如贴现手续费、贴现利息等，这些费用一般应由持票人承担。应收票据贴现的计算包括以下步骤：

(1) 计算应收票据的到期值。不带息票据的到期值就是其面值；带息票据的到期值是它的面值与到期利息之和。

(2) 计算应收票据的贴现期。贴现期是指应收票据从贴现日到到期日的时间间隔，可以按日计算或按月计算。当按日计算时，贴现日与到期日只计算其中的一天。

(3) 计算应收票据的贴现息。

贴现息＝票据到期值×贴现率×贴现期

(4) 计算应收票据的贴现净值。

贴现净值＝票据到期值－贴现息

例 3-7

某施工企业因急需用款，于5月31日持一张面值100 000元、出票日4月21日、90天到期的商业承兑汇票向银行办理贴现，贴现率为5.5%。现分带息票据（假设年利率为3%）和不带息票据两种情况计算票据的贴现结果（见表3-1）。

表 3-1 商业承兑汇票贴现计算表　　单位：元

项目	不带息票据	带息票据
(1) 票据到期值	100 000	100 750
其中：票据面值	100 000	100 000
票据到期利息	0	750
(2) 贴现期（天）	50	50
(3) 贴现息：(1)×(2)×5.5%÷360	763.89	769.62
(4) 贴现净值：(1)－(3)	99 236.11	99 980.38

施工企业贴现不带息的应收票据，其贴现净值一定低于票据面值，二者之差作为利息支出计入财务费用；施工企业贴现带息的应收票据，其贴现净值可能低于票据面值，也可能高于票据面值，二者之差作为利息支出或利息收入也计入财务费用。

（二）应收票据核算应设置的账户及会计处理

应收票据核算以摊余成本计量的，企业因销售产品或材料、提供劳务等业务而收到的商业汇票，施工企业应设置“应收票据”账户。其借方登记企业因工程价款结算、对外销售产品或材料、提供劳务等收到开出、承兑的应收票据的面值及其应计利息；贷方登记到期收回、已背书转让、到期承兑人拒付以及未到期向银行贴现的应收票据的面值和应计利息，以及已结转坏账损失的应收票据。期末借方余额反映企业持有的商业汇票的票面金额。

企业还应设置应收票据备查簿，逐笔登记商业汇票的种类，号数和出票日，票面金额，交易合同号，付款人、承兑人、背书人的姓名或单位名称，到期日，背书转让日，贴现日，贴现率和贴现净额，以及收款日和收回金额、退票情况等资料。商业汇票到期结清票款或退票后，在应收票据备查簿中应予注销。

例 3-8

2×18年1月初，某施工企业收到A公司签发的6个月到期的商业承兑汇票一张，票面金额为500 000元，票面利率为3%，用以抵顶所欠工程款。做如下会计分录：

(1) 收到商业承兑汇票时：

借：应收票据　　500 000

　　贷：应收账款——A公司　　500 000

(2) 每月末计提利息时：

每月利息＝500 000×3%÷12＝1 250(元)

借：应收票据 1 250

　贷：财务费用 1 250

（3）6个月后票据到期收回本息时：

票据到期利息＝500 000×3%÷12×6＝7 500(元)

借：银行存款 507 500

　贷：应收票据 507 500

（4）6个月后票据到期，假设A公司无款支付：

借：应收账款——A公司 507 500

　贷：应收票据 507 500

例3-9

A施工企业为增值税一般纳税人，2×18年2月A企业向B公司结算合同价款109 000元（含增值税），增值税税率为9%，此时A企业取得了无条件的收款权。A企业收到B公司签发的一张3个月到期的银行承兑汇票，面值为109 000元。做如下会计分录：

（1）与B公司结算合同价款时：

借：应收账款——B公司 109 000

　贷：合同结算——价款结算——某项目 100 000

　　应交税费——应交增值税（销项税额） 9 000

（2）收到银行承兑汇票时：

借：应收票据 109 000

　贷：应收账款——B公司 109 000

（3）3个月后票据到期收款时：

借：银行存款 109 000

　贷：应收票据 109 000

例3-10

接例3-7，A企业办理票据贴现时，贴现率为5.50%。带息票据年利率为3%，应做如下会计分录：

不带息时：

借：银行存款 99 236.11

　　财务费用 763.89

　贷：应收票据 100 000

带息时：

借：银行存款 99 980.38

　　财务费用 19.62

　贷：应收票据 100 000

已贴现的应收票据如果是银行承兑汇票，在票据到期时，若出现付款人的银行存款账户不足支付的情况，则其开户银行负有向贴现银行无条件支付票款的责任，然后再由其开户银行向付款人执行扣款。由于有银行信用作保证，所以企业贴现银行承兑汇票时一般不会形成或有负债。

企业贴现的应收票据如果是商业承兑汇票，在票据到期时，若付款人存款账户不足支付，贴现银行将按规定将汇票退给贴现企业，并要求贴现企业退回已贴现票据的到期价值。这样企业就可能发生或有负债，即企业以商业承兑汇票向银行贴现时，要承担由于背书行为而须负担的连带付款责任，这种责任在会计上称为或有负债，它的数额大小需要在会计上予以反映。具体处理方法有以下两种：

第一种方法是为了反映这种或有负债的存在，应单独设置“应收票据贴现”账户，作为“应收票据”账户的备抵账户，核算已向银行贴现的应收票据的票面金额，待贴现票据到期收回票款后，再将两个账户对冲转销，即借记“应收票据贴现”账户，贷记“应收票据”账户，以解除企业的或有负债。应收票据贴现项目作为应收票据项目的抵减项目反映。外商投资企业采用这种处理方法。

第二种方法是企业不设“应收票据贴现”账户，在商业承兑汇票贴现或背书转让时直接冲销已入账的应收票据，并在财务报表附注中说明因贴现或转让商业承兑汇票而产生的或有负债金额，待票据到期结清票款后，再将应收票据备查簿中的相关记录予以注销。在企业会计实务中，大部分企业包括施工企业均采用这种处理方法。

随堂小测验 3－1

1.【单项选择题】下列选项中，在确认销售收入时不影响应收账款入账金额的是（　　）。

A. 销售价款　　B. 现金折扣

C. 增值税销项税额　　D. 销售产品代垫的运杂费

2.【单项选择题】下列票据中应通过“应收票据”账户核算的是（　　）。

A. 银行汇票　　B. 银行本票　　C. 银行支票　　D. 商业汇票

3.【多项选择题】在下列项目中，属于应收账款范围的有（　　）。

A. 应收工程款　　B. 应收外单位的赔偿款

C. 应收投标保证金　　D. 施工企业代垫费用

4.【多项选择题】应收票据应按（　　）计价。

A. 面值　　B. 现值　　C. 面值加利息　　D. 市价

5.【判断题】企业应向职工收取的暂付款项可在“应收账款”账户进行核算。（　　）

6.【判断题】带息应收票据，应在期末时按应收票据的票面价值和确定的利率计算利息，并增加应收票据的账面余额。（　　）

第二节　坏账损失的核算

一、坏账损失核算的内容

施工企业只要存在应收款项就有发生坏账的可能，因此，根据稳健性原则，施工企业应当定期或者至少每年年度终了，对应收款项和预付款项进行全面检查，预计各应收及预付款项可能发生的坏账，对于没有把握能够收回的应收及预付款项，应当计提坏账准备；对于不能收回的应收及预付款项应当查明原因，追究责任。

（一）坏账损失的确认

坏账是指施工企业无法收回的应收及预付款项。由于发生坏账而产生的损失，称为坏账损失。施工企业确认坏账损失应符合下列条件之一：

（1）有确凿证据表明该项应收款项不能收回，如债务单位已经撤销、破产；

（2）有确凿证据表明该项应收款项收回的可能性不大，如债务单位资不抵债、现金流量严重不足、发生严重的自然灾害等导致停产而在短时间内无法偿付债务等；

（3）应收款项逾期3年以上。

施工企业如果存在下列情况，一般不能全额计提坏账准备：

（1）当年发生的应收款项；

（2）计划对应收款项进行重组；

（3）与关联方发生的应收款项；

（4）其他已逾期但无确凿证据证明不能收回的应收款项。

施工企业对于不能收回的应收款项应当查明原因，追究责任，并根据企业的管理权限，经股东大会、董事会、经理（厂长）会议或类似机构批准作为坏账损失，冲销提取的坏账准备。企业对于已经确认为无法收回的应收账款，不能放弃对它的追索权，一旦有机会重新收回，应及时入账处理。

（二）坏账准备的计提政策及范围

（1）施工企业自行确定计提坏账准备的方法。施工企业应当列出目录，具体注明计提坏账准备的范围、提取方法、账龄的划分和提取比例，按照管理权限，经股东大会、董事会、经理（厂长）会议或类似机构批准，按照法律、行政法规的规定报有关各方备案，并备置于公司所在地。

（2）坏账准备提取方法一经确定，不得随意变更，如需变更，应经批准后报送有关各方备案，并在财务报表附注中予以说明。

（3）施工企业的应收及预付款项，如应收账款、应收票据、预付工程款、预付备料款、预付购货款、其他应收款、长期应收款等，有客观证据表明发生减值的，应当计算确定减值损失，计提坏账准备。一般情况下，对于施工企业发生的投标保证金、在工程合同期内的履约保证金、备用金以及公司系统内部的往来款项等一般不计提减值准备。

（三）坏账损失的估计与核算

施工企业只能采用备抵法核算坏账损失。备抵法是按期预先估计坏账损失，计提坏账准备，当发生坏账损失时，根据其数额冲减坏账准备，同时注销原应收账款的记录。

《〈企业会计准则第22号——金融工具确认和计量〉应用指南2018》对应收账款计提坏账准备进行了如下规定：对于单项金额重大的应收款项，应当单独进行减值测试。有客观证据表明其发生了减值的，应当根据其未来现金流量现值低于其账面价值的差额，确认减值损失，计提坏账准备。对于单项金额非重大的应收款项可以单独进行减值测试，确定减值损失，计提坏账准备；也可以与经单独测试后未减值的应收款项一起按类似信用风险特征划分为若干组合，再按这些应收款项组合在资产负债表日余额的一定比例计算确定减值损失，计提坏账准备。企业应当根据以前年度与之相同或相类似的、具有类似信用风险特征的应收款项组合的实际损失率，结合现实情况确定本期各项组合计提坏账准备的比例，如大多数企业采用账龄分析法预计应收款项的减值损失。在账龄分析法下，通常编制账龄分析表（见表3-2）。

表3-2 中国中冶2017年账龄分析表 金额单位：元

应收款项账龄	应收款项金额	预计损失率（%）	预计损失金额
1年内小计	4 799 554.30	5	239 977.72
1～2年（含2年）	1 323 763.90	10	132 376.39
2～3年（含3年）	898 894.70	30	269 668.41
3～4年（含4年）	626 079.60	50	313 039.70
4～5年（含5年）	452 334.50	80	361 867.60
5年以上	569 571.10	100	569 571.10
合计	8 670 198.10	—	1 886 500.92

表3-2中的预计损失率是各施工企业根据以前的实际坏账率，结合现实情况确定的本期各个组合计提坏账准备的比例，具有行业和企业自身特点。

二、坏账损失核算应设置的账户

在采用备抵法处理坏账损失的施工企业中，为了核算坏账准备的提取和坏账损失的发生等情况，应设置"坏账准备"账户。该账户核算企业以摊余成本计量的应收账款等金融资产以预期信用损失为基础计提的损失准备，是各应收及预付款项账户的备抵账户。其贷方登记提取的坏账准备、收回以前已确认并转销的坏账损失以及应提取坏账准备的金额大于本账户账面余额的差额；借方登记已发生的坏账损失和应提取坏账准备的金额小于本账户账面余额的差额；期末贷方余额反映已经提取但尚未冲销的坏账准备。该账户可以按照应收账款的类别进行明细核算。

三、坏账损失核算的会计处理

在备抵法下，采用期末余额百分比法估计坏账损失，其主要经济业务如下：

（1）当施工企业首次计提坏账准备时，根据年末应收款项余额的一定比例，借记"信用减值损失"账户①，贷记"坏账准备"账户。

（2）在施工企业发生坏账时，借记"坏账准备"账户，贷记"应收账款"账户。

（3）对于已确认并转销的应收账款以后又收回的，应按实际收回的金额，借记"应收账款"等账户，贷记"坏账准备"账户；同时借记"银行存款"账户，贷记"应收账款"等账户。也可以只做一笔会计分录，即直接按实际收回的金额借记"银行存款"账户，贷记"坏账准备"账户。对于已确认并转销的应收账款以后又收回的，也可按实际收回的金额，借记"银行存款"科目，贷记"坏账准备"科目。

（4）施工企业在首次计提坏账准备之后，每年年末计提坏账准备时，应视情况分别进行会计处理。

---

① "信用减值损失"账户的具体核算内容请参见第五章金融资产中的第三节金融资产的减值相关内容。

1）当“坏账准备”账户的余额在贷方，并小于应提取数额时，应按其差额补提，借记“信用减值损失”账户，贷记“坏账准备”账户。

2）当“坏账准备”账户的余额在贷方，并大于应提取数额时，应按其差额冲回，借记“坏账准备”账户，贷记“信用减值损失”账户。

3）当“坏账准备”账户的余额在贷方，并等于应提取数额时，不做会计分录。

4）当“坏账准备”账户的余额在借方时，按应提取数额与借方余额之和提取坏账准备，借记“信用减值损失”账户，贷记“坏账准备”账户。

总之，无论在哪种情况下，按应收款项年末余额的一定比例所计提的坏账准备，都应和当年“坏账准备”账户调整后的年末余额相一致。以应收账款为例，说明坏账损失核算的会计处理流程（见图 3-1）。

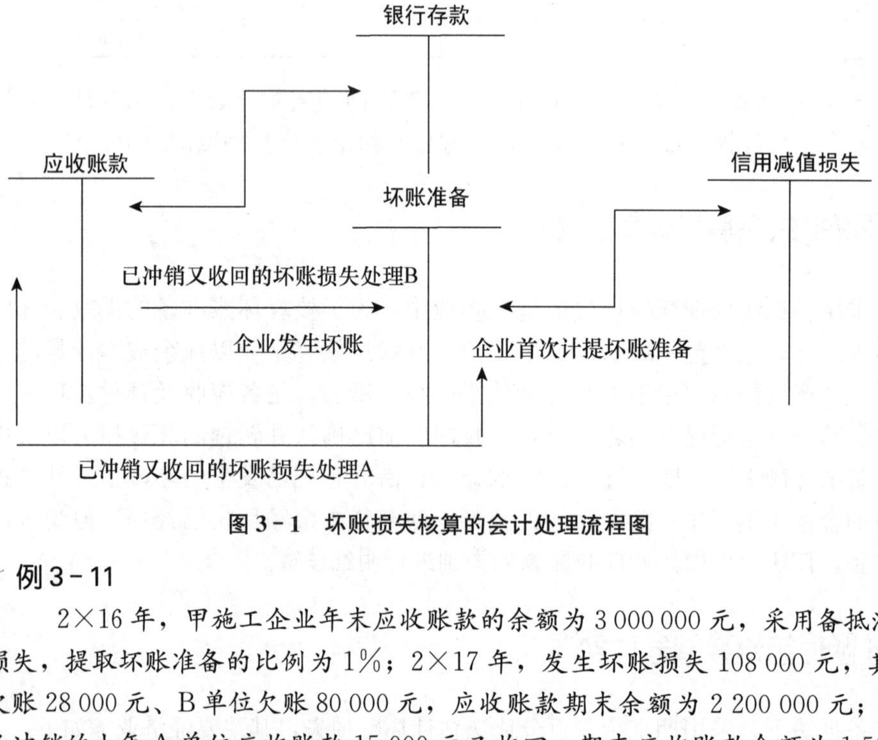

图 3-1　坏账损失核算的会计处理流程图

例 3-11

2×16 年，甲施工企业年末应收账款的余额为 3 000 000 元，采用备抵法核算坏账损失，提取坏账准备的比例为 1%；2×17 年，发生坏账损失 108 000 元，其中 A 单位欠账 28 000 元、B 单位欠账 80 000 元，应收账款期末余额为 2 200 000 元；2×18 年，已冲销的上年 A 单位应收账款 15 000 元又收回，期末应收账款余额为 1 500 000 元。企业各年坏账准备的计算结果及会计分录如下。

（1）2×16 年年末：

应提坏账准备＝3 000 000×1%＝30 000(元)

借：信用减值损失　　30 000

　　贷：坏账准备　　30 000

（2）2×17 年，发生坏账损失时：

借：坏账准备　　108 000

　　贷：应收账款——A 单位　　28 000

　　　　　　　　——B 单位　　80 000

（3）2×17 年年末：

应提坏账准备＝2 200 000×1％＝22 000(元)

应调整坏账准备＝22 000＋108 000－30 000＝100 000(元)

借：信用减值损失　　100 000

　贷：坏账准备　　100 000

(4) 2×18 年，收回上年已冲销的应收账款时：

借：应收账款——A 单位　　15 000

　贷：坏账准备　　15 000

同时：

借：银行存款　　15 000

　贷：应收账款——A 单位　　15 000

(5) 2×18 年年末，

应提坏账准备＝1500 000×1％＝15 000(元)

应调整坏账准备＝15 000－37 000＝－22 000(元)

借：坏账准备　　22 000

　贷：信用减值损失　　22 000

会计处理流程如图 3－2 所示。

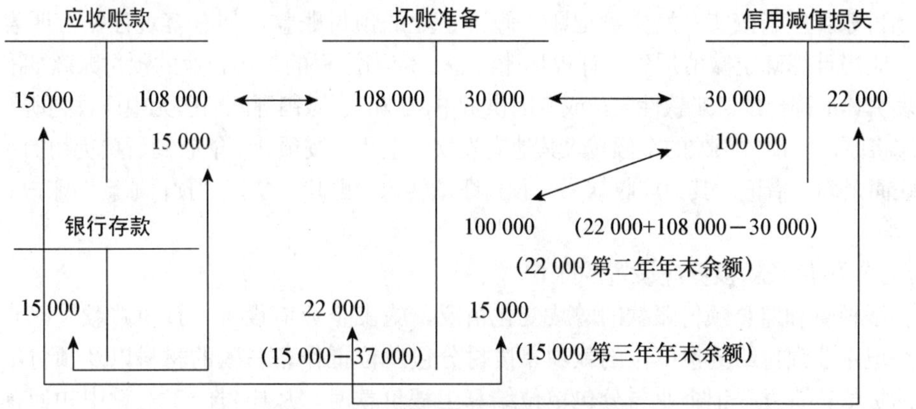

图 3－2　例 3－11 的会计处理流程图

随堂小测验 3－2

1.【单项选择题】A 企业应按期计提坏账准备，对于已确认的坏账损失，应借记（　　）账户。

A. “管理费用”　　B. “财务费用”

C. “坏账准备”　　D. “信用减值损失”

2.【单项选择题】A 企业 2×17 年年末坏账准备借方余额为 1 000 元，2×18 年 1 月末，应收账款借方余额为 68 000 元，当月发生坏账损失 1 500 元，按应收账款余额的 2％计提坏账准备，则该企业 2×18 年 1 月末坏账准备的余额为（　　）。

A. 借方 2 500 元　B. 贷方 1 360 元　C. 贷方 1 500 元　D. 借方 1 140 元

3.【多项选择题】下列各项中，应记入“坏账准备”账户贷方的有（　　）。

A. 按规定提取的坏账准备

B. 当期发生的坏账损失

C. 收回已确认为坏账并转销的应收账款

D. 冲回多提的坏账准备

4.【多项选择题】下列各项中，应计提坏账准备的有（　　）。

A. 应收账款　　B. 预付账款　　C. 投标保证金　　D. 应收票据

5.【判断题】施工企业的坏账准备提取方法一经确定，不得随意变更。（　　）

6.【判断题】按应收款项年末余额的一定比例计提的坏账准备，应和当年“坏账准备”账户调整后的年末余额相一致。（　　）

第三节　预付账款和其他应收款的核算

一、预付账款的核算

（一）预付账款核算的内容

预付账款是指施工企业按照工程合同规定预付给承包单位的款项，包括预付工程款和预付备料款，以及按照购货合同规定预付给供应单位的购货款。

预付账款应当按实际发生额记账。施工企业的预付账款，如有客观证据表明发生减值时，应当计算确定减值损失，计提坏账准备。应当注意的是，企业的预付账款如有确凿证据表明其不符合预付账款性质，或者因供货单位破产、撤销等原因已无望再收到所购货物的，应将原计入预付账款的金额转入其他应收款。企业应按预计不能收到所购货物的预付账款的账面余额，借记“其他应收款——预付账款转入”账户，贷记“预付账款”账户。

（二）预付账款核算应设置的账户

为了核算和监督预付账款的增减变化情况，施工企业应设置“预付账款”账户。其借方登记企业预付给分包单位的款项、拨付分包单位抵作备料款的材料以及预付给供应单位的货款；贷方登记企业与分包单位结算工程价款时，从应付的工程款中扣回预付的工程款、备料款和用预付购货款抵作应付供应单位购货款的数额，以及已结转坏账损失的预付账款。期末余额如果在借方，反映企业已经预付但尚未结算的款项；如为贷方余额，反映企业尚未补付的款项。本账户应分别设置“预付分包单位款”和“预付供应单位款”两个明细账户，并分别按工程分包单位和物资供应单位名称设置明细账进行核算。

预付账款不多的企业，可不设置“预付账款”账户，而是将预付的款项直接记入“应付账款”账户的借方。但在期末编制资产负债表时，要将“预付账款”和“应付账款”的金额分别列示。

【特别提示】如果具有总承包资质的施工企业作为项目总承包方，对所承包的项目又进行了专业技术分包和劳务分包，向分包方预付分包款项时，总承包方应根据同城或异地项目以及不同的计税方式，采取相应的会计处理。

同城项目是指施工企业所承揽的项目地与企业机构所在地为同一县（市、区）。异地项目是指施工企业所承揽的项目地与企业机构所在地不在同一县（市、区）。异地项目按照国家税务总局公告2016年第17号的规定，应当在项目地不超过6个月内预缴增值税及其附加税。增值税计税方法，包括一般计税方法和简易计税方法。一般纳税人发生应税行为采用一般计税方法计税，适用法定税率，建筑服务适用税率9%，一般计税方法下的销售额为纳税人收取的全部价款和价外费用；小规模纳税人发生应税行为采用简易计税方法计税，适用征收率，建筑服务征收率为3%，简易计税方法下的销售额为纳税人收取的全部价款和价外费用扣除分包款后的余额，即差额纳税。纳税人跨县（市、区）提供建筑服务（异地项目），按照以下方式计算应预缴增值税税款：

（1）适用一般计税方法计税的：

应预缴税款＝(全部价款和价外费用－支付的分包款)÷(1＋9%)×2%

（2）适用简易计税方法计税的：

应预缴税款＝(全部价款和价外费用－支付的分包款)÷(1＋3%)×3%

一般纳税人施工企业提供建筑服务，可以选择简易计税方法的情况主要有：清包工、甲供材、开工日期为2016年4月30日前的施工项目（简称老项目）以及建筑工程总承包单位为房屋建筑的地基与基础、主体结构提供工程服务，建设单位自行采购全部或部分钢材、混凝土、砌体材料、预制构件。

（三）预付账款核算的会计处理

1．一般纳税人施工企业（总承包方）预付给分包单位（专业技术承包方或劳务分包方）账款的核算

（1）预付分包单位工程款和备料款时：

借：预付账款——预付分包单位款

　贷：银行存款

若一般纳税人施工企业承揽的跨县（市、区）项目（异地项目），采用简易计税方法，预付分包款后取得分包方开具的增值税发票时，企业支付的分包款项允许扣减销售额，具体分录为（参见财会〔2016〕22号）：

应交税费＝支付的分包款÷(1＋3%)×3%

借：应交税费——简易计税

　贷：合同履约成本

（2）拨付分包单位抵作备料款的材料，增值税下，应视为销售：

借：预付账款——预付分包单位款

　贷：其他业务收入——销售材料收入

　　　应交税费——应交增值税（销项税额）

同时，结转销售材料成本：

借：其他业务支出

　贷：原材料

（3）企业与分包单位结算工程价款，根据分包单位提出的工程价款结算账单结算工程款时：

借：合同履约成本

　贷：应付账款——应付工程款

同时，从应付工程款中扣回预付的工程款和备料款：

借：应付账款——应付工程款

贷：预付账款——预付分包单位款

施工企业预付分包单位款项核算的会计处理流程如图 3-3 所示。

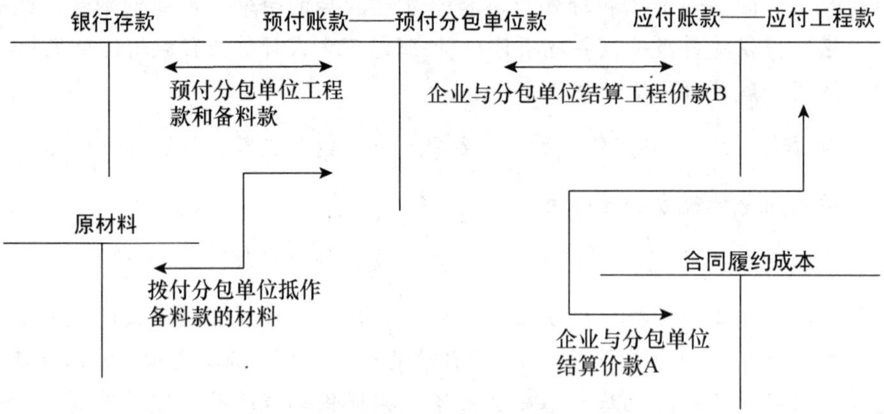

图 3-3 施工企业预付分包单位款项核算的会计处理流程图

2. 企业预付给供应单位预付账款的核算

(1) 预付给供应单位货款时：

借：预付账款——预付供应单位款

贷：银行存款

(2) 收到所购物资的增值税专用发票账单时：

借：材料采购

应交税费——待认证进项税额（取得增值税专用发票未认证时）

或 应交税费——应交增值税（进项税额）（取得增值税专用发票已认证时）

贷：应付账款

同时：

借：应付账款

贷：预付账款——预付供应单位款

施工企业预付供应单位货款核算的会计处理流程如图 3-4 所示。

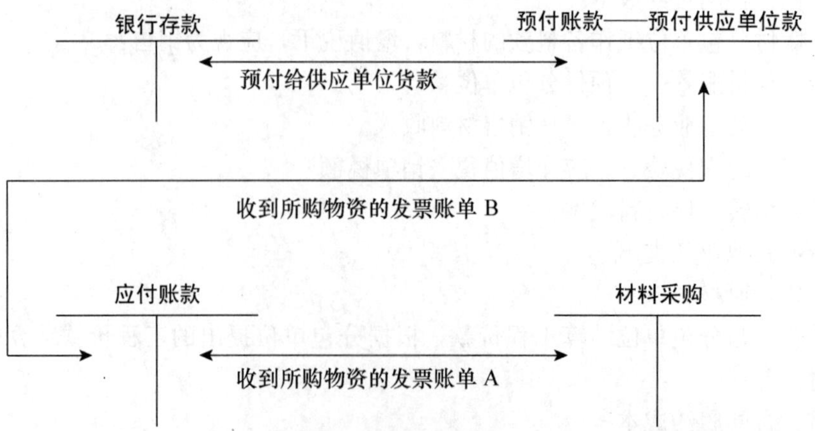

图 3-4 施工企业预付供应单位货款核算的会计处理流程图

例 3－12

某施工企业为增值税一般纳税人，2×18 年 3 月承揽与其机构所在地为同一城市的项目，按照合同规定，预付分包 A 施工企业工程款 2 000 000 元。做如下会计分录：

借：预付账款——预付分包单位款（A 企业）　2 000 000
　贷：银行存款　2 000 000

例 3－13

某施工企业为增值税一般纳税人，2×18 年 6 月按合同规定拨付材料一批给分包 A 施工企业抵作备料款，材料作价 452 000 元（含增值税），材料成本为 300 000 元，材料销售增值税税率为 13%。做如下会计分录：

借：预付账款——预付分包单位款（A 企业）　452 000
　贷：其他业务收入　400 000
　　应交税费——应交增值税（销项税额）（452 000÷(1+13%)×13%）
　　　52 000

同时，结转材料销售成本：

借：其他业务支出　300 000
　贷：原材料　300 000

例 3－14

某施工企业为增值税一般纳税人，2×18 年 6 月承揽与其机构所在地为同一城市的项目，收到分包 B 企业转来的工程价款结算账单。根据合同及结算单，该施工企业应向 B 企业支付已完工程款 1 620 000 元，取得增值税专用发票上注明增值税税额 210 600 元，并已认证，扣还预付工程款 540 000 元、预付备料款 324 000 元，余额用银行存款支付。做如下会计分录：

(1) 向分包方 B 企业结算工程价款时：

借：合同履约成本　1 620 000
　　应交税费——应交增值税（进项税额）　210 600
　贷：应付账款——应付工程款（B 企业）　1 830 600

同时，

借：应付账款——应付工程款（B 企业）　864 000
　贷：预付账款——预付分包单位款（B 企业）　864 000

(2) 支付工程余款时：

借：应付账款——应付工程款（B 企业）　966 600
　贷：银行存款　966 600

二、其他应收款的核算

（一）其他应收款核算的内容、应设置的账户及其会计处理

1. 其他应收款核算的内容

其他应收款核算以摊余成本计量的、施工企业对其他单位和个人除了应收票据、

应收账款、预付账款、应收股利、应收利息、长期应收款、存出保证金、买入返售金融资产、应收代位追偿款、应收分保账款、应收分保未到期责任准备金、应收分保保险责任准备金等经营活动以外的其他各种应收、暂付的款项，包括不设置“备用金”账户的企业拨出的备用金，应收的各种赔款、罚款、投标保证金、履约保证金的交纳与收回，应向职工收取的各种垫付款项，以及已不符合预付账款性质而按规定转入的预付账款等。

其他应收、暂付款主要包括应收的各种赔款、罚款；应收出租包装物租金；应向职工收取的各种垫付款项；备用金（向企业各部门拨出的备用金）；保证金，如投标保证金、履约保证金、租入包装物支付的押金（如水泥纸袋押金）、保函押金等；预付账款转入；其他各种应收、暂付款项。

施工企业应当定期或者至少每年年度终了，对其他应收款进行检查，预计其可能发生的坏账损失，并计提坏账准备。企业对于不能收回的其他应收款应当查明原因，追究责任。对确实无法收回的，按照企业的管理权限，经股东大会或董事会、经理（厂长）会议或类似机构批准作为坏账损失，冲销提取的坏账准备。

2. 其他应收款核算应设置的账户及其会计处理

为了核算和监督其他应收款的发生和结算情况，施工企业应设置“其他应收款”账户。其借方登记企业发生的各种其他应收款项和已确认并转销坏账损失的其他应收款以后又收回的金额；贷方登记收回的各种其他应收款项以及经批准作为坏账的其他应收款；期末借方余额反映企业尚未收回的其他应收款。“其他应收款”账户可按对方单位（或个人）进行明细核算。施工企业的备用金数额较大且收支频繁时，可以单独设置“备用金”账户进行核算。

例 3-15

某施工企业因自然灾害造成材料物资毁损，保险公司确认赔偿 20 000 元。做如下会计分录：

借：其他应收款——保险公司　　20 000
　贷：待处理财产损溢——待处理流动资产损溢　　20 000

例 3-16

某施工企业职工张某预借差旅费 2 500 元。做如下会计分录：

借：其他应收款——张某　　2 500
　贷：库存现金　　2 500

例 3-17

接例 3-15，该施工企业收到保险公司赔款 20 000 元。做如下会计分录：

借：银行存款　　20 000
　贷：其他应收款——保险公司　　20 000

例 3-18

接例 3-16，张某出差回来后持增值税普通发票报销差旅费 2 000 元，交回现金 500 元。做如下会计分录：

借：库存现金　　500

　　管理费用　　2 000

　贷：其他应收款——张某　　2 500

例 3-19

经批准，某施工企业有 1 400 元的其他应收款作为坏账处理。做如下会计分录：

借：坏账准备　　1 400

　贷：其他应收款　　1 400

(二) 应收利息的核算

应收利息是指施工企业因持有交易性金融资产、债权投资、其他债权投资、发放贷款、存放中央银行款项、拆出资金、买入返售金融资产等而应收取的利息。应收利息属于企业的短期债权，与企业的日常施工及生产经营活动没有直接关系，应按照金融服务业相关规定缴纳增值税。

1. 应收利息核算应设置的账户

为了核算企业因持有交易性金融资产、债权投资、其他债权投资等而形成的债权，施工企业应设置“应收利息”账户。其借方登记企业在取得交易性金融资产时支付的价款中所包含的已到付息期但尚未领取的利息；在取得的债权投资中所包含的已到付息期但尚未领取的利息；资产负债表日，在企业持有的分期付息、到期还本的债权投资中，按照票面利率计算确定的应收未收利息。其贷方登记已收回的应收利息。期末余额一般在借方，反映企业尚未收回的利息。本账户应当按照借款人或被投资单位进行明细核算。

【特别提示】企业购入的到期一次还本付息的债权投资，在持有期间确认的利息收入，应在“债权投资”账户核算，不在“应收利息”账户核算。

2. 应收利息核算的主要会计处理

(1) 企业购入分期付息、到期还本的债权投资时：

借：应收利息（已到付息期按面值和票面利率计算确定的应收未收利息）

　　债权投资——利息调整（票面利息收入小于实际利息收入的差额）

　贷：投资收益（按摊余成本与实际利率计算确定的实际利息）

　　　债权投资——利息调整（票面利息收入大于实际利息收入的差额）

(2) 企业购入分期付息、到期还本的债券并划分为其他债权投资时：

借：应收利息（已到付息期按面值和票面利率计算确定的应收未收利息）

　　其他债权投资——利息调整（票面利息收入小于实际利息收入的差额）

　贷：投资收益（按摊余成本与实际利率计算确定的实际利息）

　　　其他债权投资——利息调整（票面利息收入大于实际利息收入的差额）

(三) 应收股利的核算

应收股利是指施工企业因金融资产投资或长期股权投资，而应收取的现金股利和应收取其他单位分配的利润。应收股利和应收利息性质相似，均属于企业的短期债权，且与企业的日常施工及生产经营活动没有直接关系。

1. 应收股利核算应设置的账户

为核算企业在持有交易性金融资产、其他债权投资和长期股权投资时，所发生的应收取的现金股利和应收取其他单位分配的利润，施工企业应设置“应收股利”账户。其借方登记企业取得交易性金融资产、其他债权投资和长期股权投资时，支付的价款中所包含的已宣告但尚未发放的现金股利；企业持有交易性金融资产、其他债权投资和长期股权投资期间，被投资单位宣告发放的现金股利或利润中，企业按照应享有份额计算的部分。贷方登记企业实际收到的现金股利或利润。期末余额一般在借方，反映企业尚未收回的现金股利或利润。本账户应按照被投资单位设置明细账进行明细核算。

2. 应收股利核算的主要会计处理

根据《企业会计准则解释第 3 号》的规定，采用成本法核算的长期股权投资，除取得投资时实际支付的价款或对价中包含的已宣告但尚未发放的现金股利或利润外，投资企业应当按照享有被投资单位宣告发放的现金股利或利润确认投资收益，不再划分是否属于投资前或投资后被投资单位实现的净利润。

(1) 被投资单位宣告发放现金股利或利润时，按应归本企业享有的金额：

借：应收股利

　贷：投资收益

(2) 收到现金股利或利润时：

借：银行存款

　贷：应收股利

随堂小测验 3-3

1. 【单项选择题】某施工企业预付了购货款，但供货单位突然破产，该施工企业估计无望再收到所购货物，则预付购货款应转入（　　）账户。

A. “应收账款”　　B. “信用减值损失”

C. “长期应收款”　　D. “其他应收款”

2. 【单项选择题】2×18 年 3 月末，某施工企业按照合同规定，预付分包 A 施工企业工程款 820 000 元、备料款 260 000 元，则应记入“预付账款”账户的金额为（　　）元。

A. 820 000　　B. 260 000　　C. 1 080 000　　D. 560 000

3. 【多项选择题】下列各项中，应通过“其他应收款”科目核算的有（　　）。

A. 为购货方代垫的运费　　B. 应收保险公司的各项赔款

C. 应向职工收取的各种垫付款　　D. 履约保证金

4. 【多项选择题】下列各项中，会引起应收账款账面价值发生变化的有（　　）。

A. 计提坏账准备　　B. 收回应收账款

C. 转销坏账准备　　D. 收回已转销的坏账

5. 【判断题】施工企业的预付账款，如有客观证据表明发生减值时，应当计提坏账准备。（　　）

6. 【判断题】应收股利属于企业的短期债权，与企业的日常施工及生产经营活动有直接关系。（　　）

第四节 长期应收款的核算

一、长期应收款核算的内容

长期应收款是指施工企业作为出租人融资租赁资产时产生的应收款项，以及采用递延方式分期收款、实质上具有融资性质的销售商品和提供劳务等经营活动产生的无条件收取合同对价的权利。长期应收款从资产的流动性上看，应属于企业非流动资产的范畴。施工企业对融资租赁的资产在确认租金收入时，根据营改增相关规定涉及增值税问题，应按租赁服务计缴增值税①。

二、长期应收款核算应设置的账户及其会计处理

（一）长期应收款核算应设置的账户

为了核算施工企业长期应收款的发生和收回以及实质上构成对被投资单位净投资的长期权益，施工企业应设置下列会计账户。

1. “长期应收款”账户

施工企业设置“长期应收款”账户，其借方登记出租人融资租赁产生的应收租赁款、采用递延方式分期收款销售商品或提供劳务等经营活动产生的长期应收款等；贷方登记收到承租人或购货单位偿还的款项，对被投资单位确认的投资损失，以及已结转坏账损失的长期应收款。期末借方余额，反映企业尚未收回的长期应收款。本账户可按债务人进行明细核算。

2. “未实现融资收益”账户

“未实现融资收益”账户核算企业应当分期计入租赁收入或利息收入的未实现融资收益。其借方登记按期采用实际利率法计算确定的租赁收入或利息收入；贷方登记融资租赁时，最低租赁收款额、初始直接费用、未担保余值之和与最低租赁收款额、初始直接费用、未担保余值的现值的差额，以及采用递延方式分期收款销售时，应收合同或协议价款与应收合同或协议价款的公允价值与增值税税额的差额。期末贷方余额反映企业未实现融资收益的余额。本账户应当按照未实现融资收益的项目进行明细核算。

（二）长期应收款核算的会计处理

（1）出租人融资租赁产生的应收租赁款，在租赁期开始日，应按租赁开始日最低租赁收款额与初始直接费用之和，借记“长期应收款”账户；按未担保余值，借记

① 根据财税〔2016〕36号文件附件《销售服务、无形资产、不动产注释》的规定，融资租赁服务，是指具有融资性质和所有权转移特点的租赁活动，即出租人根据承租人所要求的规格、型号、性能等条件购入有形动产或者不动产租赁给承租人，合同期内租赁物所有权属于出租人，承租人只拥有使用权；合同期满付清租金后，承租人有权按照残值购入租赁物，以拥有其所有权。不论出租人是否将租赁物销售给承租人，均属于融资租赁。按照标的物的不同，融资租赁服务可分为有形动产融资租赁服务和不动产融资租赁服务。

“未担保余值”账户；按融资租赁资产的公允价值（最低租赁收款额和未担保余值的现值之和），贷记“融资租赁资产”账户；按融资租赁资产的公允价值与账面价值的差额，借记“营业外支出”账户或贷记“营业外收入”账户；按发生的初始直接费用，贷记“银行存款”等账户；按其差额，贷记“未实现融资收益”账户。

（2）施工企业采用递延方式分期销售商品或提供劳务等经营活动产生的长期应收款，满足收入确认条件的，按应收合同或协议价款，借记“长期应收款”账户；按应收合同或协议价款的公允价值（折现值），贷记“主营业务收入”等账户；按其差额，贷记“未实现融资收益”账户。根据合同或协议每期收到承租人或购货单位（接受劳务单位）偿还的款项，借记“银行存款”账户，贷记“长期应收款”账户。涉及增值税的，还应进行相应的处理。

（3）如果有实质上构成对被投资单位净投资的长期权益，被投资单位发生的净亏损应由本企业承担的部分，在“长期股权投资”的账面价值减记至零后还需承担的投资损失，应以“长期应收款”账户中实质上构成了对被投资单位净投资的长期权益部分账面价值减记至零为限，继续确认投资损失，借记“投资收益”账户，贷记“长期应收款”账户。除上述已确认投资损失外，投资合同或协议中约定仍应承担的损失，确认为预计负债。

随堂小测验 3-4

1.【单项选择题】出租人融资租赁业务发生的初始直接费用应计入（　　）。

A. 管理费用　　B. 营业外支出

C. 长期应收款　　D. 其他业务成本

2.【单项选择题】2×18 年 1 月 1 日，某施工企业采用分期收款方式向甲公司承建一条大型生产线，合同约定的工程款为 3 000 万元，分 5 次于每年 12 月 31 日等额收取，市场平均收益率为 6%。5 年期 6%利率的年金现值系数为 4.212 4，则 2×18 年 1 月 1 日应确认的长期应收款入账价值为（　　）万元。

A. 600　　B. 3 000　　C. 505.49　　D. 2 527.44

3.【多项选择题】为了核算施工企业长期应收款的发生和收回，以及实质上构成对被投资单位净投资的长期权益，下列各项中，属于施工企业应设置的会计账户有（　　）。

A.“长期应收款”B.“应付账款”　C.“投资收益”　D.“未实现融资收益”

4.【多项选择题】在下列各项中，属于长期应收账款范围的有（　　）。

A. 施工企业代垫费用

B. 融资租赁产生的应收租赁款

C. 采用递延方式分期收款销售商品的应收款

D. 应收工程款

5.【判断题】长期应收款属于流动资产。（　　）

6.【判断题】长期应收款是指施工企业作为出租人融资租赁资产时产生的应收款项，以及采用递延方式分期收款、实质上具有融资性质的销售商品和提供劳务等经营活动产生的应收款项。（　　）

本章思考题

1. 影响应收账款价值确定的因素有哪些？
2. 请举例说明估计坏账的方法。
3. 应收票据贴现应如何计算？
4. 简述预付账款核算的会计处理流程。
5. 施工企业其他应收款应包含哪些内容？如何进行其他应收款的核算？
6. 简述折扣的种类及该折扣对应收账款计价的影响。
7. 简述“应收账款”及“应付账款”账户双重性质的含义。
8. 简述其他应收及暂付款的内容。

本章练习题

1. 某施工企业与建设单位A公司办理工程价款结算，收到C公司于12月1日签发并承兑的带息商业承兑汇票一张，票面金额为90 000元，票面年利率为6%，期限为120天。

（1）年末，该施工企业按上述应收票据的票面价值和规定的利率计提利息。

（2）该施工企业因亟须资金，于第二年2月10日持以上应收票据向开户银行贴现，银行规定的年贴现率为12%，已按规定办妥贴现手续。

要求：请计算应收票据的贴现息和贴现所得，并做出相关会计处理。

2. 某施工企业为增值税一般纳税人，2×18年部分业务如下：

（1）向乙公司销售材料，开具的增值税专用发票上注明材料价款150 000元、增值税税额19 500元。乙公司已预付货款79 500元。2×18年5月10日，该施工企业收到乙公司签发的商业承兑汇票，支付所欠货款，该票据票面价值为90 000元，期限为90天。

（2）2×18年6月18日，向甲公司购入材料的价款为135 000元，取得的增值税专用发票上注明增值税税额17 550元，增值税专用发票已通过认证。应付运费1 050元（为增值税普通发票）。企业将未到期票据背书转让，差额通过银行存款结清。

（3）票据到期，乙公司无力付款，该施工企业以银行存款支付给甲公司。

（4）年末结账前，应收账款余额为360 000元，坏账准备借方余额为300元，该施工企业按应收款项余额的5%计提坏账准备。

要求：

（1）计算该施工企业背书转让票据时，应通过“银行存款”账户结算的金额。

（2）计算年末该施工企业应计提的坏账准备金额。

（3）编制该施工企业上述业务的会计分录。

3. 某施工企业从2×16年起开始采用应收账款余额百分比法核算坏账损失，估计坏账率为应收账款余额的3%。已知2×16年年末应收账款账户余额为1 000 000元；

2×17 年确认坏账 80 000 元，2×17 年年末应收账款账户余额为 1 500 000 元；2×18 年收回已冲销的应收账款为 30 000 元，2×18 年年末应收账款账户余额为 1 100 000 元。

提示：

"坏账准备"账户期末数＝应收账款期末余额×估计坏账率

当期应确认的坏账损失数＝"坏账准备"账户期末数－调整前"坏账准备"账户余额数

要求：根据上述资料做出该施工企业 2×16 至 2×18 年的相关会计处理。

第四章 存　货

Chapter 4

学习目标

1. 掌握存货的初始计量，存货的计划成本计价方法，库存材料、委托加工物资、存货清查核算的内容及会计处理，以及存货跌价准备核算的会计处理。

2. 理解存货的含义、分类，存货的实际成本计价方法，周转材料核算的内容及会计处理，存货可变现净值的确定方法、材料存货的期末计量、计提存货跌价准备的方法以及存货跌价准备转回的要求。

3. 了解存货账实不相符的原因及存货清查的意义。

导入案例

重庆建工集团股份有限公司（简称重庆建工），是1998年由原重庆市建筑管理局整体转制组建的重庆市最大的建筑企业集团，是重庆市目前唯一一家具有房屋建筑工程施工总承包特级资质的企业。公司是以建安和路桥施工、市政建设为主业，集工程设计、机械制造、特许经营、物流配送等为一体的大型企业集团，具有房屋建筑工程施工总承包特级、公路工程施工总承包特级、市政公用工程总承包一级为主的资质体系，涵盖桥梁、隧道、机电、钢结构工程专业施工总承包一级，轨道交通、设计和多个其他业务领域一级、甲级资质。公司注册资本18.145亿元，资产总额636.63亿元，下属全资、控股企业29家，拥有专业技术人才1万余名。

公司2018年度财务报告显示，存货的期末余额为2 527 333.28万元，较上年同期增加3.73%，本年度增加存货跌价准备229.65万元。存货主要包括建造合同资产（未结算工程）、原材料、周转材料、委托加工材料、低值易耗品、在产品、自制半成品、产成品（库存商品）、消耗性生物资产等。存货发出时采用加权平均法。资产负债表日，存货按照成本与可变现净值孰低计量，并按单个存货项目计提存货跌价准备，但对于数量繁多、单价较低的存货，按照存货类别计提存货跌价准备。公司的存货盘存制度为永续盘存制。低值易耗品及包装物单件价值在800元以内（含800元）的采用一次转销法摊销；单件价值在800元以上的采用分期转销法摊销，年限不超过 3 年。

资料来源：根据重庆建工 2018 年年度报告整理而得。

重庆建工存货跌价准备的计提政策符合企业会计准则的规定吗？施工企业存货有何特殊性？存货如何进行初始计量和后续计量？施工企业所涉及的存货业务如何进行会计处理？通过本章的学习，相信你会找到问题的答案。

第一节 存货概述

一、存货的含义

存货是指企业在日常经营活动中持有以备出售的产成品或商品，或者为了出售仍然处在生产过程中的在产品，或者将在生产过程或提供劳务过程中耗用的材料、物料等。存货是施工企业的一项重要流动资产，其价值通常占企业资产的比重较大且种类繁多，流动性较强。存货的确认和计量对确定企业的资产和收益，加速企业流动资金的周转，保护存货的安全与完整都具有十分重要的意义。因此，施工企业必须加强对存货的管理与核算。

二、存货的分类

存货的种类繁多，不同行业企业的存货内容和分类有所不同。施工企业的存货，通常可分为以下几类：

（1）库存材料，是指施工企业购入的用于施工生产经营的各种材料，包括主要材料、结构件、机械配件、其他材料等。

主要材料是指用于工程或产品并构成工程或产品实体的各种材料，包括黑色金属材料（如钢材等）、有色金属材料（如铜材、铝材等）、木材、硅酸盐材料（如水泥、砖、瓦、石灰、砂、石等）、小五金材料、陶瓷材料、电器材料、化学油漆材料等。

结构件是指经过吊装、拼砌和安装就能构成房屋建筑物实体的各种金属的、钢筋混凝土的、混凝土的和木质的结构物、构件、砌块等，如钢窗、木门、铝合金门窗、塑钢门窗、钢筋混凝土预制件等。

机械配件是指施工机械、生产设备、运输设备等各种机械设备替换、维修使用的各种零件和配件，以及为机械设备准备的备品备件，如曲轴、活塞、轴承、齿轮、阀门等。

其他材料是指在施工生产过程中并不构成工程实体，但有助于工程的形成或便于施工生产进行的各种材料，如燃料、油料、润滑油、爆炸材料、催化剂等。

（2）在途材料，是指施工企业已经支付货款，但尚未运到企业，正在运输途中的各种材料，以及虽已运到企业，但尚未办理验收入库手续的各种材料。

（3）周转材料，是指施工企业在施工生产过程中能够多次使用，并可基本保持原来的物质形态，但价值逐渐转移的各种材料，主要包括钢模板、木模板、脚手架、其他周转材料和低值易耗品等。

（4）委托加工物资，是指施工企业提供材料、商品委托外单位加工的各种物资。

（5）在建施工产品，是指已经进行施工生产，但月末尚未完成预算定额规定的全部工序和工作内容的工程。

（6）施工产品，是指企业已经完成预算定额规定的全部工序并验收合格，可以按照合同规定的条件移交建设单位或发包单位的工程。

三、存货的初始计量

存货应当按照成本进行初始计量。存货成本包括采购成本、加工成本和其他成本，但并不是每项存货的成本均包括这三部分内容。

存货的采购成本是通过购买而取得的存货成本，一般包括采购价格、相关税费、运输费、装卸费、保险费以及其他可直接归属于存货采购的费用，施工企业采购存货支付的不能抵扣的增值税进项税额也包括在采购成本中；存货的加工成本是指在存货加工过程中发生的追加费用，包括直接人工以及按照一定方法分配的制造费用；存货的其他成本是指除采购成本、加工成本以外的使存货达到目前场所和状态所发生的其他支出，如为特定客户设计产品所发生的设计费用等。

对于施工企业，下列费用应当在发生时确认为当期损益，不计入存货成本：

第一，非正常消耗的人工费、材料费、机械使用费、其他直接费用和间接费用。

第二，仓储费用（不包括在生产过程中为达到下一生产阶段所必需的费用）。

施工企业可以采用多种方式取得存货，存货的实际成本因存货来源不同而有所不同。

（1）外购存货的实际成本，是指存货的采购成本。

（2）自制存货的实际成本，主要由采购成本和加工成本构成，可能还包括其他成本。

（3）委托加工存货的实际成本，由采购成本、加工成本和其他成本构成。

（4）建设单位（或发包单位）拨入材料的实际成本，应按合同确定的价值计价，即按双方办理材料交接时材料的预算价格计价。例如，发包单位以拨入的材料抵顶工程款。

（5）投资人投入存货的实际成本，应按照投资合同或协议确认的价值或者评估确认的公允价值作为实际成本。

（6）盘盈的存货，按照重置成本作为入账价值。

四、存货的计价方法

由于各种存货是分次购入或分批生产形成的，同一种类的存货往往是以不同的单位成本购入或生产出来的，要确定发出存货的价值，就需要确定和选择一定的计价方法。存货的计价方法是指对发出的存货价值和每次发出后存货结存价值的确定方法。只有正确计算和确定发出存货的价值，才能准确地计算施工生产成本和工程结算成本。

我国存货计价包括实际成本计价方法和计划成本计价方法。

（一）实际成本计价方法

实际成本计价方法是指企业在日常核算中，对存货的收入、发出和结存均按实际成本计价。按照企业会计准则的规定，施工企业领用或发出存货，用实际成本计价的，可以采用先进先出法、月末一次加权平均法、移动加权平均法、个别计价法确定其实际成本。

1. 先进先出法

先进先出法是假定先收到的存货先发出，并根据这一假定的成本流转程序对发出存货和期末存货进行计价的方法。采用这种方法，收入存货时要逐笔登记购进的存货数量、单价和金额；发出存货时先购入的存货成本在后购入的存货成本之前转出，并逐笔登记存货发出和结存金额。采用这种方法，存货的成本流动与存货的实物流动较为接近，期末的存货成本比较接近现行市场价值，但这种方法在收发存货业务频繁的情况下计算工作量较大，适合收发业务不多的企业。

例 4-1

三友公司 2×18 年 3 月份存货中 B 材料的收入、发出数量以及购进单位成本如表 4-1 所示。

表 4-1　2×18 年 3 月份存货收发情况表

日期	收入			发出			库存		
	数量（件）	单价（元/件）	金额（元）	数量（件）	单价（元/件）	金额（元）	数量（件）	单价（元/件）	金额（元）
3 月 1 日							600	16	9 600
3 月 5 日	1 800	17	30 600				2 400		
3 月 11 日				1 400			1 000		
3 月 18 日	700	18	12 600				1 700		
3 月 24 日				1 200			500		
3 月 31 日				300			200		

根据表 4-1 的资料，发出存货采用先进先出法计算，其发出存货数量、金额和库存存货数量、金额的计算结果如表 4-2 所示。

表 4-2　采用先进先出法计算的存货情况表

日期	收入			发出			库存		
	数量（件）	单价（元/件）	金额（元）	数量（件）	单价（元/件）	金额（元）	数量（件）	单价（元/件）	金额（元）
3 月 1 日							600	16	9 600
3 月 5 日	1800	17	30 600				600	16	9 600
							1 800	17	30 600
3 月 11 日				600	16	9 600			
				800	17	13 600	1 000	17	17 000
3 月 18 日	700	18	12 600				1 000	17	17 000
							700	18	12 600
3 月 24 日				1 000	17	17 000			
				200	18	3 600	500	18	9 000
3 月 31 日				300	18	5 400	200	18	3 600
合计	2 500		43 200	2 900		49 200	200		3 600

2. 月末一次加权平均法

月末一次加权平均法是指以本月全部进货数量与月初存货结存数量作为权数，去除本月全部进货成本加上月初存货成本，计算出存货的加权平均单位成本，从而确定存货的发出成本和期末库存成本的方法。其计算公式如下：

$$\text{存货单位成本}=\left[\begin{matrix}\text{月初库存货的}\\\text{实际成本}\end{matrix}+\sum\left(\begin{matrix}\text{本月各批进货的}\\\text{实际单位成本}\end{matrix}\times\begin{matrix}\text{本月各批}\\\text{进货的数量}\end{matrix}\right)\right]\div\left(\begin{matrix}\text{月初库存}\\\text{存货数量}\end{matrix}+\begin{matrix}\text{本月各批进货}\\\text{数量之和}\end{matrix}\right)$$

$$\text{本月发出存货成本}=\text{本月发出存货数量}\times\text{存货单位成本}$$

$$\text{期末库存存货成本}=\text{期末库存存货数量}\times\text{存货单位成本}$$

采用这种方法，平时工作量较少，只在月末计算一次加权平均单位成本，比较简单，且单位成本平均化对存货成本的分摊较为折中。但是这种方法月末存货成本计算工作量较大，平时也无法从账上提供发出和结存存货的单价及金额，影响成本核算的及时性，因而不利于施工企业加强对存货的管理。

例 4-2

根据表 4-1 的资料，假设发出存货采用月末一次加权平均法计算，其发出存货数量、金额和库存存货数量、金额的计算结果如表 4-3 所示。

表 4-3 采用月末一次加权平均法计算的存货情况表

日期	收入			发出			库存		
	数量（件）	单价（元/件）	金额（元）	数量（件）	单价（元/件）	金额（元）	数量（件）	单价（元/件）	金额（元）
3月1日							600	16	9 600
3月5日	1 800	17	30 600				2 400		
3月11日				1 400			1 000		
3月18日	700	18	12 600				1 700		
3月24日				1 200			500		
3月31日				300			200		
合计	2 500		43 200	2 900	17.032 26*	49 394**	200	17.032 25	3 406***

* 17.032 26=(9 600+30 600+12 600)÷(600+1 800+700)

** 49 394=2 900×17.032 26(四舍五入,取整)

*** 3 406 =9 600+30 600+12 600−49 394

或 =17.032×200(四舍五入,取整)

3. 移动加权平均法

移动加权平均法是指用本次进货成本与原有库存成本之和，除以本次进货数量与原有库存数量之和，据以计算新的加权平均单价，并对发出存货和库存存货进行计价的方法。

$$\text{新加权平均单位成本}=\frac{\text{结存存货成本}+\text{本批进货成本}}{\text{结存存货数量}+\text{本批进货数量}}$$

采用这种方法，便于企业及时了解存货的结存情况，且计算的平均单位成本以及发出和结存的存货成本比较客观。但采用这种方法，每次进货都要重新计算加权平均单位成本，工作量较大。

例4-3

根据表4-1的资料，发出存货采用移动加权平均法计算，其发出存货数量、金额和库存存货数量、金额的计算结果如表4-4所示。

表4-4 采用移动加权平均法计算的存货情况表

日期	收入			发出			库存		
	数量（件）	单价（元/件）	金额（元）	数量（件）	单价（元/件）	金额（元）	数量（件）	单价（元/件）	金额（元）
3月1日							600	16	9 600
3月5日	1 800	17	30 600				2 400	16.75*	40 200
3月11日				1 400	16.75	23 450	1 000	16.75	16 750
3月18日	700	18	12 600				1 700	17.265**	29 351
3月24日				1 200	17.265	20 718	500	17.265	8 633
3月31日				300	17.265	5 180	200	17.265	3 453
合计	2 500		43 200	2 900		49 348	200	17.265	3 453

* 16.75＝(9 600＋30 600)÷(1 800＋600)

** 17.265＝(16 750＋12 600)÷(1 000＋700)

4. 个别计价法

个别计价法是指发出的存货，要根据该存货购入或生产时所确定的实际单位成本作为计价依据。采用这种方法，一般需要具备两个条件：一是存货项目必须是可以辨别认定的；二是必须要有详细的记录据以了解每一存货或每批存货项目的具体情况。对于不能替代使用的存货，以及为特定项目专门购入或制造的存货，一般应当采用个别计价法确定发出存货的成本。

采用这种方法得出的发出存货成本和期末存货成本比较合理、准确，但分别记录各批存货的单价和数量，实务操作的工作量较大且困难，进货批次较多时不宜采用。

（二）计划成本计价方法

计划成本计价方法是指企业在日常核算中，对存货的收入、发出和结存均按预先制定的计划成本计价，月终时再将本月发出存货的计划成本调整为实际成本的方法。这种方法包括以下几个方面的内容：

第一，应制定各种存货的计划价格目录，规定各种存货的分类、名称、规格、编号、计量单位和计划单位成本。计划成本确定后，一般在年度内不应随意变更，如若变更，要在财务报表附注中加以说明，并及时修订企业存货目录中的计划价格。

第二，企业收到的存货，应按存货目录的计划单价填制收货单，计算收到存货的计划成本。当所采购的存货验收入库后，应及时结转该存货实际成本与计划成本的差额，作为“材料成本差异”单独组织核算。

第三，领用、发出的存货按计划成本核算，月终时再分摊领用、发出存货应分摊的成本差异，将发出存货的计划成本调整为实际成本；发出存货的成本差异率可以按本月差异率计算，也可以按上月差异率计算。材料成本差异率的计算公式如下：

$$材料成本差异率=\frac{月初结存材料成本差异+本月收入材料成本差异}{月初结存材料的计划成本+本月收入材料的计划成本}\times 100\%$$

或

$$本月某类存货成本差异率=\frac{月初结存该类存货成本差异+本月收入该类存货成本差异}{月初结存该类存货的计划成本+本月收入该类存货的计划成本}\times 100\%$$

$$本月发出存货应负担的差异=发出存货的计划成本\times 该存货成本差异率$$

第四，经过存货成本差异的分配，本月发出存货应分配的成本差异从“材料成本差异”账户转出之后，属于月末库存存货应分配的成本差异仍保留在“材料成本差异”账户内，作为库存存货的调整项目。编制资产负债表时，存货项目应当列示加（减）存货成本差异后的实际成本。

采用这种方法，存货明细账可以只记收入、发出和结存存货的数量，将数量乘以计划成本，随时求得该存货收入、发出、结存的金额，然后通过“材料成本差异”账户计算和调整发出和结存存货的实际成本，简便易行，而且在有了合理的计划成本之后，将实际成本与计划成本对比，可以对采购部门进行考核，促使其降低采购成本，节约支出。

施工企业存货的日常核算采用哪种计价方法，由企业根据实际情况自行决定，但要遵守一致性原则。方法一经确定，不得随意变更，如确有必要变更，应当将变更的原因、变更的情况及其对企业财务状况和经营成果的影响，在财务报告中加以说明。

随堂小测验 4-1

1.【单项选择题】下列各种物资中，不应作为施工企业存货核算的是（　　）。

A. 原材料　　B. 低值易耗品　　C. 在产品　　D. 工程物资

2.【单项选择题】下列各项与存货相关的费用中，不应计入存货成本的是（　　）。

A. 材料采购过程中发生的保险费　　B. 材料入库前发生的挑选整理费

C. 库存商品入库后发生的储存费用　　D. 材料采购过程中发生的装卸费

3.【多项选择题】企业对发出存货的实际成本进行计价的方法有（　　）。

A. 个别计价法　　B. 月末一次加权平均法

C. 先进先出法　　D. 移动加权平均法

4.【多项选择题】下列项目中，应计入企业存货成本的有（　　）。

A. 进口原材料支付的关税　　B. 生产过程中发生的制造费用

C. 原材料入库前的挑选整理费用　　D. 自然灾害造成的原材料净损失

5.【判断题】存货的初始计量应以取得存货的实际成本为基础，实际成本具体指存货的采购成本。（　）

6.【判断题】施工企业存货的日常核算采用哪种计价方法，由企业根据实际情况自行决定，可以随意变更。（　）

第二节 库存材料的核算

一、库存材料核算应设置的账户

为了核算材料采购的实际成本（或计划成本），计算实际成本与计划成本的差异以便确认采购业务成果，以及正确反映各种材料物资的增减变动和结存情况，施工企业应设置下列会计账户。

（一）按实际成本计价应设置的账户

1.“原材料”账户

“原材料”账户核算施工企业各种库存材料的成本（实际成本或计划成本，下同）。其借方核算企业因各种途径增加并已验收入库的库存材料成本；贷方核算企业因各种原因减少的库存材料成本。期末借方余额反映库存材料的成本。本账户应按材料保管地点、类别、品名和规格设置有数量、金额的明细账进行核算。

2.“在途物资”账户

“在途物资”账户核算施工企业购入但尚未到达或尚未验收入库的各种存货（包括库存材料、周转材料等，下同）的实际成本。其借方登记已支付货款或已开出承兑商业汇票而尚未到达或尚未验收入库的各种存货的实际成本；贷方登记已验收入库的各种存货的实际成本。期末借方余额反映已经付款或已开出承兑的商业汇票但尚未验收入库的在途物资。

（二）按计划成本计价应设置的账户

1.“材料采购”账户

“材料采购”账户核算施工企业购入各种物资（包括库存材料、周转材料等，下同）的采购成本。其借方登记根据发票、账单等支付的各种物资的采购成本，月终结算材料、低值易耗品的采购实际成本小于计划成本的节约差；贷方登记应向供应单位、运输机构、保险公司或其他责任人收回的物资短缺或其他应冲减采购成本的赔偿款项，已验收入库的材料、周转材料、低值易耗品的计划成本以及月终结算采购实际成本大于计划成本的超支差。期末借方余额反映货款已经支付或承付而物资尚未到达或尚未验收入库的在途物资的实际成本。本账户应按物资品种设置明细账进行核算。

2.“材料成本差异”账户

“材料成本差异”账户核算施工企业各种材料的实际成本与计划成本的差异，是采用计划成本进行存货日常核算的企业设置和使用的账户。其借方核算因各种途径而取得的存货（包括外购、自制、委托加工收入的材料、周转材料等，下同）实际成本大于计划成本的差额（超支差）；贷方核算取得的存货实际成本小于计划成本的差额（节约差）以及发出存货应负担的成本差异（超支差用蓝字登记，节约差用红字登记）。期末借方余额反映库存结余各种材料的超支差异，贷方余额反映库存结余各种材料的节约差异。本账户应按材料类别或品种设置明细账进行明细核算。

3. “原材料”账户（同（一）按实际成本计价应设置的账户）

二、库存材料核算的会计处理

施工企业在进行库存材料业务核算时，应特别注意下列业务的会计处理：

(1) 对于已经验收入库但发票账单尚未到达的材料物资，在月份内可暂不入账，待发票账单到达时再按发票账单的金额记账。如果月终发票账单仍未到达，企业应按合同价格或计划、预算价格暂估入账，不需要暂估进项税额，直接借记“原材料”账户，贷记“应付账款”账户，以便在月份会计报表上能真实反映库存材料物资的结存情况。但下月初，要用红字冲回，待收到发票账单付款或开出承兑商业汇票时，再按正常程序记账，借记“原材料”“应交税费——应交增值税（进项税额）”科目，贷记“银行存款”或“应付票据”等科目。

(2) 企业根据合同规定预付给供应单位的购货定金或部分货款，应作为预付供应单位款在“预付账款”账户核算，而不得将预付款作为购入材料物资的价款入账。企业只有在收到购货发票账单后，才能根据发票账单列示的金额登记“材料采购”账户，同时将预付的货款转入“应付账款”账户。

(3) 若发票账单已经收到并已支付或承付货款，但材料尚未到达，应按支付或承付的数额，记入“在途物资”“应交税费——应交增值税（进项税额）”或“材料采购”账户，待材料到达并验收入库后，再按材料的实际成本或计划成本转入“原材料”等账户。

(4) 采购的材料物资在运输途中发生的短缺和毁损，应根据不同情况做相应的账务处理。属于定额内的合理损耗计入材料的采购成本；属于供应单位、运输机构、保险公司或其他过失人负责赔偿的损失，应根据赔偿请求单所列的索赔金额，借记“应收账款”“其他应收款”等账户，贷记“材料采购”等账户。

现举例说明库存材料核算的会计处理（库存材料按计划成本计价）。

例 4-4

某施工企业为增值税一般纳税人，2×18 年 5 月 4 日购入钢材一批，材料已验收入库，发票账单已收到，增值税专用发票上注明该批钢材金额为 240 300 元，增值税税额为 31 239 元，货款已通过银行支付，该批材料的计划成本为 234 000 元，取得的增值税专用发票已通过认证。做如下会计分录：

(1) 支付材料款时：

借：材料采购——主要材料（黑色金属）	240 300	
应交税费——应交增值税（进项税额）	31 239	
贷：银行存款		271 539

(2) 材料验收入库时：

借：原材料——主要材料（黑色金属）	234 000	
贷：材料采购——主要材料（黑色金属）		234 000

例4-5

接例4-4，2×18年5月6日该施工企业采用预付款方式向供应商订购木材一批，按照合同规定，事先预付价款135 000元，其余货款于材料到达后一次结算。做如下会计分录：

借：预付账款——××单位　　135 000
　贷：银行存款　　135 000

例4-6

接例4-5，2×18年5月10日该施工企业又购入钢材一批，增值税专用发票上注明金额为157 500元，增值税税额为20 475元，取得的增值税专用发票已得到认证，以银行存款付清。做如下会计分录：

借：材料采购——主要材料（黑色金属）　　157 500
　　应交税费——应交增值税（进项税额）　　20 475
　贷：银行存款　　177 975

例4-7

接例4-6，2×18年5月15日主要材料木材①到达该施工企业并已验收入库，增值税专用发票上注明金额为447 500元，增值税税额为58 175元，且该施工企业支付运杂费25 245元，木材的计划成本为445 500元，取得的增值税专用发票已得到认证。做如下会计分录：

（1）材料到达企业时：

借：材料采购——主要材料（木材）　　447 500
　　应交税费——应交增值税（进项税额）　　58 175
　贷：应付账款——××单位　　505 675

（2）支付运杂费及其余货款，同时冲转预付材料款：

借：材料采购——主要材料（木材）　　25 245
　　应付账款——××单位　　505 675
　贷：银行存款　　395 920
　　　预付账款——××单位　　135 000

（3）材料验收入库时：

借：原材料——主要材料（木材）　　445 500
　贷：材料采购——主要材料（木材）　　445 500

例4-8

接例4-7，2×18年5月20日，本月10日购入的钢材到达企业并验收入库，经确认，其中短缺的6 750元材料应由运输单位负责赔偿，入库材料的计划成本为162 000元。做如下会计分录：

（1）根据赔偿请求单：

① 根据增值税的有关规定，增值税一般纳税人销售或者进口货物，除低税率适用范围外，税率为13%。这里的木材并非适用9%低税率的农产品中隶属于林业的原木，而是经过商业加工的木材，适用税率为13%。

借：其他应收款——××运输单位　6 750
　贷：材料采购——主要材料（黑色金属）　6 750

（2）材料验收入库时：

借：原材料——主要材料（黑色金属）　162 000
　贷：材料采购——主要材料（黑色金属）　162 000

例 4-9

接例 4-8，2×18 年 5 月 25 日该施工企业又购入钢材一批，增值税专用发票上注明金额为 382 500 元，增值税税额为 49 725 元，用银行存款付讫，取得的增值税专用发票已得到认证。做如下会计分录：

借：材料采购——主要材料（黑色金属）　382 500
　　应交税费——应交增值税（进项税额）　49 725
　贷：银行存款　432 225

例 4-10

接例 4-9，2×18 年 5 月 26 日该施工企业购入有色金属材料一批，已到达并验收入库，但发票、账单尚未到，货款未付。

对这类经济业务，平时可暂不做账务处理。月末，如果发票、账单仍未到达，则应按计划成本假设 283 500 元暂估入账。做如下会计分录：

借：原材料——主要材料（有色金属材料）　283 500
　贷：应付账款——暂估应付款　283 500

下月初，用红字作同样的会计分录冲回。

借：原材料——主要材料（有色金属材料）　283 500
　贷：应付账款——暂估应付款　283 500

待该批材料的发票、账单到达企业付款时，再按例 4-4 的方法正常入账。

例 4-11

接例 4-10，5 月末，结转本月采购入库钢材、木材两种材料的材料成本差异。做如下会计分录：

（1）结转已入库钢材成本差异时：

借：材料采购——主要材料（黑色金属）　4 950
　贷：材料成本差异——主要材料（黑色金属）　4 950

（2）结转已入库木材成本差异时：

借：材料成本差异——主要材料（木材）　27 270
　贷：材料采购——主要材料（木材）　27 270

例 4-12

接例 4-11，根据发料凭证汇总表的资料（格式略）进行材料发出的账务处理。假设本月施工生产领用钢材 225 000 元，管理部门领用木材 9 000 元。

钢材成本差异率＝4 950÷396 000×100%＝1.25%（节约差）

木材成本差异率＝27 270÷495 500×100%＝6.12%（超支差）

（1）结转各消耗单位耗用材料的计划成本，做如下会计分录：

借：合同履约成本——工程施工　　225 000

　　贷：原材料——主要材料（黑色金属）　　225 000

借：管理费用　　9 000

　　贷：原材料——主要材料（木材）　　9 000

（2）月末，结转分配的材料成本差异，做如下会计分录：

借：合同履约成本——工程施工　　2 812.5

　　贷：材料成本差异——主要材料（黑色金属）　　2 812.5

借：管理费用　　550.91

　　贷：材料成本差异——主要材料（木材）　　550.91

黑色金属和木材的材料成本差异形成、分配及结存的会计处理流程如图 4－1 和图 4－2 所示。

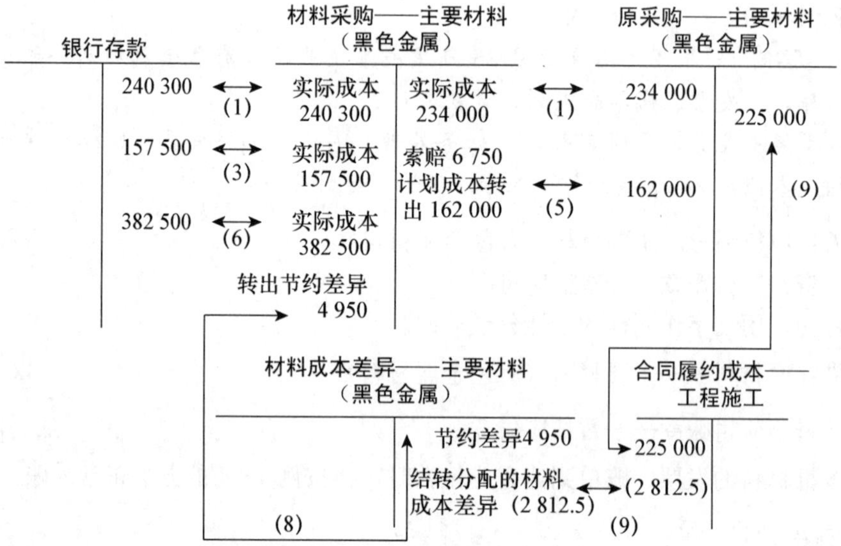

图 4－1　黑色金属的材料成本差异流程图

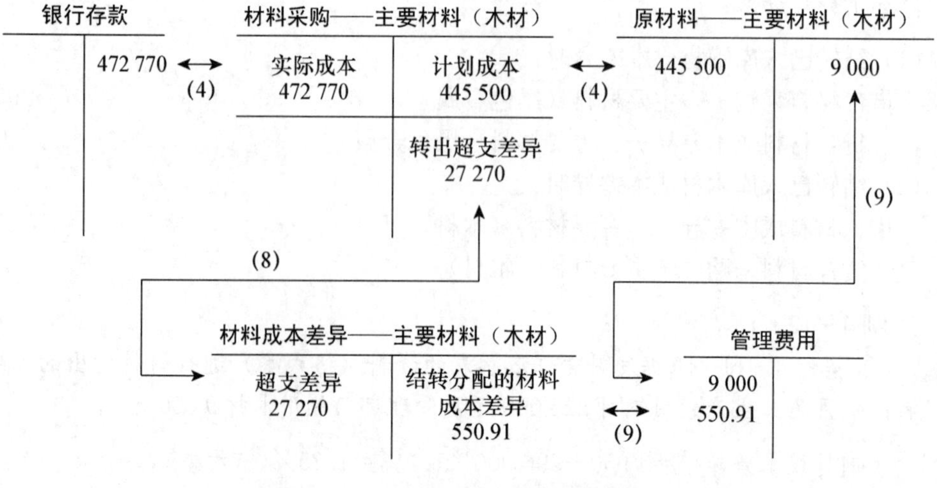

图 4－2　木材的材料成本差异流程图

随堂小测验 4－2

1.【单项选择题】2×18 年 2 月初某施工企业结存材料的计划成本为 30 000 元，成本差异为超支 200 元；本月入库材料的计划成本为 70 000 元，成本差异为节约 700 元。当月项目部领用材料的计划成本为 60 000 元，当月项目部领用材料应负担的材料成本差异为（ ）元。

A. －300　　B. 300　　C. －540　　D. 540

2.【单项选择题】某施工企业的原材料乙采用计划成本核算，2×18 年 8 月期初余额资料如表 4－5 所示。

表 4－5 原材料乙的期初余额资料 单位：元

项 目	借方	贷方
原材料	50 000（计划）	
材料采购	7 000	
材料成本差异		818

8 月份发生的有关业务如下：

(1) 8 月 7 日，用银行存款购入原料一批，实际成本为29 750 元，已验收入库，计划成本为 29 500 元。

(2) 8 月 16 日，上月在途材料 7 000 元，到达并已验收入库，计划成本为 7 300 元。

(3) 8 月 24 日，项目部领用原料 50 000 元（计划成本）。

根据上述资料，回答下列问题：

(1) 8 月末，“材料成本差异”账户结存为（ ）元。

A. 借方余额 868　　B. 贷方余额 868　　C. 借方余额 768　　D. 贷方余额 768

(2) 8 月 24 日，项目部领用的材料应负担的材料成本差异为（ ）元。

A. 442.40　　B. －442.40　　C. 500　　D. －500

3.【多项选择题】下列各项中，属于库存材料核算应设置的账户包括（ ）。

A. “原材料”　　B. “库存商品”　　C. “在途物资”　　D. “材料采购”

4.【多项选择题】关于发出存货的计价方法，下列说法正确的有（ ）。

A. 个别计价法使用范围较窄

B. 先进先出法可以随时结转存货成本

C. 全月一次加权平均法可以随时结转存货成本

D. 移动加权平均法可以随时结转存货成本

5.【判断题】无论企业对存货采用实际成本法核算，还是采用计划成本法核算，在编制资产负债表时，资产负债表上的存货项目反映的都是存货的实际成本。 （ ）

6.【判断题】“材料成本差异”账户期末余额若为借方，表示库存材料的超支差异。 （ ）

第三节 周转材料与委托加工物资的核算

一、周转材料的核算

周转材料是指施工企业在施工过程中能够多次使用，并可基本保持原来的形态而逐渐转移其价值，但不符合固定资产定义的材料。周转材料是施工企业在生产过程中使用的独具特色的材料品种。其特点是种类繁多，单个产品价值相对较低，用量较大，使用周期较短且频繁，经常需要补充和更换，并且多次参与施工企业生产而不改变其实物形态，其价值通过成色的减少而逐步分摊到工程成本中。因此，施工企业对周转材料的核算和管理既不同于固定资产，也不同于低值易耗品。但为了简化核算手续，目前《企业会计准则第 1 号——存货》将低值易耗品列入周转材料范畴。

(一) 周转材料的分类

周转材料按其在施工生产过程中的用途可以分为以下几类：

(1) 模板，是指浇灌混凝土使用的木模、组合钢模以及配合模板使用的支撑材料、滑模材料、构件等，按固定资产管理的固定钢模和现场固定大型钢模板不包括在内。

(2) 挡板，是指土方工程使用的挡土板等，包括支撑材料在内。

(3) 架料，是指搭设脚手架用的竹竿、木杆、竹木跳板、钢管脚手架及其附件等。

(4) 其他周转材料，是指除以上各类之外，作为存货管理的其他周转材料，如塔吊使用的轻轨、枕木等（不包括属于塔吊的钢轨）。

(5) 低值易耗品，是指不作为固定资产核算的各种用具物品，如工具、管理用具、玻璃器皿等。它具有劳动资料的明显特征，可以多次参加周转使用而不改变原有的实物形态，但由于其使用期限较短，价值较低，易于损坏，更换比较频繁，为了便于管理与核算，会计上把低值易耗品归入流动资产视同存货进行核算和管理。

周转材料按其使用情况可分为在库周转材料和在用周转材料两大类。

施工企业应加强对周转材料的管理力度，对周转材料采取科学的手段实行集中统一的动态管理，以避免盲目采购造成大量积压。在保证施工生产活动正常进行的同时，应尽量减少周转材料占用的资金，加速资金周转。

(二) 周转材料的摊销方法

由于周转材料与一次性消耗材料不同，其损耗价值应分次摊销计入工程成本，因此，施工企业应当根据具体情况对周转材料采用一次转销、分期摊销、分次摊销、五五摊销或者定额摊销等方法。

(1) 一次转销法，是指在领用周转材料时，将其全部价值一次计入工程成本或有关费用的方法。这种方法一般应限于易腐、易糟、价值较低且使用期限较短的周转材料。

(2) 分期摊销法，是指根据周转材料的预计使用期限、原值、预计残值计算其每期的摊销额，并分期摊入工程成本或有关费用的方法。其计算公式如下：

$$周转材料每期摊销额=\frac{周转材料原值\times(1-预计净残值率)}{预计使用期数}$$

(3) 分次摊销法，是指根据周转材料的预计使用次数、原值、预计残值计算其每期的摊销额，并分期摊入工程成本或有关费用的方法。其计算公式如下：

$$周转材料每次摊销额=\frac{周转材料原值\times(1-预计净残值率)}{预计使用次数}$$

$$周转材料本期摊销额=周转材料每次摊销额\times本期使用次数$$

（4）五五摊销法，是指在领用周转材料时先摊销其账面价值的一半，在报废时再摊销其账面价值的另一半，即周转材料分两次平均摊销到工程成本或费用中的方法。

（5）定额摊销法，是指根据实际完成的实物工作量和预算定额规定的周转材料消耗定额，计算确认本期周转材料摊销额，并计入本期工程成本或有关费用的方法。其计算公式如下：

周转材料本期摊销额＝本期完成的实物工作量×单位工程周转材料消耗定额

施工企业周转材料的摊销方法，由施工企业根据实际情况自行决定，但要遵守一致性原则。方法一经确定，不得随意变更，如确有必要变更，应当将变更的原因、变更的情况及其对施工企业财务状况和经营成果的影响，在财务报告中加以说明。

另外，由于施工企业的周转材料大都露天使用、堆放，自然损耗较大，而且施工生产过程中安装拆卸周转材料的技术水平和施工生产工艺的高低对周转材料的使用寿命也有直接影响，因此，在实际工作中，周转材料无论采用哪种摊销方法，其平时计算的摊销额，一般都不可能与实际的价值损耗完全一致，所以，需要在年度终了或工程竣工时，对周转材料进行盘点，根据周转材料的实际损耗来调整账面已提摊销额，以保证工程成本和有关费用的准确性。

（1）施工企业在清查盘点中如发现短缺、报废周转材料，应及时办理报废手续，并办理补提摊销。

报废、短缺周转材料应补提的摊销额＝应提摊销额－已提摊销额

$$\text{应提摊销额}=\begin{matrix}\text{报废、短缺周转}\\\text{材料的计划成本}\end{matrix}-\begin{matrix}\text{残料价值}\\\text{（短缺的周转材料无残值）}\end{matrix}$$

$$\text{已提摊销额}=\begin{matrix}\text{报废、短缺周转}\\\text{材料的计划成本}\end{matrix}\times\frac{\text{账面已提摊销额}}{\text{在用周转材料的计划成本}}$$

（2）施工企业对工程竣工或不需用退库的周转材料，应及时办理退库手续，并确定成色补提摊销。

退回周转材料应补提摊销额＝应提摊销额－已提摊销额

$$\text{应提摊销额}=\text{退回周转材料的计划成本}\times\left(\begin{matrix}1-\text{退回时确定的成色}\\\text{即新旧程度百分比}\end{matrix}\right)$$

$$\text{已提摊销额}=\text{退回周转材料的计划成本}\times\frac{\text{账面已提摊销额}}{\text{在用周转材料的计划成本}}$$

（3）施工企业对于转移到其他工程的周转材料，也应及时办理转移手续，并比照上述方法确定转移的成色及应补提的摊销额。

（三）周转材料核算应设置的账户

（1）采用一次转销法时，为了核算企业库存和在用的各种周转材料的实际成本或计划成本，施工企业应设置“周转材料”账户。其借方登记企业库存及在用周转材料的计划成本或实际成本以及报废周转材料的累计已提摊销额；贷方登记周转材料摊销价值以及因盘亏、报废、毁损等原因减少的周转材料价值。期末借方余额反映施工企业所有在库周转材料的计划成本或实际成本，以及在用周转材料的摊余价值。本账户

应按周转材料的种类设置明细账进行核算。

（2）采用其他摊销法时，还应在“周转材料”账户下设置“在库周转材料”“在用周转材料”“周转材料摊销”三个明细账户进行核算。“在库周转材料”明细账户用来核算企业库存周转材料的计划成本或实际成本，其明细核算与“原材料”账户相同。“在用周转材料”明细账户用来核算企业一次领用分次摊销周转材料的计划成本或实际成本，应按各使用部门设置明细账进行核算。“周转材料摊销”明细账户用来核算企业在用周转材料摊销额的增减变化情况以及退库和转移周转材料的已提摊销额，是“在用周转材料”明细账户的备抵调整账户。施工企业每次摊销周转材料时，记入“周转材料摊销”明细账户的贷方；周转材料报废时，将累计已提摊销额记入“周转材料摊销”明细账户的借方。“周转材料摊销”明细账户的贷方余额反映在用周转材料的累计摊销额。

（3）采用计划成本核算的施工企业，月度终了，应结转当月领用周转材料应分摊的成本差异，通过“材料成本差异”账户，记入有关成本、费用账户。

施工企业对在用周转材料以及使用部门退回仓库的周转材料，应当加强实物管理，并在备查簿上进行登记。余额较小的周转材料，可在领用时一次计入成本费用，以简化核算，但为加强实物管理，也应在备查簿上进行登记。

（四）周转材料核算的会计处理

施工企业购入、委托外单位加工完成并已验收入库的周转材料、施工企业接受的债务人以非现金资产抵偿债务方式取得的周转材料、非货币性交易取得的周转材料等，以及周转材料的清查盘点，比照“原材料”账户的相关规定进行账务处理。

1. 施工企业领用、摊销和退回周转材料时的账务处理

（1）采用一次转销法核算的周转材料，在领用时将其全部价值计入有关成本、费用，借记“合同履约成本——工程施工”等账户，贷记“周转材料”账户。

（2）采用其他摊销法核算的周转材料，在领用时按其全部价值，借记“周转材料——在用周转材料”账户，贷记“周转材料——在库周转材料”账户；周转材料摊销时，按摊销额，借记“合同履约成本——工程施工”等账户，贷记“周转材料——周转材料摊销”账户；周转材料退库时，按其全部价值，借记“周转材料——在库周转材料”账户，贷记“周转材料——在用周转材料”账户。

2. 施工企业周转材料报废时的账务处理

（1）采用一次转销法核算的周转材料，将报废周转材料的残料价值作为当月周转材料转销额的减少，冲减有关成本、费用，借记“原材料”等账户，贷记“合同履约成本——工程施工”等账户。

（2）采用其他摊销法核算的周转材料，将补提摊销额，借记“合同履约成本——工程施工”等账户，贷记“周转材料——周转材料摊销”账户；将报废周转材料的残料价值作为当月周转材料摊销额的减少，冲减有关成本、费用，借记“原材料”等账户，贷记“合同履约成本——工程施工”等有关账户，同时，将已提摊销额，借记“周转材料——周转材料摊销”账户，贷记“周转材料——在用周转材料”账户。施工企业采用其他转销法核算的周转材料会计处理流程如图 4-3 所示。

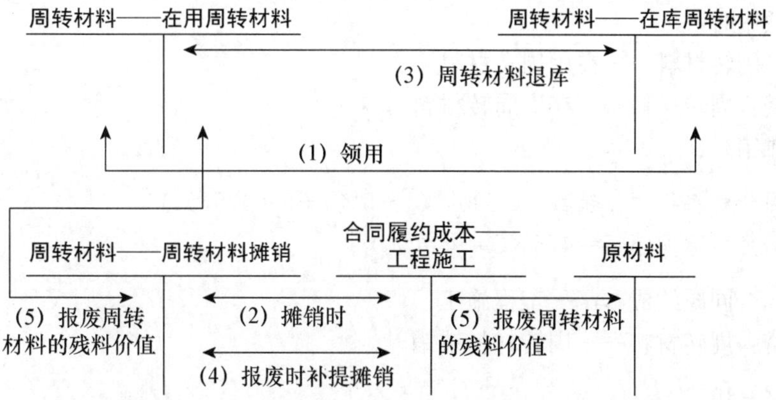

图 4-3 其他转销法核算的周转材料会计处理流程图

例 4-13

某施工企业为增值税一般纳税人，购入一批周转材料，增值税专用发票注明的金额为 94 500 元，增值税税额为 12 285 元，计划成本为 88 000 元。货款已付，但材料尚未到达。取得的增值税专用发票已得到认证。做如下会计分录：

借：材料采购——周转材料	94 500	
应交税费——应交增值税（进项税额）	12 285	
贷：银行存款		106 785

例 4-14

接例 4-13，2×18 年 5 月 30 日，购入的周转材料已到达企业并办完验收入库手续。做如下会计分录：

借：周转材料——在库周转材料	88 000	
贷：材料采购——周转材料		88 000

例 4-15

接例 4-14，2×18 年 5 月 31 日，结转购入周转材料的材料成本差异。做如下会计分录：

借：材料成本差异——周转材料	6 500	
贷：材料采购——周转材料		6 500

例 4-16

2×18 年 6 月 1 日，某施工企业项目部领用模板一批，采用一次摊销法摊销，其计划成本为 4 000 元，材料成本差异率为 2%。做如下会计分录：

借：合同履约成本——工程施工	4 080	
贷：周转材料——在库周转材料		4 000
材料成本差异		80

例 4-17

2×18 年 6 月 7 日，某施工企业项目部分次摊销安全网一批，计划成本为 2 500 元，预计残值占计划成本的 5%，分 5 次摊销，本月实际使用 2 次。做如下会计分录：

（1）领用时：

借：周转材料——在用周转材料　　2 500

　　贷：周转材料——在库周转材料　　2 500

（2）摊销时：

周转材料每次摊销额＝2 500×(1－5%)÷5＝475(元)

本月实际摊销额＝475×2＝950(元)

借：合同履约成本——工程施工　　950

　　贷：周转材料——周转材料摊销　　950

例 4－18

接例 4－17，2×18 年 7 月 1 日，该施工企业将安全网退回仓库，其计划成本为 1 600 元，估计成色为 60%，安全网在用计划成本为 2 500 元，账面已提摊销额为 950 元。做如下会计分录：

（1）补提摊销额时：

应提摊销额＝1 600×(1－60%)＝640(元)

已提摊销额＝1 600×(950÷2 500)＝608(元)

应补提摊销额＝640－608＝32(元)

借：合同履约成本——工程施工　　32

　　贷：周转材料——周转材料摊销　　32

（2）退回安全网验收入库时：

借：周转材料——在库周转材料　　1 600

　　贷：周转材料——在用周转材料　　1 600

例 4－19

2×18 年 7 月 8 日，某施工企业领用的挡板全部报废，其计划成本为 3 500 元，账面已提摊销额为 3 400 元，回收残料价值为 150 元，材料成本差异率为－1%。做如下会计分录：

（1）补提摊销额时：

应提摊销额＝3 500－150＝3 350(元)

已提摊销额＝3 400(元)

应补提摊销额＝3 350－3 400＝－50(元)

借：合同履约成本——工程施工　　[50]

　　贷：周转材料——周转材料摊销　　[50]

（2）残料入库并转销报废挡板时：

借：原材料　　150

　　周转材料——周转材料摊销　　3 350

　　贷：周转材料——在用周转材料　　3 500

（3）分配报废挡板应负担的材料成本差异时：

借：合同履约成本——工程施工 [35]

　　贷：材料成本差异 [35]

例 4-20

2×18 年 3 月 10 日，某施工企业生产领用一次转销的玻璃器皿，其计划成本为 5 000 元，材料成本差异率为−2%。做如下会计分录：

（1）领用时：

借：合同履约成本——工程施工 5 000

　　贷：周转材料——低值易耗品 5 000

（2）月终分配材料成本差异时：

借：合同履约成本——工程施工 [100]

　　贷：材料成本差异 [100]

二、委托加工物资的核算

（一）委托加工物资核算的内容

委托加工物资是指施工企业委托外单位加工的各种材料、商品等物资。施工企业库存的材料物资有些不能直接供施工生产使用，为此，施工企业常常需要把某些材料委托外单位加工成另一种材料。发往外单位加工的材料，只是改变了材料的存放地点，而其所有权并未改变，仍然属于企业存货的范畴，但经过加工，材料的原有实物形态和用途都发生了变化，价值也相应地增加了。因此，会计上要求对委托加工物资进行单独核算。

施工企业委托加工物资核算既可以采用实际成本计价，也可以采用计划成本计价。但是，计价方法一经确定，不得随意变更。

（二）委托加工物资核算应设置的账户及会计处理

为了核算企业委托外单位加工的各种物资的实际成本，施工企业应设置“委托加工物资”账户。其借方登记发给外单位加工的材料物资的实际成本或计划成本、材料成本差异以及支付的加工费和应负担的往返运杂费等；贷方登记加工完成并验收入库的材料物资实际成本；期末借方余额反映施工企业委托外单位加工但尚未加工完成物资的实际成本和发出加工物资的运杂费等。本账户应按加工合同和受托加工单位设置明细账户进行核算。

现举例说明委托加工物资核算的会计处理（按计划成本计价）。

例 4-21

某施工企业为增值税一般纳税人，2×18 年 3 月 15 日根据加工合同向加工单位发出一批原木，计划成本为 14 400 元，材料成本差异为借差 650 元。做如下会计分录：

借：委托加工物资 15 050

　　贷：原材料 14 400

　　　　材料成本差异 650

例 4－22

接例 4－21，2×18 年 3 月 18 日该施工企业通过银行支付加工费及往返运费，增值税专用发票注明的金额为 900 元，增值税税额为 117 元，取得的增值税专用发票已通过认证。做如下会计分录：

借：委托加工物资	900
应交税费——应交增值税（进项税额）	117
贷：银行存款	1 017

例 4－23

接例 4－22，2×18 年 3 月 20 日该施工企业委托加工材料加工完成，验收入库的计划成本为 16 320 元。做如下会计分录

借：原材料	16 320	
贷：委托加工物资		15 950
材料成本差异		370

随堂小测验 4－3

1.【单项选择题】下列不属于施工企业周转材料的是（　　）。

A. 生产工具　　B. 木模板　　C. 脚手架　　D. 组合钢模

2.【单项选择题】下列原材料相关损失项目中，应计入营业外支出的是（　　）。

A. 计量差错引起的原材料盘亏　　B. 自然灾害造成的原材料损失

C. 原材料运输途中的合理损耗　　D. 人为责任造成的原材料损失

3.【多项选择题】根据企业会计准则的规定，周转材料摊销方法有（　　）。

A. 一次转销法　　B. 五五摊销法

C. 分次摊销法　　D. 分期摊销法

4.【多项选择题】某施工企业为增值税一般纳税人，委托其他单位加工的物资收回后直接用于在建工程，其实际成本包括（　　）。

A. 加工费

B. 加工过程中耗用物资的计划成本

C. 支付的可抵扣的增值税进项税

D. 往返运杂费

5.【判断题】采购的材料物资在运输途中发生的短缺和毁损，属于定额内的合理损耗，应计入营业外支出。（　　）

6.【判断题】施工企业委托加工物资核算既可以采用实际成本计价，也可以采用计划成本计价。计价方法可以随意变更。（　　）

第四节　存货清查的核算

一、存货清查概述

施工企业的存货品种多，数量大，收发频繁。在日常的收发、保管过程中，由于

计量错误、计算差错、检验疏忽、管理不善、自然损耗、核算失误以及偷窃、贪污等，有时会发生存货的盘盈、盘亏和毁损现象，从而造成存货账实不相符。此外，企业因计划不周、盲目采购等，还可能引起材料物资超储积压等现象。为了保护企业流动资产的安全和完整，做到账实相符，企业必须对存货进行定期或不定期的清查盘点。对于价值高的存货应按月清查；其他存货在年度终了前必须进行一次全面的盘点清查。企业对存货进行清查盘点后，确定各种存货的实际库存数量，并与账面结存数量核对，从而查明存货盘盈、盘亏和毁损的数量以及造成存货盘盈、盘亏和毁损的原因，明确责任，并根据清查结果编制存货盘点报告表，按规定程序报经有关部门批准后，做相应的账务处理，调整存货的账面实存数，使存货账实相符。对于清查过程中发现的多余、积压、呆滞物资，应迅速处理，或出售，或充分利用，从而加速存货资金的周转。

二、存货清查核算应设置的账户

为了核算企业在清查财产过程中查明的各种财产物资的盘盈、盘亏和毁损情况，施工企业应设置“待处理财产损溢”账户，并在本账户下设置“待处理流动资产损溢”明细账户，用来核算存货的盘盈、盘亏和毁损。其借方登记盘亏和毁损的存货以及经批准后转销的存货盘盈数；贷方登记盘盈的存货和经批准后转销的存货盘亏及毁损数。本账户处理前的借方余额，反映企业尚未处理的各种财产的净损失；处理前的贷方余额，反映尚未处理的各种财产的净溢余。期末，经处理后本账户应无余额。

企业会计制度规定，企业清查的各种财产的损益，应于期末前查明原因，并根据企业的管理权限，经股东大会、董事会、经理（厂长）会议或类似机构批准后，在期末结账前处理完毕。例如清查的各种财产的损益，在期末结账前尚未经批准的，在对外提供财务会计报告时先进行处理，并在财务报表附注中作出说明；如果其后批准处理的金额与已处理的金额不一致，应按其差额调整会计报表相关项目的年初数。

三、存货清查结果的会计处理

（一）存货盘盈的会计处理

施工企业发生盘盈的存货，通过“待处理财产损溢”账户进行会计核算，按照管理权限报经批准后，冲减当期的管理费用或计入营业外收入。

例 4－24

2×18 年 3 月 28 日，某施工企业经财产清查，发现盘盈钢材一批，其实际成本是 15 000 元，经查明是由于收发计量上的错误所造成的。做如下会计分录：

（1）报经批准前：

借：原材料　　15 000

　贷：待处理财产损溢——待处理流动资产损溢　　15 000

（2）报经批准后：

借：待处理财产损溢——待处理流动资产损溢　　15 000

　贷：管理费用　　15 000

（二）存货盘亏和毁损的会计处理

存货发生的盘亏或毁损，应作为待处理财产损溢进行核算。按管理权限报经批准后，根据造成存货盘亏或毁损的原因，分以下情况进行处理：

（1）属于因管理不善造成的货物被盗、丢失、霉烂变质，以及因违反法律法规或者被依法没收、销毁、拆除造成的存货短缺，应先扣除残料价值、可以收回的保险赔偿或其他过失人的赔偿，同时，对因管理不善造成的损失存货已抵扣的增值税进项税额予以转出，将净损失计入管理费用。①

（2）属于自然灾害等非正常原因造成的损失，损失存货已抵扣的增值税进项税额不需要转出，应将扣除处置收入（如残料价值）、过失人赔偿和可以收回的保险赔款后的净损失计入营业外支出。

例 4-25

2×18 年 3 月 30 日，某施工企业经财产清查发现盘亏材料一批，计划成本为 63 000 元，材料成本差异率为借差 2%。经查明，属于定额内损耗为 9 000 元，管理不善损耗的实际成本为 9 450 元，应由过失人负责赔偿的损失为 1 620 元，属于自然灾害造成的净损失为 44 190 元，材料购入时增值税税率为 13%。做如下会计分录：

（1）报经批准前：

应转出的进项税额＝9 450×13%＝1 228.5(元)

借：待处理财产损溢——待处理流动资产损溢	65 488.5	
贷：原材料		63 000
材料成本差异		1 260
应交税费——应交增值税（进项税额转出）		1 228.5

（2）报经批准后：

借：管理费用	19 678.5	
其他应收款	1 620	
营业外支出——非常损失	44 190	
贷：待处理财产损溢——待处理流动资产损溢		65 488.5

随堂小测验 4-4

1.【单项选择题】因计量差错引起的原材料盘亏，应记入的账户是（　）。

A.“营业外支出”　B.“生产成本”　C.“管理费用”　D.“原材料”

2.【单项选择题】下列原材料相关损失项目中，应计入营业外支出的是（　）。

A. 计量差错引起的原材料盘亏

B. 自然灾害造成的原材料损失

C. 原材料运输途中的合理损耗

D. 人为责任造成的原材料损失

① 财税〔2009〕57 号文第十条规定：企业因存货盘亏、毁损、报废、被盗等原因不得从增值税销项税额中抵扣的进项税额，可以与存货损失一起在计算应纳税所得额时扣除。

3.【多项选择题】属于计量收发错误和管理不善造成的存货盘亏，应当（　　）。

A. 按管理权限上报批准

B. 扣除处置收入（如残料价值）

C. 向过失人索赔，计入其他应收款

D. 净损失计入营业外支出

4.【多项选择题】企业存货发生亏损，应先记入“待处理财产损溢”账户，查明原因后可分别转入（　　）账户。

A.“管理费用”　　B.“营业外支出”　C.“销售费用”　　D.“生产成本”

5.【判断题】企业对存货无论采用实际成本法核算，还是采用计划成本法核算，在编制资产负债表时，资产负债表上的存货项目反映的都是存货的实际成本。（　　）

6.【判断题】属于自然灾害等非正常原因造成的损失，损失存货已抵扣的增值税进项税额需要转出。（　　）

第五节　存货期末计价

一、存货期末计价概述

会计期末，为了客观、真实、准确地反映企业期末存货的实际价值，施工企业在编制资产负债表时，应当按照成本与可变现净值孰低计量确定期末存货的价值。当存货成本高于可变现净值时，存货按可变现净值计量，同时按照成本高于可变现净值的差额计提存货跌价准备，计入当期损益。可变现净值是指在日常活动中，存货的估计售价减去至完工时估计将要发生的成本、估计的销售费用以及相关税费后的金额。

（一）存货可变现净值的确定

《企业会计准则第 1 号——存货》规定：企业确定存货的可变现净值，应当以取得的确凿证据为基础，并且考虑持有存货的目的、资产负债表日后事项的影响等因素。具体分为以下情况：

（1）产成品、商品和用于出售的材料等直接用于出售的商品存货，在正常生产经营过程中，应当以该存货的估计售价减去估计的销售费用和相关税费后的金额，确定其可变现净值。

（2）需要经过加工的材料存货，在正常生产经营过程中，应当以所生产的产成品的估计售价减去至完工时估计将要发生的成本、估计的销售费用和相关税费后的金额，确定其可变现净值。

（二）材料存货的期末计量

对于材料存货，应当区分以下两种情况确定其期末价值：

（1）对于为生产而持有的材料等，如果用其生产的产成品的可变现净值预计高于成本，则该材料仍然应当按照成本计量。这里的“材料”指原材料、在产品、委托加工材料等。“可变现净值预计高于成本”中的成本是指产成品的生产成本。

(2) 如果材料价格的下降表明产成品的可变现净值低于成本，则该材料应当按可变现净值计量。

(三) 计提存货跌价准备的方法

根据企业会计准则的规定，在实际工作中，施工企业预计可变现净值时应以当期取得的最可靠的证据为基础。

存货跌价准备应区分不同情况采用不同的计提方法。企业通常应当按照单个存货项目计提存货跌价准备；对于数量繁多、单价较低的存货，可以按照存货类别计提存货跌价准备；与在同一地区生产和销售的产品系列相关、具有相同或类似最终用途或目的且难以与其他项目分开计量的存货，可以合并计提存货跌价准备。

(四) 存货跌价准备转回

(1) 资产负债表日，企业应当确定存货的可变现净值。企业确定存货的可变现净值应当以资产负债表日的状况为基础确定，既不能提前确定存货的可变现净值，也不能延后确定存货的可变现净值，并且在每个资产负债表日都应当重新确定存货的可变现净值。

(2) 企业的存货在符合条件的情况下，可以转回计提的存货跌价准备。存货跌价准备转回的条件是以前减计存货价值的影响因素已经消失，而不是在当期造成存货可变现净值高于成本的其他影响因素。

(3) 当符合存货跌价准备转回的条件时，应在原已计提的存货跌价准备的金额内转回，即在对该项存货、该类存货或该合并存货已计提的存货跌价准备的金额内转回。转回的存货跌价准备与计提该准备的存货项目或类别应当存在直接对应关系，但转回的金额以将存货跌价准备余额冲减至零为限。

二、存货跌价准备核算应设置的账户

为了核算企业提取的存货跌价准备，施工企业应设置"存货跌价准备"账户。其贷方登记期末存货可变现净值低于存货账面成本的差额；借方登记已计提跌价准备的存货价值以后又得以恢复的增加数以及存货减少时的冲销数。期末贷方余额反映企业已提取的存货跌价准备。本账户可以按照存货项目或者类别进行明细核算。

三、存货跌价准备核算的会计处理

施工企业的存货应当在会计期末时按照账面成本与可变现净值孰低原则进行计量。对于可变现净值低于存货账面成本的差额，计提存货跌价准备，但如果账面成本小于可变现净值，一般不做会计处理。

例 4-26

某施工企业 2×17 年 12 月 31 日存货的账面成本为 6 000 000 元，可变现净值为 5 400 000 元。做如下会计分录：

借：资产减值损失　　600 000

　贷：存货跌价准备　　600 000

例 4-27

接例 4-26，2×18 年 4 月 30 日存货可变现净值为 5 700 000 元，做如下会计分录：

借：存货跌价准备　　300 000

　贷：资产减值损失　　300 000

例 4-28

接例 4-27，20×18 年 5 月 31 日存货可变现净值为 6 300 000 元。做如下会计分录：

借：存货跌价准备　　300 000

　贷：资产减值损失　　300 000

例 4-29

2×18 年 4 月 1 日，某施工企业甲工程即将完工，根据合同预计总成本将超过合同预计总收入 2 500 000 元。做如下会计分录：

借：资产减值损失　　2 500 000

　贷：存货跌价准备——合同预计损失准备　　2 500 000

施工企业一般应在财务报告中披露下列与存货有关的信息：材料、在建施工产品等存货的当期期初和期末账面价值；确定发出存货成本所采用的方法；确定存货可变现净值的依据、存货跌价准备的计提方法、当期计提的存货跌价准备的金额、当期转回的存货跌价准备的金额以及计提和转回的有关情况及用于担保的存货的账面价值。

随堂小测验 4-5

1. 【单项选择题】下列关于存货可变现净值的表述中，正确的是（　　）。

A. 可变现净值等于存货的市场销售价格

B. 可变现净值等于销售存货产生的现金流入

C. 可变现净值等于销售存货产生的现金流入的现值

D. 可变现净值是存货的估计售价减去至完工时估计将要发生的成本、销售费用及相关税费后的金额

2. 【单项选择题】在成本与可变现净值孰低法下，对成本与可变现净值进行比较确定当期存货跌价准备时，对于数量繁多、单价较低的存货通常应当（　　）。

A. 按单个存货项目进行比较

B. 按存货类别进行比较

C. 按全部存货进行比较

D. 由企业根据实际情况作出选择

3. 【单项选择题】A 施工公司 2×18 年 12 月 31 日库存配件 100 件，账面成本为 12 万元/件，市场价格为 10 万元/件。该配件可用于加工 100 件 X 产品，将每个配件加工成 X 产品尚需投入 17 万元/件。X 产品 2×18 年 12 月 31 日的市场价格为 28.7 万元/件，估计产品销售费用及税费为 1.2 万元/件，该配件以前未计提减值准备，则 A 公司

2×18 年 12 月 31 日该配件应计提的存货跌价准备为（　　）万元。

A. 0　　B. 30　　C. 150　　D. 200

4. 【多项选择题】在我国会计实务中，下列项目中构成企业存货实际成本的有（　　）。

A. 支付的买价　　B. 入库后的挑选整理费

C. 运输途中的合理损耗　　D. 一般纳税人购货时的增值税进项税额

5. 【多项选择题】存货可变现净值是指，在日常活动中，存货的估计售价减去（　　）后的余额。

A. 至完工时估计将要发生的成本　　B. 估计的销售费用

C. 相关税费　　D. 存货的账面余额

6. 【判断题】销售产品结转的存货跌价准备应冲减资产减值损失。（　　）

7. 【判断题】采用成本与可变现净值孰低法对存货进行期末计价时，当存货的可变现净值下跌至成本以下时，由此所形成的损失应在销售时予以确认。（　　）

本章思考题

1. 存货发出的计价方法有哪些？各有什么优缺点？
2. 试述周转材料的摊销方法。
3. 什么是成本与可变现净值孰低法？
4. 施工企业的存货包括哪些内容？

本章练习题

1. 2×17 年 12 月 31 日，某施工企业 E 材料的账面成本为 60 万元，由于 E 材料市场价格下跌，导致其可变现净值低于其成本。E 材料的预计可变现净值为 54 万元，由此计提存货跌价准备 6 万元。

假定：

(1) 2×18 年 6 月 30 日，E 材料的账面成本为 60 万元，由于 E 材料市场价格有所上升，E 材料的预计可变现净值变为 55.50 万元。

(2) 2×18 年 12 月 31 日，E 材料的账面成本为 60 万元，由于 E 材料市场价格进一步上升，预计 E 材料的可变现净值为 67.50 万元。

要求：作出（1）和（2）两个时点的会计处理。

2. 某施工企业为增值税一般纳税人，涉及增值税的业务已取得增值税专用发票并通过认证，发生下列有关周转材料（增值税税率为 13%）的经济业务：

(1) 企业购入周转材料一批，取得增值税专用发票注明的买价和运杂费金额共计 98 000 元，以银行存款支付；该批周转材料已验收入库，计划成本为 100 000 元。

(2) 施工现场领用主要材料一批作为周转材料，其计划成本为 30 000 元。

(3) 甲工程本月领用木模板 $20m^3$，计划成本为 1 000 元/m^3，预计使用 10 次，预计残值占计划成本的 4%，本月实际使用 5 次，采用分次摊销法核算。

(4) 年终，对甲工程进行清查盘点，将不需用的木模板 $5m^3$ 退回仓库。

要求：对以上经济业务做出会计分录。

3. 某施工企业为增值税一般纳税人，涉及增值税的业务已取得增值税专用发票并通过认证（购入材料增值税税率为 13%），发生下列有关材料清查盘点的经济业务：

(1) 企业在材料清查盘点中，发现盘盈木材 $3m^3$，按同类木材的市场价格确定其实际成本为 2 400 元。

(2) 企业在材料清查盘点中，发现盘亏和毁损水泥 10 吨，其计划成本为 200 元/吨，应负担的材料成本差异为 3%。

(3) 经查明，盘盈的木材为 2 400 元，系计量错误造成，报经批准后予以转销。

(4) 经查明，在盘亏和毁损的水泥 2 060 元中，应由过失人员赔偿 560 元，自然灾害造成的损失 1 000 元，管理不善损失 500 元，报经批准后予以转销。

要求：对以上经济业务做出会计分录。

第五章 金融资产①

Chapter 5

学习目标

1. 掌握金融资产的内涵及分类，以摊余成本计量的金融资产、以公允价值计量且其变动计入其他综合收益的金融资产和以公允价值计量且其变动计入当期损益的金融资产的核算内容，初始计量、后续计量以及处置或终止确认时的核算内容和相关会计处理。

2. 理解金融工具的内涵及分类，企业管理金融资产的业务模式和金融资产的合同现金流量特征，金融工具减值模型和预期信用损失的减值确认方式。

3. 了解金融资产的分类依据和金融资产分类的特殊规定，金融工具减值应设置的账户及相应的会计处理。

导入案例

山东省路桥集团有限公司（简称山东路桥）始建于1948年，2012年于深交所上市，成为山东高速集团有限公司旗下上市公司之一。公司拥有公路工程施工总承包特级，市政公用工程施工总承包特级，工程设计公路行业甲级，市政行业甲级，建筑工程施工总承包一级，钢结构工程、桥梁工程、公路路面工程、公路路基工程、公路交通工程（公路安全设施）专业承包一级，隧道工程专业承包二级等资质，同时具有对外援助成套项目总承包企业资格。公司具有多年从事路桥项目承揽、施工的业务经验，具备完整的业务体系和直接面向市场独立经营的能力。

2018年，公司坚持生产经营和资本运作“双轮驱动”，发展质量和效益增长“两翼

① 金融工具内容宽泛，本章仅对金融工具中的金融资产部分的权益工具投资、债务工具投资、衍生工具内容进行介绍。

对于2017年修订的《企业会计准则第22号——金融工具确认和计量》，在境内外同时上市的企业以及在境外上市并采用国际财务报告准则或企业会计准则编制财务报告的企业于2018年1月1日起施行，其他境内上市企业于2019年1月1日施行。2017年境内上市企业年报金融工具部分仍采用原金融工具确认和计量准则。本章内容按照新准则进行了编写，准则应用案例请参照2018年度上市公司年报。

齐飞”，整合内外资源，强化内部管控，做强做优做大施工主业，实现市场多元化和高质量发展，全面提升核心竞争力。公司实现营业收入147.68亿元，同比增长19.25%；实现利润总额9.02亿元，同比增长16.9%。公司以路桥工程施工与养护施工为主营业务，公司路桥工程施工业务实现收入129.95亿元，占全年总收入的87.99%；路桥养护施工业务实现收入13.85亿元，占全年总收入的9.38%。

据2018年度年报列示，截至2018年12月31日，以公允价值计量且其变动计入当期损益的金融资产为0；可供出售金融资产为111 473.30万元，其中按公允价值计量的可供出售权益工具期末账面价值为742.00万元，按成本计量的可供出售权益工具期末账面价值为110 731.30万元。

资料来源：根据山东路桥2018年年度报告整理而得。

山东路桥对金融资产的分类符合现行企业会计准则的规定吗？按照2017年修订的《企业会计准则第22号——金融工具确认和计量》准则，上述金融资产又该如何进行分类和会计处理？在进行金融资产核算时，如何进行减值处理？通过本章的学习，相信你会找到问题的答案。

第一节 金融资产的分类

金融工具是指形成一方的金融资产并形成其他方的金融负债或权益工具的合同。合同的形式多种多样，可以采用书面形式，也可以不采用书面形式。实务中的金融工具合同通常采用书面形式。非合同的资产和负债不属于金融工具。一般来说，金融工具包括金融资产、金融负债和权益工具，也可能包括一些尚未确认的项目。

金融资产，是指企业持有的现金、其他方的权益工具以及符合下列条件之一的资产：

（1）从其他方收取现金或其他金融资产的合同权利。例如，企业的银行存款、应收账款、应收票据和发放的贷款等均属于金融资产。

（2）在潜在有利条件下，与其他方交换金融资产或金融负债的合同权利。

（3）将来须用或可用企业自身权益工具进行结算的非衍生工具合同，且企业根据该合同将收到可变数量的自身权益工具。

（4）将来须用或可用企业自身权益工具进行结算的衍生工具合同，但以固定数量的自身权益工具交换固定金额的现金或其他金融资产的衍生工具合同除外。其中，企业自身权益工具不包括应当按照《企业会计准则第37号——金融工具列报》分类为权益工具的可回售工具或发行方仅在清算时才有义务向另一方按比例交付其净资产的金融工具，也不包括本身就要求在未来收取或交付企业自身权益工具的合同。

金融资产属于企业资产的重要组成部分，主要包括：货币资金、应收款项、委托贷款、权益工具投资、债务工具投资、衍生工具等。本章仅对金融工具中的金融资产部分的权益工具投资、债务工具投资、衍生工具内容进行介绍。

一、关于企业管理金融资产的业务模式

（一）业务模式评估

企业管理金融资产的业务模式，是指企业如何管理其金融资产以产生现金流量。业务模式决定企业所管理金融资产现金流量的来源是收取合同现金流量、出售金融资产还是两者兼有。

企业管理金融资产的业务模式，应当以企业关键管理人员决定的对金融资产进行管理的特定业务目标为基础确定，应当以客观事实为依据，不得以按照合理预期不会发生的情形为基础确定。

（二）以收取合同现金流量为目标的业务模式

在以收取合同现金流量为目标的业务模式下，企业管理金融资产旨在通过在金融资产存续期内收取合同付款来实现现金流量，而不是通过持有并出售金融资产产生整体回报。

（三）以收取合同现金流量和出售金融资产为目标的业务模式

在以收取合同现金流量和出售金融资产为目标的业务模式下，企业的关键管理人员认为收取合同现金流量和出售金融资产对于实现其管理目标而言都是不可或缺的。例如，企业的目标是管理日常流动性需求的同时维持特定的收益率。

（四）其他业务模式

如果企业管理金融资产的业务模式，既不是以收取合同现金流量为目标，也不是以收取合同现金流量和出售金融资产来实现其目标，那么该金融资产应当分类为以公允价值计量且其变动计入当期损益的金融资产。例如，企业管理金融资产的目标是通过出售金融资产以实现现金流量。

二、关于金融资产的合同现金流量特征

金融资产的合同现金流量特征，是指金融工具合同约定的、反映相关金融资产经济特征的现金流量属性。企业分类为以摊余成本计量的金融资产和以公允价值计量且其变动计入其他综合收益的金融资产，其合同现金流量特征应当与基本借贷安排相一致，即相关金融资产在特定日期产生的合同现金流量仅为对本金和以未偿付本金金额为基础的利息的支付。

三、金融资产的具体分类

企业应当根据其管理金融资产的业务模式和金融资产的合同现金流量特征，对金融资产进行合理分类。金融资产一般划分为以下三类：以摊余成本计量的金融资产，

以公允价值计量且其变动计入其他综合收益的金融资产，以公允价值计量且其变动计入当期损益的金融资产。对金融资产的分类一经确定，不得随意变更。

（一）以摊余成本计量的金融资产

金融资产同时符合下列条件的，应当分类为以摊余成本计量的金融资产：

（1）企业管理该金融资产的业务模式是以收取合同现金流量为目标；

（2）该金融资产的合同条款规定，在特定日期产生的现金流量仅为对本金和以未偿付本金金额为基础的利息的支付。

企业一般应当设置“银行存款”“贷款”“应收账款”“债权投资”等科目核算分类为以摊余成本计量的金融资产。

（二）以公允价值计量且其变动计入其他综合收益的金融资产

金融资产同时符合下列条件的，应当分类为以公允价值计量且其变动计入其他综合收益的金融资产：

（1）企业管理该金融资产的业务模式既以收取合同现金流量为目标又以出售该金融资产为目标；

（2）该金融资产的合同条款规定，在特定日期产生的现金流量仅为对本金和以未偿付本金金额为基础的利息的支付。

企业应当设置“其他债权投资”账户核算债务工具中分类为以公允价值计量且其变动计入其他综合收益的金融资产；设置“其他权益工具投资”账户核算权益工具中指定为以公允价值计量且其变动计入其他综合收益的非交易性权益工具投资。

（三）以公允价值计量且其变动计入当期损益的金融资产

按照上述（一）和（二）分类为以摊余成本计量的金融资产和以公允价值计量且其变动计入其他综合收益的金融资产之外的金融资产，企业应当将其分类为以公允价值计量且其变动计入当期损益的金融资产。

企业应当设置“交易性金融资产”账户核算以公允价值计量且其变动计入当期损益的金融资产；企业持有的直接指定为以公允价值计量且其变动计入当期损益的金融资产，也在本科目核算。

四、金融资产分类的特殊规定

权益工具投资的合同现金流量评估一般不符合基本借贷安排，所以只能分类为以公允价值计量且其变动计入当期损益的金融资产。但初始确认时，企业可基于单项非交易性权益工具投资，将其指定为以公允价值计量且其变动计入其他综合收益的金融资产，其公允价值的后续变动计入其他综合收益，并按规定确认股利收入，不需计提减值准备。该指定一经做出，不得撤销。企业在非同一控制下的企业合并中确认的或有对价构成金融资产的，该金融资产应当分类为以公允价值计量且其变动计入当期损益的金融资产，而不应当指定为以公允价值计量且其变动计入其他综合收益的金融资产。

金融资产的分类如图 5－1 所示。

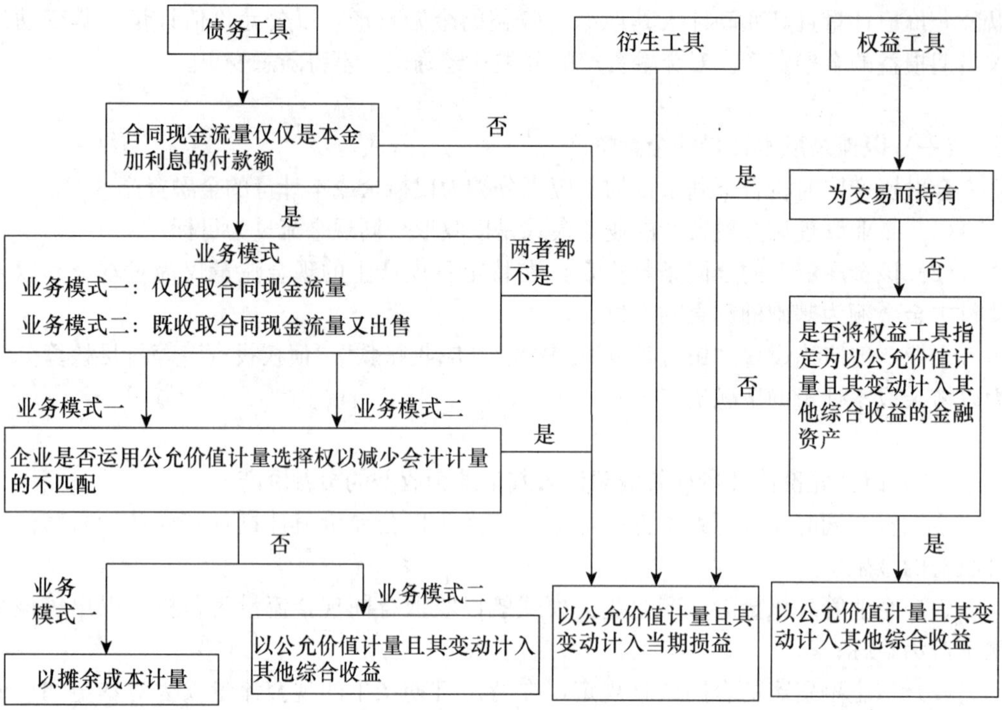

图 5-1　金融资产分类图

随堂小测验 5-1

1. 【单项选择题】下列项目中，不属于金融资产的是（　　）。

A. 股权投资　　B. 应收款项　　C. 应付款项　　D. 债权投资

2. 【单项选择题】某施工企业取得债务工具，以收取合同现金流量和出售债务工具为目标的业务模式，应划分的金融资产为（　　）。

A. 以公允价值计量且其变动计入当期损益的金融资产

B. 以摊余成本计量的金融资产

C. 以公允价值计量且其变动计入其他综合收益的金融资产

D. 流动资产

3. 【多项选择题】关于金融资产的分类，下列表述正确的有（　　）。

A. 企业管理金融资产的业务模式是以收取合同现金流量为目标，并且该金融资产的合同条款规定，在特定日期产生的现金流量仅为对本金和以未偿付本金金额为基础的利息的支付，则应分类为以摊余成本计量的金融资产

B. 企业管理金融资产的业务模式既以收取合同现金流量为目标又以出售该金融资产为目标，则应分类为以公允价值计量且其变动计入其他综合收益的金融资产

C. 企业管理金融资产的业务模式既以收取合同现金流量为目标又以出售该金融资产为目标，并且该金融资产的合同条款规定，在特定日期产生的现金流量仅为对本金和以未偿付本金金额为基础的利息的支付，则应分类为以公允价值计量且其变动计入其他综合收益的金融资产

D. 对债务工具投资，分类为以摊余成本计量的金融资产和分类为以公允价值计量

且其变动计入当期损益的金融资产之外的金融资产，企业应当将其分类为以公允价值计量且其变动计入其他综合收益的金融资产

4.【多项选择题】企业对金融资产进行分类的依据包括（ ）。

A. 管理金融资产的业务模式　　B. 管理层的持有意图

C. 金融资产的合同现金流量特征　　D. 金融资产的性质

5.【判断题】对金融资产的分类一经确定，不得随意变更。（ ）

6.【判断题】金融资产按照管理层的持有意图可分为以摊余成本计量的金融资产、以公允价值计量且其变动计入其他综合收益的金融资产和以公允价值计量且其变动计入当期损益的金融资产。（ ）

第二节 金融资产的核算

企业根据其管理金融资产的业务模式和金融资产的合同现金流量特征，将金融资产划分为以摊余成本计量的金融资产、以公允价值计量且其变动计入其他综合收益的金融资产和以公允价值计量且其变动计入当期损益的金融资产。本节对上述三类金融资产的会计核算进行详细介绍。

一、以摊余成本计量的金融资产

（一）以摊余成本计量的金融资产的初始计量

以摊余成本计量的金融资产，应当按照公允价值和相关交易费用之和作为初始入账金额。实际支付的价款中包括的已到付息期但尚未领取的债券利息，应单独确认为应收项目。

（二）以摊余成本计量的金融资产的后续计量

企业应当采用实际利率法对以摊余成本计量的金融资产进行后续计量。实际利率法，是指计算金融资产的摊余成本以及将利息收入或利息费用分摊计入各会计期间的方法。

1. 实际利率

实际利率，是指将金融资产在预计存续期估计的未来现金流量折现为该金融资产账面余额所使用的利率。在确定实际利率时，应当在考虑金融资产所有合同条款（如提前还款、展期、看涨期权或其他类似期权等）的基础上估计预期现金流量，但不应当考虑预期信用损失。

经信用调整的实际利率，是指将购入或源生的已发生信用减值的金融资产在预计存续期估计的未来现金流量折现为该金融资产摊余成本的利率。在确定经信用调整的实际利率时，应当在考虑金融资产的所有合同条款（例如提前还款、展期、看涨期权或其他类似期权等）以及初始预期信用损失的基础上估计预期现金流量。

2. 摊余成本

金融资产的摊余成本，应当以该金融资产的初始确认金额经下列调整后的结果确定：

(1) 扣除已偿还的本金。

(2) 加上或减去采用实际利率法将该初始确认金额与到期日金额之间的差额进行摊销形成的累计摊销额。

(3) 扣除累计计提的损失准备。

3. 利息收入

企业应当按照实际利率法确认利息收入。利息收入应当根据金融资产账面余额乘以实际利率计算确定，金融资产的账面余额为摊余成本加上损失准备的金额。但下列情况除外：

(1) 对于购入或源生的已发生信用减值的金融资产，企业应当自初始确认起按照该金融资产的摊余成本和经信用调整的实际利率计算确定其利息收入。

利息收入＝摊余成本×经信用调整的实际利率

(2) 对于购入或源生的未发生信用减值但在后续期间成为已发生信用减值的金融资产，企业应当在后续期间按照该金融资产的摊余成本和实际利率计算确定其利息收入。

利息收入＝摊余成本×实际利率

若该金融工具在后续期间因其信用风险有所改善不再存在信用减值，并且这一改善在客观上可与应用上述规定之后发生的某一事件相联系（如债务人的信用评级被上调），应当转按实际利率乘以该金融资产账面余额来计算确定利息收入。

利息收入＝账面余额×实际利率

账面余额＝摊余成本＋损失准备

（三）以摊余成本计量的金融资产核算应设置的账户

为了核算企业以摊余成本计量的金融资产的增减变化及其损益情况，施工企业应设置下列会计账户：

1. “债权投资”账户

“债权投资”账户核算企业以摊余成本计量的金融资产的账面余额。该账户借方登记企业取得以摊余成本计量的金融资产时的债券面值和债券溢价、金融资产在持有期间按实际利率法计算确定的折价摊销额，以及作为一次性还本付息债券投资的，在资产负债表日按票面利率计算确定的应收未收利息；贷方登记取得以摊余成本计量的金融资产时的债券折价、金融资产在持有期间按实际利率法确定的溢价摊销额；期末余额在借方，反映企业以摊余成本计量的金融资产的账面余额。应按以摊余成本计量的金融资产的类别和品种，分别设置“成本”“利息调整”“应计利息”等进行明细核算。

2. “投资收益”账户

“投资收益”账户核算企业各项投资发生的收益或损失。仅就以摊余成本计量的金融资产而言，该账户登记企业的以摊余成本计量的金融资产在持有期间取得的投资收益和处置损益。其贷方登记以摊余成本计量的金融资产在持有期间按账面余额和实际利率计算确定的利息收入和处置时的利得；借方登记以摊余成本计量的金融资产处置时的损失；期末应将本账户余额转入“本年利润”账户，结转后应无余额。

(四) 以摊余成本计量的金融资产核算的会计处理

1. 债权投资的初始计量

(1) 企业取得投资时：

借：债权投资——成本（面值）

　　　　　——利息调整（差额，也可能在贷方）

　　应收利息（实际支付价款中包含已到付息期但尚未领取的利息）

　贷：银行存款等

(2) 企业实际收到支付价款中包含已到付息期但尚未领取的利息时：

借：银行存款

　贷：应收利息

2. 债权投资的后续计量

(1) 分期付息、一次还本的债权投资：

借：应收利息（按面值和票面利率计算的利息）

　贷：投资收益（按摊余成本和实际利率计算的利息）

　　　债权投资——利息调整（差额，也可能在借方）

(2) 到期一次还本付息的债权投资：

借：债权投资——应计利息（按面值和票面利率计算的利息）

　贷：投资收益（按摊余成本和实际利率计算的利息）

　　　债权投资——利息调整（差额，也可能在借方）

3. 债权投资到期时

借：银行存款等

　贷：债权投资——成本

　　　　　　　——应计利息

　　　应收利息

施工企业以摊余成本计量的金融资产的会计处理流程如图 5-2 所示。

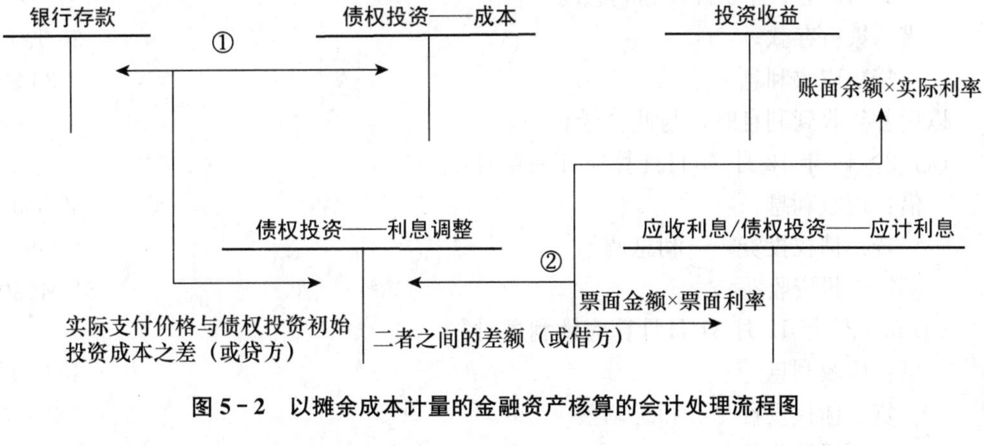

图 5-2　以摊余成本计量的金融资产核算的会计处理流程图

注：

①债权投资初始计量中，如果债权投资的初始投资成本小于实际支付的价款，应将两者之差记入“债权投资——利息调整”明细账户的借方；反之，记入“债权投资——利息调整”明细账户的贷方。

②资产负债表日，如果当期计入投资收益的实际利息收入大于当期应收票面利息，则应将两者的差额记入“债权投资——利息调整”明细账户的借方；反之，记入“债权投资——利息调整”明细账户的贷方。

例5-1

甲施工企业于2×18年1月1日购入乙公司即日发行的3年期、年利率12%、每年付息一次、面值300 000元的企业债券。假设计算的实际利率为10%，债券购入价格为314 919元（含交易费用），以银行存款支付。甲施工企业根据其管理该债券的业务模式和该债券的合同现金流量特征，将该债券分类为以摊余成本计量的金融资产。

以摊余成本计量的金融资产各期期初账面余额、实际利息收入、应收利息以及期末账面余额的具体计算过程如表5-1所示。

表5-1 以摊余成本计量的金融资产计算表 单位：元

计息日期	期初账面余额（a=上年期末账面余额）	实际利息（b=a×实际利率）	应收利息（c=面值×票面利率）	期末账面余额（d=a+b−c）
2×18年12月31日	314 919.00	31 491.90	36 000.00	310 410.90
2×19年12月31日	310 410.90	31 041.09	36 000.00	305 451.99
2×20年12月31日	305 451.99	30 545.20	36 000.00	300 000.00
合 计	—	93 078.19	108 000.00	—

注：数字四舍五入，并考虑了计算过程中出现的尾差。

企业应做如下会计分录：

（1）2×18年1月1日购入债券时：

借：债权投资——成本 300 000
　　利息调整 14 919
　贷：银行存款 314 919

（2）2×18年12月31日计算应计利息时：

借：应收利息 36 000
　贷：债权投资——利息调整 4 508.10
　　投资收益 31 491.90

（3）2×19年1月3日收到利息时：

借：银行存款 36 000
　贷：应收利息 36 000

以后各年收到利息时，与此分录相同。

（4）2×19年12月31日计算应计利息时：

借：应收利息 36 000
　贷：债权投资——利息调整 4 958.91
　　投资收益 31 041.09

（5）2×20年12月31日计算应计利息时：

借：应收利息 36 000
　贷：债权投资——利息调整 5 454.80
　　投资收益 30 545.20

可见，企业以摊余成本计量的金融资产于资产负债表日计算各年应计利息时，分录相同，但金额不同。

（6）2×20年12月31日收到本金和利息时：

借：银行存款 336 000
　贷：应收利息 36 000
　　债权投资——成本 300 000

二、以公允价值计量且其变动计入当期损益的金融资产

（一）以公允价值计量且其变动计入当期损益的金融资产的初始计量

以公允价值计量且其变动计入当期损益的金融资产应按公允价值确定初始入账金额，相关交易费用应当直接计入当期损益。

交易费用是指可直接归属于购买、发行或处置金融工具的增量费用。所谓增量费用，是指企业不购买、发行或处置金融工具就不会发生的费用。交易费用包括支付给代理机构、咨询公司、券商、证券交易所、政府有关部门等的手续费、佣金、相关税费及其他必要支出，不包括债券溢价、折价、融资费用、内部管理成本和持有成本等与交易不直接相关的费用。企业为发行金融工具所发生的差旅费等，不属于此处所讲的交易费用。

企业取得金融资产所支付的价款中，包含已宣告但尚未发放的现金股利或已到付息期但尚未领取的债券利息的，应当单独确认为应收项目。在持有期间取得的利息或现金股利，应当确认为投资收益。

（二）以公允价值计量且其变动计入当期损益的金融资产的后续计量

资产负债表日，企业应将以公允价值计量且其变动计入当期损益的金融资产的利得或损失计入当期损益。企业在取得金融资产后，在持有期间会产生一定的收益（如投资股票的股利收入），应确认为当期的投资收益。

处置该金融资产时，其公允价值与初始入账金额之间的差额应确认为投资收益，同时将原记入“公允价值变动损益”账户的金额按比例转入“投资收益”账户。

（三）以公允价值计量且其变动计入当期损益的金融资产核算应设置的账户

1. “交易性金融资产”账户

“交易性金融资产”账户核算企业分类为以公允价值计量且其变动计入当期损益的金融资产。该账户的借方登记企业取得交易性金融资产时的公允价值，以及资产负债表日交易性金融资产公允价值高于其账面余额的差额；贷方登记处置交易性金融资产的账面余额以及在资产负债表日交易性金融资产的公允价值低于其账面余额的差额；期末余额在借方，反映企业持有的交易性金融资产的公允价值。本账户可按交易性金融资产的类别和品种，分别设置“成本”“公允价值变动”等明细账户进行核算。

2. “公允价值变动损益”账户

“公允价值变动损益”账户核算以公允价值计量且其变动计入当期损益的金融资产公允价值变动形成的应计入当期损益的利得或损失。仅就以公允价值计量且其变动计入当期损益的金融资产而言，该账户的借方登记在资产负债表日以公允价值计量且其变动计入当期损益的金融资产公允价值低于其账面余额的差额和出售以公允价值计量

且其变动计入当期损益的金融资产时转出原计入该账户的公允价值变动实现的利得；贷方登记在资产负债表日以公允价值计量且其变动计入当期损益的金融资产公允价值高于其账面余额的差额和出售以公允价值计量且其变动计入当期损益的金融资产时转出原记入该账户的公允价值变动发生的损失；期末应将该账户的余额结转至“本年利润”账户，结转后本账户没有余额。

3.“投资收益”账户

“投资收益”账户核算企业各项投资发生的收益或损失。仅就以公允价值计量且其变动计入当期损益的金融资产而言，该账户的借方登记取得以公允价值计量且其变动计入当期损益的金融资产时发生的交易费用、出售以公允价值计量且其变动计入当期损益的金融资产时实际收到金额小于其账面余额的差额以及同时转销该项金融资产投资公允价值变动的损失；贷方登记以公允价值计量且其变动计入当期损益的金融资产持有期间获得的被投资企业宣告发放的现金股利或在资产负债表日按分期付息和一次还本债券投资的票面利率计算的利息、出售以公允价值计量且其变动计入当期损益的金融资产时实际收到金额大于其账面余额的差额以及同时转销该项金融资产公允价值变动的利得；期末应将该账户的余额结转至“本年利润”账户，结转后该账户没有余额。本账户应该按照投资的项目进行明细核算。

（四）以公允价值计量且其变动计入当期损益的金融资产的会计处理

1. 企业取得以公允价值计量且其变动计入当期损益的金融资产时

借：交易性金融资产——成本（公允价值）
　　投资收益（发生的交易费用）
　　应收股利（已宣告但尚未发放的现金股利）
　　应收利息（已到付息期但尚未领取的利息）
　贷：银行存款等（实际支付的金额）

2. 资产负债表日公允价值发生变动时

借：交易性金融资产——公允价值变动（公允价值高于其账面余额）
　贷：公允价值变动损益

或

借：公允价值变动损益
　贷：交易性金融资产——公允价值变动（公允价值低于其账面余额）

3. 持有期间获得现金股利或债券利息时

借：应收股利（被投资单位宣告发放的现金股利×投资持股比例）
　　应收利息（资产负债表日计算的应收利息）
　贷：投资收益

4. 持有期间收到现金股利或债券利息时

借：银行存款
　贷：应收股利
　　　应收利息

5. 处置以公允价值计量且其变动计入当期损益的金融资产时

借：银行存款

贷：交易性金融资产——成本（公允价值）

——公允价值变动（或借方）

投资收益

同时，将持有期间确认的“公允价值变动损益”转入“投资收益”：

借：公允价值变动损益（持有期间该金融资产累计确认的公允价值变动）

贷：投资收益

或

借：投资收益

贷：公允价值变动损益（持有期间该金融资产累计确认的公允价值变动）

例5-2

2×18年5月17日，甲施工企业以每股45元的价格从二级市场购入乙公司发行的股票10 000股，支付的价款中含有已宣告但尚未分配每股3元的现金股利，另支付交易费用9 000元。甲施工企业购入该股票的目的为交易，所以将其分类为以公允价值计量且其变动计入当期损益的金融资产。

甲施工企业其他相关资料如下：

（1）2×18年5月23日，收到乙公司发放的现金股利；

（2）2×18年6月30日，乙公司股票价格涨到每股51元；

（3）2×19年3月10日，乙公司宣告发放2×18年现金股利每股2元，该年5月25日，甲施工企业收到乙公司发放的现金股利；

（4）2×19年8月15日，将持有的乙公司股票全部售出，每股售价54元。

假定不考虑其他因素，企业应作如下会计分录：

（1）2×18年5月17日，购入乙公司股票时：

金融资产的初始入账成本＝45×10 000－3×10 000＝420 000(元)

借：交易性金融资产——成本	420 000	
应收股利	30 000	
投资收益	9 000	
贷：银行存款		459 000

（2）2×18年5月23日，收到乙公司发放的现金股利时：

借：银行存款	30 000	
贷：应收股利		30 000

（3）2×18年6月30日，确认股票公允价值变动时：

借：交易性金融资产——公允价值变动	90 000	
贷：公允价值变动损益		90 000

（4）2×19年3月10日，乙公司宣告发放2×18年现金股利时：

借：应收股利	20 000	
贷：投资收益		20 000

（5）2×19年5月25日，收到乙公司发放的现金股利时：

借：银行存款	20 000	
贷：应收股利		20 000

(6) 2×19 年 8 月 15 日，全部售出乙公司的股票：

借：银行存款　　540 000

　　公允价值变动损益　　90 000

　贷：交易性金融资产——成本　　420 000

　　　　　　　　　　——公允价值变动　　90 000

　　　投资收益　　120 000

例 5 - 3

2×18 年 1 月 1 日，甲施工企业从二级市场支付价款 309 000 元（含已到付息但尚未领取的利息 9 000 元）购入乙公司发行的债券，另发生交易费用 2 500 元。该债券面值 300 000 元，剩余期限为 2 年，票面年利率为 3%，每年付息一次。甲施工企业根据其管理该债券的业务模式和该债券的合同现金流量特征，将该债券分类为以公允价值计量且其变动计入当期损益的金融资产。

甲施工企业的其他资料如下：

(1) 2×18 年 1 月 2 日，收到该债券 2×17 年利息 9 000 元；

(2) 2×18 年 6 月 30 日，该债券的公允价值为 330 000 元（不包含利息）；

(3) 2×18 年 12 月 31 日，收到该债券 2×18 年利息 9 000 元；

(4) 2×19 年 9 月 30 日，甲施工企业将该债券出售，取得价款 366 750 元（含前 3 季度利息 6 750 元）。

假定不考虑其他因素，甲施工企业应做如下会计分录：

(1) 2×18 年 1 月 1 日，购入债券时：

债券投资的初始成本＝309 000－9 000＝300 000(元)

借：交易性金融资产——成本　　300 000

　　应收利息　　9 000

　　投资收益　　2 500

　贷：银行存款　　311 500

(2) 2×18 年 1 月 2 日，收到该债券 2×17 年利息时：

借：银行存款　　9 000

　贷：应收利息　　9 000

(3) 2×18 年 6 月 30 日，确认债券公允价值变动时：

借：交易性金融资产——公允价值变动　　30 000

　贷：公允价值变动损益　　30 000

(4) 2×18 年 12 月 31 日，确认并收到债券利息时：

确认利息收入：

借：应收利息　　9 000

　贷：投资收益　　9 000

收到债券利息：

借：银行存款　　9 000

　贷：应收利息　　9 000

(5) 2×19 年 9 月 30 日，将该债券出售时：

借：应收利息 6 750
　贷：投资收益 6 750
借：银行存款 360 000
　公允价值变动损益 30 000
　贷：交易性金融资产——成本 300 000
　　　　　　　　——公允价值变动 30 000
　　投资收益 60 000
借：银行存款 6 750
　贷：应收利息 6 750

三、以公允价值计量且其变动计入其他综合收益的金融资产

（一）以公允价值计量且其变动计入其他综合收益的金融资产的初始计量

以公允价值计量且其变动计入其他综合收益的金融资产，应当按照公允价值和相关交易费用之和作为初始入账金额。

实际支付的价款中包括的已到付息期但尚未领取的债券利息或已宣告但尚未发放的现金股利，应单独确认为应收项目。

（二）以公允价值计量且其变动计入其他综合收益的金融资产的后续计量

分类为以公允价值计量且其变动计入其他综合收益的金融资产（债务工具）公允价值变动产生的利得或损失应当计入其他综合收益；减值损失、汇兑损益和采用实际利率法计算的该金融资产的利息应当计入当期损益。该金融资产利息计入各期损益的金额应当与视同其一直按摊余成本计量而计入各期损益的金额相等。该金融资产终止确认时，之前计入其他综合收益的累计利得或损失应当从其他综合收益中转出，计入当期损益。

指定为以公允价值计量且其变动计入其他综合收益的非交易性权益工具投资，除了获得的股利（明确代表投资成本部分收回的股利除外）计入当期损益外，其他相关的利得和损失（包括汇兑损益）均应当计入其他综合收益，且后续不得转入当期损益。当其终止确认时，之前计入其他综合收益的累计利得或损失应当从其他综合收益中转出，计入留存收益。

（三）以公允价值计量且其变动计入其他综合收益的金融资产核算应设置的账户

为了核算企业以公允价值计量且其变动计入其他综合收益的金融资产的增减变化及其损益情况，施工企业应区分债务工具和权益工具，相应设置如下会计账户：

1.“其他债权投资”账户

“其他债权投资”账户核算债务工具中分类为以公允价值计量且其变动计入其他综合收益的金融资产。

“其他债权投资”的借方登记企业取得其他债权投资时的债券面值和债券溢价、在资产负债表日其他债权投资公允价值高于其账面余额的差额、在持有期间按实际利率法计算确定的折价摊销额，以及作为一次性还本付息债券投资的、在资产负债表日按

票面利率计算确定的应收未收利息；贷方登记取得其他债权投资时的债券折价、在资产负债表日其他债权投资公允价值低于其账面余额的差额、在持有期间按实际利率法确定的溢价摊销额，以及处置其他债权投资的账面余额。期末余额在借方，反映企业其他债权投资的公允价值。

本账户按其他债权投资的类别和品种，分别设置“成本”“利息调整”“应计利息”“公允价值变动”等明细账户进行核算。

2. “其他权益工具投资”账户

“其他权益工具投资”账户核算权益工具中指定为以公允价值计量且其变动计入其他综合收益的非交易性权益工具投资。

“其他权益工具投资”的借方登记企业取得的其他权益工具投资的公允价值、在资产负债表日其他权益工具投资公允价值高于其账面余额的差额；贷方登记在资产负债表日其他权益工具投资公允价值低于其账面余额的差额以及处置其他权益工具投资的账面余额。期末余额在借方，反映企业可供出售金融资产的公允价值。

本账户按可供出售金融资产的类别和品种，分别设置“成本”和“公允价值变动”明细账户进行核算。

3. “投资收益”账户

“投资收益”账户核算企业各项投资发生的收益或损失。仅就以公允价值计量且其变动计入其他综合收益的金融资产而言，其贷方登记金融资产的处置利得、持有期间取得的现金股利或债券利息等投资收益、其他债务工具持有期间由于公允价值累计变动而计入所有者权益的贷方余额对应处置部分的金额转出；借方登记金融资产的处置损失以及其他债权投资持有期间由于公允价值累计变动而计入所有者权益的借方余额对应处置部分的金额转出。期末，应将本账户余额转入“本年利润”账户，结转后本账户应无余额。

4. “其他综合收益”账户

“其他综合收益”账户主要核算以公允价值计量且其变动计入其他综合收益的金融资产的公允价值变动情况、按照权益法核算的在被投资单位的其他综合收益变动中所享有的份额。

仅就以公允价值计量且其变动计入其他综合收益的金融资产而言，“其他综合收益”账户的贷方登记以公允价值计量且其变动计入其他综合收益的金融资产在资产负债表日公允价值高于其账面价值的金额；借方登记以公允价值计量且其变动计入其他综合收益的金融资产公允价值低于其账面价值的金额。期末贷方余额，反映企业的其他综合收益。

（四）以公允价值计量且其变动计入其他综合收益的金融资产的会计处理

1. 以公允价值计量且其变动计入其他综合收益的金融资产（债务工具）的会计处理

（1）企业取得金融资产时：

借：其他债权投资——成本（面值）

——利息调整（差额，也可能在贷方）

应收利息（已到付息期但尚未领取的利息）

贷：银行存款等

需要注意的是，若购买的债券为到期一次还本付息债券，则购买价款中包含的利息记入“其他债权投资——应计利息”。

（2）资产负债表日计算利息时：

借：应收利息（分期付息债券按票面利率计算的利息）

其他债权投资——应计利息（到期时一次还本付息债券按票面利率计算的利息）

贷：投资收益（其他债权投资的期初账面余额乘以实际利率计算确定的利息收入）

其他债权投资——利息调整（差额，也可能在借方）

（3）实际收到债券利息时：

借：银行存款

贷：应收利息

（4）资产负债表日公允价值正常变动：

借：其他债权投资——公允价值变动（公允价值高于其账面余额）

贷：其他综合收益

或

借：其他综合收益

贷：其他债权投资——公允价值变动（公允价值低于其账面余额）

（5）出售其他债权投资：

借：银行存款等

贷：其他债权投资（账面价值）

投资收益（差额，也可能在借方）

同时，将原计入其他综合收益的累计利得或损失转入当期损益。

借：其他综合收益

贷：投资收益

或

借：投资收益

贷：其他综合收益

2. 指定为以公允价值计量且其变动计入其他综合收益的金融资产（权益工具）的会计处理

（1）企业取得金融资产时：

借：其他权益工具投资——成本（公允价值与交易费用之和）

应收股利（已宣告但尚未发放的现金股利）

贷：银行存款等

（2）资产负债表日公允价值正常变动：

借：其他权益工具投资——公允价值变动（公允价值高于其账面余额）

贷：其他综合收益

或

借：其他综合收益

贷：其他权益工具投资——公允价值变动（公允价值低于其账面余额）

（3）持有期间被投资单位宣告发放现金股利：

借：应收股利

　贷：投资收益

（4）出售其他权益工具投资：

借：银行存款等

　贷：其他权益工具投资（账面价值）

　　盈余公积（差额，也可能在借方）

　　利润分配——未分配利润（差额计入留存收益，也可能在借方）

同时，将原计入其他综合收益的累计利得或损失转入留存收益。

借：其他综合收益

　贷：盈余公积

　　利润分配——未分配利润

或

借：盈余公积

　利润分配——未分配利润

　贷：其他综合收益

例 5-4

2×18 年 1 月 1 日，甲施工企业支付价款 1 000 万元（含交易费用）从上海证券交易所购入乙公司同日发行的 5 年期公司债券 12 500 份，债券票面价值总额为 1 250 万元，票面年利率为 4.72%，于年末支付本年度债券利息（即每年利息为 59 万元），本金在债券到期时一次偿还。甲施工企业根据其管理该债券的业务模式和该债券的合同现金流量特征，将该债券分类为以公允价计量且其变动计入其他综合收益的金融资产。

其他资料如下：

（1）2×18 年 12 月 31 日，乙公司债券的公允价值为 1 200 万元（不含利息）。

（2）2×19 年 12 月 31 日，乙公司债券的公允价值为 1 300 万元（不含利息）。

（3）2×20 年 12 月 31 日，乙公司债券的公允价值为 1 250 万元（不含利息）。

（4）2×21 年 12 月 31 日，乙公司债券的公允价值为 1 200 万元（不含利息）。

（5）2×22 年 1 月 20 日，甲施工企业通过上海证券交易所出售了乙公司债券 12 500 份，取得价款 1 260 万元。

假定不考虑所得税、减值损失等因素，该债券的实际利率为 10%。

以公允价值计量且其变动计入其他综合收益的金融资产各期应收利息、实际利息收入、摊余成本余额、期末公允价值、公允价值变动额和公允价值变动累计金额的具体计算过程如表 5-2 所示。

表 5-2 其他债权投资各项目计算表　　单位：万元

日期	应收利息 (a)	实际利息 (b=期初 c×10%)	摊余成本余额 (c=期初 c−a+b)	公允价值 (d)	公允价值变动额 (e=d−c−期初 f)	公允价值变动累计金额 (f=期初 f+e)
2×18 年 1 月 1 日			1 000		0	0
2×18 年 12 月 31 日	59	100	1 041	1 200	159	159

续表

日　期	应收利息 (a)	实际利息 (b=期初c×10%)	摊余成本余额 (c=期初c－a+b)	公允价值 (d)	公允价值变动额 (e=d－c－期初f)	公允价值变动累计金额 (f=期初f+e)
2×19年12月31日	59	104	1 086	1 300	55	214
2×20年12月31日	59	109	1 136	1 250	－100	114
2×21年12月31日	59	114	1 191	1 200	－105	9
2×22年1月20日	0	69*	1 260	1 260	－10	0
合计	236	496	1 260	—		

*尾数调整：1 260+0－1 191=69（万元）。

甲施工企业的有关账务处理如下（金额单位：元）：

（1）2×18年1月1日，购入乙公司债券：

借：其他债权投资——成本　12 500 000
　贷：银行存款　10 000 000
　　其他债权投资——利息调整　2 500 000

（2）2×18年12月31日，确认乙公司债券实际利息收入、公允价值变动，收到债券利息：

借：应收利息　590 000
　　其他债权投资——利息调整　410 000
　贷：投资收益　1 000 000
借：银行存款　590 000
　贷：应收利息　590 000
借：其他债权投资——公允价值变动　1 590 000
　贷：其他综合收益——其他债权投资公允价值变动　1 590 000

（3）2×19年12月31日，确认乙公司债券实际利息收入、公允价值变动，收到债券利息：

借：应收利息　590 000
　　其他债权投资——利息调整　450 000
　贷：投资收益　1 040 000
借：银行存款　590 000
　贷：应收利息　590 000
借：其他债权投资——公允价值变动　550 000
　贷：其他综合收益——其他债权投资公允价值变动　550 000

（4）2×20年12月31日，确认乙公司债券实际利息收入、公允价值变动，收到债券利息：

借：应收利息　590 000
　　其他债权投资——利息调整　500 000
　贷：投资收益　1 090 000
借：银行存款　590 000
　贷：应收利息　590 000

借：其他综合收益——其他债权投资公允价值变动 1 000 000

贷：其他债权投资——公允价值变动 1 000 000

（5）2×21 年 12 月 31 日，确认乙公司债券实际利息收入、公允价值变动，收到债券利息：

借：应收利息 590 000

其他债权投资——利息调整 550 000

贷：投资收益 1 140 000

借：银行存款 590 000

贷：应收利息 590 000

借：其他综合收益——其他债权投资公允价值变动 1 050 000

贷：其他债权投资——公允价值变动 1 050 000

（6）2×22 年 1 月 20 日，确认出售乙公司债券实现的损益：

借：其他债权投资——利息调整 690 000

贷：投资收益 690 000

借：银行存款 12 600 000

投资收益 100 000

贷：其他债权投资——成本 12 500 000

——公允价值变动 100 000

——利息调整 100 000

乙公司债券的成本＝1 250(万元)

乙公司债券的利息调整余额＝－250＋41＋45＋50＋54＋70＝－10(万元)

乙公司债券公允价值变动余额＝159＋55－100－104＝10(万元)

同时，应从其他综合收益中转出的公允价值累计金额为 10 万元。

借：其他综合收益——其他债权投资公允价值变动 100 000

贷：投资收益 100 000

例 5－5

2×18 年 5 月 6 日，甲施工企业支付价款 1 016 万元（含交易费用 1 万元和已宣告发放现金股利 15 万元）购入乙公司发行的股票 200 万股，占乙公司有表决权股份的 0.5%。甲施工企业将其指定为以公允价值计量且其变动计入其他综合收益的非交易性权益工具投资。

甲施工企业的其他资料如下：

（1）2×18 年 5 月 10 日，甲施工企业收到乙公司发放的现金股利 15 万元。

（2）2×18 年 6 月 30 日，该股票市价为每股 5.2 元。

（3）2×18 年 12 月 31 日，甲施工企业仍持有该股票，当日，该股票市价为每股 5 元。

（4）2×19 年 5 月 9 日，乙公司宣告发放股利 4 000 万元。

（5）2×19 年 5 月 13 日，甲施工企业收到乙公司发放的现金股利。

（6）2×19 年 5 月 20 日，甲施工企业由于某特殊原因，以每股 4.9 元的价格将股票全部转让。

假定不考虑其他因素，甲施工企业的账务处理如下（金额单位：元）：

（1）2×18 年 5 月 6 日，购入股票：

借：其他权益工具投资——成本　10 010 000
　　应收股利　150 000
　贷：银行存款　10 160 000

（2）2×18 年 5 月 10 日，收到现金股利：

借：银行存款　150 000
　贷：应收股利　150 000

（3）2×18 年 6 月 30 日，确认股票价格变动：

借：其他权益工具投资——公允价值变动（2 000 000×5.2－10 010 000）
　　390 000
　贷：其他综合收益——其他权益工具投资公允价值变动　390 000

（4）2×18 年 12 月 31 日，确认股票价格变动：

借：其他综合收益——其他权益工具投资公允价值变动　400 000
　贷：其他权益工具投资——公允价值变动　400 000

（5）2×19 年 5 月 9 日，确认应收现金股利：

借：应收股利（40 000 000×0.5%）　200 000
　贷：投资收益　200 000

（6）2×19 年 5 月 13 日，收到现金股利：

借：银行存款　200 000
　贷：应收股利　200 000

（7）2×19 年 5 月 20 日，出售股票：

借：银行存款　9 800 000
　　其他权益工具投资——公允价值变动　10 000
　　盈余公积——法定盈余公积　21 000
　　利润分配——未分配利润　189 000
　贷：其他权益工具投资——成本　10 010 000
　　　其他综合收益——其他权益工具投资公允价值变动　10 000

随堂小测验 5-2

1.【单项选择题】下列各项中，不影响当期损益的事项是（　　）。

A. 以公允价值计量且其变动计入当期损益的金融资产在持有期间确认应享有的现金股利

B. 以公允价值计量且其变动计入当期损益的金融资产在资产负债表日的公允价值大于其账面价值的差额

C. 以摊余成本计量的金融资产在持有期间按摊余成本和实际利率计算确认的利息收入

D. 以公允价值计量且其变动计入其他综合收益的金融资产在资产负债表日的公允价值大于其账面价值的差额

2.【单项选择题】某施工企业将非交易性权益工具投资指定为以公允价值计量且

其变动计入其他综合收益的金融资产，处置时应将原计入其他综合收益对应处置部分的金额转出，计入（　　）。

A. 投资收益　　B. 资本公积　　C. 营业外收入　　D. 留存收益

3.【多项选择题】下列项目中，不应计入以公允价值计量且其变动计入当期损益的金融资产的初始入账金额的有（　　）。

A. 金融资产的公允价值
B. 支付给代理公司的手续费和佣金
C. 支付给券商的手续费和佣金
D. 已到付息期但尚未领取的债券利息

4.【多项选择题】关于金融资产的计量，下列说法错误的有（　　）。

A. 以公允价值计量且其变动计入当期损益的金融资产应当按照取得时的公允价值和相关交易费用作为初始确认金额
B. 以公允价值计量且其变动计入其他综合收益的金融资产应当按取得该金融资产的公允价值和交易费用之和作为初始确认金额
C. 以公允价值计量且其变动计入其他综合收益的金融资产应当按照取得时的公允价值作为初始确认金额，相关交易费用在发生时计入当期损益
D. 以摊余成本计量的金融资产应当按照公允价值计量和相关交易费用之和作为初始入账金额

5.【判断题】以公允价值计量且其变动计入其他综合收益的权益工具投资，符合条件的股利收入应计入其他综合收益。（　　）

6.【判断题】在核算以摊余成本计量的金融资产时，对于购入或源生的已发生信用减值的金融资产，企业应当自初始确认起按照该金融资产的摊余成本和经信用调整的实际利率计算确定其利息收入。（　　）

第三节　金融资产的减值

企业应当以预期信用损失为基础，对分类为以摊余成本计量的金融资产和以公允价值计量且其变动计入其他综合收益的金融资产（债权投资）进行减值会计处理，并确认损失准备。

信用损失，是指企业按照原实际利率折现的、根据合同应收的所有合同现金流量与预期收取的所有现金流量之间的差额，即全部现金短缺的现值。其中，对于企业购买或源生的已发生信用减值的金融资产，应按照该金融资产经信用调整的实际利率折现。由于预期信用损失考虑付款的金额和时间分布，因此即使企业预计可以全额收款但收款时间晚于合同规定的到期期限，也会产生信用损失。

预期信用损失，是指以发生违约的风险为权重的金融工具信用损失的加权平均值。

一、一般减值模型

一般情况下，企业应当在每个资产负债表日评估相关金融工具的信用风险自初始

确认后是否已显著增加，并按照下列情形分别计量其损失准备，确认预期信用损失及其变动。

（1）如果该金融工具的信用风险自初始确认后已显著增加，企业应当按照相当于该金融工具整个存续期内预期信用损失的金额计量其损失准备，由此形成的损失准备的增加或转回金额应当作为减值损失或利得计入当期损益。整个存续期内预期信用损失，是指因金融工具整个预计存续期内所有可能发生的违约事件而导致的预期信用损失。

（2）如果该金融工具的信用风险自初始确认后并未显著增加，企业应当按照相当于该金融工具未来12个月内预期信用损失的金额计量其损失准备，由此形成的损失准备的增加或转回金额应当作为减值损失或利得计入当期损益。未来12个月内预期信用损失，是指因资产负债表日后12个月内（若金融工具的预计存续期少于12个月，则为预计存续期）可能发生的金融工具违约事件而导致的预期信用损失，是整个存续期预期信用损失的一部分。

预期信用损失的减值确认方法如表5-3所示。

表5-3 预期信用损失确认表

项目	第一阶段	第二阶段	第三阶段
阶段特征	初始确认后信用风险并未显著增加的金融工具（包括在报告日信用风险较低的金融工具）	自初始确认后信用风险发生显著增加的金融工具，但未发生信用减值（不存在表明发生信用损失的事件的客观证据）	在报告日发生信用减值（存在表明发生减值的客观证据）的金融工具
损失准备的确认	12个月内预期信用损失	整个存续期内预期信用损失	整个存续期内预期信用损失
利息收入的计算	按账面总额（即未扣除预期信用损失准备的金额）计算（总额法）	按账面总额（即未扣除预期信用损失的金额）计算（总额法）	按账面净额（即账面总额减去预期信用损失准备的金额）计算（净额法）

企业在评估金融工具的信用风险自初始确认后是否已显著增加时，应当考虑金融工具预计存续期内发生的违约风险的变化，而不是预期信用损失金额的变化。企业应当通过比较金融工具在资产负债表日发生违约的风险与在初始确认日发生违约的风险，以确定金融工具预计存续期内发生违约风险的变化情况。企业确定金融工具在资产负债表日只有较低的信用风险时，可以假设该金融工具的信用风险自初始确认后并未显著增加。

二、金融工具减值核算应设置的账户及会计处理

（一）金融工具减值核算应设置的账户

为了核算金融工具的减值情况，施工企业应设置下列会计账户：

1. “信用减值损失”账户

“信用减值损失”账户核算计提的各项金融工具减值准备所形成的预期信用损失。该账户借方登记资产负债表日计提的预期信用损失大于该工具当前减值准备的账面金额；贷方登记资产负债表日计提的预期信用损失小于该工具当前减值准备的账面金额；期末借方余额反映企业已提取的信用减值损失。

2. “债权投资减值准备”账户

“债权投资减值准备”账户核算企业以摊余成本计量的债权投资以预期信用损失为基础计提的准备。该账户贷方登记资产负债表日债务工具预期信用损失金额高于其当前减值准备的账面价值的差额；借方登记资产负债表日债务工具预期信用损失金额低于其当前减值准备的账面价值的差额及债权投资已发生信用损失批准的核销金额；期末贷方余额反映企业已提取的债权投资减值准备。

3. “其他综合收益——信用减值准备”明细账户

“其他综合收益”账户应按其他综合收益形成的类别进行明细核算，其中应设置“其他综合收益——信用减值准备”明细账户，核算以公允价值计量且其变动计入其他综合收益的金融资产以预期信用损失为基础计提的损失准备。

该账户贷方登记资产负债表日其他债务工具预期信用损失金额高于其当前减值准备的账面价值的差额；借方登记资产负债表日其他债务工具预期信用损失金额低于其当前减值准备的账面价值的差额及其他债权投资已发生信用损失批准的核销金额；期末贷方余额反映企业已提取的其他债权投资减值准备。

（二）金融工具减值核算的会计处理

1. 减值准备的计提和转回

企业应当在资产负债表日计算金融工具预期信用损失。对于以摊余成本计量的金融资产，如果该预期信用损失大于该金融工具当前减值准备的账面金额，企业应当将其差额确认为减值损失，借记“信用减值损失”科目，根据金融工具的种类贷记“债权投资减值准备”。

借：信用减值损失

　贷：债权投资减值准备

如果资产负债表日计算的预期信用损失小于该金融工具当前减值准备的账面金额，则应当将差额确认为减值利得。

借：债权投资减值准备

　贷：信用减值损失

对于债务工具中分类为以公允价值计量且其变动计入其他综合收益的金融资产，企业应当在其他综合收益中确认其损失准备，并将减值损失或利得计入当期损益，且不应减少该金融资产在资产负债表中列示的账面价值。

借：信用减值损失

　贷：其他综合收益——信用减值准备

2. 已发生信用损失金融资产的核销

企业实际发生信用损失，认定相关金融资产无法收回，经批准予以核销的，应当根据批准的核销金额，借记“债权投资减值准备”（或“其他综合收益——信用减值准备”）账户，贷记“债权投资”（或“其他债权投资”）账户。

借：债权投资减值准备（或其他综合收益——信用减值准备）

　　贷：债权投资（或其他债权投资）

若核销金额大于已计提的损失准备，还应按其差额借记“信用减值损失”账户。

借：债权投资减值准备（或其他综合收益——信用减值准备）

　　信用减值损失（差额）

　　贷：债权投资（或其他债权投资）

例 5-6

2×17 年 12 月 15 日，甲施工企业按面值购买了公允价值为 2 000 万元的债券，将其分类为以公允价值计量且其变动计入其他综合收益的金融资产。这些债券的合同期限为 10 年，票面利率和实际利率同为 5%。2×17 年 12 月 31 日（即首个报告日），由于市场利率变化，该债券的公允价值下降至 1 900 万元。该债券的惠誉评级为 AA+，通过采用低信用风险简化操作，甲施工企业确定信用风险自初始确认后没有显著增加，应计量未来 12 个月预期信用损失。为了计算预期信用损失，甲施工企业采用了 AA+级中隐含的 12 个月违约率（假设为 2%）和 60%的违约损失率，因此 12 个月预期信用损失为 24 万元（2 000×2%×60%）。

2×18 年 12 月 31 日（即第二个报告日），由于市场利率变化以及发行人面临的不利的业务和经济状况风险导致的不确定性，该债券的公允价值进一步降低至 1 700 万元。惠誉将该债券的外部评级调低至 BBB—级以下（即投资等级以下），这表明该风险敞口已使该债券发生违约的风险显著增加。因此，甲施工企业认定信用风险已显著增加。基于该等级中隐含的整个存续期违约率（假设为 15%）和 60%的违约损失率，甲施工企业确定整个存续期的预期损失为 180 万元（2 000×15%×60%）。

假定不考虑利息收入的确认及其他因素，甲施工企业的账务处理如下（金额单位：元）：

（1）甲施工企业 2×17 年 12 月 15 日购入债券投资时：

借：其他债权投资——成本　20 000 000

　　贷：银行存款　20 000 000

（2）甲施工企业 2×17 年 12 月 31 日确认债券投资公允价值变动及预期损失准备时：

借：其他综合收益——其他债权投资公允价值变动　1 000 000

　　贷：其他债权投资——公允价值变动（20 000 000—19 000 000）　1 000 000

借：信用减值损失　240 000

　　贷：其他综合收益—信用减值准备　240 000

（3）甲施工企业 2×18 年 12 月 31 日确认债券投资公允价值变动及预期损失准备时：

借：其他综合收益——其他债权投资公允价值变动　2 000 000

　　贷：其他债权投资——公允价值变动（10 000 000—17 000 000）　2 000 000

借：信用减值损失　1 560 000

　　贷：其他综合收益—信用减值准备（1 800 000—240 000）　1 560 000

随堂小测验 5-3

1.【单项选择题】资产负债表日计提的各金融工具减值准备所形成的预期信用损失应记入的账户是（　　）。

A. “资产减值损失”　　B. “投资收益”

C. “信用减值损失”　　D. “公允价值变动损益”

2.【单项选择题】下列各项金融资产中，企业需要在资产负债表日对其确认信用减值损失的是（　　）。

A. 以摊余成本计量的金融资产

B. 以公允价值计量且其变动计入当期损益的金融资产

C. 长期股权投资

D. 以公允价值计量且其变动计入其他综合收益的金融资产（权益工具）

3.【多项选择题】企业应以预期信用损失为基础对金融资产进行减值处理并确认损失准备。下列有关预期信用损失的说法中，正确的有（　　）。

A. 预期信用损失是指以发生违约的风险为权重的金融工具信用损失的最大值

B. 信用损失是指企业按照原实际利率折现、根据合同应收的所有合同现金流量与预期收取的所有现金流量之间的差额，即全部现金短缺的现值

C. 对于金融资产，信用损失应为企业应收取的合同现金流量与预期收取的现金流量之间差额的现值

D. 对于资产负债表日已发生信用减值但并非购买或源生已发生信用减值的金融资产，信用损失应为该金融资产账面余额与按原实际利率折现的估计未来现金流量的现值之间的差额

4.【多项选择题】下列关于金融资产减值的说法中，正确的有（　　）。

A. 企业在评估金融工具的信用风险自初始确认后是否已显著增加时，应当考虑金融工具预计存续期内发生违约风险的变化，而不是预期信用损失金额的变化

B. 企业通常应当在金融工具逾期后确认该工具整个存续期预期信用损失

C. 通常情况下，如果逾期超过 30 日，则表明金融工具的信用风险已经显著增加

D. 企业在评估金融工具的信用风险自初始确认后是否已显著增加时，应当考虑违约风险变动的绝对值

5.【判断题】企业应当以已发生减值损失为基础，对分类为以摊余成本计量的金融资产和以公允价值计量且其变动计入其他综合收益的金融资产（债权投资）进行减值会计处理，并确认损失准备。（　　）

6.【判断题】如果金融工具的信用风险自初始确认后并未显著增加，企业应当按照相当于该金融工具未来 12 个月内预期信用损失的金额计量其损失准备。（　　）

□ 本章思考题

1. 企业管理金融资产的业务模式有哪些？

2. 企业应该如何根据其管理金融资产的业务模式和金融资产的合同现金流量特征对金融资产进行分类？

3. 以摊余成本计量的金融资产的摊余成本应如何确定?

4. 以公允价值计量且其变动计入其他综合收益的金融资产如何进行后续计量?

5. 企业应如何确定预期信用损失?

□ 本章练习题

1. 2×18 年 5 月 19 日，某施工企业支付价款 240 000 元从二级市场购入甲公司发行的股票 10 000 股，每股价格为 24 元，另支付交易费用 2 600 元。该施工企业为交易目的而持有甲公司股权，且持有甲公司股权后对其无重大影响。

该施工企业的其他相关资料如下：

(1) 2×18 年 6 月 30 日，甲公司股票价格涨到每股 28 元；

(2) 2×18 年 7 月 31 日，将持有的甲公司股票全部售出，每股售价 32 元。

要求：根据上述资料，做出相应的会计处理。

2. 2×18 年 1 月 14 日，某施工企业支付价款 30 000 元（含交易费用）从活跃市场上购入某公司 5 年期债券，面值为 37 500 元，票面利率为 4.72%，按年支付利息（即每年 1 770 元），本金最后一次性支付，实际市场利率为 10%。该施工企业根据其管理该债券的业务模式和该债券的合同现金流量特征，将该债券分类为以摊余成本计量的金融资产。

要求：根据上述资料填制该金融资产摊余成本计算表（见表 5-4），并进行 2×18 年相应的账务处理。

表 5-4 金融资产摊余成本计算表 单位：元

年 份	期初账面余额 (a)	实际利息 (b) (按 10%计算)	现金流入 (c)	期末账面余额 (d=a+b-c)
2×18				
2×19				
2×20				
2×21				
2×22				

3. 2×18 年 3 月 18 日，某施工企业支付价款 305 600 元（含交易费用 200 元和已宣告但尚未发放的现金股利 5 400 元），购入甲公司发行的股票 30 000 股，占甲公司有表决权股份的 6%。该施工企业将所购股票指定为以公允价值计量且其变动计入其他综合收益的非交易性权益工具投资。其他资料如下：

(1) 2×18 年 5 月 4 日，该施工企业收到甲公司发放的现金股利 5 400 元。

(2) 2×18 年 6 月 18 日，该股票市价为每股 14.8 元。

(3) 2×19 年 3 月 19 日，甲公司宣告发放股利 50 000 元。

(4) 2×20 年 5 月 24 日，该施工企业收到甲公司发放的现金股利。

(5) 2×21 年 6 月 10 日，该施工企业由于某特殊原因，将持有的甲公司股票全部出售，每股售价 16 元。

要求：假定不考虑其他因素的影响，根据上述资料，做出相应的会计处理。

第六章 Chapter 6 长期股权投资

学习目标

1. 掌握长期股权投资的确认和初始计量、后续计量以及长期股权投资处置核算的内容和相关会计处理，长期股权投资减值的确认方式及相应的会计处理，成本法适用条件和相应的核算内容及其会计处理。

2. 理解长期股权投资的概念和核算内容，同一控制下控股合并与非同一控制下控股合并的核算方法，权益法的适用条件和相应的核算内容及其会计处理。

3. 了解控制、共同控制和重大影响的概念，长期股权投资成本法与权益法转换的处理，长期股权投资减值确认的条件。

导入案例

上海建工股份有限公司（简称上海建工），是经上海市人民政府批准，由上海建工（集团）总公司以下属的总承包分公司及九家全资子公司的相应资产进行重组，独家发起募集设立的股份有限公司。上海建工于 1998 年 6 月 23 日在上海证券交易所挂牌上市。

上海建工是一家有着 60 多年历史渊源的大型建设集团，参与了大量的国内知名建筑物的建设。从 20 世纪 90 年代以来，上海建工创造了一系列新纪录：世界跨度最大的钢拱桥——卢浦大桥、世界第一条高速磁浮列车商业营运线、国内第一座外海大桥——东海大桥、468 米的上海东方明珠广播电视塔、420.5 米的金茂大厦、492 米的环球金融大厦、600 米广州塔、632 米的上海中心大厦、全球最大的展览场馆——国展中心（上海）、上海迪士尼度假区等，在中国乃至世界的建筑史上留下了不朽的业绩。经过多年的发展，上海建工已逐步形成了施工承包、设计咨询、城市建设投资、建筑相关工业、房产开发等五大事业群，营业规模持续增长，综合实力逐年增强。

根据 2018 年度年报列示，截至 2018 年 12 月 31 日，上海建工对子公司投资和对合营、联营企业投资分别为 190 657.79 万元和 3 337.81 万元。上海建工纳入合并的子公司有 54 家，因上海建工对其实施控制，故采用成本法核算；上海建工投资的合营、联营企业分别为上海麦斯特建工高科技建筑化工有限公司、上海建工集团宜宾翠屏建设有限公司和北京钓鱼台装饰工程有限公司、杭州富阳秦旺建设发展有限公司和宁波中心大厦建设发展有限公司，对其采用权益法核算。

资料来源：根据上海建工股份有限公司 2018 年年报整理而得。

上海建工对投资的分类符合企业会计准则的规定吗？在进行长期股权投资核算时，成本法和权益法的选择依据有哪些？不同的核算方法对长期股权投资账面价值会产生怎样的影响？当投资发生减值时，会计应如何进行核算？通过本章的学习，相信你会找到问题的答案。

第一节　长期股权投资核算的范围

权益性投资，又称股权投资，是指通过付出现金或非现金资产等取得被投资单位的股份或股权，享有一定比例的权益份额代表的资产。长期股权投资，是指投资方对被投资单位实施控制、重大影响的权益性投资，以及对其合营企业的权益性投资。对被投资单位不具有控制、共同控制或重大影响的权益性投资按照《企业会计准则第 22 号——金融工具确认和计量》的规定进行确认与计量。依据长期股权投资对被投资单位产生的影响，长期股权投资分为以下三种类型。

一、控制

控制是指有权决定一个企业的财务和经营政策，并能据以从该企业的经营活动中享有可变回报，即对子公司的投资。达到控制的条件包括：

（1）投资企业直接拥有被投资单位 50%以上的表决权资本。

（2）投资企业虽然拥有被投资单位 50%以下的表决权资本，但对被投资单位具有实质控制权。具体可通过以下一项或若干项情况断定：1）通过与其他投资者的协议，投资企业拥有被投资单位 50%以上表决权资本的控制权；2）根据章程或协议，投资企业有权控制被投资单位的财务和经营政策；3）有权任免被投资单位董事会等类似权力机构的多数成员；4）在董事会或类似的权力机构会议上有半数以上的投票权。

二、共同控制

共同控制是指按合同约定对某项经济活动所共有的控制，并且该活动必须经过分享控制权的参与方一致同意后才能决策，即对合营企业的投资。共同控制仅指共同控制实体，不包括共同控制经营、共同控制财产等。共同控制实体，是指由两个或多个企业共同投资建立的实体，该被投资单位的财务和经营政策必须由投资双方或若干方共同决定。

三、重大影响

重大影响是指投资方能够对被投资单位的财务和生产经营决策有参与决策的权力，

但并不能控制或与其他方一起控制这些政策的制定，即对联营企业投资。当投资企业直接或通过子公司间接拥有被投资单位20%以上但低于50%的表决权资本时，一般认为对被投资单位具有重大影响。

此外，虽然投资企业直接拥有被投资单位20%以下的表决权资本，但符合下列情况之一的，也应确认为对被投资单位具有重大影响：

(1) 在被投资单位的董事会或类似的权力机构中派有代表。

(2) 参与被投资单位的政策制定过程。

(3) 与被投资单位之间发生重要交易。

(4) 向被投资单位派出管理人员。

(5) 依赖投资企业的技术资料。

(6) 其他足以证明投资企业对被投资单位具有重大影响的情形。

随堂小测验 6-1

1. 【单项选择题】施工企业对子公司投资形成的资产应计入的项目是（　　）。

A. 其他权益投资　　B. 长期股权投资

C. 交易性金融资产　　D. 投资性房地产

2. 【单项选择题】按合同约定对某项经济活动所共有的控制，并且该活动必须经过分享控制权的参与方一致同意后才能决策是指（　　）。

A. 控制　　B. 共同控制　　C. 重大影响　　D. 共同经营

3. 【多项选择题】下列属于长期股权投资核算内容的有（　　）。

A. 对子公司股权投资　　B. 对合营企业股权投资

C. 对共同经营股权投资　　D. 对联营企业股权投资

4. 【多项选择题】下列条件中，符合投资企业虽直接拥有被投资单位20%以下的表决权资本，但对被投资单位具有重大影响的情形有（　　）。

A. 在被投资单位的董事会或类似的权力机构中派有代表

B. 参与被投资单位的政策制定过程

C. 与被投资单位之间发生重要交易

D. 向被投资单位派出管理人员

5. 【判断题】长期股权投资是指投资方对被投资单位实施控制、重大影响的权益性投资，以及对其合营企业的权益性投资。（　　）

6. 【判断题】对被投资单位不具有控制、共同控制或重大影响的权益性投资按照《企业会计准则第22号——金融工具确认和计量》的规定进行确认与计量。（　　）

第二节　长期股权投资核算的计量

一、长期股权投资的初始计量

施工企业在取得长期股权投资时，应当按照初始投资成本入账。长期股权投资的初始计量是长期股权投资初始投资成本的计量，应区分两种情况，即企业合并形成的长期股权投资初始成本的计量和其他方式取得的长期股权投资初始成本的计量。

(一) 企业合并形成的长期股权投资

企业合并形成的长期股权投资，应区分企业合并的类型，分同一控制下控股合并与非同一控制下控股合并确定其初始投资成本。

1. 同一控制下企业合并形成的长期股权投资

同一控制下企业合并是指参与合并的企业在合并前后均受同一方或相同的多方最终控制，且该控制并非暂时性的。同一控制下的企业合并，合并方应当在合并日按照取得被合并方所有者权益在最终控制方合并财务报表中的账面价值的份额作为长期股权投资的初始投资成本。长期股权投资的初始投资成本与合并方支付的现金、转让非现金资产或承担债务账面价值的差额，应当调整资本公积，资本公积不够冲减的调整留存收益。

例 6-1

施工企业A和B同为星海集团的子公司，2×18年6月30日，A企业以银行存款22 900万元取得B企业所有者权益的90%，合并当日B企业所有者权益在星海集团合并报表中的账面价值为32 000万元。A企业应做如下会计分录：

借：长期股权投资	288 000 000	
贷：银行存款		229 000 000
资本公积——股本溢价		59 000 000

2. 非同一控制下企业合并形成的长期股权投资

非同一控制下的企业合并中，购买方应当按照确定的企业合并成本作为长期股权投资的初始投资成本。企业合并成本包括购买方付出的资产、发生或承担的负债、发行的权益性证券的公允价值以及为进行企业合并发生的各项直接相关费用之和。通过多次交换交易，分步取得股权最终形成企业合并的，企业合并成本为每一单项交换交易的成本之和。

例 6-2

2×18年1月21日，甲施工企业以一套生产设备和银行存款230万元向B公司投资，且甲企业和B公司为不属于同一控制下的两家企业。甲企业取得的股权占B公司注册资本的80%，其固定资产的账面原价为6 000万元，已累计计提折旧1 000万元，已计提固定资产减值准备150万元，公允价值为5 800万元。不考虑其他相关税费。做如下会计分录：

长期股权投资的初始投资成本＝5 800＋230＝6 030(万元)

借：固定资产清理	48 500 000	
累计折旧	10 000 000	
固定资产减值准备	1 500 000	
贷：固定资产		60 000 000
借：长期股权投资	60 300 000	
贷：固定资产清理		48 500 000
银行存款		2 300 000
资产处置损益		9 500 000

（二）除企业合并以外以其他方式取得的长期股权投资

企业除合并形成的长期股权投资以外，还可以通过以下不同的方式取得长期股权投资，并按照要求确定初始投资成本。

1. 以支付现金方式取得的长期股权投资

企业以支付现金方式取得的长期股权投资，应当按照实际支付的全部价款（包括支付的税费、手续费等相关费用）作为初始投资成本；实际支付的价款中包含已宣告但尚未领取的现金股利，按实际支付的价款减去已宣告但尚未领取的现金股利后的差额，作为初始投资成本。

2. 以发行权益性证券方式取得的长期股权投资

企业以发行权益性证券方式取得的长期股权投资，应当按照所发行权益性证券的公允价值，但不包括应自被投资单位收取的已宣告但尚未发放的现金股利或利润，作为初始投资成本。

3. 投资者投入的长期股权投资

企业投资者投入的长期股权投资，应当按照投资合同或协议约定的价值作为初始投资成本，但合同或协议约定的价值不公允的除外。投资者投入的长期股权投资，是指投资者以其持有的对第三方的投资作为出资投入企业。

此外，施工企业还可能以债务重组方式和非货币性资产交换方式取得长期股权投资。

二、长期股权投资的后续计量

长期股权投资在持有期间，根据投资企业对被投资单位的影响程度，分别采用成本法及权益法进行核算。

（一）成本法核算的内容

1. 成本法的适用范围

成本法是指施工企业持有的长期股权投资按取得成本计价的方法。该方法适用于企业持有的能够对被投资单位实施控制的长期股权投资，即投资方持有的对子公司的投资应当采用成本法核算。

2. 成本法核算的一般程序

施工企业长期股权投资采用成本法核算的一般程序如下：

第一步，初始投资或追加投资时，按照初始投资或追加投资时的投资成本增加长期股权投资的账面价值。除此之外，长期股权投资的账面价值一般应当保持不变。

第二步，被投资单位宣告分派的利润或现金股利中，投资企业按应享有的部分，确认为当期投资收益。

（二）权益法核算的内容

1. 权益法的适用范围

权益法是指投资以初始投资成本计量后，在投资持有期间，根据被投资单位所有者权益的变动，投资企业按应享有（或应分担）被投资企业所有者权益的份额调整其投资账面价值的方法。

对被投资单位具有共同控制或重大影响时，长期股权投资应采用权益法核算，即对合营企业的投资及对联营企业的投资，应当采用权益法核算。

当投资企业对被投资单位因追加投资导致原持有的对合营企业投资或对联营企业投资转变为对子公司的投资的，应中止采用权益法，改按成本法核算。

2. 权益法核算的一般程序

第一步：初始投资或追加投资时，按照初始投资或追加投资时的投资成本增加长期股权投资的账面价值。

第二步：比较初始投资成本与投资时应享有被投资单位可辨认净资产公允价值的份额，对于取得投资时初始投资成本与应享有被投资单位可辨认净资产公允价值份额之间的差额，应分情况处理。

(1) 如果初始投资成本大于取得投资时应享有被投资单位可辨认净资产公允价值份额的，该部分差额是投资企业在取得投资过程中通过作价体现出的与所取得股权份额相对应的商誉及不符合确认条件的资产价值，这种情况下不要求对长期股权投资的成本进行调整。

(2) 如果初始投资成本小于取得投资时应享有被投资单位可辨认净资产公允价值份额的，两者之间的差额体现为双方在交易作价过程中转让方的让步，该部分经济利益流入应作为收益处理，计入取得投资当期的营业外收入，同时调整增加长期股权投资的账面价值。

第三步：持有投资期间，随着被投资单位所有者权益的变动相应调整增加或减少长期股权投资的账面价值，并分情况处理。

(1) 当被投资单位当年实现净利润而影响所有者权益变动时，投资企业应按所持表决权资本比例计算应享有的份额，增加长期股权投资的账面价值，并确认为当期投资收益。

(2) 当被投资单位当年发生净亏损而影响所有者权益变动时，投资企业确认承担被投资单位发生的净亏损，应以长期股权投资的账面价值以及其他实质上构成对被投资单位净投资的长期权益减记至零为限。按照投资合同或协议约定负有承担额外损失义务的，还应按照应承担的损失义务进一步确认损失。这里所讲“其他实质上构成对被投资单位净投资的长期权益”通常是指长期应收项目，比如，企业对被投资单位的长期债权，该债权没有明确的清收计划且在可预见的未来期间不准备收回，实质上构成对被投资单位的净投资。应予说明的是，该类长期权益不包括投资企业与被投资单位之间因销售商品、提供劳务等日常活动所产生的长期债权。

投资企业在确认应分担被投资单位发生的亏损时，首先应减记长期股权投资的账面价值。其次在长期股权投资的账面价值减记至零的情况下，考虑是否有其他实质上构成对被投资单位净投资的长期权益项目，如果有，则以其他长期权益的账面价值为限，继续确认投资损失，冲减长期应收项目等的账面价值。最后按照投资合同或协议约定，投资企业仍需要承担额外损失弥补等义务的，应按预计将承担的义务金额确认预计负债，计入当期投资损失。

被投资单位在以后期间实现盈利的，应按以上相反顺序分别减记已确认的预计负债，恢复其他长期权益及长期股权投资的账面价值，同时确认投资收益。

需要强调的是，投资企业按被投资单位实现的净利润或发生的净亏损，计算应享有或应分担的份额时，应以取得被投资单位股权后发生的净损益为基础，投资前被投资单位实现的净损益不包括在内。

（3）被投资单位确认的其他综合收益及其变动，也会影响被投资单位所有者权益总额，进而影响投资企业应享有被投资单位所有者权益的份额。因此，当被投资单位其他综合收益发生变动时，投资企业应当按照归属于本企业的部分，相应调整长期股权投资账面价值，同时增加或减少其他综合收益。

（4）如果投资企业对于被投资单位除净损益以外所有者权益的其他变动，在持股比例不变的情况下，应按照持股比例与被投资单位除净损益以外所有者权益的其他变动中归属于本企业的部分，相应调整长期股权投资的账面价值，同时增加或减少资本公积。

第四步：被投资单位宣告分派利润或现金股利时，投资企业按持股比例计算应分得的部分，一般应冲减长期股权投资的账面价值。

3. *权益法下投资损益的确认*

需要强调的是，采用权益法核算的长期股权投资，在确认应享有或应分担被投资单位的净利润或净亏损时，在被投资单位账面净利润的基础上，应考虑以下因素的影响进行适当调整：

（1）被投资单位采用的会计政策及会计期间与投资企业不一致的，应按投资企业的会计政策及会计期间对被投资单位的财务报表进行调整，在此基础上确定被投资单位应分享的收益或应承担的损失。

（2）以取得投资时被投资单位固定资产、无形资产的公允价值为基础计提的折旧额或摊销额，以及以投资企业取得投资时有关资产的公允价值为基础计算确定的资产减值准备金额等对被投资单位净利润的影响。

如果无法合理确定取得投资时被投资单位各项可辨认资产等的公允价值，或投资时被投资单位可辨认资产的公允价值与其账面价值两者之间的差额较小，不具重要性的，或其他原因导致无法取得被投资单位的有关资料，不能对被投资单位的净损益进行调整的，投资企业可以被投资单位的账面净利润为基础，计算确认投资损益，同时应在附注中说明不能按照企业会计准则的规定进行核算的原因。

（三）长期股权投资成本法与权益法的转换

长期股权投资在持有期间，因各方面情况的变化，可能导致其核算需要由一种方法转换为另外的方法。

1. *成本法转为权益法*

因处置投资导致对被投资单位的影响能力下降，由控制转为具有重大影响或者与其他投资方一起实施共同控制的情况下，首先应按处置或收回投资的比例结转应终止确认的长期股权投资成本。

在此基础上，应当比较剩余的长期股权投资成本与按照剩余持股比例计算原投资时应享有被投资单位可辨认净资产公允价值的份额，属于投资作价中体现的商誉部分的，不调整长期股权投资的账面价值；属于投资成本小于原投资时应享有被投资单位可辨认净资产公允价值份额的，在调整长期股权投资成本的同时，应调整留存收益。

对于原取得投资后至转变为权益法核算之间被投资单位实现净损益中应享有的份额，应当调整长期股权投资的账面价值，同时对于原取得投资时至处置投资当期期初被投资单位实现的净损益（扣除已发放及已宣告发放的现金股利和利润）中应享有的份额，调整留存收益，对于处置投资当期期初至处置投资之日被投资单位实现的净损益中享有的份额，调整当期损益；其他原因导致被投资单位所有者权益变动中应享有的份额，在调整长期股权投资账面价值的同时，应当记入“资本公积——其他资本公积”账户。

2. 公允价值计量或权益法转换为成本法

因追加投资导致原持有的分类为以公允价值计量且其变动计入当期损益的金融资产，或非交易性权益工具投资分类为公允价值计量且其变动计入其他综合收益的金融资产，以及对联营企业或合营企业的投资转变为对子公司投资的，购买日应对长期股权投资账面价值进行调整，将长期股权投资的账面余额调整至最初取得成本，并加上购买日新支付对价的公允价值作为长期股权投资的成本。除此之外，因减少投资导致长期股权投资的核算由权益法转换为成本法（投资企业对被投资单位不具有共同控制或重大影响，并且在活跃市场中没有报价，公允价值不能可靠计量的长期股权投资）的，应以转换时长期股权投资的账面价值作为按照成本法核算的基础。

（四）长期股权投资的处置

企业由于各方面的考虑，决定将所持有的对被投资单位的股权全部或部分对外出售时，应相应结转与所售股权相对应的长期股权投资的账面价值，出售所得价款与处置长期股权投资账面价值之间的差额，应确认为处置损益。

采用权益法核算的长期股权投资，原记入“资本公积”或“其他综合收益”账户中的金额，在处置时亦应进行结转，将与所出售股权相对应的部分在处置时自资本公积或其他综合收益转入当期损益。

三、长期股权投资核算应设置的账户

为了核算长期股权投资的增减变化及其损益情况，施工企业应设置下列会计账户。

（一）“长期股权投资”账户

“长期股权投资”账户核算企业长期股权投资的增减变化情况。该账户借方登记取得股权时的初始投资成本；权益法下长期股权投资的初始投资成本小于投资时应享有被投资单位可辨认净资产公允价值份额的差额；权益法下资产负债表日，企业根据被投资单位实现的净利润或经调整的净利润计算享有的份额及根据被投资单位实现的净利润及净损益以外的其他所有者权益变动，按持股比例调增的长期股权投资账面价值的金额。贷方登记长期股权投资处置时转销的账面余额；权益法下企业根据被投资单位发生的亏损计算分担的份额及根据被投资单位发生的净亏损及净损益以外的其他所有者权益变动，按持股比例调减的长期股权投资账面价值的金额。本账户期末借方余额反映企业持有的长期股权投资的价值。本账户应按被投资单位设置明细账进行核算。采用权益法核算的企业，还应在本账户下分别设置“成本”“损益调整”“其他综合收益”“其他权益变动”明细账户进行核算。

（二）“投资收益”账户

“投资收益”账户核算企业投资发生的收益或损失。仅就长期股权投资而言，本账户核算企业持有以及处置长期股权投资的投资损益。其贷方登记长期股权投资的投资收益，若长期股权投资采用成本法核算，按被投资单位宣告发放的现金股利或利润中应由本企业享有的部分，以及处置长期股权投资时实际收到的价款大于长期股权投资账面价值的差额；若长期股权投资采用权益法核算，资产负债表日根据被投资单位实现的净利润或经调整的净利润计算应享有的份额。借方登记长期股权投资的投资损失，长期股权投资采用权益法核算下被投资单位发生净亏损时企业应分担的损失，以及处置长期股权投资时实际收到的价款小于长期股权投资账面价值的差额。

（三）“其他综合收益”账户

在权益法核算下，被投资单位确认的其他综合收益及其变动，也会影响被投资单位所有者权益总额，进而影响投资企业应享有被投资单位所有者权益的份额。因此，当被投资单位其他综合收益发生变动时，投资企业应当按照归属于本企业的部分相应地调整长期股权投资的账面价值，同时增加或减少其他综合收益。此外，施工企业在长期股权投资核算中还涉及“长期股权投资减值准备”账户，其核算的主要内容参见本章第三节“长期股权投资的减值和处置”。

四、长期股权投资核算的会计处理

（一）成本法下长期股权投资的核算

1. 企业取得投资时

（1）同一控制下企业合并形成长期股权投资时：

借：长期股权投资（享有被合并方所有者权益在最终控制方合并财务报表中的账面价值的份额）

　　应收股利（实际支付的款项中包含已宣告但尚未领取的现金股利）

　　负债类账户（抵减负债的账面价值）

　贷：资产类账户（支付资产的账面价值）

　　　资本公积——股本溢价（差额）

（2）非同一控制下企业合并形成长期股权投资时：

1）以银行存款、固定资产等作为对价的长期股权投资：

借：长期股权投资（合并成本）

　　应收股利（实际支付的款项中包含已宣告但尚未领取的现金股利）

　贷：资产类账户（账面价值）

　　　资产处置损益（资产的公允价值与账面价值的差额）

银行存款（发生的直接相关费用）

2）以发行权益性证券取得的长期股权投资：

借：长期股权投资（合并成本）

　贷：股本（股票面值）

　　资本公积——股本溢价

　　银行存款（发生的直接相关费用）

2. 被投资单位宣告发放现金股利或利润分配时

借：应收股利

　贷：投资收益

3. 实际领取现金股利或利润时

借：银行存款

　贷：应收股利

4. 如果被投资单位无力支付股利，企业不做任何会计处理

5. 企业处置股权投资时

借：银行存款等（实际取得的价款）

　长期股权投资减值准备（已计提的减值准备）

　投资收益（发生的处置净损失）

　贷：长期股权投资（股权投资的账面余额）

　　应收股利（尚未领取的现金股利或利润）

　　投资收益（实现的处置净收益）

施工企业长期股权投资成本法核算的会计处理流程如图 6-1 所示。

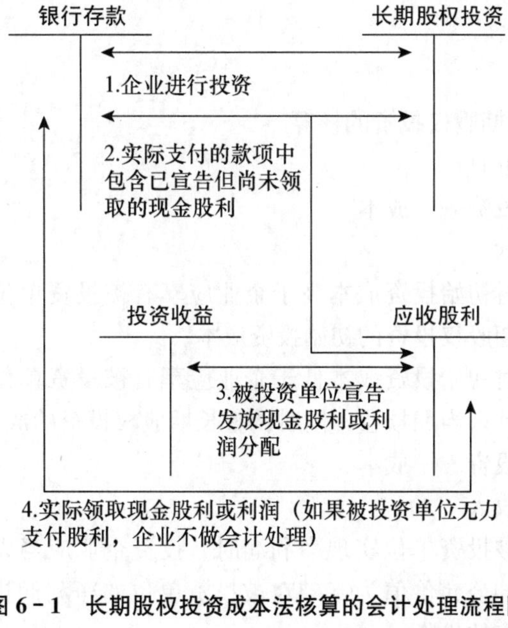

图 6-1　长期股权投资成本法核算的会计处理流程图

施工企业在处置长期股权投资时，采用成本法核算会计处理方式的会计处理流程如图 6-2 所示。

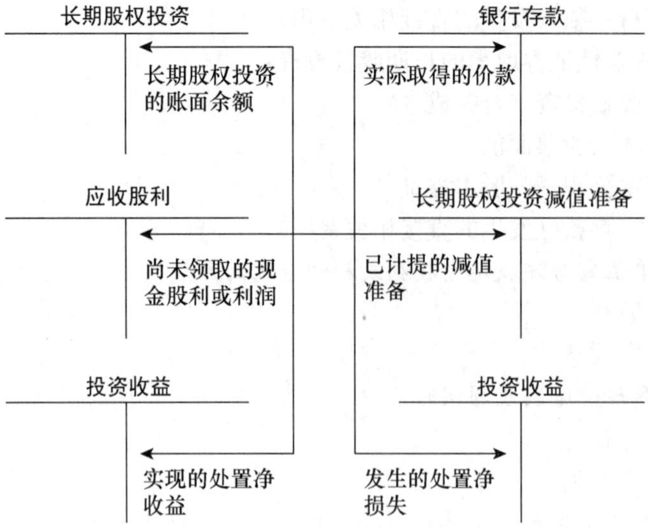

图 6-2 成本法下处置长期股权投资核算的会计处理流程图

例 6-3

某施工企业于 2×18 年 2 月 10 日自公开市场买入甲公司 75%的股份，实际支付价款 14 500 万元。另外，在购买过程中支付手续费等相关费用 300 万元。该施工企业取得该部分股权后能够对甲公司的生产经营决策进行控制。该施工企业应做如下会计处理：

借：长期股权投资 148 000 000
　贷：银行存款 148 000 000

（二）权益法下长期股权投资的核算

（1）企业取得投资时：

借：长期股权投资——成本
　贷：银行存款

（2）若取得投资时初始投资成本高于企业应享有被投资单位可辨认净资产公允价值的份额，不调整长期股权投资的初始投资成本。

（3）若取得投资时初始投资成本低于企业应享有被投资单位可辨认净资产公允价值的份额，其差额应计入当期损益，同时调整长期股权投资的成本。

借：长期股权投资——成本
　贷：营业外收入

（4）在会计期末被投资单位实现净利润时，投资企业应当以取得投资时被投资单位各项可辨认资产等的公允价值为基础对被投资单位的净利润进行调整后，再按照持股比例进行确认应享有的份额。

借：长期股权投资——损益调整
　贷：投资收益

（5）在会计期末被投资单位发生净亏损时，投资企业应当按调整后的净亏损金额与企业的持股比例确认企业应分担的数额，首先冲减长期股权投资的账面价值，如长期股权投资的账面价值不足冲减的，应以其他实质上构成对被投资单位净投资的长期权益账面价值为限继续确认投资损失。

借：投资收益

　贷：长期股权投资——损益调整

或

借：投资收益

　贷：长期应收款

（6）被投资单位宣告分派现金股利或利润时，企业按持股比例计算应享有的份额。

借：应收股利

　贷：长期股权投资——损益调整

（7）实际收到被投资单位分来的现金股利或利润时：

借：银行存款

　贷：应收股利

（8）对于被投资单位分派的股票股利，投资企业不做会计处理，但应于除权日注明所增加的股数，以反映股份的变化情况。

（9）被投资单位确认的其他综合收益及其变动也会影响被投资单位所有者权益总额，进而影响投资企业应享有被投资单位所有者权益的份额。因此，当被投资单位其他综合收益发生变动时，投资企业应当按照归属于被投资企业的部分，相应地调整长期股权投资的账面价值，同时增加或减少其他综合收益。

借：长期股权投资——其他综合收益

　贷：其他综合收益

或做相反的分录。

（10）在持股比例不变的情况下，被投资单位除净损益、其他综合收益以及利润分配以外所有者权益的其他变动，做如下会计分录：

借：长期股权投资——其他权益变动

　贷：资本公积——其他资本公积

（11）企业处置股权投资时：

借：银行存款等（实际取得的价款）

　　长期股权投资减值准备（已计提的减值准备）

　　投资收益（发生的处置净损失）

　贷：长期股权投资（股权投资的账面余额）

　　　应收股利（尚未领取的现金股利或利润）

　　　投资收益（实现的处置净收益）

权益法下，企业处置股权投资时原计入其他综合收益、资本公积的金额也要进行结转，将与所售股权相对应的部分自其他综合收益和资本公积转入当期损益：借记或贷记“其他综合收益”和“资本公积——其他资本公积”账户，贷记或借记“投资收益”账户。

施工企业长期股权投资权益法核算的会计处理流程如图 6-3 所示。

施工企业在处置长期股权投资时，采用权益法核算的会计处理流程如图 6-4 所示。

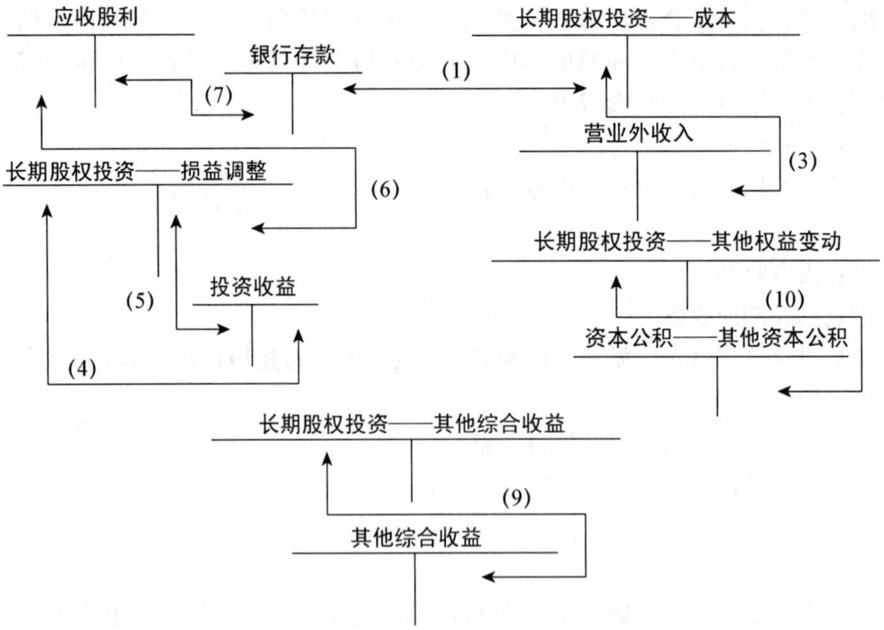

图6-3 长期股权投资权益法核算的会计处理流程图

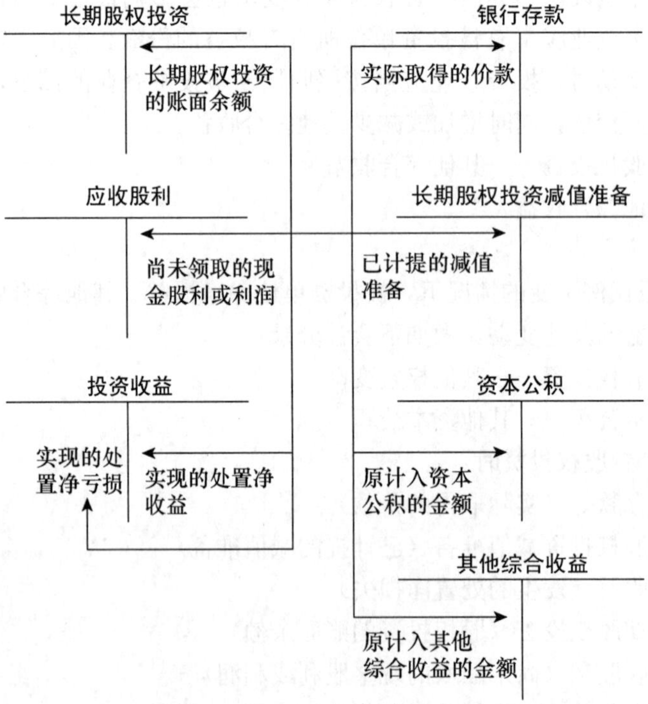

图6-4 权益法下处置长期股权投资核算的会计处理流程图

例6-4

某施工企业于2×18年3月1日至2×20年3月2日发生与长期股权投资有关的经济业务如下：于2×18年3月1日购入甲公司30%的股权并准备长期持有，能够对甲公司施加重大影响，因此采用权益法进行核算。实际支付款项9 000万元（含已宣告但尚未发放的现金股利 240 万元)，另支付相关税费 35 万元，甲公司当日的可辨认净资产公允价值为 29 500 万元。

(1) 2×18 年 3 月 1 日取得投资时，做如下会计分录：

长期股权投资的初始投资成本＝9 000－240＋35＝8 795(万元)

借：长期股权投资——甲公司（成本）　87 950 000
　　应收股利　2 400 000
　贷：银行存款　90 350 000

29 500×30%－8 795＝55(万元)

借：长期股权投资——甲公司（成本）　550 000
　贷：营业外收入　550 000

(2) 2×18 年 4 月 1 日收到现金股利时，做如下会计分录：

借：银行存款　2 400 000
　贷：应收股利　2 400 000

(3) 2×18 年 3 月 1 日至 12 月 31 日，甲公司由于投资性房地产的公允价值变动导致其他综合收益增加 900 万元。做如下会计分录：

借：长期股权投资——甲公司（其他综合收益）　2 700 000
　贷：其他综合收益　2 700 000

(4) 2×18 年甲公司 3—12 月实现净利润 1 845 万元，假定甲公司除一台设备外，其他资产的公允价值与账面价值相等。该设备 2×18 年 3 月 1 日的账面价值为 1 800 万元，公允价值为 2 340 万元，采用年限平均法计提折旧，预计尚可使用年限为 10 年，不考虑所得税影响。做如下会计分录：

甲公司按公允价值计算的净利润＝1 845－(2 340－1 800)÷10×10÷12
＝1 800(万元)

该施工企业应享有的净利润份额＝1 800×30%＝540(万元)

借：长期股权投资——甲公司（损益调整）　5 400 000
　贷：投资收益　5 400 000

(5) 2×19 年 3 月 8 日甲公司宣告分派现金股利 450 万元，做如下会计分录：

应确认的应收股利＝450×30%＝135(万元)

借：应收股利　1 350 000
　贷：长期股权投资——甲公司（损益调整）　1 350 000

(6) 2×19 年甲公司全年实现净利润 2 754 万元，做如下会计分录：

甲公司的净利润按固定资产公允价值调整后＝2 754－(2 340－1 800)÷10
＝2 700(万元)

该施工企业应享有的净利润份额＝2 700×30%＝810(万元)

借：长期股权投资——甲公司（损益调整）　8 100 000
　贷：投资收益　8 100 000

(7) 2×20 年 1 月 2 日，该施工企业将持有的甲公司 5%的股份对外转让，收到款项1 755万元存入银行。转让后该施工企业持有甲公司25%的股份，仍对其具有重大影响。做如下会计分录：

长期股权投资转让部分的账面余额=(8 795+55+270+540−135+810)×1÷6
=1 722.5(万元)

成本明细科目余额=(8 795+55)×179=1 475(万元)

损益调整明细科目余额=(540−135+810)×1÷6=202.5(万元)

其他综合收益明细科目余额=270×1÷6=45(万元)

借：银行存款	17 550 000	
贷：长期股权投资——甲公司（成本）		14 750 000
——甲公司（损益调整）		2 025 000
——甲公司（其他综合收益）		450 000
投资收益		325 000
借：其他综合收益	450 000	
贷：投资收益		450 000

股权投资核算采用权益法，在企业的账面上能够充分地反映企业与接受投资单位之间的经济关系。施工企业与其他单位之间相互参股和控股的情况会越来越多，这将成为施工企业的投资渠道，使投资主体多元化。

（三）长期股权投资成本法与权益法的转换

1. 成本法转换为权益法

施工企业因减持股份能够对被投资单位实施共同控制或重大影响但不构成控制的，应该将成本法改成权益法，应以成本法下长期股权投资的账面价值作为按照权益法核算的初始投资成本，并在此基础上比较该初始投资成本与应享有被投资单位可辨认净资产公允价值的份额，确定是否需要对长期股权投资的账面价值进行调整。

施工企业因处置投资使长期股权投资的核算由成本法转为权益法时，首先应按处置或收回投资的比例结转应终止确认的长期股权投资成本。

(1) 比较剩余的长期股权投资成本与按照剩余持股比例计算原投资时应享有被投资单位可辨认净资产公允价值的份额，属于投资作价中体现的商誉部分，不调整长期股权投资的账面价值；属于投资成本小于原投资时应享有被投资单位可辨认净资产公允价值份额的，做如下会计分录：

借：长期股权投资
　贷：盈余公积
　　　利润分配——未分配利润

(2) 对于原取得投资后至转变为权益法核算之间被投资单位实现净损益中应享有的份额：

借：长期股权投资
　贷：盈余公积
　　　利润分配——未分配利润
　　　投资收益

其他原因导致被投资单位所有者权益变动中应享有的份额：

借：长期股权投资

　贷：资本公积——其他资本公积

2. 权益法转换为成本法

因追加投资使长期股权投资的核算由权益法转换为成本法时：

(1) 结转权益法下长期股权投资的账面价值。

借：长期股权投资

　贷：长期股权投资——成本

　　　　　　　　——损益调整

　　　　　　　　——其他权益变动

　　　　　　　　——其他综合收益

(2) 对追加投资的成本进行确认。

借：长期股权投资

　贷：银行存款

转换日原始投资的账面价值，加上购买日新支付对价的公允价值作为追加投资日长期股权投资的初始投资成本。

例6-5

某施工企业于2×18年7月1日以6 300万元取得甲公司60%股权，能够对甲公司进行控制。当日甲公司可辨认净资产的账面价值为9 800万元，公允价值为10 000万元。2×20年1月1日该施工企业以2 500万元出售甲公司20%的股权，剩余40%股权当日的公允价值为4 700万元，出售股权后该施工企业对甲公司不再具有控制权，但具有重大影响。甲公司2×18年7月1日至2×20年1月1日实现净利润1 070万元和其他综合收益120万元，无所有者权益的其他变动，分配现金股利500万元。该施工企业按净利润的10%提取法定盈余公积。

(1) 出售甲公司20%股权的会计处理。

借：银行存款	25 000 000	
贷：长期股权投资（63 000 000×20%÷60%）		21 000 000
投资收益		4 000 000

(2) 剩余40%股权追溯调整为权益法。

1) 剩余股权初始投资成本的追溯调整。剩余部分长期股权投资的购买日成本为4 200万元（6 300－2 100），大于应享有的被投资单位可辨认净资产公允价值份额4 000万元（10 000×40%），不调整长期股权投资成本。

2) 剩余股权“损益调整”的追溯调整。2×18年7月1日至2×20年1月1日期间甲公司调整后留存收益增加570万元（1 070－500）。

借：长期股权投资——损益调整（5 700 000×40%）	2 280 000	
贷：盈余公积		228 000
利润分配——未分配利润		2 052 000

3) 剩余股权“其他综合收益”的追溯调整。

借：长期股权投资——其他综合收益	480 000	
贷：其他综合收益		480 000

剩余40%股权在2×20年1月1日的账面价值＝6 300－2 100＋228＋48
＝4 476(万元)

随堂小测验6-2

1.【单项选择题】甲施工企业以银行存款1 600万元取得B公司30%的股权（重大影响），购买日，B公司可辨认净资产的账面价值为5 000万元，公允价值为6 000万元。甲施工企业对B公司的长期股权投资采用权益法核算，则购买B公司股权时应确认的损益为（　　）。

A. 营业外支出100万元　　B. 营业外支出200万元
C. 营业外收入100万元　　D. 营业外收入200万元

2.【单项选择题】采用权益法核算时，记入“长期股权投资——损益调整”账户借方发生额的是（　　）。

A. 被投资单位宣告分派现金股利
B. 投资企业收回长期股权投资
C. 被投资企业发生亏损
D. 被投资企业实现净利润

3.【多项选择题】关于企业合并中发生的相关费用，下列表述中正确的有（　　）。

A. 同一控制下企业合并发生的直接相关费用应计入当期损益
B. 非同一控制下企业合并发生的直接相关费用应计入合并成本
C. 与发行债券相关的手续费计入当期损益
D. 与发行权益性证券相关的发行费用等冲减发行股票的溢价收入

4.【多项选择题】长期股权投资采用权益法核算时，下列各项中可能影响投资方确认投资收益金额的是（　　）。

A. 被投资单位实现净利润
B. 被投资单位其他综合收益变动
C. 被投资单位宣告分派现金股利
D. 投资方与被投资单位之间的未实现内部交易损益

5.【判断题】长期股权投资初始投资成本小于应享有的被投资单位可辨认净资产公允价值份额的，应该对长期股权投资账面价值进行调整，差额部分调整资本公积，同时调整长期股权投资成本。（　　）

6.【判断题】同一控制下的企业合并，合并方应当在合并日按照取得被合并方所有者权益在最终控制方合并财务报表中的账面价值的份额作为长期股权投资的初始投资成本。（　　）

第三节　长期股权投资的减值和处置

施工企业应当在资产负债表日对长期股权投资的账面价值进行检查，有客观证据表明该金融资产发生减值的，应当确认减值损失，计提减值准备。

一、长期股权投资减值的确认条件

（一）有市价的长期投资

对施工企业有市价的长期投资是否应当计提减值准备，可以根据下列迹象判断：

（1）市价持续 2 年低于账面价值；

（2）该项投资暂停交易 1 年或 1 年以上；

（3）被投资单位当年发生严重亏损；

（4）被投资单位持续 2 年发生亏损；

（5）被投资单位进行清理整顿、清算或出现其他不能持续经营的迹象。

（二）无市价的长期投资

对施工企业无市价的长期投资是否应当计提减值准备，可以根据下列迹象判断：

（1）影响被投资单位经营的政治或法律环境的变化，如税收、贸易等法规的颁布或修订，可能导致被投资单位出现巨额亏损；

（2）被投资单位提供的商品或劳务因产品过时或消费者偏好改变而使市场的需求发生变化，从而导致其财务状况严重恶化；

（3）被投资单位所在行业的生产技术等发生重大变化，被投资单位已失去竞争能力，从而导致其财务状况严重恶化，如进行清理整顿、清算等；

（4）有证据表明该项投资实质上已经不能再给企业带来经济利益的其他情形。

二、长期股权投资减值损失的计量

长期股权投资在按照规定进行核算确定其账面价值的基础上，如果存在减值迹象，应当按照会计准则的规定计提减值准备。其中对子公司、联营企业及合营企业的投资，应当按照《企业会计准则第 8 号——资产减值》的规定确定其可收回金额及应计提的减值准备；企业持有的对被投资单位不具有共同控制或重大影响、在活跃市场中没有报价、公允价值不能可靠计量的长期股权投资，应当按照《企业会计准则第 22 号——金融工具确认和计量》的规定确定其可收回金额及应予计提的减值准备，上述有关长期股权投资的减值准备在提取以后，均不允许转回。

长期股权投资中对子公司、联营企业及合营企业的投资，应当估计其可收回金额，然后将所估计的资产可收回金额与其账面价值相比较，以确定资产发生的减值损失。资产可收回金额的估计，应当根据其公允价值减去处置费用后的净额与资产预计未来现金流量的现值之间较高者确定；企业持有的对被投资单位不具有共同控制或重大影响、在活跃市场中没有报价、公允价值不能可靠计量的长期股权投资，应当将该权益工具投资的账面价值与按照类似金融资产当时市场收益率对未来现金流量折现确定的现值之间的差额，确认为减值损失，计入当期损益。

三、长期股权投资减值核算应设置的账户及会计处理

（一）“长期股权投资减值准备”账户

为了核算企业提取的长期股权投资减值准备，施工企业应设置“长期股权投资减值准备”账户。其贷方登记期末长期股权投资预计可收回金额低于其账面价值的差额；借方登记处置长期股权投资时，应同时结转的已计提的长期股权投资减值准备。期末贷方余额反映企业已提取的长期股权投资减值准备。资产减值损失一经确定，在以后会计期间不得转回。以前会计期间计提的资产减值准备，需等到资产处置时才可转出。本账户应当按照被投资单位进行明细核算。

（二）长期股权投资减值的会计处理

借：资产减值损失——长期股权投资减值损失

　贷：长期股权投资减值准备

例 6-6

某施工企业 2×18 年年末“长期股权投资”的账面余额为 980 000 元，经过对长期股权投资进行减值测试，发现被投资单位财务状况恶化，估计该项投资的可收回金额为 660 000 元。做如下会计分录：

借：资产减值损失——长期股权投资减值损失	320 000	
贷：长期股权投资减值准备		320 000

此外，为了真实反映投资减值对企业财务状况、经营成果的影响，该施工企业一般应在财务报告中披露与长期股权投资减值有关的信息。

四、长期股权投资的处置

按照《企业会计准则第 2 号——长期股权投资》的规定，对联营企业或合营企业的权益性投资全部或部分分类为持有待售资产的，应当停止权益法核算；对于未划分为持有待售类别的剩余权益性投资，应当在划分为持有待售的那部分权益性投资出售前继续采用权益法进行会计处理。原权益法核算的其他综合收益等应当在持有待售资产终止确认时，按照《企业会计准则第 2 号——长期股权投资》有关处置长期股权投资的规定进行会计处理。

施工企业对联营企业或合营企业的权益性投资全部或部分分类为持有待售资产的，应比照固定资产、无形资产处置进行核算和会计处理。施工企业处置长期股权投资时，应按实际收到的金额，借记“银行存款”等科目；原已计提减值准备的，借记“长期股权投资减值准备”科目；按其账面余额，贷记“长期股权投资”科目；按尚未领取的现金股利或利润，贷记“应收股利”科目；按其差额，贷记或借记“投资收益”科目。

处置采用权益法核算的长期股权投资时，应当采用与被投资单位直接处置相关资产或负债相同的基础，对相关的其他综合收益进行会计处理。按照上述原则可以转入当期损益的其他综合收益，应按结转的长期股权投资的投资成本比例结转原记入“其

他综合收益”科目的金额，借记或贷记“其他综合收益”科目，贷记或借记“投资收益”科目。

处置采用权益法核算的长期股权投资时，还应按结转的长期股权投资的投资成本比例结转原记入“资本公积——其他资本公积”科目的金额，借记或贷记“资本公积——其他资本公积”科目，贷记或借记“投资收益”科目。

随堂小测验 6-3

1. 【单项选择题】企业计提的下列资产减值准备中，按照规定不能转回的是（　）。

A. 长期股权投资减值准备　　B. 坏账准备
C. 存货跌价准备　　D. 债权投资损失准备

2. 【单项选择题】甲施工企业拥有子公司B 60%的股份，20×8年初该长期股权投资账面余额为100万元，未计提减值准备。20×8年B公司实现净利润60万元，20×9年B公司实现净利润80万元，20×8年和20×9年B公司均未分配现金股利，未发生其他影响所有者权益的事项。其他相关资料如下：根据测算，该长期股权投资20×8年年末市场公允价值为100万元，处置费用为20万元，预计未来现金流量现值为90万元；20×9年年末市场公允价值为130万元，处置费用为15万元，预计未来现金流量现值为100万元。20×9年年末甲施工企业对该项长期股权投资应计提的减值准备金额为（　）万元。

A. －10　　B. －25　　C. 0　　D. 23

3. 【多项选择题】下列关于长期股权投资减值的会计处理，正确的有（　）。

A. 企业拥有的长期股权投资发生减值，按照《企业会计准则第8号——资产减值》的规定进行处理
B. 长期股权投资计提的减值准备在持有期间不得转回
C. 采用成本法核算的长期股权投资计提的减值准备满足条件时可以转回
D. 采用权益法核算的长期股权投资不计提减值准备

4. 【多项选择题】下列各项中，属于施工企业长期股权投资减值判断迹象的有（　）。

A. 市价持续2年低于账面价值
B. 该项投资暂停交易1年或1年以上
C. 被投资单位当年发生严重亏损
D. 被投资单位持续2年发生亏损

5. 【判断题】长期股权投资可收回金额的估计，应当根据其公允价值减去处置费用后的净额与资产预计未来现金流量的现值两者之间较低者确定。（　）

6. 【判断题】长期股权投资的减值准备在提取以后，不允许转回。（　）

□ 本章思考题

1. 长期股权投资的核算范围是什么？
2. 长期股权投资的成本法和权益法的适用条件分别是什么？

3. 长期股权投资减值的确认条件是什么?

4. 长期股权投资成本法和权益法核算的程序是什么?

□ 本章练习题

甲施工企业与乙公司股权投资相关资料如下:

(1) 2×18 年 1 月 1 日,甲施工企业以银行存款 1 600 万元作为对价,取得乙公司 40%有表决权股份,能够对乙公司施加重大影响。当日乙公司可辨认净资产公允价值为 6 000 万元,账面价值为 5 700 万元,差额由一批存货公允价值高于账面价值 300 万元导致。

(2) 2×18 年 3 月 16 日,乙公司宣告分派现金股利 480 万元。

(3) 2×18 年 5 月 7 日,甲施工企业收到乙公司分派的现金股利,款项收存银行。

(4) 2×18 年度,乙公司实现净利润 1 200 万元,因投资性房地产转换增加其他综合收益 150 万元,除净损益、其他综合收益及利润分配以外其他所有者权益增加 80 万元。

(5) 截至 2×18 年 12 月 31 日,投资时乙公司公允价值与账面价值不一致的存货对外出售 40%,剩余部分未发生减值。期末,该项长期股权投资的可收回金额为 2 000 万元。

(6) 2×19 年 1 月 10 日,甲施工企业以 2 150 万元的价格将对乙公司的投资全部出售。

不考虑相关税费等其他因素,假定甲施工企业和乙公司会计期间及采用的会计政策相同,甲施工企业无其他子公司,不需要编制合并财务报表。

要求:

(1) 计算确定长期股权投资初始投资成本。

(2) 编制 2×18 年度与上述业务相关的会计分录,并计算 2×18 年年末长期股权投资的账面价值。

(3) 计算 2×19 年处置投资应确认的投资收益,并编制相关会计分录。

第七章 投资性房地产

Chapter 7

学习目标

1. 掌握投资性房地产的确认与初始计量，投资性房地产的后续计量，采用成本模式计量、公允价值模式计量的外购或自行建造的投资性房地产核算的会计处理。

2. 理解投资性房地产后续计量模式变更的要求及会计处理和投资性房地产的转换的要求及会计处理。

3. 了解投资性房地产的特征与核算范围，投资性房地产的处置的要求及会计处理。

导入案例

中铁高新工业股份有限公司（简称中铁工业）成立于1999年，是中国铁路建设系统第一家上市公司。公司拥有铁路工程施工总承包特级、房屋建筑施工总承包特级以及公路工程施工总承包特级三个特级资质，同时享有对外经营权和对外贸易权。其主要经营活动为各类型工业、能源、交通、民用工程项目的施工工程承包。公司荣获“中国建筑业领先企业”“全国建筑业AAA级信用企业”“中国AAA级信用企业”“全国建设工程质量安全百强企业”“全国技术创新先进企业”等多项荣誉，入选“中国国有上市企业社会责任榜”。

中铁工业披露的2018年度报告显示，公司2018年年末投资性房地产账面价值为1 060 717.4万元，其中房屋、建筑物账面价值为991 283.8万元，土地使用权账面价值为231 705.7万元。2018年全年公司房屋、建筑物由固定资产等转入投资性房地产5 256.8万元。此外，投资性房地产转入固定资产等10 859.8万元，公司本年处置投资性房地产638.3万元。该公司采用成本模式对投资性房地产进行后续计量，并按照与房屋建筑物或土地使用权一致的政策进行折旧或摊销。

资料来源：根据中铁工业2018年年度报告整理而得。

投资性房地产的特征和范围有哪些？投资性房地产如何进行初始计量？什么是投资性房地产后续计量的成本模式和公允价值模式？二者的会计处理具体有何不同？企业该如何选择？投资性房地产的转换是如何进行会计处理的？通过本章的学习，相信你会找到问题的答案。

第一节 投资性房地产的特征和范围

随着我国社会主义市场经济的发展和完善，房地产市场日益活跃，除了房地产开发企业将房地产用作产品生产和对外销售以外，其他行业企业也出现了将房地产用于赚取租金或增值收益的活动。用于出租或增值的房地产就是投资性房地产，其在用途、状态、目的等方面与企业自用的厂房、办公楼和房地产开发企业用于销售的存货有所不同。将投资性房地产单独作为一项非流动资产进行核算，能够更清晰地反映企业持有房地产的构成情况和盈利水平。对于施工企业而言，投资性房地产主要是指以赚取租金为目的的兼营房屋租赁以及持有并用于增值收益活动的房地产。

一、投资性房地产的特征

投资性房地产是指为赚取租金或资本增值，或者两者兼有而持有的房地产，包括已出租的土地使用权、持有并准备增值后转让的土地使用权以及已出租的建筑物。投资性房地产应当能够单独计量和出售。

房地产是土地和房屋及其权属的总称，它作为基本生产要素和稀缺资源是人类赖以生存的基础，包括土地、建筑物和固着在土地、建筑物上不可分离的部分及其衍生的权利与义务关系的总和。房地产中的建筑物有两类：一是房屋；二是构筑物。在我国，土地归国家或集体所有，企业只能取得土地使用权。因此，房地产中的土地是指土地使用权。房屋是指固着在土地上的建筑物和构筑物。企业将房屋和土地使用权出租，是投资性房地产的主要形式，其实质属于一种让渡资产使用权行为。房地产租金就是让渡资产使用权取得的使用费收入。投资性房地产的另一种形式是持有并准备增值后转让的土地使用权，尽管其增值收益通常与市场供求、经济发展等因素有关，但目的是增值后转让以赚取增值收益。因此，企业出租房地产、转让土地使用权均视为一种经营活动，是企业为完成其经营目标所从事的经营性活动以及与之相关的其他活动形成的经济利益总流入。就施工企业而言，投资性房地产属于与经营性活动相关的其他经营活动，形成的租金收入或转让增值收益构成企业的其他业务收入。

【特别提示】根据税法的规定，企业取得的房地产租赁收入或土地使用权转让收益应当缴纳增值税，增值税税率为9%。按照国家有关规定认定的闲置土地，不属于持有并准备增值后转让的土地使用权。在我国，由于受《中华人民共和国城市房地产管理法》第三十九条的条件限制，持有并准备增值后转让土地使用权的情况较少。

二、投资性房地产的核算范围

施工企业已出租的土地使用权、持有并准备增值后转让的土地使用权、已出租的建筑物，属于投资性房地产的核算范围。

（一）已出租的土地使用权

已出租的土地使用权，是指企业通过出让或转让方式取得的、以经营租赁方式出租的土地使用权。企业取得的土地使用权通常包括在一级市场上以缴纳土地出让金的方式取得的土地使用权，以及在二级市场上接受其他单位转让的土地使用权。例如，某施工企业与甲公司签署了土地使用权租赁协议，甲公司以年租金 30 万元租赁使用该施工企业拥有的 100 平方米土地使用权。自租赁协议约定的租赁期开始日起，这项土地使用权就属于该施工企业的投资性房地产。

对于以经营租赁方式租入土地使用权再转租给其他单位的，不能确认为投资性房地产。企业计划用于出租但尚未出租的土地使用权，也不属于投资性房地产的核算范围。例如，某施工企业将其持有使用权的一块土地出租给甲公司以赚取租金，为期 5 年；甲公司又将这块土地出租给丙公司以赚取租金差价，为期 3 年。假设其他条件都符合国家相关规定，则该施工企业自租赁期开始日起，对该土地的使用权属于投资性房地产，而甲公司不能确认对该土地的使用权，不属于投资性房地产。

【特别提示】土地使用权转让行为在《中华人民共和国增值税暂行条例》中按照“销售无形资产”进行征收管理，适用税率 9%。

（二）持有并准备增值后转让的土地使用权

持有并准备增值后转让的土地使用权，是指企业通过出让或转让方式取得的、准备增值后转让的土地使用权，这类土地使用权很可能给企业带来资本增值收益。例如，企业厂址搬迁，致使土地使用权停止自用，企业管理层决定继续持有这部分土地使用权，待其增值后转让以赚取增值收益。

（三）已出租的建筑物

已出租的建筑物，是指企业拥有产权并以经营租赁方式出租的建筑物，包括自行建造或开发活动完成后用于出租的建筑物。例如，某施工企业将其拥有的某栋办公楼整体出租给乙公司，租赁期为 2 年。对于该施工企业而言，自租赁期开始日起，该栋办公楼属于投资性房地产。企业在判断和确认已出租的建筑物时，应当把握以下要点：

（1）用于出租的建筑物是指企业拥有产权的建筑物。企业以经营租赁方式租入再转租的建筑物不属于投资性房地产。例如，甲施工企业与乙企业签订了一项经营租赁合同，乙企业将其持有产权的一栋办公楼出租给甲施工企业，为期 5 年。甲施工企业一开始将该办公楼改装后用于自行经营餐馆。2 年后，由于连续亏损，甲施工企业将餐馆转租给丙公司以赚取租金差价。在这种情况下，对于甲施工企业而言，该栋楼不属于其投资性房地产。

（2）已出租的建筑物是企业已经与其他方签订了租赁协议，约定以经营租赁方式出租的建筑物。一般应自租赁协议规定的租赁期开始日起，经营租出的建筑物才属于已出租的建筑物。在通常情况下，对企业持有以备经营出租的空置建筑物或在建建筑物，如董事会或类似机构做出书面决议，明确表明将其用于经营出租，且持有意图短期内不再发生变化的，即使尚未签订租赁协议，也应视为投资性房地产。

(3) 企业将建筑物出租，按租赁协议向承租人提供的相关辅助服务在整个租赁协议中不重大的，应当将该建筑物确认为投资性房地产。例如，甲企业将其办公楼出租，同时向承租人提供维护、安保等日常辅助服务，甲企业应当将其确认为投资性房地产。再如，乙施工企业在A地购买了一栋写字楼，共18层。其中，第1、2层出租给大型超市丙，第3～18层经营出租。乙企业同时为该写字楼提供安保、维修等日常辅助服务。乙企业将写字楼出租，同时提供的辅助服务不重大。对于乙企业而言，这栋写字楼属于投资性房地产。

(四) 不属于投资性房地产的项目

1. 企业自用房地产

自用房地产是指为生产商品、提供劳务或者经营管理而持有的房地产。例如，企业自用办公大楼属于固定资产，企业生产经营用的土地使用权属于无形资产。自用房地产的特征是服务于企业自身的生产经营，其价值会随着房地产的使用而逐渐转移到企业的产品或服务中，通过销售商品或提供服务为企业带来经济利益，在产生现金流量的过程中与企业持有的其他资产密切相关。

例如，甲企业出租给本企业职工居住的房屋，虽然也收取租金，但间接为甲企业自身的生产经营服务，因此具有自用房地产的性质。又如，乙企业拥有并自行经营的宾馆、酒店，乙企业在向顾客提供住宿服务的同时，还提供餐饮、娱乐等其他服务，其经营目的主要是通过向客户提供服务而取得服务收入。因此，乙企业自行经营的宾馆、酒店是其经营场所，应当属于自用房地产。

2. 作为存货的房地产

作为存货的房地产通常是指房地产开发企业在正常经营过程中销售或为销售而正在开发的土地和商品房。这部分房地产属于房地产开发企业的存货，其生产、销售构成企业的主营业务活动，产生的现金流量也与企业的其他资产密切相关，因此，具有存货性质的房地产不属于投资性房地产。施工企业不涉及作为存货的房地产。

在实务中，存在某项房地产部分用于生产商品、提供劳务或者经营管理，或者直接作为存货出售，部分用于赚取租金或资本增值的情形。其中，用于赚取租金或资本增值的部分，如果能够单独计量和出售，应当确认为投资性房地产；如果不能够单独计量和出售，应当与自用部分一起确认为固定资产或无形资产。例如，甲施工企业建造了一栋写字楼，一部分用于出租，已签订经营租赁合同；一部分作为自己的办公楼。在这种情况下，如果出租部分能够单独计量和出售，应当确认为甲企业的投资性房地产，其余自用部分作为企业的固定资产。

随堂小测验 7-1

1. 【单项选择题】下列不属于企业投资性房地产的是（ ）。

A. 已出租的土地使用权

B. 持有并准备增值后转让的土地使用权

C. 已出租的建筑物

D. 作为存货的房地产

2.【单项选择题】下列关于投资性房地产的描述中，错误的是（　　）。

A. 投资性房地产是指为赚取租金或资本增值，或者两者兼有而持有的房地产

B. 投资性房地产应当能够单独计量和出售

C. 企业自用的房地产属于投资性房地产

D. 企业已出租的建筑物属于投资性房地产

3.【多项选择题】下列各项中，属于持有投资性房地产的目的的有（　　）。

A. 赚取租金　　B. 自用　　C. 资本增值　　D. 销售

4.【多项选择题】下列各项中，属于投资性房地产核算范围的有（　　）。

A. 已出租的土地使用权　　B. 企业自用的厂房

C. 已出租的建筑物　　D. 房地产开发企业用于销售的存货

5.【判断题】某施工企业将房屋和土地使用权出租，是投资性房地产的主要形式，其实质属于一种让渡资产使用权行为。（　　）

6.【判断题】对于以经营租赁方式租入土地使用权再转租给其他单位的，也应确认为投资性房地产。（　　）

7.【判断题】某项房地产，部分自用，部分用于赚取租金。用于赚取租金的部分不能单独计量和出售，应与自用部分一起确认为固定资产或无形资产。（　　）

第二节　投资性房地产的计量

施工企业将某个项目确认为投资性房地产，首先应当符合投资性房地产的概念，其次应同时满足资产的确认条件。

一、投资性房地产的初始计量

企业取得的投资性房地产，应当按照取得时的成本进行初始计量。施工企业投资性房地产的取得方式主要是外购和自行建造，因此主要针对这两种方式说明投资性房地产的初始计量。

（一）外购的投资性房地产

外购的投资性房地产的成本，应当按照取得时的实际成本进行初始计量，包括购买价款和可直接归属于该资产的其他支出。另外，根据《关于全面推开营业税改征增值税试点的通知》（财税〔2016〕36 号）的规定，可以抵扣的增值税进项税额单独核算。这里首先应明确何种情况属于外购的投资性房地产。企业购入的房地产，只有在购入的同时（购入日和租赁开始日相同或相近）即对外出租或用于资本增值的，才能称为外购的投资性房地产。

如果企业购入房地产，先自用之后再出租或者用于资本增值的，应当在购入时先将房地产确认为固定资产或无形资产，自租赁开始日或用于资本增值日起，再从固

定资产或无形资产转为投资性房地产。企业购入的房地产，部分用于出租（或资本增值），部分自用，用于出租（或资本增值）的部分应当予以单独确认的，应按照不同部分的公允价值占公允价值总额的比例，将成本在不同部分之间进行合理分配。

（二）自行建造的投资性房地产

企业自行建造投资性房地产的成本，由建造该项资产达到预定可使用状态前所发生的必要支出构成，包括土地开发费、建筑安装成本、应予以资本化的借款费用、支付的其他费用和分摊的间接费用等。建造过程中发生的非正常性损失直接计入当期损益，不计入建造成本。企业只有在自行建造的房地产达到预定可使用状态的同时开始对外出租或用于资本增值，才能将自行建造的房地产确认为投资性房地产。同样值得注意的是，自行建造的投资性房地产也涉及增值税进项税额抵扣问题。

企业自行建造的房地产达到预定可使用状态后，并没有立即对外出租或用于资本增值，应先将该房地产确认为固定资产或无形资产。在其后对外出租或用于资本增值时，再从租赁开始日或用于资本增值日起，从固定资产或无形资产转为投资性房地产。

二、投资性房地产的后续计量

投资性房地产应当按照取得时的成本进行初始确认和计量。而投资性房地产的后续计量具有两种模式，即成本模式和公允价值模式。企业在后续计量时，通常应当采用成本模式，如果满足特定条件时也可以采用公允价值模式。但是，同一企业只能采用一种模式对所有投资性房地产进行后续计量，不得同时采用两种计量模式。

（一）采用成本模式计量的投资性房地产

采用成本模式进行后续计量的投资性房地产，其会计处理比较简单，可比照固定资产或无形资产的有关规定，按期（月）计提折旧或摊销。投资性房地产存在减值迹象的，还应当按照资产减值的有关规定处理。经减值测试后确定发生减值的，应当计提减值准备。如果已经计提减值准备的投资性房地产的价值又得以恢复，不得转回。

（二）采用公允价值模式计量的投资性房地产

企业只有在存在确凿证据表明投资性房地产的公允价值能够持续可靠取得的情况下，才可以对投资性房地产采用公允价值模式进行后续计量。企业一旦选择公允价值模式，就应当对其所有投资性房地产均采用公允价值模式进行后续计量。采用公允价值模式计量的投资性房地产，应当同时满足以下条件，缺一不可：

（1）投资性房地产所在地有活跃的房地产交易市场；

（2）企业能够从房地产交易市场上取得同类或类似房地产的市场价格及其他相关信息，从而对投资性房地产的公允价值做出合理的估计。

企业可以参照活跃市场上同类或类似房地产的现行市场价格（市场公开报价）来确定投资性房地产的公允价值；无法取得同类或类似房地产现行市场价格的，可以参照活跃市场上同类或类似房地产的最近交易价格，并考虑交易情况、交易日期、所在区域等因素予以确定。

采用公允价值模式计量的投资性房地产，不对其计提折旧或摊销，应当以资产负债表日投资性房地产的公允价值为基础调整其账面价值，公允价值与原账面价值之间的差额计入当期损益。

企业对投资性房地产的计量模式一经确定，不得随意变更。从成本模式转为公允价值模式，视为会计政策变更，应当根据相关规定进行会计处理。已采用公允价值模式计量的投资性房地产，不得从公允价值模式转换为成本模式。

三、投资性房地产的后续支出

（一）资本化的后续支出

与投资性房地产有关的后续支出，满足投资性房地产确认条件的应当计入投资性房地产成本。例如，企业为了提高投资性房地产的使用效能，往往需要对投资性房地产进行改建、扩建使其更加坚固、耐用，或者通过装修改善其室内装潢，改扩建或装修支出满足确认条件的，应当将其资本化。企业对某项投资性房地产进行改建、扩建等再开发且将来仍作为投资性房地产的，在开发期间应继续将其作为投资性房地产，在开发期间不计提折旧或摊销。

（二）费用化的后续支出

与投资性房地产有关的后续支出，不满足投资性房地产确认条件的，应当在发生时计入当期损益，计入其他业务成本。

四、投资性房地产的转换和处置

（一）投资性房地产的转换

房地产的转换，实质上是因房地产用途发生改变而对房地产进行的重新分类。企业必须有确凿证据表明房地产用途发生改变，才能将投资性房地产转换为非投资性房地产或者将非投资性房地产转换为投资性房地产。这里的确凿证据包括两个方面：一是企业管理当局应当就改变房地产用途形成正式的书面决议；二是房地产因用途改变而发生实际状态上的改变，如从自用状态改为出租状态。

施工企业有确凿证据表明房地产用途发生改变，并满足下列条件之一的，应当将投资性房地产转换为其他资产或者将其他资产转换为投资性房地产：

（1）投资性房地产开始自用；

（2）自用土地使用权停止自用，用于赚取租金或资本增值；

（3）自用建筑物停止自用，改为出租。

在成本模式下，施工企业将原本用于赚取租金或资本增值的房地产改用于生产商品、提供劳务或者经营管理时，应于转换日将相应的投资性房地产转换为固定资产或无形资产。例如，企业将出租的办公楼收回，并用于本企业自用。在这种情况下，转换日为房地产达到自用状态、企业开始将房地产用于经营管理的日期。企业将原本用于经营管理的房地产改用于出租，应于租赁期开始日将相应的固定资产或无形资产转换为投资性房地产，将房地产转换前的账面价值作为转换后的入账价值。

在公允价值模式下，企业将投资性房地产转换为自用房地产时，应当以其转换当日的公允价值作为自用房地产的账面价值，公允价值与原账面价值的差额计入当期损益。企业将自用房地产转换为投资性房地产时，投资性房地产按照转换当日的公允价值计价，转换当日的公允价值小于原账面价值的，其差额计入当期损益；转换当日的公允价值大于原账面价值的，其差额计入所有者权益中的其他综合收益。待该项投资性房地产处置时，因转换计入其他综合收益的部分应转入当期的其他业务收入。

（二）投资性房地产的处置

当投资性房地产被处置或者永久退出使用且预计不能从其处置中取得经济利益时，应当终止确认该项投资性房地产。

企业可以通过对外出售或转让的方式处置投资性房地产，取得投资收益。对于那些由于使用而不断磨损直到最终报废，或者由于遭受自然灾害等非正常损失发生毁损的投资性房地产也应当及时进行清理。此外，企业因其他原因，如非货币性交易等而减少投资性房地产也属于投资性房地产的处置。企业出售、转让、报废投资性房地产或者发生投资性房地产毁损，应当将处置收入扣除其账面价值和相关税费后的金额计入当期损益。

随堂小测验 7-2

1. 【单项选择题】在公允价值模式下，某施工企业将自用房地产转换为投资性房地产，转换日的公允价值小于账面价值，其差额计入（　　）。

A. 当期损益　　B. 其他综合收益

C. 以前年度损益调整　　D. 资产减值损失

2. 【单项选择题】企业对成本模式进行后续计量的投资性房地产摊销时，应该借记（　　）账户。

A. “投资收益”　　B. “其他业务成本”

C. “营业外收入”　　D. “管理费用”

3. 【多项选择题】下列各项中，属于投资性房地产后续计量模式的有（　　）。

A. 成本模式　　B. 收入模式

C. 公允价值模式　　D. 现值模式

4. 【多项选择题】下列各项中，属于施工企业有确凿证据表明房地产用途发生改变，应当将房地产进行转换的条件有（　　）。

A. 自用建筑物停止自用，改为出租

B. 自用土地使用权停止自用，用于赚取租金

C. 投资性房地产开始自用

D. 投资性房地产出售

5. 【判断题】企业可以根据自身情况，同时采用两种模式对投资性房地产进行后续计量。（　　）

6. 【判断题】采用公允价值模式进行后续计量的投资性房地产，仍需对其计提折旧或进行摊销。（　　）

第三节 投资性房地产核算应设置的账户及会计处理

一、投资性房地产核算应设置的账户

为了核算投资性房地产的增加、转换、处置以及减值情况，施工企业应设置“投资性房地产”“投资性房地产累计折旧（摊销）”“投资性房地产减值准备”“公允价值变动损益”“资产减值损失”等相关的会计账户。

（一）“投资性房地产”账户

“投资性房地产”账户核算企业投资性房地产的价值，包括采用成本模式计量的投资性房地产和采用公允价值模式计量的投资性房地产。

本账户借方登记采用成本模式计量或者采用公允价值模式计量的企业从不同渠道取得的投资性房地产的初始成本；将自用土地使用权或建筑物转换为采用成本模式计量的投资性房地产在转换日的原价或者采用公允价值模式计量的投资性房地产在转换日的公允价值；投资性房地产进行改良或装修时的公允价值变动；资产负债表日，投资性房地产的公允价值高于其账面余额的差额；将采用公允价值模式计量的投资性房地产转为自用时的公允价值变动损失；出售投资性房地产时的公允价值变动损失；投资性房地产改建、扩建支出中属于资本化的后续支出等，以及出售投资性房地产时转出的累计公允价值变动损失。贷方登记采用成本模式计量或者采用公允价值模式计量的企业处置投资性房地产的账面余额；投资性房地产进行改良或装修时的成本和公允价值变动；资产负债表日，投资性房地产的公允价值低于其账面余额的差额；将采用公允价值模式计量的投资性房地产转为自用时的成本和公允价值变动收益；出售投资性房地产时转销的成本和公允价值变动收益的账面余额。期末借方余额反映企业投资性房地产的价值。

企业应当按照投资性房地产的类别和项目及“成本”和“公允价值变动”科目进行明细核算。

（二）“投资性房地产累计折旧（摊销）”账户

“投资性房地产累计折旧（摊销）”账户核算企业在成本模式计量下，作为投资性房地产的建筑物因使用而损耗掉的价值，以及土地使用权因出租使用而摊销的价值。

本账户贷方登记企业按月计提的投资性房地产的累计折旧和因增加投资性房地产而转入的已计提累计折旧，以及按月计提的投资性房地产摊销。借方登记企业因各种原因减少投资性房地产而相应转出的账面已提累计折旧和账面已提累计摊销。期末贷方余额反映企业提取的投资性房地产折旧累计数和摊销累计数。本账户应按建筑物和土地使用权项目进行明细核算，分别核算投资性房地产累计折旧和投资性房地产累计摊销的价值。

（三）“投资性房地产减值准备”账户

“投资性房地产减值准备”账户核算企业在成本模式计量下提取的投资性房地产减

值准备。其贷方登记期末投资性房地产可收回金额低于其账面价值的差额；借方登记转让、处置投资性房地产时转出的投资性房地产减值准备数。期末贷方余额反映企业已提取的投资性房地产减值准备。

二、投资性房地产核算的会计处理

（一）采用成本模式计量的外购或自行建造的投资性房地产

（1）企业外购取得投资性房地产时：

借：投资性房地产（实际成本）

　　应交税费——应交增值税（进项税额）

　贷：银行存款

（2）企业自行建造取得投资性房地产时：

借：投资性房地产（实际成本）

　贷：在建工程等

（3）按期（月）对投资性房地产计提折旧或进行摊销时：

借：其他业务成本

　贷：投资性房地产累计折旧（摊销）

（4）取得租金收入时：

借：银行存款

　贷：其他业务收入

　　应交税费——应交增值税（销项税额）

（5）投资性房地产存在减值迹象，经测试后发生减值时：

借：资产减值损失

　贷：投资性房地产减值准备

例 7-1

2×18 年 3 月，甲施工企业从其他单位购入一块土地的使用权，并在该块土地上开始自行建造三栋小型办公楼。2×18 年 8 月，甲企业预计办公楼即将完工，与 E 公司签订了经营租赁合同，将其中的两栋办公楼租赁给 E 公司使用。租赁合同约定，该办公楼于完工时（达到预定可使用状态）开始出租。2×18 年 8 月 20 日，三栋办公楼同时完工（达到预定可使用状态）。该块土地使用权的成本为 300 万元；三栋办公楼的造价均为 800 万元，能够单独出售。做如下会计分录：

计入投资性房地产的土地使用权价值为＝300×(1 600÷2 400)＝200(万元)

借：投资性房地产——办公楼	16 000 000	
贷：在建工程		16 000 000
借：投资性房地产——土地使用权	2 000 000	
贷：无形资产——土地使用权		2 000 000

（二）采用公允价值模式计量的外购或自行建造的投资性房地产

（1）企业外购取得投资性房地产时：

借：投资性房地产——成本（实际成本）
　　应交税费——应交增值税（进项税额）
　贷：银行存款

（2）企业自行建造取得投资性房地产时：
借：投资性房地产——成本（实际成本）
　贷：在建工程等

（3）资产负债表日，投资性房地产的公允价值高于其账面余额时：
借：投资性房地产——公允价值变动
　贷：公允价值变动损益（投资性房地产的公允价值高于其账面余额的差额）

（4）资产负债表日，投资性房地产的公允价值低于其账面余额时：
借：公允价值变动损益（投资性房地产的公允价值低于其账面余额的差额）
　贷：投资性房地产——公允价值变动

例 7-2

2×18 年 6 月，甲施工企业（增值税一般纳税人）计划购入一栋房屋用于对外出租。6 月 8 日，甲企业与 F 企业签订了经营租赁合同，约定自房屋购买日起将这栋房屋出租给 F 企业，为期 3 年。6 月 10 日，甲企业实际购入房屋，收到的增值税专用发票上注明的房屋金额为 9 900 万元、增值税税额为 891 万元（增值税税率为 9%），增值税专用发票已通过认证。假设 2×18 年 12 月 31 日该房屋的公允价值为 12 150 万元。做如下会计分录：

（1）2×18 年 6 月 10 日购入时：
借：投资性房地产——成本（房屋）　99 000 000
　　应交税费——应交增值税（进项税额）　8 910 000
　贷：银行存款　107 910 000

（2）2×18 年 12 月 31 日时：
借：投资性房地产——公允价值变动　22 500 000
　贷：公允价值变动损益　22 500 000

假设 2×18 年 12 月 31 日该房屋的公允价值为 9 000 万元。做如下会计分录：
借：公允价值变动损益　9 000 000
　贷：投资性房地产——公允价值变动　9 000 000

（三）成本模式下投资性房地产的转换

（1）经营性自用建筑物转换为投资性房地产时：
借：投资性房地产
　　累计折旧（原已计提的累计折旧）
　　固定资产减值准备（原已计提的减值准备）
　贷：固定资产（账面余额）
　　　投资性房地产累计折旧
　　　投资性房地产减值准备

（2）自用土地使用权转换为投资性房地产时：
借：投资性房地产

累计摊销（原已计提的累计摊销）

无形资产减值准备（原已计提的减值准备）

贷：无形资产（账面余额）

投资性房地产累计摊销

投资性房地产减值准备

（3）投资性房地产转换为经营性自用建筑物时：

借：固定资产

投资性房地产累计折旧（原已计提的折旧）

投资性房地产减值准备（原已计提的减值准备）

贷：投资性房地产（账面余额）

累计折旧

固定资产减值准备

（4）投资性房地产转换为自用土地使用权时：

借：无形资产

投资性房地产累计摊销（原已计提的摊销）

投资性房地产减值准备（原已计提的减值准备）

贷：投资性房地产（账面余额）

累计摊销

无形资产减值准备

例 7-3

甲施工企业拥有一栋办公楼，用于本企业集团办公。2×18 年 1 月甲企业与乙企业签订了经营租赁协议，将这栋办公楼整体出租给乙企业使用，租赁期开始日为 2×18 年2 月1 日，为期5 年。2×18 年 1 月 31 日，这栋办公楼的账面余额为 20 000 万元，已计提折旧 1 500 万元。做如下会计分录：

借：投资性房地产——办公楼　200 000 000

累计折旧　15 000 000

贷：固定资产　200 000 000

投资性房地产累计折旧　15 000 000

例 7-4

2×18 年 7 月初，甲施工企业（增值税一般纳税人）购入一栋办公楼，将其作为投资性房地产，取得的增值税专用发票上注明办公楼金额为 16 000 万元、增值税税额为 1 440 万元，增值税专用发票已通过认证。办公楼预计尚可使用年限为 40 年，办公楼的预计净残值为 0，假设采用直线法按年计提折旧。同时，甲企业与乙企业签订租赁协议，将该办公楼整体出租给乙企业，租期为 2.5 年，合同约定：2×18 年租金 425 万元（不含税）于租赁当日收取，其余租金于每年年初收取当年租金 850 万元（不含税）。租赁期满后，甲企业将办公楼转为自用办公楼。甲施工企业采用成本模式对投资性房地产进行后续计量，适用的增值税税率为 9%。做如下会计分录：

（1）2×18 年 7 月购入房地产时：

借：投资性房地产——办公楼 160 000 000

应交税费——应交增值税（进项税额） 14 400 000

贷：银行存款 174 400 000

（2）7月初收到租金时：

借：银行存款 4 632 500

贷：其他业务收入 4 250 000

应交税费——应交增值税（销项税额） 382 500

（3）按年对投资性房地产计提折旧时：

每年应计提的折旧额＝160 000 000÷40＝4 000 000(元)

计提2×18年半年折旧时：

借：其他业务成本 2 000 000

贷：投资性房地产累计折旧 2 000 000

（4）租赁期满后，将写字楼转为自用办公楼时：

写字楼已计提的累计折旧额＝160 000 000÷40×2.5＝10 000 000(元)

借：固定资产 160 000 000

投资性房地产累计折旧 10 000 000

贷：累计折旧 10 000 000

投资性房地产——写字楼 160 000 000

（四）公允价值模式下投资性房地产的转换

（1）经营性自用建筑物转换为投资性房地产时：

借：投资性房地产——成本

累计折旧（原已计提的累计折旧）

固定资产减值准备（原已计提的减值准备）

公允价值变动损益（转换日公允价值小于账面价值的差额）

贷：固定资产（账面余额）

（2）自用土地使用权转换为投资性房地产时：

借：投资性房地产——成本

累计摊销（原已计提的累计摊销）

无形资产减值准备（原已计提的减值准备）

贷：无形资产（账面余额）

其他综合收益（转换日公允价值大于账面价值的差额）①

（3）投资性房地产转换为经营性自用建筑物时：

借：固定资产（投资性房地产转换日的公允价值）

投资性房地产——公允价值变动（投资性房地产的累计公允价值变动损失）

公允价值变动损益（转换日公允价值小于账面价值的差额）

---

① 关于“其他综合收益”账户的核算内容，请参见本书第十一章第三节“资本公积和其他综合收益的核算”的内容。

贷：投资性房地产——成本

——公允价值变动（投资性房地产的累计公允价值变动收益）

（4）投资性房地产转换为自用土地使用权时：

借：无形资产（投资性房地产转换日的公允价值）

投资性房地产——公允价值变动（投资性房地产的累计公允价值变动损失）

贷：投资性房地产——成本（账面余额）

——公允价值变动（投资性房地产的累计公允价值变动收益）

公允价值变动损益（转换日公允价值大于账面价值的差额）

例 7-5

甲施工企业计划搬迁，准备将原办公楼出租以赚取租金收入。2×18 年 2 月，甲企业完成搬迁工作，原办公楼停止自用。2×18 年 3 月，甲企业与丁企业签订租赁协议，将其原办公楼租赁给丁企业使用，租赁期开始日为 2×18 年 4 月 1 日，租赁期限为 3 年。2×18 年 4 月 1 日，该办公楼的公允价值为 162 000 万元，其原价为 180 000 万元，已计提折旧 36 000 万元。甲企业应当于租赁期开始日（2×18 年 4 月 1 日）将自用房地产转换为投资性房地产。做如下会计分录：

借：投资性房地产——成本（办公楼）	1 620 000 000
累计折旧	360 000 000
贷：固定资产	1 800 000 000
其他综合收益	180 000 000

例 7-6

2×18 年 3 月 10 日，甲施工企业因租赁期满，将出租的房屋收回作为经营性自用。2×18 年 3 月 31 日，该办公楼正式启用，当日的公允价值为 1 600 万元。该项房屋在转换前采用公允价值模式计量，原账面价值为 1 050 万元，其中成本为 1 000 万元，公允价值变动为增值 50 万元。做如下会计分录：

借：固定资产	16 000 000
贷：投资性房地产——成本	10 000 000
——公允价值变动	500 000
公允价值变动损益	5 500 000

（五）与投资性房地产有关的后续支出

（1）采用成本模式计量的投资性房地产转入改良或装修时：

借：投资性房地产（在建）

投资性房地产累计折旧（摊销）

贷：投资性房地产

（2）采用公允价值模式计量的投资性房地产转入改良或装修时：

借：投资性房地产（在建）

投资性房地产——公允价值变动（投资性房地产的累计公允价值变动损失）

贷：投资性房地产——成本

——公允价值变动（投资性房地产的累计公允价值变动收益）

（3）支付工程费用时：

借：投资性房地产（在建）

　贷：银行存款等

（4）改良或装修完工时：

借：投资性房地产

　贷：投资性房地产（在建）

（5）投资性房地产进行日常维修时：

借：其他业务成本

　贷：银行存款等

例 7-7

甲施工企业与乙企业的一项房屋经营租赁合同即将到期，该房屋按照成本模式进行后续计量，账面余额为 2 400 万元，已计提折旧 600 万元。为了提高房屋的租金收入，甲企业决定在租赁期满后对房屋进行扩建和重新装修，并与丙企业新签订了经营租赁合同，约定房屋完工后将其出租给丙企业。2×18 年 5 月，与乙企业的租赁合同到期，房屋随即进入扩建、装修工程。8 月 1 日，房屋扩建、装修工程完工，共发生费用 240 万元（支付扩建工程款未取得增值税专用发票），即日按照租赁合同出租给丙企业。做如下会计分录：

（1）2×18 年 5 月，投资性房地产转入扩建装修工程时：

借：投资性房地产——房屋（在建）　18 000 000

　　投资性房地产累计折旧　6 000 000

　贷：投资性房地产——房屋　24 000 000

（2）支付工程费用时：

借：投资性房地产——房屋（在建）　2 400 000

　贷：银行存款等　2 400 000

（3）2×18 年 8 月 1 日，工程完工时：

借：投资性房地产——房屋　20 400 000

　贷：投资性房地产——房屋（在建）　20 400 000

例 7-8

2×18 年 6 月，某施工企业对其某项投资性房地产进行日常维修，用银行存款支付维修工程费 45 000 元（支付维修工程款未取得增值税专用发票）。做如下会计分录：

借：其他业务成本　45 000

　贷：银行存款　45 000

（六）投资性房地产的处置

1. 成本模式下投资性房地产处置的会计处理

（1）实际收到金额时：

借：银行存款

　贷：其他业务收入

应交税费——应交增值税（销项税额）

（2）结转账面价值时：

借：其他业务成本（账面价值）

投资性房地产累计折旧（摊销）（原已计提的折旧或摊销）

投资性房地产减值准备（原已计提的减值准备）

贷：投资性房地产（账面余额）

2. 公允价值模式下投资性房地产处置的会计处理

（1）实际收到金额时：

借：银行存款

贷：其他业务收入

应交税费——应交增值税（销项税额）

（2）结转账面价值时：

借：其他业务成本（账面余额）

投资性房地产——公允价值变动（累计公允价值变动损失）

贷：投资性房地产——成本

——公允价值变动（累计公允价值变动收益）

（3）结转累计公允价值变动：

借：公允价值变动损益

贷：其他业务收入

或

借：其他业务收入

贷：公允价值变动损益

（4）结转原转换日计入其他综合收益的金额：

借：其他综合收益

贷：其他业务收入

例 7-9

2×18 年 6 月，甲施工企业（增值税一般纳税人）将其出租的一栋旧写字楼确认为投资性房地产，采用成本模式计量。租赁期届满后，甲企业将该栋写字楼出售给乙公司，合同价款为 405 000 万元，开具的增值税专用发票上注明的增值税税额为 36 450 万元，乙公司已用银行存款付清。出售时，该栋写字楼的成本为 378 000 万元，已计提折旧 31 500 万元。做如下会计分录：

借：银行存款	4 414 500 000
贷：其他业务收入	4 050 000 000
应交税费——应交增值税（销项税额）	364 500 000
借：其他业务成本	3 465 000 000
投资性房地产累计折旧	315 000 000
贷：投资性房地产——写字楼	3 780 000 000

施工企业应当在年报附注中披露与投资性房地产有关的下列信息：投资性房地产的种类、金额和计量模式；采用成本模式的，披露投资性房地产的折旧或摊销，以及减值准备的计提情况；采用公允价值模式的，说明公允价值的确定依据和方法，以及

公允价值变动对损益的影响；房地产转换情况、理由，以及对损益或所有者权益的影响；当期处置的投资性房地产及其对损益的影响等。

随堂小测验 7-3

1. 【单项选择题】某施工企业以 1 500 万元取得一项土地使用权并自建 3 栋同样的办公楼，其中一栋作为投资性房地产用于经营租赁，3 栋办公楼工程建造支出合计 9 000 万元，租赁开始日该投资性房地产的初始成本为（　　）万元。

A. 7 200　　B. 1 600　　C. 2 600　　D. 3 500

2. 【单项选择题】某施工企业用银行存款购入一栋写字楼，将其作为投资性房地产。同时该施工企业与甲企业签订经营租赁协议，将该办公楼整体出租给甲企业，租期为 2 年，于每年年初收取租金 300 万元，则该租金收入应贷记（　　）。

A. “主营业务收入”　　B. “其他业务收入”

C. “营业外收入”　　D. “投资收益”

3. 【单项选择题】某施工企业出售、转让投资性房地产时，应将所处置投资性房地产的账面价值计入（　　）。

A. 其他业务成本　　B. 公允价值变动损益

C. 营业外支出　　D. 资本公积

4. 【多项选择题】2×18 年 3 月，甲施工企业一项厂房经营租赁合同即将到期，该厂房按照成本模式进行计量，原价为 5 000 万元，已提折旧 2 000 万元。甲施工企业计划改建厂房并与乙企业签订了继续经营租赁合同，3 月 14 日租赁合同到期进行改扩建。假设 12 月 14 日，改扩建工程完工，共发生支出 1 500 万元，属于资本化的后续支出，以下会计处理正确的有（　　）。

A. 再开发期间将发生的支出 1 500 万元计入其他业务成本

B. 再开发期间将发生的支出 1 500 万元计入投资性房地产（在建）

C. 改扩建工程完工，该厂房的账面价值为 4 500 万元

D. 改扩建工程完工，该厂房的账面价值为 6 500 万元

5. 【多项选择题】下列各项中，属于投资性房地产核算应设置的账户有（　　）。

A. “投资性房地产累计折旧（摊销）”

B. “投资性房地产”

C. “公允价值变动损益”

D. “投资性房地产减值准备”

6. 【判断题】企业出售投资性房地产或者发生投资性房地产毁损，应当将处置收入扣除其账面价值和相关税费后的金额直接计入所有者权益。（　　）

7. 【判断题】“投资性房地产”账户核算企业投资性房地产的价值，只包括采用成本模式计量的投资性房地产。（　　）

□ 本章思考题

1. 什么是投资性房地产？投资性房地产有哪些主要特征？
2. 简述投资性房地产的核算范围。

3. 成本模式和公允价值模式下投资性房地产有何本质区别?
4. 投资性房地产的后续支出如何处理?
5. 投资性房地产后续计量模式变更如何进行处理?

□ 本章练习题

1. 甲公司将其采用成本模式计量的投资性房地产于租赁期届满后出售，取得价款3 000万元。该房地产的成本为1 500万元，出售时已计提折旧500万元。

要求：根据上述资料编制相应的会计分录。

2. 2×18年7月1日，甲公司将一项按照成本模式进行后续计量的投资性房地产转换为固定资产。该资产在转换前的账面原价为4 000万元，已计提折旧200万元，已计提减值准备100万元。

要求：根据上述资料编制相应的会计分录。

3. 2×18年3月，甲施工企业以2 700万元的成本在B地购入一块土地的使用权，用于自行建造3栋写字楼。2×18年8月，甲企业预计写字楼可达到预定可使用状态，与C公司签订了经营租赁合同，将其中的两栋写字楼租给C公司使用。租赁合同约定，该写字楼于完工时（达到预定可使用状态）开始起租。2×18年8月20日，3栋写字楼同时完工（达到预定可使用状态），3栋写字楼的造价均为4 000万元，可以单独出售。

要求：根据上述资料编制相应的会计分录。

4. 某施工企业将出租在外的写字间收回，开始用于本企业办公。该写字间的账面价值为24 600万元，其中原价为36 000万元，累计折旧11 400万元。

要求：根据上述资料编制相应的会计分录。

5. 2×18年6月，甲施工企业（增值税一般纳税人）计划购入一栋办公楼用于对外出租。6月8日，甲企业与乙企业签订了经营租赁合同，约定自办公楼购买日起将这栋办公楼出租给乙企业，为期3年。6月10日，甲企业实际购入办公楼，开具的增值税专用发票上注明办公楼价格为9 900万元，增值税税额为891万元（增值税率为9%），增值税专用发票已得到认证。假设2×18年12月31日，该办公楼的公允价值为12 150万元。

要求：根据上述资料编制相应的会计分录。

第八章 固定资产

Chapter 8

学习目标

1. 掌握施工企业固定资产的初始计量、后续计量及处置的会计处理，企业持有待售的固定资产核算内容及会计处理，固定资产减值核算的内容及会计处理。

2. 理解固定资产的内涵、分类和计价，固定资产折旧方法及会计处理，固定资产修理的核算及会计处理。

3. 了解固定资产折旧范围以及影响折旧的因素，改建、扩建或者改良的固定资产核算内容，确认固定资产减值损失的步骤，固定资产租赁的核算及其会计处理。

导入案例

重庆路桥股份有限公司（简称重庆路桥），是一家集城市路桥经营、城市基础设施建设、投资及房地产综合开发为一体的股份制企业。公司于 1997 年 6 月在上海证券交易所上市，注册资本为 9.08 亿元。公司具有市政公用工程施工总承包一级资质、房地产综合开发二级资质、市政设施维护甲级资质。公司自成立以来，先后投资建设了一批在重庆有影响的大型市政设施、公路工程和房地产开发建设项目，取得了良好的经济效益和社会信誉。

公司以持续经营为基础，根据实际发生的交易和事项，按照《企业会计准则——基本准则》和《企业会计准则第 4 号——固定资产》相关规定进行确认和计量，并在此基础上编制财务报表。根据公司 2018 年年报数据，2018 年年末公司固定资产账面价值为 178 204 129.43 元，主要固定资产包括嘉陵江石门大桥、房屋及建筑物等。其中，嘉陵江石门大桥占比最大，达到 91.93%。固定资产整体相较于 2017 年同比减少了 5.23%，减少的原因主要是折旧的计提。

同时，公司在 2018 年年报附注中指出，其所披露的固定资产按取得时的实际成本进行初始计量；根据各类固定资产的性质和使用情况，确定其使用寿命和预计净残值，采用年限平均法计提折旧，保持 3%的残值率；在资产负债表日，公司复核固定资产的预计使用寿命、预计净残值率和折旧方法，如有变更，作为会计估计变更处理。本期计提折旧额 9 840 595.82 元。同时，公司按照会计准则的规定，在资产负债表日对公司固定资产进行减值测试，但在期末对固定资产环境的评估中，并未对公司固定资产计提减值准备。

资料来源：根据重庆路桥 2018 年年度报告整理而得。

施工企业固定资产种类众多，不同的固定资产有不同的特征。因此，具体的计量、折旧和减值的方法都有可能存在不同之处。那么重庆路桥的固定资产是如何计价的？除了外购，固定资产还有哪些取得方式？在在建工程发生的费用中，哪些可以计入固定资产？各种取得方式下如何对固定资产进行初始计量？固定资产还有哪些折旧方法？固定资产发生减值，如何对其进行相关的会计处理？重庆路桥在年末盘亏设备的处理方式是否正确？通过本章的学习，相信你会找到问题的答案。

第一节 固定资产概述

固定资产是指使用期限较长、单位价值较高，并且在使用过程中保持原有实物形态的资产，它是施工企业从事施工生产活动的主要劳动资料。固定资产随着使用和磨损，通过计提折旧的方式逐渐减少账面价值。计提的折旧根据用途计入相关资产的成本或当期损益，其核算方法与存货有所不同。固定资产是企业的一项重要资产，其核算正确与否，不仅会影响企业资产负债表信息的质量，还会影响利润表信息的质量。因此，施工企业应加强对固定资产的核算和管理。

一、固定资产的含义和特征

固定资产，是指同时具有以下特征的有形资产：（1）为生产商品、提供劳务、出租或经营管理而持有；（2）使用寿命超过一个会计年度。本章固定资产是指《企业会计准则第 4 号——固定资产》确认的固定资产，与《关于全面推开营业税改征增值税试点的通知》（财税〔2016〕36 号）确定的固定资产不一致。[①]

施工企业的固定资产具有以下三个特征：

（1）为生产商品、提供劳务、出租或经营管理而持有。这是固定资产最基本的特征。企业持有固定资产的目的是生产商品、提供劳务、出租或经营管理，而不是直接用于出售。否则，应将其列为存货等流动资产。其中，出租的固定资产是指用于出租的机器设备类固定资产，不包括以经营租赁方式出租的建筑物，后者属于企业的投资性房地产，不属于固定资产。

（2）使用寿命超过一个会计年度。固定资产通常表现为机器、机械、房屋建筑物、运输工具等实物形态，其使用年限至少超过一年，或者超过长于一年的一个营业周期，并且能多次参加生产经营过程而不改变其原有的实物形态。固定资产使用寿命超过一

① 财税〔2016〕36 号文件中确定的固定资产是指使用期限超过 12 个月的机器、机械、运输工具以及其他与生产经营有关的设备、工具、器具等有形动产，不含不动产及不动产在建工程。

个会计年度，意味着固定资产属于非流动资产，随着使用和磨损，通过计提折旧的方式逐渐减少账面价值。

(3) 固定资产为有形资产。固定资产具有实物特征，这一特征将固定资产与无形资产区别开来。有些无形资产可能同时符合固定资产的其他特征，如无形资产为生产商品、提供劳务而持有，使用寿命超过一个会计年度，但是由于其没有实物形态，所以不属于固定资产。

【特别提示】《企业会计准则第 4 号——固定资产》中没有给出固定资产具体的价值判断标准，这样做既符合国际惯例，也符合我国会计改革的基本思路。因为不同行业的企业以及同行业的不同企业的经营方式、资产规模以及资产管理方式往往存在较大差别，强制要求所有企业执行同样的固定资产价值判断标准（比如，单位价值 2 000 元以上），既不切合实际，也不利于真实地反映企业的固定资产信息。因此，在实务中，企业应根据固定资产的不同性质和消耗方式，结合本企业的经营管理特点，具体确定固定资产的价值判断标准。

二、固定资产的分类

施工企业所使用的固定资产种类繁多，规格不一，其性能、用途和使用年限也不相同。为了加强管理，便于组织核算，正确计提折旧，应当对其进行科学、合理的分类。根据不同的管理需要和核算要求以及不同的分类标准，可以对固定资产进行不同的分类。

(一) 按固定资产的经济用途分

按固定资产的经济用途，固定资产可分为经营用固定资产和非经营用固定资产。

1. 经营用固定资产

经营用固定资产是指企业直接用于施工生产方面的各种固定资产，具体包括：

(1) 房屋及建筑物，是指企业为施工生产所使用的房屋和建筑物以及与房屋、建筑物不可分割的各种附属设备，如水、暖、电、卫生、通讯等设备。

(2) 施工机械，是指企业为施工生产所使用的各种机械，如起重机械、挖掘机械、土方铲运机械、凿岩机械、基础及凿井机械、钢筋及混凝土机械等。

(3) 运输设备，是指企业运载物资用的各种运输工具，如汽车、火车、轮船等，包括作为运输设备组成部分的附属装置。

(4) 生产设备，是指企业加工、维修用的各种机器设备，如木工加工机械、金属切削机床、锻压设备、焊接及切割设备、动力设备、维修专用设备及其他加工设备等。

(5) 仪器及试验设备，是指企业对材料、工艺等进行研究试验用的各类仪器和设备，如计量仪器、测绘仪器、探测仪器等。

(6) 其他经营用固定资产，是指不属于以上各类的其他经营用固定资产，如办公用具、消防用具以及行政管理用车等。

2. 非经营用固定资产

非经营用固定资产是指企业不直接用于施工生产方面的固定资产，如职工宿舍、招待所、幼儿园、食堂、浴室、理发室等使用的房屋、设备和其他固定资产等。

按固定资产的经济用途分类，可以反映施工企业经营用固定资产和非经营用固定资产各自所占的比重，便于分析固定资产的组成、用途及其变化情况，从而了解企业的生产能力和职工生活条件的改善情况。

（二）按固定资产使用情况分

按固定资产使用情况，固定资产可分为使用中固定资产、未使用固定资产、不需用固定资产。

1. 使用中固定资产

使用中固定资产，是指企业正在使用的经营性和非经营性固定资产。由于季节性生产经营或大修理等暂时停止使用的固定资产仍属于企业使用中固定资产，企业出租给其他单位使用的固定资产和内部替换使用的固定资产也属于使用中固定资产。

2. 未使用固定资产

未使用固定资产，是指企业已完工或已购建的尚未达到预定可使用状态的新增固定资产以及因进行改建、扩建等暂停使用的固定资产，如企业购建的尚待安装的固定资产、因经营任务变更而停止使用的固定资产等。

3. 不需用固定资产

不需用固定资产，是指本企业多余或不适用，需要调配处理的各种固定资产。

按固定资产的使用情况分类，有助于反映施工企业固定资产的使用情况，便于企业分析和考核固定资产的利用效率，也便于企业合理地计提固定资产折旧，促使企业及时处理不需用的固定资产，从而提高固定资产的利用率。

（三）按固定资产的所有权分

按固定资产的所有权，固定资产可分为自有固定资产和使用权固定资产。

1. 自有固定资产

自有固定资产，是指所有权归企业所有的固定资产，包括自用固定资产和租出固定资产。其中，租出固定资产是指企业以经营租赁方式出租给外单位使用的多余、闲置的固定资产。

2. 使用权固定资产

使用权固定资产，是指企业根据自身生产经营需求租入的固定资产。租入固定资产可以分为经营租入固定资产和融资租入固定资产两类。无论是经营租入固定资产还是融资租入固定资产，其租入（选择简化处理的短期租赁和低价值资产租赁除外）的固定资产均应确认为使用权固定资产。①

经营租入固定资产，是指企业采用租赁方式从其他单位租入，企业只有使用权而没有所有权，且使用时需要支付租金的固定资产。

---

① 为保持与国际会计准则全面趋同，财政部于2018年12月7日正式发布新租赁准则。在境内外同时上市并采用国际财务报告准则或企业会计准则编制财务报表的企业自2019年1月1日起实施，其他执行企业会计准则的企业（包括A股上市公司）自2021年1月1日起实施，具体内容参见《企业会计准则第21号——租赁》（财会〔2018〕35号）。

融资租入固定资产，是指具有融资性质和所有权转移特点的租赁活动。即出租人根据承租人所要求的规格、型号、性能等条件购入有形动产或者不动产租赁给承租人，合同期内租赁物所有权属于出租人，承租人只拥有使用权，合同期满付清租金后，承租人有权按照残值购入租赁物，以拥有其所有权。

按固定资产的所有权分类，有助于反映施工企业固定资产的产权关系，便于了解企业固定资产的来源，有利于企业合理地确定计提折旧的范围，便于企业加强对固定资产实物的管理。

(四) 按固定资产的经济用途和使用情况综合分类

按固定资产的经济用途和使用情况，固定资产分为以下八大类：

(1) 经营用固定资产。

(2) 非经营用固定资产。

(3) 租出固定资产。

(4) 不需用固定资产。

(5) 未使用固定资产。

(6) 持有待售固定资产。

(7) 使用权固定资产。

(8) 土地，是指过去已经估价单独入账的土地。因征地而支付的补偿费，应计入与土地有关的房屋、建筑物的价值内，不单独作为土地价值入账。企业取得的土地使用权不能作为固定资产进行核算和管理。

按固定资产的经济用途和使用情况综合分类，有助于反映施工企业固定资产的构成情况、使用情况和所有权状况，促使企业合理使用和配备固定资产，充分挖掘固定资产的潜力，不断提高固定资产的利用率。

施工企业除可以按上述方法进行分类以外，还可以根据自身的经营状况和经营规模，选择适合本企业的分类方法对固定资产进行核算与管理。

随堂小测验 8-1

1.【单项选择题】以下各项中属于固定资产的是（　）。

A. 原材料　　B. 库存商品　　C. 运输用的汽车　　D. 包装物

2.【单项选择题】以下各项中属于固定资产特征的是（　　）。

A. 为生产商品、提供劳务、出租或经营管理而持有

B. 使用寿命不超过一个会计年度

C. 固定资产为不可辨认的无形资产

D. 固定资产为无形资产

3.【多项选择题】下列选项中属于固定资产特征的有（　　）。

A. 为生产商品、提供劳务、出租或经营管理而持有

B. 使用寿命超过一个会计年度

C. 固定资产为有形资产

D. 固定资产使用寿命不确定

4.【多项选择题】下列选项中属于固定资产按使用情况分类的有（　）

A. 使用中固定资产　　B. 经营用固定资产

C. 自有固定资产　　　　　　　　　　D. 未使用固定资产

5.【判断题】固定资产是指为生产商品、提供劳务、出租或经营管理而持有，使用寿命超过一年的有形资产。（　　）

6.【判断题】按固定资产的经济用途，固定资产分为经营用固定资产和非经营用固定资产。（　　）

第二节　固定资产的计价和初始计量

一、固定资产的计价

固定资产应当按其成本进行初始计量。这里的成本指历史成本，亦称原始价值。由于固定资产价值比较高，其价值会随着磨损程度而逐渐减少，这就需要揭示固定资产净值。因此，固定资产的计价方法主要有原始价值、重置完全价值、净值和现值。

（一）按原始价值计价

原始价值也称历史成本或原始购置成本，是指企业购建某项固定资产达到预定可使用状态前所发生的一切合理的、必要的支出。一般包括固定资产买价、运杂费、保险费、包装费、安装成本和缴纳的税金等。这种计价方法具有客观性和可验证性，是固定资产的基本计价方法。但在经济环境和社会物价水平发生变化时，按这种方法计价则不能反映固定资产的真实价值，以此为前提所反映的企业财务状况的真实性也必然会有“水分”。

（二）按重置完全价值计价

重置完全价值也称现时重置成本，是指在当时的生产技术和市场条件下，重新购建同样的固定资产所需支付的全部代价。这种计价方法可以比较真实地反映固定资产的现时价值，从理论上讲，比采用原始价值计价更为合理。但由于重置完全价值本身经常变化，如果将其作为基本计价方法，势必会引起一系列复杂的会计问题，在会计实务中也不具备可操作性。因此，这种方法一般仅在财产清查中发现盘盈的固定资产且无法确定其原始价值时使用。

（三）按净值计价

固定资产净值也称折余价值，是指固定资产原始价值或重置完全价值减去累计折旧后的净额。这种方法可以反映企业在固定资产上实际占用的资金数额，是计算固定资产盘盈、盘亏、减值和毁损等溢余或损失的依据。将净值与原始价值或重置完全价值相比较，还可以了解固定资产的新旧程度，便于企业适时地对固定资产进行更新。

（四）按现值计价

现值即折现价值，是指固定资产按照预计从其持续使用和最终处置中所产生的未来现金流量的折现金额。若企业通过延期支付价款来购买固定资产，则固定资产的成本以购买价款的现值为基础确定，这种方法可以反映企业融资的货币时间价值及融资费用。

二、固定资产核算应设置的账户

为了核算固定资产增加、减少、磨损以及减值情况，施工企业应设置下列会计账户。

（一）“固定资产”账户

“固定资产”账户核算施工企业持有固定资产的原价。其借方登记从不同渠道增加的固定资产的原价；贷方登记因各种原因而减少的固定资产的原价。期末借方余额反映企业期末固定资产的账面原价。企业应设置固定资产登记簿和固定资产卡片，按固定资产类别、使用部门和每项固定资产进行明细核算。

（二）“累计折旧”账户

“累计折旧”账户核算施工企业固定资产的累计折旧。其贷方登记企业按月计提的固定资产折旧和因增加固定资产而转入的折旧；借方登记企业因各种原因减少固定资产而相应转出的账面已提折旧。期末贷方余额反映企业提取的固定资产折旧累计数。本账户可按固定资产的类别或项目进行明细分类核算，处置固定资产时应同时结转累计折旧。如果需要查明某项固定资产的已提折旧，可以根据固定资产卡片上所记载的该项固定资产原值、折旧率和实际使用年数等资料进行核算。

（三）“固定资产清理”账户

“固定资产清理”账户核算施工企业因正常出售、报废、对外投资等原因转出的固定资产价值及其在清理过程中所发生的清理费用和清理收入等。其借方登记因各种原因转入清理的固定资产账面价值、清理过程中发生的费用和清理后的净收益；贷方登记清理过程中收回的出售固定资产的价款、残料价值、变价收入等，以及应由保险公司或过失人赔偿的损失和清理后的净损失。企业以固定资产清偿债务、以固定资产换入其他资产的，也应通过本账户核算。本账户期末余额反映尚未清理完毕的固定资产的价值以及清理净损益（清理收入减去清理费用）。结转固定资产清理的净收益或净损失后，本账户应无余额。本账户应按被清理的固定资产设置明细账进行核算。需要注意的是，在固定资产清理时，凡正常出售、非正常原因报废、对外投资等，均涉及增值税业务。

（四）“工程物资”账户

“工程物资”账户核算施工企业为基建工程、更新改造工程和大修理工程准备的各种物资的实际成本，包括工程用材料、尚未交付安装设备的实际成本，以及预付大型设备款和基本建设期间根据项目概算购入为生产准备的工具及器具等的实际成本。其借方登记企业购入为工程准备物资的实际成本、企业为购置大型设备而预付的款项以及工程完工后对领出的剩余物资办理的退库手续等；贷方登记工程领用物资、工程完工将为生产准备的工具及器具交付生产使用时的实际成本等。期末借方余额反映工程购入但尚未领用的专用材料的实际成本、购入需要安装设备的实际成本，以及为生产准备但尚未交付的工具及器具的实际成本等。本账户应设置“专用材料”“专用设备”“预付大型设备款”“为生产准备的工具及器具”等明细账户进行核算。

（五）“工程物资减值准备”账户

“工程物资减值准备”账户核算施工企业提取的工程物资减值准备。其贷方登记期末工程物资可收回金额低于其账面价值的差额；借方登记工程物资领用或处置时的结转数。期末贷方余额反映企业已计提但尚未转销的工程物资减值准备。

（六）“在建工程”账户

“在建工程”账户核算施工企业进行各项固定资产购建工程所发生的实际支出，包括新建固定资产工程，改建、扩建固定资产工程，大修理工程，以及购入需要安装设备的安装工程等。其借方登记固定资产购建工程已经发生的全部支出；贷方登记改建、扩建工程发生的变价收入和已完工交付使用工程的实际成本。期末借方余额反映企业尚未达到预定可使用状态的在建工程的成本。本账户应设置“建筑工程”“安装工程”“在安装设备”“技术改造工程”“大修理工程”“其他支出”等明细账户进行核算。

（七）“待处理财产损溢——待处理固定资产损溢”账户

本账户及其明细账户核算施工企业在清查财产过程中查明的各种固定资产的盘亏和毁损的价值。其借方登记盘亏和毁损的固定资产；贷方登记经批准后转销的固定资产盘亏及毁损数。本账户处理前的借方余额反映尚未处理的各种固定资产的净损失，期末处理后本账户应无余额。

（八）“以前年度损益调整”账户

“以前年度损益调整”账户核算施工企业在清查财产过程中查明的各种固定资产盘盈的价值。其贷方登记盘盈的固定资产的入账价值；借方登记结转的以前年度损益调整，转入“利润分配——未分配利润”账户，结转后期末无余额。

（九）“固定资产减值准备”账户

“固定资产减值准备”账户核算施工企业提取的固定资产减值准备。其贷方登记期末固定资产可收回金额低于其账面价值的差额；借方登记固定资产减少时的冲销数。期末贷方余额反映企业已计提但尚未转销的固定资产减值准备。

（十）“持有待售资产”账户

“持有待售资产”账户核算企业持有待售的非流动资产或处置组中的资产，具体包括固定资产、在建工程、生产性生物资产、长期股权投资及无形资产等。其借方登记企业划分为持有待售的非流动资产或处置组中的非流动资产等的账面价值；贷方登记持有待售的非流动资产或处置组中的非流动资产终止确认时的账面价值，以及因不再满足持有待售资产划分条件而转回的金额；期末借方余额反映企业持有待售的非流动资产的账面余额。本账户按照资产类别进行明细核算。

（十一）“持有待售资产减值准备”账户

“持有待售资产减值准备”账户核算企业持有待售的非流动资产或处置组中非流动资产计提的减值准备。其贷方登记初始计量或后续会计期间期末重新计量时，持有待售的固定资产、无形资产等非流动资产及持有待售的处置组中的固定资产、无形资产等非流动资产发生减值的金额；借方登记后续会计期间期末持有待售的固定资产、无形资产等非流动资产减值及持有待售的处置组中的固定资产、无形资产等非流动资产减值转回的金额。期末贷方余额反映企业已计提但尚未转销的持有待售资产减值准备。

（十二）“资产处置损益”账户

“资产处置损益”账户核算企业出售划分为持有待售的除长期股权投资以外的非流动资产或处置组中的资产时确认的处置利得或损失，以及处置未划分为持有待售的非流动资产而产生的处置利得或损失。债务重组中因处置非流动资产产生的利得或损失和非货币性资产交换中换出非流动资产产生的利得或损失也在本账户核算。其贷方登记固定资产、无形资产等处置的利得；借方登记固定资产、无形资产等处置的损失。期末应将本账户余额转入“本年利润”账户。本账户结转后应无余额。值得注意的是，与长期股权投资处置相关的损益不在此账户中核算。

（十三）“营业外收入”和“营业外支出”账户

“营业外收入”和“营业外支出”账户核算施工企业因已丧失使用功能或自然灾害发生的毁损等原因而报废清理固定资产产生的利得或损失。“营业外支出”账户借方登记固定资产报废清理产生的净损失；“营业外收入”账户贷方登记固定资产报废清理产生的净收益。期末应将账户余额转入“本年利润”账户，结转后账户期末余额为零。

三、固定资产的初始计量

2016 年 5 月 1 日，我国将建筑业、房地产业、金融业、生活服务业 4 个行业全部纳入营改增范围，自此，原营业税纳税人全部改征增值税。其中，建筑业适用 9%（2019 年 4 月 1 日起执行）的税率。房屋、建筑物等不动产，属于 2016 年 4 月 30 日前取得的或发生的不动产及在建工程，凡选择简易计税方法的，2016 年 5 月 1 日后其增值税进项税额不能从销项税额中扣除，而是计入所购的资产成本中；属于 2016 年 5 月 1 日后取得的并在会计制度上按固定资产核算的不动产及发生的在建工程，其增值税进项税额可以从销项税额中抵扣。取得的不动产，包括以直接购买、接受捐赠、接受投资入股以及抵债等各种形式取得的不动产；不动产在建工程，包括新建、改建、扩建、修缮、装饰不动产。

施工企业2016年5月1日后购进货物和设计服务、建筑服务，用于新建不动产，或者用于改建、扩建、修缮、装饰不动产并增加不动产原值超过50%的，其进项税额可以从销项税额中抵扣。其中，不动产原值，是指取得不动产时的购置原价或作价。

施工企业固定资产初始计量的基本原则是按成本入账。其中，成本包括企业为购建某项固定资产达到预定可使用状态前所发生的一切合理的、必要的支出。但由于固定资产的取得方式不同，其价值构成的具体内容也有所不同，下面就不同的取得方式予以阐述。

（一）外购的固定资产

外购的固定资产，按照实际支付的买价、相关税费以及为使固定资产达到预定可使用状态前所发生的可直接归属于该资产的其他支出，如场地整理费、运输费、装卸费、安装费、专业人员服务费和相关税费（不含允许抵扣的增值税进项税额）等作为入账价值。如果以一笔款项购入多项没有单独标价的固定资产，按各项固定资产公允价值的比例对总成本进行分配，分别确定各项固定资产的入账价值。购买固定资产的价款超过正常信用条件延期支付，实质上具有融资性质，固定资产的成本要以购买价款的现值为基础来确定。实际支付的价款与购买价款现值之间的差额，除满足借款费用资本化条件应当计入固定资产成本外，还应当在信用期间计入当期损益。

（1）购入不需要安装的固定资产，是指购入的固定资产可以直接交付使用。在会计核算上，如果购入的是新的固定资产，则按其实际支出直接记入“固定资产”账户；如果购入的是已使用过的固定资产，则应按售出单位的固定资产账面原价作为固定资产原价，按实际支付的价款作为固定资产净值，将二者差额作为已提折旧。如果实际支付的价款大于售出单位的固定资产账面原价，则以实际支付的价款作为购入固定资产的原价。

（2）购入需要安装的固定资产，是指购入的固定资产需要经过安装以后才能交付使用。在会计核算上，企业购入的固定资产以及发生的安装费用等均应通过“在建工程”账户核算，待安装完毕交付使用时再由“在建工程”账户转入“固定资产”账户；如果购入的是已使用过的固定资产，则应按售出单位的固定资产账面原价扣除原安装成本，加上新安装成本和运杂费等其他支出，作为固定资产原价，实际支付的价款作为固定资产净值，将二者之间的差额作为已提折旧。

例8-1

2×18年6月，某施工企业（增值税一般纳税人）购入一台不需要安装的生产设备，取得的增值税专用发票上注明的设备金额为510 000元，运杂费为9 000元，增值税税额为67 470元，发票已通过认证，所有价款费用已全部通过银行存款支付。做如下会计分录：

借：固定资产——生产设备　　519 000

　　应交税费——应交增值税（进项税额）　　67 470

贷：银行存款　　586 470

例 8-2

2×18 年 7 月，某施工企业（增值税一般纳税人）购入已使用过的不需要安装的生产设备一台，购入时设备的账面原价为 800 000 元，已计提的折旧为 500 000 元，实际支付的价款为 240 000 元，增值税税额为 31 200（增值税税率为 13%）运杂费为 30 000 元，增值税税额为 2 700（增值税税率为 9%）已全部通过银行存款支付。做如下会计分录：

借：固定资产——运输设备　　800 000
　　应交税费——应交增值税（进项税额）（240 000×13%+30 000×9%）
　　　　33 900
　贷：累计折旧　　560 000
　　　银行存款　　273 900

例 8-3

2×18 年 7 月初，某施工企业（增值税一般纳税人）购入一台施工机械，取得的增值税专用发票上注明的设备金额为 1 500 000 元，运杂费为 16 000 元，增值税税额为 197 080 元；安装费为 60 000 元（安装工程增值税税率为 9%），增值税税额为 5 400 元，发票已通过认证，所有价款费用已全部通过银行存款支付，该施工机械现已达到预定可使用状态。做如下会计分录：

（1）购入时：

借：在建工程——在安装设备　　1 516 000
　　应交税费——应交增值税（进项税额）　　197 080
　贷：银行存款　　1 713 080

（2）支付安装费时：

借：在建工程——在安装设备　　60 000
　　应交税费——应交增值税（进项税额）　　5 400
　贷：银行存款　　65 400

（3）达到预定可使用状态时：

借：固定资产　　1 576 000
　贷：在建工程——在安装设备　　1 576 000

例 8-4

2×18 年 6 月，某施工企业（增值税一般纳税人）从 A 公司购入一幢办公楼，取得的增值税专用发票上注明的金额为 300 000 000 元，增值税税额为 27 000 000 元，发票已通过认证，全部价款已通过银行存款支付。做如下会计分录：

借：固定资产——办公楼　　300 000 000
　　应交税费——待抵扣进项税额　　27 000 000
　贷：银行存款　　327 000 000

（二）自行建造的固定资产

自行建造的固定资产，是指施工企业为了新建、改建、扩建固定资产或对固定资产进行技术改造、设备更新而由其自营建造或出包建造固定资产的一种经济业务。自行建造的固定资产按施工方式的不同可分为自营建造和出包建造两种。

1. 自营建造的固定资产

企业自营建造的固定资产，应当按照建造该项固定资产达到预定可使用状态前所发生的必要支出，包括工程用物资成本、人工成本、应予以资本化的固定资产借款费用、缴纳的相关税金以及应分摊的其他间接费用等确定其工程成本，并单独核算。工程项目较多且工程支出较大的企业，应当按照工程项目的性质分别核算。

【特别提示】纳税人自行建造固定资产或不动产及不动产在建工程的行为，不征收增值税。

工程达到预定可使用状态后，按其发生的实际成本结转企业的固定资产成本。工程完工后，剩余的工程物资转作原材料的，应按其实际成本或计划成本进行结转。盘盈、盘亏、报废及毁损的工程物资减去残料价值以及保险公司、过失人赔偿后的净损益，分别按以下情况处理：如果工程项目正在建设中，计入或冲减所建工程项目的成本；如果工程项目已经完工，计入当期损益。工程达到预定可使用状态前因必须进行试运转所发生的净支出，计入工程成本。所建造的固定资产已达到预定可使用状态，但尚未办理竣工决算的，应当自达到预定可使用状态之日起，根据工程预算、造价或者工程实际成本等，按暂估价值转入固定资产成本，并按有关计提固定资产折旧的规定，计提固定资产折旧。待办理竣工结算手续后再调整原来的暂估价值，但不需要调整原已计提的折旧额。

2. 出包建造的固定资产

企业通过出包工程方式建造的固定资产，按应支付给承包单位的工程价款作为该项固定资产的成本，其成本由建造该项固定资产达到预定可使用状态前所发生的必要支出构成，包括发生的建筑工程支出、安装工程支出以及需分摊计入各固定资产价值的待摊支出。

在会计核算上，企业自行建造固定资产发生的必要支出，应先在“在建工程”账户核算，待工程达到预定可使用状态时，再由“在建工程”账户转入“固定资产”账户。

（三）投资人投入的固定资产

施工企业接受投资人投入的固定资产，在会计核算上，一方面反映企业固定资产的增加；另一方面反映投资人的资本投资额的增加。投资者投入固定资产的成本，应当按照投资合同或协议约定的价值确定，但合同或协议约定价值不公允的除外，如取得增值税进项扣税凭证的，可以抵扣进项税额。另外，单位或者个人以自产、委托加工或购进的固定资产（含不动产）向其他单位或者个体工商户进行投资，应视同销售，也要按相应的税率缴纳增值税。

例 8-5

2×18 年 6 月，甲施工企业（增值税一般纳税人）收到乙公司投资的设备一台，双方协议定价，该设备的账面原价为 1 600 000 元，已提折旧 160 000 元，取得的增值税专用发票上注明的该设备金额为 1 840 000 元，增值税税额为 239 200 元，发票已得到认证。做如下会计分录：

借：固定资产　　　　1 840 000

应交税费——应交增值税（进项税额） 239 200

贷：实收资本 2 079 200

若投资人投入的固定资产需要安装，应先通过“在建工程”账户进行核算，待安装完毕达到预定可使用状态时，再由“在建工程”账户转入“固定资产”账户核算。

（四）改建、扩建或者改良的固定资产

施工企业的固定资产投入使用后，为了适应新技术发展的需要，或者为维护或提高固定资产的使用效率，往往需要对现有固定资产进行改建、扩建或者改良。如果这项支出增强了固定资产获取未来经济利益的能力，提高了固定资产的性能，如延长了固定资产的使用寿命、使产品质量实质性提高或使产品成本实质性降低，即使可能流入企业的经济利益超过了原先的估计，也应将该后续支出计入固定资产的账面价值，其增计金额不应超过该固定资产的可收回金额；否则，应将这些后续支出予以费用化，计入发生当期的损益。施工企业改建、扩建或者改良的固定资产是在原有固定资产基础上进行的。在会计核算上，对改建、扩建过程所发生的有关经济业务，先通过“在建工程”账户核算，待改建、扩建工程完工后，再将新增加的固定资产价值自“在建工程”账户转入“固定资产”账户。

（五）接受捐赠的固定资产

单位或者个体工商户向其他单位或者个人（指个体工商户和其他个人）无偿转让固定资产（含不动产）以及其他个人（自然人）向其他单位或者个人无偿转让不动产（排除有形动产）（用于公益事业或者以社会公众为对象的除外），应视同销售，也要按相应的税率缴纳增值税。企业接受捐赠的固定资产，应按以下规定确定其入账价值：

（1）捐赠方提供了有关发票凭据的，按凭据上标明的金额加上应支付的相关税费，作为入账价值。

（2）捐赠方没有提供有关凭据向其他单位或者个人无偿转让固定资产（含不动产）的，按以下顺序确定其入账价值：

1）同类或类似固定资产存在活跃市场的，按同类或类似固定资产的市场价格估计的金额加上应支付的相关税费作为入账价值。

2）同类或类似固定资产不存在活跃市场的，按该接受捐赠的固定资产的预计未来现金流量现值作为入账价值。

（3）如接受捐赠的是旧的固定资产，按上述方法确定的新固定资产价值减去按该项资产的新旧程度估计的价值损耗后的余额作为入账价值。

施工企业接受捐赠的固定资产按照上述会计规定确定入账价值，借记“固定资产”账户；按接受捐赠金额，贷记“营业外收入”账户。

例 8-6

2×18 年 7 月，甲施工企业（增值税一般纳税人）接受乙单位捐赠的一台设备，按照同类设备的市场价格确认其原价为 1 980 000 元（不含税），不考虑增值税、所得税的影响。做如下会计分录：

借：固定资产 1 980 000

贷：营业外收入 1 980 000

此外，施工企业还可能通过债务重组取得固定资产，以及通过非货币性资产交换换入固定资产等。

对于租入固定资产和盘盈固定资产的核算将在本章第四节和第五节加以介绍。

随堂小测验 8-2

1.【单项选择题】2×18 年 6 月，某施工企业（增值税一般纳税人）购入不需安装的设备一台，取得的增值税专用发票上注明的设备金额为 2 000 000 元，运杂费为 60 000 元，增值税税额为 267 800 元，发票已得到认证，所有价款费用已通过银行存款支付。该设备的成本为（　　）元。

A. 2 327 800　　B. 2 060 000　　C. 2 267 800　　D. 2 000 000

2.【单项选择题】企业接受投资者投入的一项固定资产，其入账价值应为（　　）。

A. 公允价值　　B. 投资方的账面原值

C. 合同约定的价值　　D. 投资方的账面价值

3.【多项选择题】下列项目中，构成固定资产入账价值的有（　　）。

A. 购买设备发生的运杂费

B. 自行建造固定资产达到预定可使用状态前发生的必要支出

C. 外购固定资产支付的增值税

D. 改建、扩建办公楼应负担的材料费

4【多项选择题】下列各项中，属于施工企业固定资产取得方式的有（　　）。

A. 融资租入的固定资产　　B. 自行建造完工的固定资产

C. 企业购入的固定资产　　D. 投资人投资转入的固定资产

5.【判断题】外购的固定资产，按照实际支付的买价、相关税费以及为使固定资产达到预定可使用状态前所发生的可直接归属于该资产的其他支出作为入账价值。（　　）

6.【判断题】“以前年度损益调整”账户核算施工企业在清查财产过程中查明的各种固定资产盘盈盘亏的价值。（　　）

第三节　固定资产折旧和修理的核算

一、固定资产折旧核算的内容

施工企业的固定资产可以长期参加施工生产过程并保持其原有的实物形态，而其价值则随着固定资产的使用逐渐、部分地转移到工程成本或企业的期间费用中，这部分逐渐转移的价值就是固定资产折旧，它将随着产品销售收入的实现而得到补偿。

（一）固定资产计提折旧的范围

确定固定资产折旧的范围，就是要确定哪些固定资产应当计提折旧，哪些固定资产不计提折旧，什么时间计提折旧。

计提折旧的固定资产，包括房屋及建筑物，在用的施工机械、运输设备、生产设备、仪器仪表、工具器具，季节性停用、大修理停用的固定资产，租赁方式租入和经营租赁方式租出的固定资产，未使用和不需用的固定资产。

不计提折旧的固定资产，包括已提足折旧仍继续使用的固定资产，按照规定单独估价作为固定资产入账的土地。

在会计实务中，企业一般应按月计提固定资产折旧。当月增加的固定资产，当月不计提折旧，从下月起计提折旧。当月减少的固定资产，当月照提折旧，从下月起停止计提折旧。提前报废的固定资产，不补提折旧，其净损失计入营业外支出。固定资产提足折旧后，不论能否继续使用，均不再提取折旧。已达到预定可使用状态但尚未办理竣工决算的固定资产，应当按照估计价值确定其成本并计提折旧，待办理竣工决算后再按实际成本调整原来的暂估价值，但不需要调整原已计提的折旧额。其中，提足折旧是指已经提足该项固定资产的应计折旧总额。应计折旧总额是指应当计提折旧的固定资产原价扣除其预计净残值后的余额，如果已对固定资产计提减值准备，还应当扣除已计提的固定资产减值准备累计金额。

（二）影响固定资产折旧的因素

影响固定资产折旧的因素主要有三个方面，即折旧的基数、固定资产的预计净残值和预计使用年限。

1. 折旧的基数

计算固定资产折旧的基数一般为取得固定资产的原始成本，即固定资产的账面原价。

2. 预计净残值

预计净残值是指假定固定资产预计使用寿命已满并处于使用寿命终了时的预期状态，企业从该项资产处置中获得的扣除预计处置费用后的金额。

3. 预计使用年限

预计使用年限是指企业使用固定资产的预计期间。固定资产使用年限的长短直接影响各期应计提的折旧数额。固定资产有两种使用年限：一是物质年限；二是经济年限。在预计使用年限时要综合考虑物质年限和经济年限。

施工企业应当根据固定资产的性质和消耗方式，合理地确定固定资产的预计使用寿命和预计净残值，并根据科技发展、环境及其他因素，选择合理的固定资产折旧方法，按照管理权限，经股东大会、董事会、经理（厂长）会议或类似机构批准，作为计提折旧的依据。同时，按照法律、行政法规的规定报送有关各方备案，并备置于企业所在地，以供投资者等有关各方查阅。企业已经确定并对外报送或备置于企业所在地的有关固定资产预计使用年限和预计净残值、折旧方法等，一经确定不得随意变更，如需变更，仍然应当按照上述程序，经批准后报送有关各方备案，并在财务报表附注中予以说明。

二、固定资产折旧的计算方法

固定资产折旧的计算方法是指将应计折旧总额分摊于各使用期间的方法。按照企业会计准则的规定，企业应当根据与固定资产有关的经济利益的预期实现方式，合理选择固定资产折旧方法。施工企业计提固定资产折旧，一般采用平均年限法和工作量法。对于技术进步较快或使用寿命受工作环境影响较大的施工机械和运输设备，可以采用双倍余额递减法或年数总和法计提折旧。固定资产的折旧方法一经确定，不得随意变更。

（一）平均年限法

平均年限法又称直线法，是指将固定资产的应计折旧额平均地分摊到固定资产预计使用寿命内的一种方法。采用这种方法计算的每期（年、月）折旧额都是相等的。其计算公式如下：

$$固定资产年折旧率=\frac{固定资产年折旧额}{固定资产原价}\times 100\%$$

或

$$=\frac{1-预计净残值率}{预计使用年限}\times 100\%$$

$$固定资产月折旧率=固定资产年折旧率\div 12$$

$$固定资产月折旧额=固定资产原值\times 固定资产月折旧率$$

（二）工作量法

工作量法是按照固定资产预计可完成的工作量计算应计提的折旧额的一种方法。其基本计算公式如下：

$$单位工作量折旧额=\frac{固定资产原值}{(1-预计净残值率)\times 预计总工作量}$$

$$某项固定资产月折旧额=该项固定资产当月工作量\times 单位工作量折旧额$$

由于固定资产完成的工作量可以用多种方式表示，因此，工作量法也有很多种。施工企业常用的有以下两种方法。

1. 行驶里程法

它是按照平均行驶里程计算折旧的方法，适用于车辆、船舶等运输设备计提折旧。其计算公式如下：

$$单位里程折旧额=\frac{固定资产原值\times(1-预计净残值率)}{总行驶里程}$$

$$某项固定资产月折旧额=该项固定资产当月行驶里程\times 单位里程折旧额$$

2. 工作小时法

它是按照平均工作小时数计算折旧的方法，适用于机器、设备等计提折旧。其计算公式如下：

$$每工作小时折旧额=\frac{固定资产原值\times(1-预计净残值率)}{总工作小时}$$

$$某项固定资产月折旧额=该项固定资产当月工作小时\times 每工作小时折旧额$$

例8-7

某施工企业的车队有货车一辆，原值为480 000元，规定在使用期内行驶30万千米，预计净残值率为4%，本月行驶了4 000千米。计算结果如下：

单位里程折旧额＝480 000×(1－4%)÷300 000＝1.536(元)

本月折旧额＝4 000×1.536＝6 144(元)

(三) 双倍余额递减法

双倍余额递减法是指在不考虑固定资产预计净残值的情况下，根据每期期初固定资产原价减去累计折旧后的金额和双倍的直线法折旧率计算固定资产折旧的一种方法。采用这种方法，固定资产账面价值随着折旧的计提逐年减少，而折旧率不变，因此，各期计提的折旧额必然逐年减少。其计算公式如下：

固定资产年折旧率＝2÷预计使用年限×100%

固定资产月折旧率＝固定资产年折旧率÷12

固定资产月折旧额＝每月月初固定资产账面净值×固定资产月折旧率

【特别提示】由于双倍余额递减法没有考虑固定资产的预计净残值，所以不能使固定资产净值小于它的预计净残值。通常的做法是在折旧期最后两年内采用直线法，将固定资产净值减去预计净残值的余额平均摊销。

例8-8

2×18年年末，某施工企业购入某项设备，该设备的原值为200 000元，预计使用5年，预计净残值为4 000元。采用双倍余额递减法计算折旧，各年应计提的折旧额如表8-1所示。

表8-1 采用双倍余额递减法应计提的各年折旧额 金额单位：元

年份	固定资产年初净值 ①	年折旧率（%） ②	年折旧额 ③＝①×②	累计折旧额 ④	固定资产年末净值 ⑤＝①－③
1	200 000	40	80 000	80 000	120 000
2	120 000	40	48 000	128 000	72 000
3	72 000	40	28 800	156 800	43 200
4	43 200		19 600	176 400	23 600
5	23 600		19 600	196 000	4 000

注：(1) 折旧率＝2÷5×100%＝40%；

(2) 第4年和第5年的折旧额＝(43 200－4000)÷2＝19 600(元)。

(四) 年数总和法

年数总和法是指将固定资产的原值减去净残值后的余额乘以一个逐年递减的分数，从而计算每年折旧额的一种方法。逐年递减分数的分子为该项固定资产年初时尚可使用的年数，分母为该项固定资产使用年数的逐年数字总和，假设使用年限为N年，分母即$1+2+3+\cdots+N=N(N+1)\div 2$。这个分数逐年递减为一个变数，而作为计提折旧依据的固定资产原值和净残值各年相同，因此，采用年数总和法计提折旧，各年提取的折旧额必然逐年递减。其计算公式如下：

固定资产年折旧率＝尚可使用年数÷预计使用年数总和×100%
固定资产月折旧率＝固定资产年折旧率÷12
固定资产月折旧额＝(固定资产原值－预计净残值)×月折旧率

例 8－9

接例 8－8，采用年数总和法计算的各年折旧额如表 8－2 所示。

表 8－2　采用年数总和法计算的各年折旧额　　金额单位：元

年份	尚可使用年限 ①	原值－净残值 ②	年折旧率 ③	年折旧额 ④＝②×③	累计折旧额 ⑤
1	5	196 000	$\frac{5}{15}$	65 333.34	65 333.34
2	4	196 000	$\frac{4}{15}$	52 266.66	117 600
3	3	196 000	$\frac{3}{15}$	39 200	156 800
4	2	196 000	$\frac{2}{15}$	26 133.34	182 933.34
5	1	196 000	$\frac{1}{15}$	1 366.66	196 000

注：年数总和＝5×(5＋1)÷2＝15。

在上述几种固定资产计提折旧的方法中，双倍余额递减法和年数总和法属于加速计提折旧的方法。施工企业可以根据具体情况选用折旧方法，折旧方法一经确定，不得随意变更。企业至少应当于每年年度终了，对固定资产的使用寿命、预计净残值和折旧方法进行复核。固定资产使用寿命、预计净残值和折旧方法的改变应当作为会计估计变更，按照《企业会计准则第 28 号——会计政策、会计估计变更和差错更正》的规定进行会计处理。

三、固定资产折旧核算的会计处理

对固定资产计提折旧的过程，实质上就是固定资产的价值转移过程。企业按月计提的固定资产折旧应通过“累计折旧”账户核算，并根据用途计入相关资产的成本或当期损益。“累计折旧”账户只进行总分类核算，不进行明细分类核算。当需要查明某项固定资产的已提折旧时，可以根据固定资产卡片上所记载的该项固定资产原价、折旧率和实际使用年数等资料进行计算。

在实际工作中，为了便于计算固定资产折旧和进行固定资产的总分类核算，企业应根据有关固定资产使用的原始记录和其他有关资料，按月编制固定资产折旧计算及分配表作为计算和分配折旧费的依据。

例 8－10

2×18 年某施工企业某月编制的固定资产折旧计算及分配表如表 8－3 所示。

表 8-3　固定资产折旧计算及分配表　　金额单位：元

固定资产类别	固定资产原价	月折旧率（%）	月折旧额	按使用对象分配			
				工程施工	机械作业	管理费用	其他业务成本
房屋及建筑物	1 600 000	30	4 800	2 800		2 000	
运输设备	1 000 000	80	8 000	6 400		1 600	
施工机械	880 000	50	4 400		4 400		
其他固定资产	200 000	60	1 200			800	400
合计	3 680 000	—	18 400	9 200	4 400	4 400	400

根据表 8-3 的资料，做如下会计分录：

借：合同履约成本——工程施工　　9 200
　　机械作业　　4 400
　　管理费用　　4 400
　　其他业务成本　　400
　贷：累计折旧　　18 400

四、固定资产修理的核算及会计处理

固定资产在使用过程中，由于各组成部分耐用程度不同或者使用的条件不同，往往会发生固定资产的局部损坏。为了维护固定资产的正常运转和使用，充分发挥其使用效能，必须对固定资产进行必要的修理。施工企业固定资产的修理按其修理范围的大小和修理时间间隔的长短可以分为经常性修理和大修理。

固定资产的经常性修理也叫中小修理，是指为了保持固定资产正常工作所进行的日常维护和修缮工作，如设备的局部检修、个别零件的更换、排除障碍和清洗设备，以及房屋、建筑物的局部修缮等。固定资产的经常性修理，修理范围小，费用支出少，在整个使用期间修理的次数比较多，每次修理的间隔时间较短。

固定资产的大修理属于固定资产的局部更新，如机器设备主要部件、配件的更换，房屋、建筑物的翻修等。固定资产大修理的范围大、费用支出多，在整个使用期间修理的次数少，每次修理的间隔时间长。

企业发生的固定资产大修理支出属于维护性支出，不符合资本化的条件，应在发生时直接计入当期损益。

[**特别提示**] 施工企业对固定资产进行修理，如果是接受外部维修，涉及增值税进项税额抵扣问题，尤其是纳税人 2016 年 5 月 1 日后购进货物和设计服务、建筑服务，用于新建不动产，或者用于改建、扩建、修缮、装饰不动产并增加不动产原值超过 50%的，其进项税额依照有关规定从销项税额中抵扣。不动产原值，是指取得不动产时的购置原价或作价。

例 8-11

2×18 年 6 月，某施工企业自行对一台设备进行大修理，支付修理费 160 000

元（不考虑增值税），支付人员工资 2 400 元，领用原材料 3 000 元。做如下会计分录：

借：合同履约成本——工程施工　　165 400
　贷：银行存款　　160 000
　　　应付职工薪酬　　2 400
　　　原材料　　3 000

例 8-12

2×18 年 6 月，某施工企业行政管理部门使用的一台打印机发生故障并进行维修，增值税专用发票上注明修理费金额为 1 800 元，增值税税额为 234 元，取得的增值税专用发票已得到认证，款项已通过银行支付。做如下会计分录：

借：管理费用　　1 800
　　应交税费——应交增值税（进项税额）　　234
　贷：银行存款　　2 034

随堂小测验 8-3

1.【单项选择题】下列各项固定资产中，不应计提折旧的是（　　）。

A. 季节性停用的固定资产

B. 按规定单独估价作为固定资产入账的土地

C. 不需用的设备

D. 以经营租赁方式租出的电脑

2.【单项选择题】某施工企业管理部门的车辆进行经常性修理，支付修理费 5 000 元，用银行存款支付，其借方应记入的账户是（　　）。

A. “管理费用”　B. “固定资产”　C. “在建工程”　D. “制造费用”

3.【多项选择题】双倍余额递减法和年数总和法是两种计算折旧的方法，其共同点包括（　　）。

A. 每期折旧率是固定的　B. 一经确定，不得随意变更

C. 前期的折旧高，后期的折旧低　D. 都不考虑残值

4.【多项选择题】下列各项固定资产中，应计提折旧的是（　　）。

A. 大修理的固定资产　B. 当月增加的固定资产

C. 季节性停用的固定资产　D. 当月减少的固定资产

5.【判断题】固定资产在提取折旧时，当月增加的固定资产提取折旧，当月减少的固定资产不计提折旧。（　　）

6.【判断题】企业对经营租入的固定资产和融资租入的固定资产均应按照使用权资产计提折旧。（　　）

第四节　固定资产减值和租赁的核算

一、固定资产减值的核算

企业经营环境的变化和科学技术的进步，或者企业经营管理不善等，往往导致固

定资产创造未来经济利益的能力大大下降，从而发生固定资产减值。固定资产减值是指固定资产的可收回金额低于其账面价值。其中，固定资产可收回金额是指资产的销售净价与预期从该资产的持续使用和使用寿命结束时的处置中形成的现金流量的现值两者中的较高者。销售净价是指资产的销售价格减去处置资产所发生的相关税费后的余额。

（一）固定资产减值的判断

施工企业应当在期末或者至少在每年年度终了，对固定资产逐项进行检查。根据《企业会计准则第 8 号——资产减值》判断其是否存在减值迹象，若存在减值迹象的，应计算其可收回金额，确认发生的减值损失。

（二）确认固定资产减值损失的步骤

企业确认固定资产减值损失一般需要经过以下四个步骤：

（1）根据固定资产发生减值的迹象，判断固定资产发生减值。

（2）计算确定固定资产可收回金额。

（3）比较固定资产账面价值与可收回金额。固定资产可收回金额低于账面价值的，应当将可收回金额低于其账面价值的差额作为固定资产减值准备。

（4）进行账务处理。计提的固定资产减值准备，借记“资产减值损失”账户，贷记“固定资产减值准备”账户。如果当期应计提的固定资产减值准备金额高于已计提的固定资产减值准备的账面余额，企业应按其差额补提减值准备，借记“资产减值损失”账户，贷记“固定资产减值准备”账户。固定资产减值准备一经计提，不得转回。

例 8-13

2×18 年年末，某施工企业某项设备的账面余额为 3 600 000 元，已提折旧 900 000 元。经过测试，该项设备由于技术进步等原因，预计可收回金额为 2 400 000 元。因此，应确认的减值损失为 300 000 元。做如下会计分录：

借：资产减值损失——固定资产减值损失　　300 000

　　贷：固定资产减值准备　　300 000

（三）确认减值损失后计提固定资产折旧

固定资产计提减值准备后，企业应当重新复核固定资产的折旧方法、预计使用寿命和预计净残值，在未来计提折旧时，应当以新的固定资产账面价值为基础计提每期折旧。

例 8-14

2×18 年 6 月 1 日，某施工企业为管理部门购买了一台不需要安装的设备，该设备入账价值为 320 000 元，预计使用寿命为 8 年，预计净残值为零，采用直线法计提折旧。至 2×18 年年末，该设备账面价值为 300 000 元，对该项设备进行检查后，估计其可收回金额为 210 000 元。减值测试后，该设备的折旧方法、预计使用寿命和净残值均不变。

该施工企业 2×19 年应计提折旧＝210 000÷7.5＝28 000(元)

做如下会计分录：

借：管理费用　28 000

　贷：累计折旧　28 000

二、固定资产租赁的核算及其会计处理

施工企业在生产经营过程中，有时会将某些多余或暂时闲置的固定资产出租给其他单位使用，有时也会向其他单位租入固定资产。固定资产的租出和租入业务统称为固定资产租赁业务。

租赁，是指在一定期间内，出租人将资产的使用权让与承租人以获取对价的合同。

施工企业的固定资产租赁业务在满足《企业会计准则第 21 号——租赁》规定的确认标准的情况下，应确认相关的收入和成本、资产和负债。

（一）租出固定资产核算的内容

施工企业将不需用或闲置的固定资产出租给其他单位，应当在租赁开始日将租赁分为融资租赁和经营租赁。

1. 融资租赁

施工企业实质上转移了与租赁资产所有权有关的几乎全部风险和报酬，出租人应当将该项租赁分类为融资租赁。在租赁期开始日，出租人应当对融资租赁确认应收融资租赁款，并终止确认融资租赁资产。

出租人对应收融资租赁款进行初始计量时，应当以租赁投资净额作为应收融资租赁款的入账价值。租赁投资净额为未担保余值和租赁期开始日尚未收到的租赁收款额按照租赁内含利率折现的现值之和。出租人应当按照固定的周期性利率计算并确认租赁期内各个期间的利息收入。

2. 经营性租赁

施工企业仅仅出让了固定资产的使用权，所有权仍归企业，出租人应当将该项租赁分类为经营租赁。企业出租固定资产的账面原价不动，照常计提固定资产折旧，但企业应单独设置租出固定资产登记簿来详细记录出租固定资产的有关资料。企业出租固定资产应按照合同的规定收取租金，租金收入计入其他业务收入，租出固定资产按期计提的折旧费计入其他业务成本。

例 8-15

2×18 年 6 月 8 日，甲施工企业将暂时闲置的一台机器（2016 年 5 月 1 日后取得）出租给乙公司，根据租赁合同的规定，乙公司需按月支付租金。该设备原价 1 500 000 元，月折旧率为 0.50%，适用的增值税税率为 13%，开具的增值税专用发票上注明的月租金金额为 18 000 元，增值税税额为 2 340 元。做如下会计分录：

（1）各月收到租金时：

借：银行存款　20 340

　贷：其他业务收入　18 000

　　　应交税费——应交增值税（销项税额）　2 340

（2）各月计提折旧时：

借：其他业务成本　　7 500
　贷：累计折旧　　7 500

（二）租入固定资产核算的内容

施工企业根据自身生产经营需求租入的固定资产，依据2018年12月7日颁布的2019年1月1日实施的新《企业会计准则第21号——租赁》，对所租赁（选择简化处理的短期租赁和低价值资产租赁除外）的固定资产确认使用权资产和租赁负债，并分别确认折旧和利息费用。其中，短期租赁，是指在租赁期开始日，租赁期不超过12个月的租赁。包含购买选择权的租赁不属于短期租赁。

低价值资产租赁，是指单项租赁资产为全新资产时价值较低的租赁。低价值资产租赁的判定仅与资产的绝对价值有关，不受承租人规模、性质或其他情况影响。低价值资产租赁还应当符合《企业会计准则第21号——租赁》第十条的规定。承租人转租或预期转租租赁资产的，原租赁不属于低价值资产租赁。

对于短期租赁和低价值资产租赁，承租人可以选择不确认使用权资产和租赁负债。作出该选择的，承租人应当将短期租赁和低价值资产租赁的租赁付款额，在租赁期内各个期间按照直线法或其他系统合理的方法计入相关资产成本或当期损益。其他系统合理的方法能够更好地反映承租人的受益模式的，承租人应当采用该方法。

选择简化处理的短期租赁和低价值资产租赁除外的租赁承租人的会计处理如下：

1. *初始计量*

使用权资产，是指承租人可在租赁期内使用租赁资产的权利。使用权资产应当按照成本进行初始计量。该成本包括：

（1）租赁负债的初始计量金额。

（2）在租赁期开始日或之前支付的租赁付款额，存在租赁激励的，扣除已享受的租赁激励相关金额。租赁激励是指出租人为达成租赁向承租人提供的优惠，包括出租人向承租人支付的与租赁有关的款项、出租人为承租人偿付或承担的成本等。

（3）承租人发生的初始直接费用。初始直接费用指为达成租赁所发生的增量成本。

（4）承租人为拆卸及移除租赁资产、复原租赁资产所在场地或将租赁资产恢复至租赁条款约定状态预计将发生的成本。

租赁负债应当按照租赁期开始日尚未支付的租赁付款额的现值进行初始计量。在计算租赁付款额的现值时，承租人应当采用租赁内含利率作为折现率；无法确定租赁内含利率的，应当采用承租人增量借款利率作为折现率。

租赁付款额，是指承租人向出租人支付的与在租赁期内使用租赁资产的权利相关的款项，包括：

（1）固定付款额及实质固定付款额。存在租赁激励的，扣除租赁激励相关金额。实质固定付款额指在形式上可能包含变量但实质上无法避免的付款额。

（2）取决于指数或比率的可变租赁付款额。该款项在初始计量时根据租赁期开始日的指数或比率确定。可变租赁付款额指承租人为取得在租赁期内使用租赁资产的权利，向出租人支付的因租赁期开始日后的事实或情况发生变化（而非时间推移）而变动的款项。取决于指数或比率的可变租赁付款额包括与消费者价格指数挂钩的款项、与基准利率挂钩的款项和为反映市场租金费率变化而变动的款项等。

（3）购买选择权的行权价格。其前提是承租人合理确定将行使该选择权。

（4）行使终止租赁选择权需支付的款项。其前提是租赁期反映出承租人将行使终止租赁选择权。

（5）根据承租人提供的担保余值（指与出租人无关的一方向出租人提供担保，保证在租赁结束时租赁资产的价值至少为某指定的金额）预计应支付的款项。

2. 后续计量

承租人能够合理确定租赁期届满时取得租赁资产所有权的，应当在租赁资产剩余使用寿命内计提折旧。无法合理确定租赁期届满时能够取得租赁资产所有权的，应当在租赁期与租赁资产剩余使用寿命两者孰短的期间内计提折旧，参照《企业会计准则第 4 号——固定资产》有关折旧的规定，对使用权资产计提折旧。

根据《企业会计准则第 8 号——资产减值》判断使用权资产是否存在减值迹象，若存在减值迹象的，应计算其可收回金额，并对已识别的减值损失进行会计处理。

承租人应当按照固定的周期性利率计算租赁负债在租赁期内各期间的利息费用，并计入当期损益。按照《企业会计准则第 17 号——借款费用》的规定应当计入相关资产成本的，从其规定。

例 8-16

2×19 年 1 月 1 日，某施工企业因施工项目生产经营需要租入一台施工设备，租赁期为 3 年，每年租金为 10 万元（不含增值税），内含利率为 6%（不考虑增值税进项问题）。租赁使用权资产折旧选择直线法。该施工企业每年利息支出及租赁负债如表 8-4 所示。

表 8-4

年份	年租金	利息支出（内含利率 6%）	租赁负债
起租日	—	—	267 301.19
2019.1.1—12.31	100 000	16 038.07 $(100\,000\div(1+6\%)^3)$	83 961.93
2020.1.1—12.31	100 000	11 000.36 $(100\,000\div(1+6\%)^2)$	88 999.64
2021.1.1—12.31	100 000	5 660.38 $(100\,000\div(1+6\%))$	94 339.62

做如下会计分录：

（1）2×19 年 1 月 1 日确认使用权资产、租赁负债。

借：固定资产——使用权资产——施工设备　　267 301.19

　贷：长期应付款——租赁负债　　267 301.19

（2）计提 2×19 年折旧费。

借：合同履约成本——工程施工(267 301.19÷3)　　89 100.43

　贷：累计折旧——使用权资产折旧——施工设备　　89 100.43

（3）计算 2×19 年利息费用。

借：合同履约成本——工程施工——利息务费用　　16 038.07

　贷：长期应付款——租赁负债　　16 038.07

（4）支付 2×19 年租金。

借：长期应付款——租赁负债　　100 000

　贷：银行存款　　100 000

以后年份会计处理同上。

随堂小测验 8-4

1.【单项选择题】下列有关固定资产会计处理的表述中，正确的是（　　）。

A. 施工企业应当在期末计算固定资产的可收回金额，若可收回金额低于账面价值，按其差额计提减值准备

B. 施工企业不应当对经营性租入的固定资产计提折旧

C. 施工企业出租固定资产收取的租金，计入主营业务收入

D. 施工企业计提的固定资产减值准备，借记“固定资产减值准备”账户，贷记“资产减值损失”账户

2.【单项选择题】下列各项中，不会引起固定资产账面价值变化的是（　　）。

A. 计提固定资产减值准备　　B. 计提固定资产折旧

C. 固定资产日常维修　　D. 固定资产改建、扩建

3.【多项选择题】下列关于固定资产租赁的表述中正确的有（　　）。

A. 施工企业应当对租入的固定资产确认使用权资产和租赁负债

B. 融资性租赁转移了与资产所有权有关的全部风险和报酬

C. 经营性租入的固定资产需要计提折旧

D. 融资性租入的固定资产需要计提折旧

4.【多项选择题】下列关于固定资产的表述中正确的有（　　）。

A. 经营性租出的固定资产需要计提折旧

B. 经营性租入的固定资产需要计提折旧

C. 计提固定资产减值准备会引起固定资产账面价值变化

D. 融资性租入的固定资产需要计提折旧

5.【判断题】固定资产计提减值准备后，在以后期间若影响减值的因素已消除，则计提的减值准备可以转回。（　　）

6.【判断题】企业对融资性租入的固定资产应计提折旧。（　　）

第五节　固定资产处置及清查盘点的核算

一、固定资产处置的核算

（一）固定资产处置的原因

施工企业固定资产被处置的原因有多种，如因长期使用而丧失工作能力的正常报废，由于技术进步等发生的提前报废，因遭受自然灾害或非常事故而造成的毁损，将多余不需用或不适用的固定资产出售给其他单位，向其他单位投资转出固定资产，捐赠转出固定资产，发生固定资产盘亏等。不论是何种原因造成的固定资产处置，企业都应当按照规定程序办理手续，填制有关凭证，据以进行账务处理。

（二）固定资产终止确认的条件

《企业会计准则第 4 号——固定资产》规定，固定资产满足下列条件之一的，应当予以终止确认。

（1）该固定资产处于处置状态。固定资产处置包括固定资产的出售、转让、报废或毁损、对外投资、非货币性资产交换、债务重组等。处于处置状态的固定资产不再用于生产商品、提供劳务、出租或经营管理，因此不再符合固定资产的定义，应予终止确认。

（2）该固定资产预期通过使用或处置不能产生经济利益。固定资产的确认条件之一是“与该固定资产有关的经济利益很可能流入企业”，如果一项固定资产预期通过使用或处置不能产生经济利益，就不再符合固定资产的定义和确认条件，应予终止确认。

（三）固定资产处置的步骤

企业出售、转让、报废固定资产或发生固定资产毁损，应当将处置收入扣除账面价值和相关税费后的金额计入当期损益。固定资产处置一般通过“资产处置损益”“固定资产清理”账户进行核算。

企业因出售、报废或毁损、对外投资、非货币性资产交换、债务重组等处置固定资产，应根据不同情况进行会计核算。

（1）企业出售、转让划归为持有待售类别的固定资产，按照持有待售非流动资产、处置组的相关内容进行会计处理。

（2）未划归为持有待售类别而出售、转让的固定资产，其会计处理一般经过以下几个步骤：

第一步，固定资产转入清理，通过“固定资产清理”账户归集所发生的损益，即转销处置固定资产的原价和已提折旧。

第二步，计算处置固定资产发生的清理费用。

第三步，计算处置固定资产的价款收入和残料收入等，比如出售固定资产会涉及的价款收入。

第四步，计算处置固定资产的保险赔偿。

第五步，结转出售固定资产的净收益和净损失，处置固定资产的净损益计入当期损益，即“资产处置损益”账户。

（3）固定资产因报废或毁损等原因而终止确认的，通过“固定资产清理”账户归集所发生的损益，其产生的利得或损失计入营业外收入或营业外支出。

（四）固定资产处置的会计处理

1. 持有待售的固定资产

《企业会计准则第 42 号——持有待售的非流动资产、处置组和终止经营》规定，企业主要通过出售（包括具有商业实质的非货币性资产交换）而非持续使用一项非流动资产或处置组收回其账面价值的，应当将其划分为持有待售类别。非流动资产或处置组划分为持有待售类别，应当同时满足下列条件：

（1）根据类似交易中出售此类资产或处置组的惯例，在当前状况下可立即出售。

（2）出售极可能发生，即企业已经就一项出售计划作出决议且获得确定的购买承诺，预计出售将在一年内完成。有关规定要求企业相关权力机构或者监管部门批准后方可出售的，应当已经获得批准。

企业将固定资产划分为持有待售类别时，需要判断持有待售的固定资产是否需要计提持有待售资产减值准备。如果持有待售的固定资产的账面价值低于其公允价值减去处置费用后的净额，企业不需要对账面价值进行调整；如果账面价值高于其公允价值减去处置费用后的净额，企业应当将账面价值减记至公允价值减去处置费用后的金额，减记的金额确认为资产减值损失，计入当期损益，同时计提持有待售资产减值准备。持有待售的固定资产从划归为持有待售之日起停止计提折旧。

划归持有待售的固定资产后来不再满足持有待售的固定资产确认条件的，企业应当停止将其划归为持有待售类别，并按照下列两项金额中较低者计量：

（1）该固定资产划归为持有待售类别之前的账面价值，按照假定没有划归为持有待售的情况下原应确认的折旧或减值进行调整后的金额；

（2）决定不再出售之日的可收回金额。

例 8－17

甲施工企业有一辆施工机械准备出售，2×17 年 12 月 15 日已与买方签订转让合同，合同规定在合同签订后 3 个月内办理完车辆交接。甲企业估计 2018 年 1 月底会完成转让。此车原值 2 000 000 元，已提折旧 300 000 元。2×17 年 12 月 31 日，估计目前此车的公允价值为 1 500 000 元，预计转让及处置费用为 50 000 元。2×18 年 1 月 30 日，甲企业支出处置费用 50 000 元。2×18 年 1 月 31 日，甲企业完成对买方的资产转让，实际收到价款 1 530 000 元。做如下会计分录：

（1）将固定资产划分为持有待售资产时：

借：持有待售资产	1 700 000	
累计折旧	300 000	
贷：固定资产		2 000 000

（2）计提资产减值损失时：

施工机械公允价值减去处置费用的净额＝1 500 000－50 000＝1 450 000（元）

计提资产减值损失＝1 700 000－1 450 000＝250 000（元）

借：资产减值损失	250 000	
贷：持有待售资产减值准备		250 000

（3）终止确认持有待售资产时：

借：资产处置损益	50 000	
贷：银行存款		50 000
借：银行存款	1 530 000	
持有待售资产减值准备	250 000	
贷：持有待售资产		1 700 000
资产处置损益		80 000

2. 出售、转让的固定资产

从调整经营方针或考虑技术进步等因素的角度出发，为充分发挥固定资产的使用效能，减少不合理的资金占用，企业应将多余不需用和不适用的固定资产及时进行出售或转让。出售或转让过程中转销的原有固定资产的账面净值，发生的拆卸、搬运等清理费用，出售取得的收入，均应通过“固定资产清理”账户核算。产生处置净损失的，借记“资产处置损益”账户，贷记“固定资产清理”账户；如为净收益，借记“固定资产清理”账户，贷记“资产处置损益”账户。

例 8－18

2019年8月，某施工企业（增值税一般纳税人）出售2016年5月1日前购入的设备一台，原价为3 000 000元，已使用8年，已提折旧480 000元，开具的增值税普通发票上注明的出售金额为2 400 000元，增值税税额为46 601.94元，支付处置费用12 000元（不考虑增值税），均已通过银行转账结算。选择按照3%征收率减按2%征收率简易计税方式。做如下会计分录：

（1）转销固定资产的原价和累计折旧时：

借：固定资产清理　　2 520 000
　　累计折旧　　480 000
　贷：固定资产　　3 000 000

（2）支付处置费用时：

借：固定资产清理　　12 000
　贷：银行存款　　12 000

（3）收到出售设备价款时：

借：银行存款　　2 446 601.94
　贷：固定资产清理　　2 400 000
　　应交税费——简易计税或未交增值税(2 400 000÷(1＋3%)×2%)
　　46 601.94

（4）结转出售固定资产净损失时：

借：资产处置损益　　132 000
　贷：固定资产清理　　132 000

3. 报废、毁损的固定资产

企业固定资产报废有两种情况：一是正常报废，包括由于磨损或陈旧，使用期满不能继续使用而报废和由于技术进步而提前报废的固定资产；二是非正常报废，包括由于自然灾害和责任事故造成的固定资产毁损。

【特别提示】固定资产由于管理不善（自然灾害原因除外）报废、毁损，已抵扣的进项税额需要转出。

固定资产报废，一方面由于固定资产退出企业引起企业固定资产的减少；另一方面在清理过程中还会发生一些清理费用，同时，还可能取得一定的变价收入及保险公司、过失人的赔偿。因此，固定资产报废、毁损的会计处理步骤除与出售固定资产的会计处理步骤相同外，如果涉及保险公司、过失人赔偿的，应对其数额进行核算。属于生产经营期间正常报废产生的利得或损失，借记“营业外支出——非流动资产报废”账户，贷记“固定资产清理”账户；属于生产经营期间由于自然灾害等非正常原因造成的，借记“营业外支出——非常损失”账户，贷记“固定资产清理”账户；如为净收益，贷记“营业外收入”账户。

例 8-19

某施工企业的一幢厂房原价为 4 560 000 元，已提折旧 240 000 元，2×18 年 6 月 18 日因发生火灾毁损而报废，经保险公司核定应赔偿损失 2 880 000 元，以银行存款支付清理费用 30 000 元，残料估价为 18 000 元，已入库。做如下会计分录：

（1）转销固定资产的原价和累计折旧时：

借：固定资产清理 4 320 000
　　累计折旧 240 000
　贷：固定资产 4 560 000

（2）核定应由保险公司赔偿损失时：

借：其他应收款 2 880 000
　贷：固定资产清理 2 880 000

（3）支付清理费用时：

借：固定资产清理 30 000
　贷：银行存款 30 000

（4）残料入库时：

借：原材料 18 000
　贷：固定资产清理 18 000

（5）结转固定资产清理净损失时：

借：营业外支出——非常损失 1 452 000
　贷：固定资产清理 1 452 000

二、固定资产清查盘点的核算及其会计处理

为了加强对固定资产的管理，维护企业财产的安全、完整，保证固定资产核算的真实性，掌握固定资产的实有数和质量状况，施工企业应对固定资产定期进行清查盘点，每年至少实地盘点清查一次。在清查过程中，如果发现有盘盈、盘亏、毁损的固定资产，应查明原因，填制固定资产盘盈盘亏报告表，写出书面报告，并根据企业的管理权限，经股东大会、董事会、经理（厂长）会议或类似机构批准后，在期末结账前处理完毕。如盘盈、盘亏或毁损的固定资产，在期末结账前尚未经批准，在对外提供财务会计报告时应按上述规定进行处理，并在财务报表附注中做出说明；如果其后批准处理的金额与已处理的金额不一致，应按其差额调整会计报表相关项目的年初数。

（一）盘盈的固定资产

施工企业对清查中发现的盘盈固定资产，必须进行鉴定，经查明确属本企业所有，应根据盘存凭证填制固定资产交接凭证，为盘盈固定资产设立固定资产卡片，按同类或类似固定资产的市场价格减去按该项固定资产的新旧程度估计的价值损耗后的余额作为前期差错处理。一般情况下，盘盈的固定资产已在清查年度前存在，因此，通过“以前年度损益调整”账户核算，期末转入“利润分配——未分配利润”账户。

(二) 盘亏的固定资产

施工企业对清查中发现的盘亏固定资产，必须认真分析，查明原因，并及时办理固定资产注销手续。企业盘亏的固定资产在按规定程序批准之前，应先作为待处理财产损溢处理，并将固定资产卡片从原来的归类中抽出，单独保管。按规定程序报经批准后再将盘亏固定资产的净损失计入营业外支出。

【特别提示】若由于管理不善造成的固定资产盘亏损失或由兼用改为专用于简易计税、免征增值税项目、集体福利或个人消费项目的，且已抵扣进项税额的固定资产（仅指有形动产）、无形资产或者不动产，发生财税〔2016〕36号文件第二十七条规定情形的（用于简易计税方法计税项目、免征增值税项目、集体福利或者个人消费的购进货物、加工修理修配劳务、服务、无形资产和不动产；非正常损失的不动产，以及该不动产所耗用的购进货物、设计服务和建筑服务；非正常损失的不动产在建工程所耗用的购进货物、设计服务和建筑服务），按照下列公式计算不得抵扣的进项税额，并对不得抵扣的进项税额进行进项税额转出处理，计入固定资产价值中。

不得抵扣的进项税额＝固定资产、无形资产或者不动产净值×适用税率

式中，固定资产、无形资产或者不动产净值，是指纳税人根据会计制度计提折旧或摊销后的余额。

例8－20

2×18年12月31日，某施工企业在财产清查中，盘盈机器设备一台，确定重置完全价值为360 000元，估计已提折旧120 000元，净值为240 000元。做如下会计分录：

（1）盘盈固定资产时：

借：固定资产　360 000
　贷：累计折旧　120 000
　　以前年度损益调整——固定资产盘盈　240 000

（2）期末时：

借：以前年度损益调整——固定资产盘盈　240 000
　贷：利润分配——未分配利润　240 000

例8－21

某施工企业（增值税一般纳税人）在财产清查中发现因管理不善盘亏施工设备一台，原值为330 000元，已提折旧240 000元，按规定程序报经批准后入账。做如下会计分录：

（1）报经批准前：

借：待处理财产损溢——待处理固定资产损溢　90 000
　累计折旧　240 000
　贷：固定资产　330 000

（2）报经批准后：

借：营业外支出——固定资产盘亏　90 000

贷：待处理财产损溢——待处理固定资产损溢　　90 000

随堂小测验 8－5

1.【单项选择题】企业的固定资产在盘盈时，经批准处理后应该通过（　　）账户进行核算。

A.“待处理财产损溢”　　B.“以前年度损益调整”

C.“资本公积”　　D.“营业外收入”

2.【单项选择题】财产清查中，之前购入的一台设备未入账，经报批前正确的会计处理是（　　）。

A. 借：固定资产
　　贷：以前年度损益调整

B. 借：固定资产
　　贷：营业外支付

C. 借：固定资产
　　贷：待处理财产损溢

D. 借：固定资产
　　贷：固定资产清理

3.【多项选择题】关于固定资产的处置，下列说法中正确的有（　　）。

A. 固定资产满足“处于处置状态”条件时，应当予以终止确认

B. 固定资产满足“预期通过使用或处置不能产生经济利益”条件时，应当予以终止确认

C. 企业出售固定资产时，应通过“固定资产清理”账户核算

D. 企业出售、转让、报废固定资产或发生固定资产毁损，应当将处置收入扣除账面价值和相关税费后的金额计入当期损益

4.【多项选择题】下列各项中应记入“固定资产清理”账户贷方的有（　　）。

A. 转入清理的固定资产的净值

B. 转让固定资产的变价收入

C. 结转的清理净收益

D. 盘盈的固定资产价值

5.【判断题】企业处置固定资产，无论何种情况，均应通过“固定资产清理”账户核算。（　　）

6.【判断题】企业盘盈的固定资产应当记入“营业外收入”账户中。（　　）

□ 本章思考题

1. 什么是固定资产？其特征是什么？

2. 固定资产的计价方法有哪些？从不同来源取得的固定资产的入账价值如何确定？

3. 计提固定资产折旧的方法有哪些？影响固定资产折旧的因素有哪些？

4. 加速折旧法主要有哪几种？其折旧额是如何计算的？

5. 租入固定资产与租出固定资产如何进行会计处理？
6. 处置固定资产时，如何进行会计处理？
7. 固定资产清查是如何进行核算的？
8. 固定资产发生减值时，如何进行会计处理？

□ 本章练习题

1. 甲施工企业（增值税一般纳税人）2×18 年发生如下经济业务：

（1）购入需要安装的设备一台，取得的增值税专用发票上注明金额为 66 000 元，运杂费为 1 800 元，增值税税额为 8 814 元；安装费为 3 000 元（安装工程增值税税率为 9%），增值税税额为 270 元。全部款项已通过银行转账支付。在安装过程中，领用材料 3 600 元，发生职工薪酬 2 400 元。该设备已达到预定可使用状态。

（2）接受外单位投资转入的机器设备一台，该机器设备的账面原值为138 000 元，经双方协议定价，取得的增值税专用发票上注明该设备的价款为 114 000 元，增值税税额为 14 820 元。

要求：根据上述经济业务编制有关会计分录（取得的增值税专用发票均已得到认证）。

2. 某施工企业 2×17 年 12 月份发生如下固定资产折旧业务：

（1）运输汽车一辆，原值为 180 000 元，估计净残值率为 5%，预计全部行驶里程为 180 000 千米。2×18 年 1 月该运输汽车行驶 13 500 千米，采用工作量法计算折旧。

（2）管理部门新购入机器设备一台，原值为 50 000 元，预计可使用 4 年，估计净残值率为 4%，采用年数总和法计算折旧。

要求：计算上述固定资产 2×18 年 1 月的折旧额。

第九章 无形资产与其他非流动资产

Chapter 9

学习目标

1. 掌握无形资产的确认和初始计量、后续计量以及无形资产处置的核算内容和相关会计处理，临时设施核算的内容及会计处理。

2. 理解无形资产的概念和内容，企业内部研究开发费用的确认和计量，长期待摊费用核算的内容及会计处理。

3. 了解无形资产的概念、特征及分类，商誉的计量、减值及核算的会计处理。

导入案例

中国建筑集团有限公司（简称中建集团），正式组建于1982年，是我国专业化发展最久、市场化经营最早、一体化程度最高、全球规模最大的投资建设集团，也是我国建筑领域唯一一家由中央直接管理的国有重要骨干企业。

中建集团主要以上市企业中国建筑股份有限公司（简称中国建筑）为平台开展经营管理活动，拥有上市公司7家，二级控股子公司100余家。

中国建筑营业收入平均每12年增长10倍。2018年，公司新签合同额2.63万亿元，营业收入、利润总额在97家中央企业中分别名列第4位、第8位，第13次获得中央企业负责人经营业绩考核A级，位居2018年度《财富》世界500强第23位、《财富》中国500强第3位、全球品牌价值500强第44位，连续获得标普、穆迪、惠誉等国际三大评级机构信用评级A级，为全球建筑行业最高信用评级。

中国建筑2018年年报显示，该公司对无形资产按成本进行初始计量，对于使用寿命有限的资产，在使用寿命内按照与该项无形资产有关的经济利益的预期消耗方式系统合理地摊销，对于使用寿命不确定的资产不摊销，但在每个会计期间对其使用寿命进行复核，并在每个资产负债表日进行资产减值测试。2018年年末，该公司无形资产金额为9 153.4万元，主要包括土地使用权、特许经营权、软件等，其中土地使用权及特许经营权占比相对较大，土地使用权为539 610万元，占比46.54%；特许经营权为

552 843.6 万元，占比 47.68%。无形资产整体较 2017 年增长了 3.31%。

另外，2018 年公司其他非流动资产金额为 4 823 007.7 万元，包含银行理财产品、预缴税金、待抵扣进项税额及其他。

资料来源：根据中国建筑 2018 年年度报告整理而得。

从导入案例可以看出，施工企业无形资产种类众多，各种无形资产由于特征、寿命等不同，计量、摊销和减值方法也会有所不同。那么，中国建筑对无形资产如何分类？采取哪种计量方法和摊销方式？减值测试如何进行？从哪些迹象判断资产是否减值？对其他非流动资产如何进行计量与核算？通过本章的学习，相信你会找到问题的答案。

第一节 无形资产概述

一、无形资产的概念及特征

（一）无形资产的概念和内容

无形资产是指企业拥有或者控制的没有实物形态的可辨认非货币性资产。施工企业的无形资产主要包括专利权、商标权、著作权、自然资源使用权、非专利技术、其他权益性无形资产等。

1. 专利权

专利权，是指国家专利主管机关依法授予发明创造专利申请人，对其发明创造在法定期限内所享有的专有权利，包括发明专利权、实用新型专利权和外观设计专利权。专利权可以由创造发明者申请获得，也可以购买取得，并且专利权给予持有者独家使用或控制某项发明的特殊权利。但专利权并不保证一定能给持有者带来经济利益，有的专利可能无经济价值或具有很小的经济价值，有的专利会被另外更有经济价值的专利所淘汰等。因此，作为企业无形资产予以确认的专利权，必须具备其产生的经济利益很可能流入企业这项基本条件。而某项专利权是否具备这一基本条件，则需要企业实施职业判断，企业的管理部门应对无形资产在预计使用年限内存在的各种因素做出最稳健的估计。

2. 商标权

商标是用来辨认特定的商品或劳务的标记。商标权，是指专门在某类指定的商品或产品上使用特定的名称或图案的权利。商标权包括独占使用权和禁止权两个方面。独占使用权，是指商标权享有人在商标的注册范围内独家使用其商标的权利；禁止权，是指商标权享有人排除和禁止他人对商标独占使用权进行侵犯的权利。商标经过注册登记就获得了国家法律的保护。商标的价值在于它能够使拥有者具有较强的获利能力，如果拥有某一商标名称的产品由于质量好而成为名优产品、畅销产品，则与其他商标的相同产品相比，就可以以更高的价格出售，从而给企业带来较多的利润。经商标局核准注册的商标为注册商标，注册商标的有效期为 10 年，自核准注册之日起计算。注册商标有效期满需要继续使用的，应当在期满前 6 个月内申请续展注册；在此期间未能提出申请的，可以给予 6 个月的宽展期。宽展期满仍未提出申请的，注销其注册商标。每次续展注册的有效期为10年。

能够给企业带来获利能力的商标，常常是通过多年的广告宣传和其他传播商标名称的手段以及客户的信赖而建立起来的。广告费在发生时直接作为期间费用计入当期损益。因此，企业自创商标一般不作为无形资产核算。根据《中华人民共和国商标法》的规定，商标可以转让，但受让人应当保证使用该注册商标的产品质量。

3. 著作权

著作权又称版权，是指作者对其创作的文学、科学和艺术作品依法享有的某些特殊权利。著作权包括精神权利（人身权利）和经济权利（财产权利）两个方面。精神权利，是指作品署名、发表作品、确认作者身份、保护作品的完整性、修改已经发表的作品等权利，包括发表权、作品署名权、修改权和保护作品完整权；经济权利，是指以出版、表演、广播、展览、录制唱片、摄制影片等方式使用作品以及因授权他人使用作品而获得经济利益的权利，包括复制权、发行权、出租权、展览权、表演权、放映权、广播权、信息网络传播权、摄制权、改编权、翻译权、汇编权以及应当由著作权人享有的其他权利。这种专有权除法律另有规定外，未经著作人许可或转让，他人不得占有和行使。作者本人或授权他人以合法方式利用作品而取得物质利益的权利，受法律保护。

4. 自然资源使用权

自然资源使用权，包括土地使用权、海域使用权、探矿权、采矿权、取水权和其他自然资源使用权。

土地使用权，是指国家准许某企业在一定期间内对国有土地享有开发、利用、经营的权利。根据我国法律的规定，中华人民共和国实行土地的全民所有制和劳动群众集体所有制，任何单位和个人不得侵占、买卖或者以其他形式非法转让土地。国有土地可以依法确定给全民所有制单位或者集体所有制单位使用，国有土地和集体所有的土地可以依法确定给个人使用。国有土地和集体所有土地的使用权可以依法转让。

企业取得土地使用权有以下几种情况：一是企业原先通过行政划拨获得土地使用权，但并没有入账，这时就不能作为无形资产进行核算。在将土地使用权有偿转让、出租、抵押、作价入股和投资时，应按规定将补交的土地出让价款予以资本化，作为无形资产入账核算。二是企业根据《中华人民共和国城镇国有土地使用权出让和转让暂行条例》向政府土地管理部门申请土地使用权，企业要支付一笔出让金，这时企业应予以资本化，将取得时所发生的一切支出计入土地使用权成本，作为无形资产核算。三是接受投资者投入的土地使用权。

【特别提示】企业已出租的土地使用权和持有并准备增值后转让的土地使用权并不作为企业的无形资产核算，而是作为企业的投资性房地产核算。

海域使用权，是指民事主体基于县级以上人民政府海洋行政主管部门的批准和颁发的海域使用权证书，依法在一定期限内使用一定海域的权利。

探矿权是指在依法取得的勘查许可证规定的范围内勘查矿产资源的权利。依法取得探矿权的自然人、法人或其他经济组织称为探矿权人。

采矿权是指具有相应资质条件的法人、公民或其他组织在法律允许的范围内，对国家所拥有的矿产资源享有的占有、开采和收益的一种特别法上的物权，在物权法概括性规定基础上由《中华人民共和国矿产资源法》予以明确。

5. 非专利技术

非专利技术又称专有技术，是指不为外界所知、在生产经营活动中已采用、不享有法律保护、可以带来经济效益的各种技术和诀窍。非专利技术一般包括工业专有技术、商业贸易专有技术、管理专有技术等。非专利技术可以用蓝图、配方、技术记录、操作方法的说明等具体资料表现出来，也可以通过卖方派出技术人员进行指导，或接受买方人员进行技术实习等手段实现。非专利技术具有经济性、机密性和动态性等特点。

非专利技术是相对于专利技术而言的，和专利技术一样能增强企业的竞争能力，给企业带来经济利益，特别是属于制造方法和加工工艺方面的非专利技术。但非专利技术与专利技术又有区别，主要表现在：第一，是否受到法律保护。专利技术受专利法的保护，可按照专利说明书和专利请求书中记载的项目，确认权利的保护内容和范围；非专利技术则没有专门法律予以保护，只有通过颁发非专利技术许可证，非专利技术的权利内容才能表现出来。第二，技术是否公开。专利以公开为原则，专利技术只有公开以后，发明人的专利权才能得到专利法的保护；非专利技术因为得不到法律的保护，所以其技术内容是不公开的，拥有非专利技术的企业或个人，靠自己的保密来维护其权益。当向别人转让其专有技术的使用权时，则是依靠转让合同来保密并维护其权益。第三，享受的权利是否有期限。依照《中华人民共和国专利法》的规定，专利权有一定的法律期限，期限届满专利权就终止，专利技术也就失去了法律保护，任何企业和个人都可以使用；而非专利技术则没有规定的期限，如能保密下去，则可以长期享有其利益，一旦被泄露并被普遍采用，就不能称其为非专利技术了。

【特别提示】经纳税人所在地省级科技主管部门进行认定，报主管税务机关备查，对符合免征条件的纳税人提供技术转让（属于无形资产）、技术开发（属于现代服务）和与之相关的技术咨询、技术服务，免征增值税。

6. 其他权益性无形资产

其他权益性无形资产，包括基础设施资产经营权、公共事业特许权、配额、经营权（有特许经营权、连锁经营权、其他经营权）、经销权、分销权、代理权、会员权、席位权、网络游戏虚拟道具、域名、名称权、肖像权、冠名权、转会费等。

【特别提示】根据营改增相关规定，纳税人购进其他权益性无形资产，无论是专用于简易计税项目、免征增值税项目、集体福利或者个人消费，还是兼用于上述项目，均可以抵扣进项税额。

（二）无形资产的特征

无形资产具有以下主要特征：

1. 无形资产不具有实物形态

无形资产通常表现为某种权利、某项技术或某种获取超额利润的综合能力。它们不具有实物形态，看不见，摸不着，比如土地使用权、非专利技术等。无形资产为企业带来经济利益的方式与固定资产不同，固定资产是通过实物价值的磨损和转移来为企业带来未来经济利益，而无形资产在很大程度上是通过自身所具有的技术等优势为企业带来未来经济利益。不具有实物形态是无形资产区别于其他资产的特征之一。

2. 无形资产具有可辨认性

无形资产必须是能够区别于其他资产可单独辨认的。从可辨认性角度考虑，商誉是与企业整体价值联系在一起的，无法单独辨认其价值，所以虽然商誉也是没有实物形态的非货币性资产，但不构成无形资产。符合以下条件之一的，认为其具有可辨认性：

第一，能够从企业中分离或者划分出来，并能单独用于出售或转让等，而不需要同时处置在同一获利活动中的其他资产，则说明无形资产可以辨认。某些情况下无形资产可能需要与有关的合同一起用于出售、转让等，这种情况下也视为可辨认无形资产。

第二，产生于合同性权利或其他法定权利，无论这些权利是否可以从企业或其他权利和义务中转移或者分离。如一方通过与另一方签订特许权合同而获得的特许使用权，通过法律程序申请获得的商标权、专利权等。

内部产生的品牌、报刊名、刊头、客户名单和实质上类似项目的支出不能与整个业务开发成本区分开来。因此，这类项目不应确认为无形资产。

3. 无形资产属于非货币性资产

非货币性资产是指企业持有的货币资金和将以固定或可确定的金额收取的资产以外的其他资产。无形资产由于没有发达的交易市场，一般不容易转化成现金，在持有过程中为企业带来未来经济利益的情况不确定，不属于以固定或可确定的金额收取的资产，属于非货币性资产。

4. 在创造经济利益方面具有较大的不确定性

无形资产所能提供的未来经济效益具有很大的不确定性。无形资产创造经济利益的能力受企业内外诸多因素的影响，在未来提供的经济效益一般是很难确定的。因此，对无形资产进行核算时应持更加谨慎的态度。

二、无形资产的分类

无形资产可按不同的标准进行分类，通常按取得方式、存在形式或预计收益期进行分类。

（一）按取得方式分类

无形资产按取得方式不同可分为外部取得的无形资产和内部自创的无形资产两大类。其中，外部取得的无形资产又可分为外购的无形资产、投资者投入的无形资产、通过债务重组取得的无形资产、非货币性交易取得的无形资产、接受捐赠的无形资产等；内部自创的无形资产是指企业自行研究与开发取得的无形资产。

（二）按存在形式分类

无形资产按存在形式分为法定权利和合同约定权利两类。法定权利类无形资产是一种独占权利，是指该类无形资产是法律或法规所赋予的一种特殊权利，如专利权、著作权、商标权等；合同约定类无形资产是根据企业间、企业与政府间签订的合同所赋予的一种独占权利，如特许权、土地使用权等。

（三）按预计收益期分类

无形资产按预计收益期可分为收益期确定的无形资产和收益期不确定的无形资产。

收益期确定的无形资产是指在有关法律中规定有最长有效期限的无形资产，如专利权、商标权、著作权、土地使用权和特许权等；收益期不确定的无形资产是指法律上没有规定有效期限，其收益期难以预先正确估计的无形资产，如非专利技术等。

随堂小测验 9-1

1.【单项选择题】下列各项中，可以确认为无形资产的是（　　）。

A. 企业内部的客户名单　　B. 企业的客户关系

C. 国家无偿划拨给企业的土地使用权　　D. 企业自创的商誉

2.【单项选择题】无形资产是指企业拥有或者控制的没有实物形态的可辨认的（　　）。

A. 资产　　B. 非流动性资产

C. 货币性资产　　D. 非货币性资产

3.【多项选择题】在下列各项中，属于无形资产特征的有（　　）。

A. 由企业拥有或者控制并能为其带来经济利益的资源

B. 不具有实物形态

C. 具有可辨认性

D. 属于非货币性资产

4.【多项选择题】无形资产按取得方式，可分为（　　）。

A. 外购的无形资产　　B. 投资者投入的无形资产

C. 通过债务重组取得的无形资产　　D. 接受捐赠的无形资产

5.【判断题】内部产生的品牌、报刊名、刊头、客户名单应确认为无形资产核算。（　　）

6.【判断题】企业已出租的土地使用权和持有并准备增值后转让的土地使用权应作为企业的无形资产核算。（　　）

第二节　无形资产的计量

一、无形资产的初始计量

无形资产通常是按实际成本计量，即以取得（包括以直接购买、接受捐赠、接受投资入股、自创以及抵债等各种形式）无形资产并使之达到预定用途而发生的全部支出作为无形资产的成本。对于不同来源取得的无形资产，其初始成本构成不尽相同。

【特别提示】2016 年 5 月 1 日我国全面实行营改增之后，企业取得无形资产时允许抵扣增值税进项税额。财税〔2016〕36 号文件第二十七条规定：下列项目的进项税额不得从销项税额中抵扣：用于简易计税方法计税项目、免征增值税项目、集体福利或者个人消费的购进货物、加工修理修配劳务、服务、无形资产和不动产。其中涉及的固定资产、无形资产、不动产，仅指专用于上述项目的固定资产、无形资产（不包括其他权益性无形资产）、不动产。纳税人的交际应酬消费属于个人消费。

2018 年 5 月 1 日起增值税税率发生变化，其中，除土地使用权适用 10%的税率之外，其余的无形资产适用 6%的税率。2019 年 4 月 1 日起增值税税率再次发生变化，土地使用权适用税率由原来10%调整为9%。

(一) 外购的无形资产成本

外购的无形资产，其初始成本包括购买价款、相关税费以及直接归属于使该项资产达到预定用途所发生的其他支出。其中，直接归属于使该项资产达到预定用途所发生的其他支出包括使无形资产达到预定用途所发生的专业服务费用、测试无形资产是否能够正常发挥作用的费用等，但不包括为引入新产品进行宣传发生的广告费、管理费用及其他间接费用，也不包括在无形资产达到预定用途以后发生的费用。

企业采用分期付款方式购买无形资产，购买无形资产的价款超过正常信用条件延期支付（如付款期在3年以上），实际上具有融资性质的，无形资产的成本应为购买价款的现值。这是因为企业在发生这项业务的过程中，实际上可以区分为两项业务：一项业务是购买无形资产；另一项业务实质上是向销售方借款。因此，所支付的货款必须考虑货币的时间价值，根据《企业会计准则第6号——无形资产》的规定，要采用现值计价的模式，无形资产的成本为购买价款的现值。

(二) 投资者投入的无形资产成本

投资者投入的无形资产成本，应当按照投资合同或协议约定的价值确定其初始成本，在投资合同或协议约定价值不公允的情况下，应按无形资产的公允价值入账。纳税人以无形资产向其他单位或个体工商户进行投资，需缴纳增值税。

(三) 土地使用权的特殊处理

企业取得的土地使用权通常应确认为无形资产。土地使用权用于自行开发建造厂房等地上建筑物时，土地使用权的账面价值不与地上建筑物合并计算其成本，而仍作为无形资产进行核算，土地使用权与地上建筑物分别进行摊销和计提折旧。但下列情况除外：企业外购的房屋建筑物，实际支付的价款中包括土地以及建筑物的价值，则应当对支付的价款按照合理的方法（如公允价值）在土地和地上建筑物之间进行分配；如果确实无法在地上建筑物与土地使用权之间进行合理分配的，应当全部作为固定资产核算。

企业改变土地使用权的用途，将其作为用于出租或增值目的时，应将其转为投资性房地产。

此外，施工企业还可能发生因接受捐赠而取得无形资产，通过非货币性资产交换取得无形资产，通过债务重组取得无形资产，合并中取得无形资产等。

二、企业内部研究开发费用的确认和计量

为了对企业内部自行研究开发取得的无形资产成本进行计量，企业应将无形资产的形成过程划分为研究阶段和开发阶段，以便有效区分研发过程中应予以资本化和费用化的支出。

(一) 无形资产形成阶段的划分

1. 研究阶段

研究阶段是指为获取并理解新的科学或技术知识等进行的独创性、有计划的调查。

研究活动包括：为获取知识而进行的活动；研究成果或其他知识的应用研究、评价和最终选择；材料、设备、产品、工序、系统或服务替代品的研究，以及新的或经改进的材料、设备、产品、工序、系统或服务的可能替代品的配制、设计、评价和最终选择。此阶段具有计划性和探索性的特点。从其特点看，其研究是否能在未来形成成果，即开发后是否会形成无形资产均有很大的不确定性，因此，研究阶段的有关支出在发生时应当费用化，计入当期损益。

2. 开发阶段

开发阶段是指在进行商业性生产或使用前，将研究成果或其他知识应用于某项计划或设计，以生产出新的或具有实质性改进的材料、装置、产品等。开发活动的例子包括：生产前或使用前的原型和模型的设计、建造和测试；含新技术的工具、夹具、模具和冲模的设计；不具有商业性生产经济规模的试生产设施的设计、建造和运营；新的或改造的材料、设备、产品、工序、系统或服务所选定的替代品的设计、建造和测试等。此阶段的特点是有针对性、形成成果的可能性较大。相对于研究阶段而言，开发阶段在很大程度上具备了形成一项新产品或新技术的基本条件，此时如果企业能够证明满足无形资产的定义及相关确认条件，则所发生的开发支出可资本化，确认为无形资产的成本。

（二）开发阶段有关支出资本化的条件

在开发阶段，可将有关资本化支出计入无形资产的成本，但必须同时满足下列条件：

（1）完成该无形资产以使其使用或出售在技术上具有可行性。企业在判断是否满足该条件时，应以目前阶段的成果为基础，说明在此基础上进一步进行开发所需的技术条件等已经具备，不存在技术上的障碍或其他不确定性，企业在判断时应提供相关的证据和材料。

（2）具有完成该无形资产并使用或出售的意图。开发某项产品或专利技术产品等，通常是根据管理当局决定该项研发活动的目的或者意图加以确定，即研发项目形成成果以后，是为出售还是为自己使用并从使用中获得经济利益，应当以管理当局的意图而定。因此，企业的管理当局应能够说明其持有拟开发无形资产的目的，并具有完成该项无形资产开发并使其能够使用或出售的可能性。

（3）无形资产产生经济利益的方式。企业开发的无形资产，应能够证明运用该无形资产生产的产品存在市场或无形资产自身存在市场，如果无形资产将在企业内部使用，应当证明其有用性。

作为无形资产确认，其基本条件是能够为企业带来未来经济利益。就其能够为企业带来未来经济利益的方式而言，如果有关的无形资产在形成以后，主要用于形成新产品或新工艺，企业应对运用该无形资产生产的产品市场情况进行估计，应能够证明所生产的产品存在市场，能够带来经济利益的流入；如果有关的无形资产在开发以后主要用于对外出售，则企业应能够证明市场上存在对该类无形资产的需求，开发以后存在外在的市场可以出售并带来经济利益的流入；如果无形资产在开发以后不是用于生产产品，也不是用于对外出售，而是在企业内部使用，则企业应能够证明在企业内部使用时对企业的有用性。

(4) 有足够的技术、财务资源和其他资源支持，以完成该无形资产的开发，并有能力使用或出售该无形资产。这一条件主要包括：第一，完成该项无形资产开发具有技术上的可靠性。开发的无形资产的形成成果在技术上具有可靠性是继续开发活动的关键，因此，必须有确凿证据证明企业继续开发该项无形资产有足够的技术支持和技术能力。第二，财务资源和其他资源支持。财务资源和其他资源支持是能够完成该项无形资产开发的经济基础，因此，企业必须能够证明自身的财务资源和其他资源是否足以支持完成该项无形资产的开发。第三，能够证明在开发过程中企业能获取所需的技术、财务和其他资源，企业对此制定有相关计划。例如，在企业自有资金不足时，是否存在外部资金支持，如通过银行等金融机构愿意为该无形资产的开发提供所需资金的声明等来证实。第四，有能力使用或出售该无形资产以获取收益。

(5) 归属于该无形资产开发阶段的支出能够可靠计量。企业对于研究开发活动发生的支出应单独核算，如发生的研究开发人员的工资、材料费等。在企业同时从事多项研究开发活动的情况下，所发生的支出同时用于支持多项研究开发活动的，应按照一定的标准在各项研究开发活动之间进行分配；无法明确分配的，应予以费用化计入当期损益，不计入开发活动的成本。

(三) 内部开发的无形资产成本的计量

企业内部研发活动形成的无形资产成本，由可直接归属于该资产的创造、生产并使该资产能够以管理层预定的方式运作的所有必要支出组成。可直接归属于成本的有：开发该无形资产时耗费的材料、劳务成本、注册费，在开发该无形资产过程中使用的其他专利权和特许权的摊销，以及按照借款费用的处理原则可资本化的利息支出。在开发无形资产过程中发生的除上述可直接归属于无形资产开发活动的其他销售费用、管理费用等间接费用，无形资产达到预定用途前发生的可辨认的无效和初始运作损失、为运行该无形资产发生的培训支出等不构成无形资产的开发成本。

【特别提示】内部开发无形资产的成本仅包括在满足资本化条件的时点至无形资产达到预定用途前发生的支出总和，对于同一项无形资产在开发过程中达到资本化条件之前已经费用化计入损益的支出不再进行调整。

三、无形资产的后续计量

无形资产初始确认和计量后，在其后使用该项无形资产期间还会发生后续支出。无形资产的后续支出，是指无形资产入账后，为确保该无形资产能够给企业带来预定的经济利益而发生的支出，比如相关的宣传活动支出。由于这些支出仅是为了确保已确认的无形资产能够为企业带来预定的经济利益，因而应在发生当期确认为费用。

无形资产的后续计量应以成本减去累计摊销额和累计减值损失后的余额计量，可见，无形资产累计摊销额是后续计量中的关键。要确定无形资产在使用过程中的累计摊销额，首先要估计无形资产的使用寿命，只有使用寿命有限的无形资产才需要在估计的使用寿命内采用系统、合理的方法进行摊销；对于使用寿命不确定的无形资产则不需要摊销，但每年应进行减值测试。

（一）无形资产使用寿命的确定

《企业会计准则第 6 号——无形资产》规定，企业应当于取得无形资产时分析判断其使用寿命。无形资产的使用寿命如为有限的，应当估计该使用寿命的年限或者构成使用寿命的产量等类似计量单位数量；无法预见无形资产为企业带来未来经济利益期限的，应当视为使用寿命不确定的无形资产。

1. 估计无形资产使用寿命应考虑的因素

估计无形资产使用寿命应考虑的因素主要包括：第一，该资产通常的产品寿命周期，以及可获得的类似资产使用寿命的信息；第二，技术、工艺等方面的现实情况及对未来发展的估计；第三，该资产在该行业运用的稳定性和生产的产品或服务的市场需求情况；第四，现在或潜在的竞争者预期采取的行动；第五，为维持该资产产生未来经济利益的能力所需要的维护支出，以及企业预计支付有关支出的能力；第六，对该资产的控制期限，以及对该资产使用的法律或类似限制，如特许使用期间、租赁期间等；第七，与企业持有的其他资产使用寿命的关联性等。

2. 无形资产使用寿命的确定

企业持有的无形资产，通常来源于合同性权利或其他法定权利，且合同规定或法律规定有明确的使用年限。源自合同性权利或其他法定权利取得的无形资产，其使用寿命不应超过合同性权利或其他法定权利的期限。如果合同性权利或其他法定权利能够在到期时因续约等延续，当有如下证据表明企业续约不需要付出重大成本时，续约期才能够包括在使用寿命的估计中。

（1）有证据表明合同性权利或法定权利将被重新延续，如果在延续之前需要第三方同意，则还需有第三方将会同意的证据。

（2）有证据表明为获得重新延续所必需的所有条件将被满足，以及企业为延续持有无形资产所付出的成本相对于预期从重新延续中流入企业的未来经济利益相比不具有重要性。

没有明确的合同或法律规定的无形资产，企业应当综合各方面情况，如聘请相关专家进行论证或与同行业的情况进行比较以及企业的历史经验等，来确定无形资产为企业带来未来经济利益的期限。如果经过这些努力确实无法合理确定无形资产为企业带来经济利益的期限，再将其作为使用寿命不确定的无形资产。

3. 无形资产使用寿命的复核

企业至少应当于每年年度终了，对无形资产的使用寿命及摊销方法进行复核。如果有证据表明无形资产的使用寿命及摊销方法不同于以前的估计，如由于合同的续约或无形资产应用条件的改善，延长了无形资产的使用寿命，则对于使用寿命有限的无形资产，应改变其摊销年限及摊销方法并按照会计估计变更进行处理。对于使用寿命不确定的无形资产，如果有证据表明其使用寿命是有限的，则应视为会计估计变更，应当估计其使用寿命并按照使用寿命有限的无形资产的处理原则进行处理。

（二）无形资产的摊销

无形资产的摊销是针对使用寿命有限的无形资产而言的，而使用寿命不确定的无形资产不需要进行摊销。对于使用寿命有限的无形资产，应在其预计的使用寿命内采用系统、合理的方法对其应摊销金额进行摊销。其中，应摊销金额是指无形资产的成本扣除残值后的金额。无形资产摊销包括摊销期、摊销方法和应摊销金额的确定。

1. 无形资产的摊销期和摊销方法

无形资产的摊销期自其可供使用（即其达到预定用途）时起至终止确认时止。

企业无形资产的摊销方法，应当反映与该项无形资产有关的经济利益的预期消耗方式，并一致地运用于不同会计期间。无形资产摊销存在多种方法，包括直线法、生产总量法等。

无形资产的摊销金额一般应当计入当期损益。某项无形资产包含的经济利益通过所生产的产品或其他资产消耗的，无形资产的摊销金额可以计入产品或其他资产成本。

2. 无形资产的应摊销金额

无形资产的应摊销金额为其成本扣除预计残值后的金额。已计提减值准备的无形资产，还应扣除已计提的无形资产减值准备累计金额。使用寿命有限的无形资产，其残值一般为零，除非有第三方承诺在无形资产使用寿命结束时购买该项无形资产，或是存在活跃的市场能得到无形资产预计残值信息，并且该市场在该项无形资产使用寿命结束时可能存在。

（三）无形资产减值

由于无形资产所带来的效益具有很大的不确定性，为了更好地体现谨慎性原则，企业应当定期或每期期末检查各项无形资产预计给企业带来经济利益的能力，对预计可收回金额低于其账面价值的，应当计提减值准备。

当存在下列一项或若干项情况时，企业应该计提无形资产减值准备：

(1) 某项无形资产已被其他新技术等所替代，使其为企业创造经济利益的能力受到重大不利影响。

(2) 某项无形资产的市价在当期大幅下跌，在剩余摊销年限内预期不会恢复。

(3) 某项无形资产已经超过了法律保护年限，但仍具有部分使用价值。

(4) 其他足以证明某项无形资产实质上发生减值的情形。

如果施工企业无形资产的账面价值超过其可收回金额，则应按超过部分确认无形资产减值准备。企业计提的无形资产减值准备记入“资产减值损失”账户。如果可收回金额高于账面价值，一般不作会计处理。无形资产减值损失一经确认，在以后会计期间不得转回。对于使用寿命有限的无形资产，在计提完减值损失后，应重新计算每期的摊销金额；对于使用寿命不确定的无形资产，无论是否存在减值迹象，都应当在每个会计期间进行减值测试。

在资产负债表中，无形资产项目应当按照期末余额减去无形资产累计摊销和减值准备后的净额反映。

（四）无形资产处置

企业处置无形资产主要包括无形资产出售转让、对外出租、对外捐赠，以及无法为企业带来未来经济利益时予以终止确认并转销。

1. 无形资产划分为持有待售资产

企业将无形资产划分为持有待售类别时，按照持有待售非流动资产、处置组的相关内容进行会计处理。具体内容可以参考本书第八章第五节。

2. 无形资产出售、转让

企业将无形资产出售、转让，表明企业放弃无形资产的所有权。企业出售、转让无形资产时，应将所取得的价款与该无形资产账面价值及相关税费的差额计入当期损益，即记入“资产处置损益”账户。同时，出售无形资产时还应缴纳增值税。

3. 无形资产出租

各行各业都有各自的收入渠道，收入模式不同，适用的会计准则也不同。施工企业将无形资产出租给他人并收取租金，属于日常活动收入范围，在满足《企业会计准则第 21 号——租赁》规定的确认标准的情况下，应确认相关的收入及成本。企业转让无形资产使用权获得的收入，作为企业的其他业务收入处理，履行转让使用权合同所发生的费用，作为转让成本计入企业的其他业务成本。

4. 无形资产报废

如果无形资产预期不能为企业带来未来经济利益，不再符合无形资产的定义，应将其转销。比如，该无形资产已被其他新技术所替代，不能为企业带来经济利益；无形资产不再受法律保护，且不能给企业带来经济利益等。假如甲企业的某项无形资产法律保护期限已过，用其生产的产品没有市场，则说明该无形资产无法为企业带来未来经济利益，应予以转销。无形资产报废产生的利得或损失计入营业外收入或营业外支出。

随堂小测验 9-2

1.【单项选择题】施工企业在研发阶段发生的无形资产支出应先计入（　　）。

A. 无形资产　B. 管理费用　C. 研发支出　D. 累计摊销

2.【单项选择题】在会计期末，施工企业所持有的无形资产的账面价值高于其可收回金额的差额，应当计入（　　）。

A. 管理费用　B. 资产减值损失　C. 其他业务成本　D. 营业外支出

3.【多项选择题】下列关于无形资产摊销的会计处理中，正确的有（　　）。

A. 企业选择无形资产的摊销方法，应当能够反映与该项无形资产有关的经济利益的预期实现方式

B. 持有待售的无形资产不进行摊销

C. 使用寿命不确定的无形资产按照不低于 10 年的期限进行摊销

D. 使用寿命有限的无形资产自可供使用时起开始摊销

4.【多项选择题】关于土地使用权，下列说法中正确的有（　　）。

A. 企业购买的用于绿化的土地应确认为无形资产

B. 土地使用权用于自行开发建造厂房等地上建筑物时，相关的土地使用权应当计入所建造的房屋建筑物成本

C. 房地产开发企业取得的土地使用权用于建造对外出售的房屋建筑物时，土地使用权与地上建筑物分别进行摊销和提取折旧

D. 企业改变土地使用权的用途，将其用于赚取租金或资本增值时，应将其转为投资性房地产

5.【判断题】外购的无形资产，其初始成本包括购买价款、相关税费以及直接归属于使该项资产达到预定用途所发生的其他支出。（　　）

6.【判断题】对于企业内部自行研究开发无形资产，应将无形资产开发阶段的支出全部资本化计入无形资产的成本。（　）

7.【判断题】只有使用寿命有限的无形资产才需要在估计的使用寿命内采用系统、合理的方法进行摊销；使用寿命不确定的无形资产则不需要摊销，但应每年进行减值测试。（　）

第三节　无形资产核算应设置的账户及其会计处理

一、无形资产核算应设置的账户

为了核算无形资产的取得、转让、摊销和减值情况，施工企业应设置下列会计账户：

（一）“无形资产”账户

“无形资产”账户核算施工企业持有专利权、非专利技术、商标权、著作权、土地使用权等无形资产的成本。其借方登记企业以各种方式取得的无形资产的成本；贷方登记无形资产处置时转出的账面余额。期末借方余额反映企业无形资产的成本。本账户应按无形资产项目设置明细账进行明细核算。

（二）“研发支出”账户

“研发支出”账户核算施工企业进行研究与开发无形资产过程中发生的各项支出。其借方登记企业自行开发无形资产发生的各种支出；贷方登记期末转出的费用化支出及研究开发项目达到预定用途而转出的资本化支出。期末借方余额反映企业正在进行的研究开发项目中满足资本化条件的支出。本账户应当按照研究开发项目分为“费用化支出”与“资本化支出”进行明细核算。符合条件的研发支出，可以在企业所得税前加计扣除。

（三）“无形资产减值准备”账户

“无形资产减值准备”账户核算施工企业计提的无形资产减值准备，属于“无形资产”的备抵调整账户。其贷方登记资产负债表日无形资产发生减值时，企业计提的无形资产减值准备；借方登记无形资产处置时转销的已计提无形资产减值准备。期末贷方余额反映企业已提取但尚未转销的无形资产减值准备。本账户应按无形资产项目设置明细账进行明细核算。

（四）“累计摊销”账户

“累计摊销”账户核算施工企业对使用寿命有限的无形资产计提的累计摊销，属于“无形资产”的备抵调整账户。其贷方登记企业按期计提的无形资产摊销；借方登记处置无形资产时转出的无形资产累计摊销。期末贷方余额反映企业无形资产的累计摊销额。本账户应按无形资产项目设置明细账进行明细核算。

无形资产核算还可能涉及“资产处置损益”“持有待售资产”“持有待售资产减值准备”等账户，可以参考本书第八章第二节和第五节。

二、无形资产核算的会计处理

（一）企业取得无形资产

借：无形资产（取得成本）
　　应交税费——应交增值税（进项税额）
　贷：银行存款、实收资本等

（二）无形资产摊销

借：管理费用（管理用无形资产）
　贷：累计摊销

（三）无形资产出租

确认租金收入时：
借：银行存款
　贷：其他业务收入
　　　应交税费——应交增值税（销项税额）
结转成本时：
借：其他业务成本
　贷：累计摊销
　　　银行存款等

（四）无形资产的出售

1. 持有待售的无形资产

（1）企业将无形资产划分为持有待售资产时：
借：持有待售资产
　　累计摊销
　贷：无形资产
（2）计提资产减值损失时：
借：资产减值损失
　贷：持有待售资产减值准备
（3）终止确认持有待售资产时：
借：资产处置损益
　贷：银行存款
或　借：银行存款
　　　　持有待售资产减值准备
　　　贷：持有待售资产
　　　　　资产处置损益（或借方）

2. 出售、转让无形资产

借：银行存款
　　累计摊销
　　无形资产减值准备
　　资产处置损益
　贷：无形资产
　　　应交税费——应交增值税（销项税额）
　　　资产处置损益（或借方）

（五）无形资产的报废

无形资产预期不能为企业带来经济利益的，应当将该无形资产的账面价值予以转销。

借：营业外支出
　　累计摊销
　　无形资产减值准备
　贷：无形资产

例 9-1

2×18 年 6 月 3 日，某施工企业（增值税一般纳税人）购入一项非专利技术，增值税专用发票注明的价款为 763 200 元（其中增值税税额为 43 200 元）。合同规定特许权的使用年限为 10 年。做如下会计分录：

（1）购入时：

借：无形资产——非专利技术	720 000	
应交税费——应交增值税（进项税额）	4 3200	
贷：银行存款		763 200

（2）当月摊销时：

借：管理费用——无形资产摊销	6 360	
贷：累计摊销		6 360

例 9-2

2×18 年 7 月 16 日，某施工企业（增值税一般纳税人）接受投资人投资的一项特许权，该特许权的账面价值为 126 000 元，双方协商定价，取得的增值税专用发票上注明的金额为 132 000 元，增值税税额为 7 920 元，发票已通过认证。假定不考虑其他相关税费。做如下会计分录：

借：无形资产——特许权	132 000	
应交税费——应交增值税（进项税额）	7 920	
贷：实收资本		139 920

例 9-3

接例 9-2，假设特许权的寿命为 10 年，每月应摊销其价值 1 100 元。做如下会计分录：

借：管理费用——无形资产摊销 1 100
　贷：累计摊销 1 100

例 9－4

2×18 年 7 月 1 日，某施工企业（增值税一般纳税人）将一项专利权出租给其他单位使用，期限为 5 年，合同规定每年年初收取租金，开具的增值税专用发票上注明的每年租金金额为 600 000 元，增值税税额为 36 000 元。该专利权每年的摊销额为 520 000 元。做如下会计分录：

（1）收到租金时：

借：银行存款 636 000
　贷：其他业务收入 600 000
　　应交税费——应交增值税（销项税额） 36 000

（2）摊销专利权时：

借：其他业务成本 520 000
　贷：累计摊销 520 000

例 9－5

2×18 年 6 月 3 日，某施工企业（增值税一般纳税人）将其购买的一项无形资产出售给其他企业，开具的增值税专用发票上注明的金额为 1 372 800 元，增值税税额为 82 368 元。该项专利权的成本为 1 200 000 元，已摊销 500 000 元，已计提减值准备 40 000 元。做如下会计分录：

出售时：

借：银行存款 1 455 168
　累计摊销 500 000
　无形资产减值准备 40 000
　贷：无形资产——专利权 1 200 000
　　应交税费——应交增值税（销项税额） 82 368
　　资产处置损益 712 800

例 9－6

2×18 年年末，某施工企业（增值税一般纳税人）外购一项专利技术，账面价值为 88 000 元。由于市场上产生了其他新技术，经企业评估，预计该无形资产可收回金额为 76 000 元，低于其账面价值。做如下会计分录：

借：资产减值损失 12 000
　贷：无形资产减值准备 12 000

例 9－7

2×18 年 1 月 1 日，某施工企业（增值税一般纳税人）将一项原值 50 000 元、按 5 年计提摊销、已摊销 20 000 元的无形资产转入持有待售资产。2×18 年 6 月 30 日，其公允价值为 27 000 元；2×18 年 12 月 31 日上述交易未能进行，当日可收回金额为 23 000 元。做如下会计分录：

（1）2×18 年 1 月 1 日无形资产转入持有待售资产：

借：持有待售资产　　30 000
　　累计摊销　　20 000
　贷：无形资产　　50 000

（2）2×18 年 6 月 30 日计提持有待售资产减值损失：

持有待售资产减值损失＝30 000－27 000＝3 000（元）

借：资产减值损失　　3 000
　贷：持有待售资产减值准备　　3 000

（3）2018 年 12 月 31 日持有待售资产转回无形资产：

补提折旧＝50 000÷5＝10 000（元）

借：无形资产　　50 000
　　管理费用　　10 000
　贷：累计摊销　　30 000
　　　持有待售资产　　30 000

假定没有划归为持有待售的情况下该无形资产原应确认的摊销或减值进行调整，调整后的账面价值＝50 000－30 000＝20 000（元），决定不再出售之日的可收回金额为 23 000 元。该无形资产按上述金额较低者计量，将以前计提的资产减值损失予以恢复。

借：持有待售资产减值准备　　3 000
　贷：资产减值损失　　3 000

此外，为了真实、完整地反映无形资产对企业财务状况、经营成果的影响，体现会计核算的相关性、重要性以及成本效益原则，施工企业应当按照《企业会计准则第 6 号——无形资产》的要求在附注中披露与无形资产有关的信息。

随堂小测验 9-3

1.【单项选择题】下列有关自行开发无形资产发生的研发支出，不正确的处理方法是（　　）。

A. 企业自行开发无形资产发生的研发支出，不满足资本化条件的，借记“管理费用”科目；满足资本化条件的，借记“无形资产”科目

B. 企业自行开发无形资产发生的研发支出，在研究开发项目达到预定用途形成无形资产的，应按“研发支出——资本化支出”科目的余额转入无形资产

C. 企业自行开发无形资产发生的研发支出，不满足资本化条件的，借记“研发支出——费用化支出”科目

D. 企业自行开发无形资产发生的研发支出，期末应将“研发支出——费用化支出”科目的余额转入“管理费用”科目

2.【单项选择题】2×18 年 1 月 1 日，某施工企业购入一项无形资产。该无形资产的实际成本为 800 万元，摊销年限为 10 年，采用直线法摊销。2×19 年 12 月 31 日，该无形资产发生减值，预计可收回金额为 300 万元。2×19 年 12 月 31 日，该无形资产的账面价值为（　　）万元。

A. 800　　B. 720　　C. 300　　D. 270

3.【多项选择题】下列各项会引起无形资产账户余额增减变动的有（　　）。

A. 计提无形资产减值准备　　B. 转让无形资产使用权

C. 无形资产价值摊销　　D. 转让无形资产所有权

4.【多项选择题】无形资产出售时，涉及的账户有（　　）。

A. 营业外收入　　B. 应交税费

C. 无形资产　　D. 资产处置损益

5.【判断题】出租无形资产所取得的收入应通过“其他业务收入”账户核算。（　　）

6.【判断题】使用寿命有限的无形资产应当自达到预定使用状态的下月起进行摊销。（　　）

第四节　其他非流动资产的核算

一、商誉的核算

（一）商誉的计量

商誉是指企业在经营上具有优越获利能力的潜在经济价值。换言之，凡一企业能获得超越同行业的正常投资收益率时，即有商誉存在。作为一种产生超过正常利润的资产，商誉实际上是某一企业的整体价值超过各项有形资产及可辨认无形资产扣除所承担负债后的剩余部分。因此，就本质而言，商誉实际上是一个总评价账户。商誉在非同一控制下的企业合并中确认。所谓非同一控制下的企业合并，是指参与合并的各方在合并前后不受同一方或相同多方的最终控制。

购买方在购买日应当对合并成本进行分配，购入商誉的成本应根据合并成本大于被购买方可辨认净资产的公允价值份额的差额确定。如果合并成本小于合并中取得的被购买方可辨认净资产公允价值份额，其差额计入当期损益。

（二）商誉核算应设置的账户

为了进行商誉的核算，施工企业应设置下列会计账户：

1.“商誉”账户

“商誉”账户核算非同一控制下施工企业合并中形成的商誉价值。其借方登记非同一控制下企业合并中取得的商誉价值；贷方登记不单独设置“商誉减值准备”账户时，商誉发生减值时应减记的金额。期末借方余额反映企业商誉的价值。

2.“商誉减值准备”账户

“商誉减值准备”账户核算施工企业商誉的减值准备，属于“商誉”的调整账户。其贷方登记施工企业计提的商誉减值准备；借方登记商誉减少时的冲销数；期末贷方余额反映企业已提取但尚未转销的商誉减值准备。企业除单独设置“商誉减值准备”账户进行核算外，还可以在“商誉”总账下设置“减值准备”明细账户进行核算。

（三）商誉的减值

企业合并所形成的商誉，至少应当在每年年度终了时进行减值测试。由于商誉难以独立产生现金流量，因此，商誉应当结合与其相关的资产组或者资产组组合进行减值测试。

企业在对包含商誉的相关资产组或者资产组组合进行减值测试时，如与商誉相关的资产组或者资产组组合存在减值迹象，应当按照以下步骤进行处理：

第一，对不包含商誉的资产组或者资产组组合进行减值测试，计算可收回金额，并与相关账面价值相比较，确认相应的减值损失。

第二，对包含商誉的资产组或者资产组组合进行减值测试，比较这些相关资产组或者资产组组合的账面价值（包括所分摊的商誉的账面价值部分）与其可收回金额，如相关资产组或者资产组组合的可收回金额低于其账面价值，应当就其差额确认减值损失。减值损失金额应当首先抵减分摊至资产组或者资产组组合中商誉的账面价值。

第三，根据资产组或者资产组组合中除商誉之外的其他各项资产的账面价值所占比重，按比例抵减其他各项资产的账面价值。

上述资产组如发生减值，应当首先抵减商誉的账面价值，但由于根据上述方法计算的商誉减值损失包括了应由少数股东权益承担的部分，而少数股东权益拥有的商誉价值及其减值损失都不在合并财务报表中反映，合并财务报表只反映归属于母公司的商誉减值损失，因此应当将商誉减值损失在可归属于母公司和少数股东权益部分之间按比例进行分摊，以确认归属于母公司的商誉减值损失。

（四）商誉核算的会计处理

1. 非同一控制下企业合并中取得商誉时

在非同一控制下的企业合并中，如果合并方式是控股合并，则商誉将在合并财务报表的非流动资产下单独列示；如果合并方式是吸收合并，则商誉将在母公司单独财务报表中的非流动资产下单独列示。

2. 商誉发生减值时

借：资产减值损失（应减计的金额）

　　贷：商誉减值准备

例9-8

在资产负债表日，某施工企业（增值税一般纳税人）经过测试发现商誉发生减值9 000万元。做如下会计分录：

借：资产减值损失	90 000 000	
贷：商誉减值准备		90 000 000

此外，根据企业会计准则的规定，在同一控制下的企业合并中，合并企业不确认商誉。同时，企业会计准则还要求企业披露商誉的金额及其确定方法，以及商誉的减值情况等。

二、长期待摊费用的核算

（一）长期待摊费用核算的内容及应设置的账户

长期待摊费用是指企业发生的不能全部计入当期损益，而应当在以后年度分期摊销的各项长期预付费用。长期待摊费用包括开办费、以经营租赁方式租入的固定资产改良支出、固定资产的大修理支出以及摊销期限在一年以上的其他待摊费用。

【特别提示】应当由本期负担的借款利息、租金等，不得作为长期待摊费用处理。

长期待摊费用在本质上并非真正的资产，而是为达成收入与费用适当配比的目的，将预期于未来可获得效益的各项支出递延至以后各年度。

长期待摊费用应按预计受益期间分期平均摊销，并以实际支出减去累计摊销后的净额列示。如果长期待摊费用不能使以后会计期间受益，则将尚未摊销的该项目的摊余价值全部转入当期损益。所有筹建期间发生的费用，先在长期待摊费用中归集，待企业开始生产经营当月一次计入损益。我国税法规定：以经营租赁方式租入的固定资产改良支出、固定资产的大修理支出达到取得固定资产时的计税基数50%以上，并延长其使用寿命2年以上的，应按照固定资产尚可使用年限分期摊销。其他长期待摊费用，应自支出发生月份的次月起分期摊销，摊销年限不得低于3年。会计摊销核算年限与税法规定摊销年限不一致的，应以税法规定为准，并进行企业所得税纳税调整。

为了核算长期待摊费用的增加、摊销及减少情况，施工企业应设置“长期待摊费用”账户。其借方登记企业发生的各项长期待摊费用；贷方登记按规定在摊销期内摊销的长期待摊费用，以及在筹建期间发生的一次计入开始生产经营当月的费用。期末借方余额反映企业尚未摊销完毕的各项长期待摊费用的摊余价值。本账户应按照费用项目设置明细账户进行核算。

（二）长期待摊费用核算的会计处理

1. 企业发生长期待摊费用时

借：长期待摊费用

　贷：有关账户

2. 摊销长期待摊费用时

借：管理费用

　　合同履约成本——工程施工等

　贷：长期待摊费用

例9-9

2×18年5月30日，某施工企业（增值税一般纳税人）自行对其以经营租赁方式租入的一台管理设备进行大修理，共支付修理费450 000元（不考虑增值税的影响），该设备到租赁期满还有5年。做如下会计分录：

借：长期待摊费用——经营租入固定资产改良支出　　450 000

　贷：银行存款　　450 000

企业应按5年摊销长期待摊费用：

月摊销额＝450 000÷5÷12＝7 500(元)

借：管理费用　　7 500

　贷：长期待摊费用——经营租入固定资产改良支出　　7 500

例9-10

某施工企业（增值税一般纳税人）对其经营租入的某施工机械进行改良，改良工程支出54 000元（不考虑增值税），全部以银行存款方式结清。假设租赁期为3年。做如下会计分录：

（1）发生改良支出时：

借：长期待摊费用——经营租入固定资产改良支出　　54 000

　　贷：银行存款　　54 000

（2）在租赁期内按月摊销时：

月摊销额＝54 000÷3÷12＝1 500(元)

借：合同履约成本——工程施工　　1 500

　　贷：长期待摊费用——经营租入固定资产改良支出　　1 500

例9-11

某施工企业（增值税一般纳税人）在筹建期间发生开办费240 000元，在开始生产经营的当月一次性摊销。做如下会计分录：

借：管理费用　　240 000

　　贷：长期待摊费用——开办费　　240 000

三、临时设施的核算

（一）临时设施核算的内容

临时设施是指施工企业为保证施工生产活动和管理活动的正常进行而在施工现场建造的供施工生产和生活使用的临时房屋、建筑物、构筑物和其他各种临时性的简易设施。临时设施主要包括施工现场临时作业棚、机具棚、材料库、办公室、休息室、茶炉棚、厕所、化灰池、储水池、沥青锅灶等设施；临时铁路专用线、轻便铁道；临时道路、围墙、护栏、刺丝网等；临时给排水、供电、供热等管线；现场预制构件、加工材料和混凝土搅拌站等所需的临时建筑物；临时性简易周转房，以及现场临时搭建的施工人员的宿舍、食堂、浴室、医务室等临时性福利设施。

施工企业的临时设施以建造时的实际支出计价。各种临时设施应根据使用年限和服务对象合理确定分摊方法，按月分期平均摊入工程成本。

施工企业应尽量利用施工现场可供用作临时设施的原有设施。如果必须搭建临时设施，应本着节约使用资金的原则，根据自然条件、施工期限的长短和施工现场的具体条件合理安排。对于拆除临时设施的残余材料，应及时处理，防止资产流失。

另外，根据营改增政策的规定，施工企业在施工现场修建的临时建筑物、构筑物取得的进项税额，可以一次性抵扣。

（二）临时设施核算应设置的账户

为了核算临时设施的增加、减少以及摊销情况，施工企业应设置下列会计账户。

1.“临时设施”账户

“临时设施”账户核算施工企业为保证施工和管理的正常进行而建造的各种临时设施的实际成本。其借方登记企业购置或搭建各种临时设施的实际成本；贷方登记因企业出售、拆除、报废、毁损和盘亏等不需用或不能继续使用的临时设施的实际成本。期末借方余额反映企业期末临时设施的实际成本。本账户应按临时设施的种类和使用部门设置明细账进行核算。

2．“临时设施摊销”账户

“临时设施摊销”账户核算施工企业各种临时设施的摊销情况。其贷方登记企业按月计提的摊入工程成本的临时设施摊销额；借方登记企业因出售、拆除、报废、毁损和盘亏临时设施而转出已提的摊销额。期末贷方余额反映企业在用临时设施的已提摊销额。本账户应按临时设施的种类和使用部门设置明细账进行核算。

3．“临时设施清理”账户①

“临时设施清理”账户核算施工企业因出售、拆除、报废和毁损等原因转入清理的临时设施价值及其在清理过程中所发生的清理费用和清理收入等。其借方登记因各种原因转入清理的临时设施账面价值、发生的清理费用和清理后的净收益；贷方登记清理过程中取得的变价收入和收回的残料价值以及清理后的净损失。期末余额反映尚未清理完毕的临时设施的价值以及清理净损益（清理收入减去清理费用）。结转临时设施清理净损益后，本账户应无余额。本账户应按被清理的临时设施名称设置明细账进行核算。

（三）临时设施核算的会计处理

施工企业购置临时设施所发生的各项实际支出，可以直接记入“临时设施”账户。对于需要通过建筑安装活动才能完成的临时设施，其实际支出可以先通过“在建工程”账户核算，待临时设施搭建完成达到预定可使用状态时，再将其实际成本从“在建工程”账户转入“临时设施”账户。施工企业临时设施的清理在“临时设施清理”账户进行核算。

例9-12

2×18年6月，某施工企业（增值税一般纳税人）因工程管理的需要，在施工现场附近购置旧房屋一栋，作为临时现场办公室，以银行存款支付全部价款，取得的增值税专用发票上注明的金额为960 000元，增值税税额为48 000元（销售方简易计税征收率为5%），发票已通过认证。预计工程的受益期限为2年，房屋已交付使用。做如下会计分录：

（1）支付款项时：

借：临时设施	960 000	
应交税费——应交增值税（进项税额）	48 000	
贷：银行存款		1 008 000

（2）按月计提临时设施摊销额时：

借：合同履约成本——工程施工	42 000	
贷：临时设施摊销		42 000

① “临时设施”“临时设施摊销”“临时设施清理”账户只适用于施工企业及部分房地产开发企业的具体会计业务。

例 9-13

某施工企业（增值税一般纳税人）为甲工程项目施工搭设现场临时机具棚、材料库等，本月共发生临时设施支出 19 160 元，其中领用材料 12 000 元，本月材料成本差异率为－2%，应付工人工资 5 600 元，支付其他费用 1 800 元。做如下会计分录：

（1）发生各项支出时：

借：在建工程	19 160	
贷：原材料		12 000
材料成本差异		240
应付职工薪酬		5 600
银行存款		1 800

（2）临时设施达到预定可使用状态时：

借：临时设施	19 160	
贷：在建工程		19 160

例 9-14

接例 9-12，因工程竣工，该施工企业将临时现场办公室拆除，临时现场办公室已提摊销额 924 000 元，发生清理费用 8 000 元，收回残料作价 6 000 元已入库。做如下会计分录：

（1）临时设施转入清理时：

借：临时设施清理	36 000	
临时设施摊销	924 000	
贷：临时设施		960 000

（2）发生清理费用时：

借：临时设施清理	8 000	
贷：银行存款		8 000

（3）残料入库时：

借：原材料	6 000	
贷：临时设施清理		6 000

（4）结转清理净损益时：

借：营业外支出	38 000	
贷：临时设施清理		38 000

另外，在施工企业的其他长期资产中，除了商誉、临时设施和长期待摊费用以外，还包括特准储备物资、银行冻结存款、冻结物资和诉讼中财产等其他非流动资产。需要说明的是，其他非流动资产核算的经济业务不经常发生且会计处理比较简单，因此，企业会计准则应用指南附录中的会计科目和主要账务处理并没有设置专门的账户对其进行核算，施工企业如有该项业务发生，可以增设相应的会计账户，如“特准储备物资”“银行冻结存款”“冻结物资”“诉讼中财产”等进行核算。

随堂小测验 9-4

1.【单项选择题】某施工企业（增值税一般纳税人）购入需要通过安装才能完成

的临时设施，以银行存款支付价款 20 000 元，领用原材料 5 000 元，支付工人工资 2 000 元，目前已交付使用。该临时设施达到预定可使用状态时的入账价值为（　）元。

A. 20 000　　B. 25 000　　C. 27 000　　D. 22 000

2.【单项选择题】下列有关商誉减值的说法中，不正确的是（　）。

A. 商誉不能够单独产生现金流量

B. 商誉不能独立存在，应分摊到相关资产组后进行减值测试

C. 测试商誉减值的资产组的账面价值应包括分摊的商誉的价值

D. 商誉应与资产组内的其他资产一样，按比例分摊减值损失

3.【多项选择题】施工企业商誉发生减值时，进行会计处理涉及的账户有（　）。

A. "资产减值损失"　　B. "商誉"

C. "无形资产"　　D. "商誉减值准备"

4.【多项选择题】长期待摊费用包括（　）。

A. 开办费

B. 以经营租赁方式租入的固定资产改良支出

C. 固定资产的大修理支出

D. 应当由本期负担的借款利息、租金

5.【判断题】施工企业以经营租赁方式租入的管理设备的改良费用，应在发生时一次性计入当期损益。（　）

6.【判断题】施工企业购置临时设施所发生的各项实际支出，均应直接记入"临时设施"账户。（　）

□ 本章思考题

1. 什么是无形资产？无形资产的特征有哪些？

2. 自行开发无形资产时，其研究与开发阶段的会计处理有何不同？

3. 企业内部研究开发项目开发阶段的支出，应当具备哪些条件才能确认为无形资产的成本？

4. 影响无形资产摊销的因素有哪些？如何确定无形资产的摊销年限？

5. 无形资产发生减值时，如何进行会计处理？

6. 长期待摊费用主要核算哪些内容？

7. 商誉是如何进行减值测试的？

8. 临时设施包括哪些内容？

□ 本章练习题

1. 某施工企业（增值税一般纳税人）2019 年有关无形资产发生如下业务：

(1) 2019 年 1 月 1 日购入一项管理用无形资产，取得的增值税专用发票注明的价款 1 800 万元（适用的增值税税率为 6%）。该无形资产的预计使用年限为 6 年，采用直线法进行摊销，无残值。

要求：计算 2019 年无形资产的摊销金额，并编制相关会计分录。

(2) 2019 年 12 月 31 日，与该无形资产相关的经济因素发生不利变化，使其发生减值，企业估计可收回金额 1 000 万元。

要求：计算 2019 年 12 月 31 日计提无形资产减值准备的金额，并编制相关会计分录。

2. 某施工企业（增值税一般纳税人）将其购买的一项特许权转让给甲公司，该特许权的成本为 1 500 000 元，预计使用寿命为 10 年，已使用 4 年，开具的增值税专用发票上注明的金额为 800 000 元，增值税税额为 48 000 元，所有款项已存入银行。

要求：根据上述经济业务编制有关的会计分录。

3. 某施工企业（增值税一般纳税人）在施工现场搭建临时办公室，实际使用 4 年后，因承包的工程已经竣工，将其拆除，账面原值为 960 000 元，其账面累计已提摊销额为 320 000 元，应付拆除人员的工资 10 000 元，收回残料 8 000 元，已验收入库，清理工作已结束。

要求：

(1) 编制将临时设施转入清理时的会计分录。

(2) 编制分配拆除人员工资时的会计分录。

(3) 编制将收回的残料验收入库时的会计分录。

(4) 编制结转清理净损失时的会计分录。

第十章 负　债

Chapter 10

学习目标

1. 掌握负债的特征和确认条件，短期借款、应付款项、合同负债、应付职工薪酬、应交税费、长期借款核算的内容及会计处理。

2. 熟悉交易性金融负债、应付债券、长期应付款、或有负债核算的内容及会计处理。

3. 了解负债的分类，离职后福利的确认和计量、或有负债的表现形式、预计负债的确认条件及计量方法等。

导入案例

中国交通建设股份有限公司（简称中国交建）是经国务院批准、由中国交通建设集团有限公司（国务院国资委监管的中央企业）整体重组改制并独家发起设立的股份有限公司，是中国第一家成功实现境外整体上市的特大型国有基建企业。

2018 年，中国交建居世界 500 强排行榜第 103 位，居 ENR（《工程新闻纪录》）全球最大 250 家国际承包商第 3 位。中国交建披露的 2018 年年报显示：期末，企业的短期借款为 45 358 037 155 元；长期借款为 193 826 093 607 元，其中一年内到期的长期借款为 18 589 461 977 元。应付账款为 21 114 374 062 元，其中应付工程款为 14 518 875 597 元，应付材料款为 8 755 176 元，应付设备采购款为 65 703 685 元，其他应付账款为 5 268 305 元。应付职工薪酬包括三部分：第一部分为应付短期薪酬，共计 119 696.16 万元，其中工资、奖金、津贴和补贴为 91 128.35 万元，职工福利费为 2 771.48 万元，社会保险费为 7 200.43 万元，住房公积金为 3 164.45 元，工会经费和职工教育经费为 19 251.93 万元；第二部分为设定提存计划，共计 56 765.37 万元；第三部分为一年内到期的设定受益计划，共计 14 086 元。应交税费为 776 514.67 万元，其中应交增值税为 226 079.82 万元，应交城市维护建设税为 7 094.7 万元，应交教育费附加为 5 007.63 万元。应付股利为 31 657.07 元。

资料来源：根据中国交建 2018 年年度报告整理而得。

应如何对中国交建的借款业务进行归类？中国交建以上各个项目都有什么含义？它们都包括什么？又是如何进行核算的？根据导入案例，我们可以进一步思考，对于负债的分类还有哪些？企业应该如何对这些业务进行会计处理？施工企业基于不同的目的应如何选择不同类型的负债？通过本章的学习，相信你会找到问题的答案。

第一节 负债概述

负债是会计的基本要素之一，也是企业资金的重要来源。根据《企业会计准则——基本准则》的规定，负债是指企业过去的交易或者事项形成的、预期会导致经济利益流出企业的现时义务。负债按照偿还期限的长短可以分为流动负债和非流动负债。

一、流动负债

流动负债是指将在一年内（含一年）或者超过一年的一个营业周期内偿还的债务。施工企业的流动负债包括短期借款、交易性金融负债、应付票据、应付账款、合同负债、应付职工薪酬、应交税费、应付利息、应付股利、其他应付款、或有负债等。流动负债的会计核算是财务会计的重要内容。

流动负债除具备负债的一般特征外，还具有如下特点：

（1）流动负债的偿还期限为债权人提出要求时即期偿付，或者作为一年内或一个营业周期内必须履行的义务，即自资产负债表日起一年内到期并予以清偿，或者预计在一个正常营业周期内清偿。

（2）流动负债作为义务主要用企业的流动资产或新的负债来清偿。

（3）主要为交易目的而持有。

（4）企业无权自主地将清偿推迟至资产负债表日后一年以上。

【特别提示】有些流动负债，如应付账款、应付职工薪酬等，属于企业正常营业周期中使用的营运资金的一部分。尽管这些经营性项目有时在资产负债表日后超过一年才到期清偿，但是它们仍应划分为流动负债。

负债计价以现值入账比较准确，但由于流动负债偿还期限短，到期值与现值差距不大，因此，基于重要性原则，并且为了简化账务处理，各项流动负债一般按照到期值或面值记账。

二、非流动负债

非流动负债是指偿还期在一年以上或者超过一年的一个营业周期以上的负债，包括长期借款、应付债券和长期应付款等。与流动负债相比，非流动负债具有数额较大、偿还期限较长等特点。

施工企业为了购置大型设备进行施工生产活动，以及进行固定资产的改建、扩建等，需要投入大量的资金，但企业所拥有的经营资金是无法满足这些需要的，如果等待企业内部形成的资本积累，则很可能会错失良机，因此需要举借外债。除此之外，适量举借外债有利于企业降低资金成本，获得财务杠杆收益。因此，非流动负债成为企业筹资的一种重要方式。

企业筹集长期资金主要有以下两种方式：一是增发股票，由股东投入新的资金；二是举借长期债务。施工企业对各项非流动负债应当分别进行核算，并在资产负债表中分项目反映。将于一年内到期偿还的非流动负债，在资产负债表中应当作为一项流动负债单独反映。

随堂小测验 10－1

1.【单项选择题】下列各项中，不属于流动负债的是（　　）。

A. 预付账款　　B. 合同负债

C. 应付账款　　D. 应付股利

2.【单项选择题】下列各项中，属于非流动负债的特点的有（　　）。

A. 数额较大，偿还期限较长

B. 主要为交易目的而持有

C. 主要用企业的流动资产或新的流动负债来清偿

D. 非流动负债的偿还期限为债权人提出要求时即期偿付，或者作为一年内或一个营业周期内必须履行的义务

3.【多项选择题】流动负债按其产生原因可分为（　　）。

A. 借贷形成的流动负债　　B. 结算过程中产生的流动负债

C. 经营过程中产生的流动负债　　D. 利润分配产生的流动负债

4.【多项选择题】下列各项中，属于流动负债的特点的有（　　）。

A. 偿还期限为债权人提出要求时即期偿付

B. 主要用企业的流动资产或新的流动负债来清偿

C. 主要为交易目的而持有

D. 企业无权自主地将清偿推迟至资产负债表日后一年以上

5.【判断题】负债是由已经发生的或者将要发生的交易（事项）引起的企业现有义务。（　　）

6.【判断题】将于一年内到期偿还的非流动负债，在资产负债表中应当作为一项非流动负债单独反映。（　　）

第二节　流动负债的核算

一、短期借款的核算

（一）短期借款核算的内容

短期借款是指企业向银行或其他金融机构等借入的期限在一年以下（含一年）的各种借款。企业借入短期借款后，无论用于哪方面，均构成施工企业的一项流动负债。

施工企业归还短期借款时，除了归还借入的本金以外，还应按规定支付利息。其

利息支出作为期间费用，在借款收益期间计入财务费用。由于企业的短期借款利息一般是按季度结算支付的，为了保证会计核算准确，企业应按月或按季确认应负担的财务费用。企业的应计利息可通过“应付利息”账户进行核算。另外，借款利息也涉及增值税进项税额的问题，但根据《关于全面推开营业税改征增值税试点的通知》（财税〔2016〕36 号）的规定，增值税一般纳税人购进的旅客运输服务、贷款服务、餐饮服务、居民日常服务和娱乐服务等费用，其进项税额不得从销项税额中抵扣。因此，支付的借款利息中的进项税额不得抵扣。

（二）短期借款核算应设置的账户及其会计处理

为了核算和监督短期借款的借入和归还情况，施工企业应设置“短期借款”账户。其贷方登记企业借入的各种短期借款，借方登记偿还的各种短期借款，期末贷方余额反映企业尚未偿还的短期借款。本账户应按借款种类、贷款人和币种设置明细账进行核算。

例 10－1

2×18 年 6 月，某施工企业（增值税一般纳税人）向银行借入流动资金 20 000 000 元，为期半年，借款利率为月息 6‰，按季计息（不考虑增值税①）。做如下会计分录：

（1）借入款项时：

借：银行存款	20 000 000	
贷：短期借款		20 000 000

（2）按月计提利息时：

借：财务费用	120 000	
贷：应付利息		120 000

（3）按季支付利息时：

借：应付利息	360 000	
贷：银行存款		360 000

（4）归还借款本金时：

借：短期借款	20 000 000	
贷：银行存款		20 000 000

二、交易性金融负债的核算

（一）交易性金融负债的核算内容

交易性金融负债，是指企业采用短期获利模式进行融资所形成的负债，比如应付短期债券。对于交易双方来说，甲方的金融债权就是乙方的金融负债，由于融资方需要支付利息，因此就形成了金融负债。

符合以下条件之一的金融负债，企业应当划分为交易性金融负债：

---

① 贷款服务的增值税税率为 6%，但该进项税额不得抵扣。

（1）承担金融负债的目的主要是近期内出售或回购；

（2）金融负债是企业采用短期获利模式进行管理的金融工具投资组合中的一部分；

（3）属于衍生金融工具。

企业公允价值能够可靠计量的金融负债符合以下条件之一的，可以在初始确认时将其直接指定为交易性金融负债：

（1）该指定可以消除或明显减少该金融负债在计量方面存在较大不一致的情况；

（2）企业风险管理或投资策略的书面文件已载明，该金融负债是以公允价值为基础进行管理和评价并向关键管理人员报告的。

（二）交易性金融负债核算应设置的账户及其会计处理

1.“交易性金融负债”账户

“交易性金融负债”账户核算企业所承担的以交易为目的而持有的债券投资、股票投资、基金投资等交易性金融负债的公允价值。其贷方登记企业形成交易性金融负债时的公允价值，以及资产负债表日交易性金融负债公允价值高于其账面余额的差额；借方登记处置交易性金融负债的账面余额以及在资产负债表日交易性金融负债的公允价值低于其账面余额的差额；期末余额在贷方，反映企业持有的交易性金融负债的公允价值。本账户可按交易性金融负债的类别和品种，分别以“本金”“公允价值变动”等进行明细核算。企业持有的指定为以公允价值计量且其变动计入当期损益的金融负债，可在本科目下单设指定类明细科目核算。

2.“公允价值变动损益”账户

“公允价值变动损益”账户核算以公允价值计量且其变动计入当期损益的金融资产、金融负债公允价值变动形成的应计入当期损益的利得或损失。仅就交易性金融负债而言，该账户核算交易性金融负债公允价值变动形成的应计入当期损益的利得或损失。其借方登记在资产负债表日交易性金融负债公允价值高于其账面余额的差额和处置交易性金融负债时转出原记入该账户的公允价值变动实现的利得；贷方登记在资产负债表日交易性金融负债公允价值低于其账面余额的差额和处置交易性金融负债时转出原记入该账户的公允价值变动发生的损失。期末应将该账户的余额结转至“本年利润”账户，结转后本账户没有余额。

3.“投资收益”账户

“投资收益”账户核算企业各项投资发生的收益或损失。仅就交易性金融负债而言，该账户的借方登记形成交易性金融负债时发生的交易费用、处置交易性金融负债时实际收到金额小于其账面余额的差额，以及在交易性金融负债持有期间的资产负债表日按分期付息、一次还本债券投资的票面利率计算的利息，同时转销该项金融负债投资公允价值变动的损失；贷方登记处置交易性金融负债时实际收到金额大于其账面余额的差额以及同时转销该项金融负债公允价值变动的利得。期末应将该账户的余额结转至“本年利润”账户，结转后该账户没有余额。本账户应按照投资项目进行明细核算。

三、应付账款与应付票据的核算

（一）应付账款的核算

1. 应付账款的核算内容

应付账款是指施工企业因购买材料、商品和接受劳务供应等而应付给供应单位的款项，因出包工程而应付给其他单位的工程价款等，以及需要支付的增值税税款等，在核算上具体包括应付购货款的核算和应付工程款的核算。应付账款是施工企业流动负债的重要组成部分。

（1）应付账款入账时间的确定。应付账款一般应以所购买物资所有权有关的风险和报酬已经转移或劳务已经接受为标志，但在实际工作中，应区别以下情况进行处理：在货物与发票账单同时到达的情况下，应付账款往往待货物验收入库以后，才按发票账单登记入账；在货物与发票不是同时到达的情况下，由于应付账款要根据发票账单登记入账，有时货物已到而发票账单要间隔较长时间才能到达，为真实反映企业所拥有的资产和已经成立的负债，在实际工作中往往采用在月份终了再入账的办法，即在月终对已发生的债务按暂估价入账，待下月初用红字冲回，直到发票账单到达再按实际数额入账。

（2）应付购货款入账金额的确定。应付购货款一般应按到期应付金额入账，而不按到期应付金额的现值入账。如果购入的资产在形成一笔应付账款时带有折扣，应付账款入账金额的确定应采用总价法，按发票上记载的应付金额的总值记账。在这种核算方法下，应按发票上记载的全部应付金额，借记有关科目，贷记“应付账款”科目，获得的现金折扣冲减财务费用。

（3）应付账款的支付。应付账款一般在较短期限内支付，但在实际工作中可能会出现应付账款无法支付的情况。对于确实无法支付的应付账款，直接转入营业外收入。

2. 应付账款核算应设置的账户及其会计处理

为了核算企业应付购货款和应付工程款的发生及归还情况，施工企业应设置“应付账款”账户。其贷方登记企业因购入材料物资、接受供应单位劳务而发生的应付款项，以及企业与承包单位结算工程价款时，根据经审核的承包单位提出的“工程价款结算账单”结算的应付已完工工程价款和应支付的增值税税款；借方登记支付的应付购货款和支付给承包单位的工程款，企业开出、承兑商业汇票抵付的应付账款，以及因债务重组而发生的应付账款的减少数。期末贷方余额表示企业应付而尚未支付的购货款、应付承包单位的已完工工程价款和应付的增值税进项税款。本账户应按应付账款类别设置明细账户，并分别根据供应单位和承包单位设置明细账进行核算。

例 10-2

2×18 年 6 月 18 日，某施工企业（增值税一般纳税人）购买钢材一批，已验收入库但发票账单未到，货款尚未支付。做如下会计分录：

（1）6 月末，按钢材暂估价（假设钢材暂估价为 1 900 000 元，不需要暂估增值税进项税额）入账时：

借：原材料　　1 900 000

　　贷：应付账款　　1 900 000

（2）7 月初冲账时：

借：原材料　　1 900 000

　贷：应付账款　　1 900 000

（3）企业收到发票账单时（假设取得的增值税专用发票上注明的货款金额为4 000 000元，增值税税额为520 000元，且该增值税专用发票已得到认证）：

借：材料采购　　4 000 000

　　应交税费——应交增值税（进项税额）　　520 000

　贷：应付账款　　4 520 000

（4）企业支付货款时：

借：应付账款　　4 520 000

　贷：银行存款　　4 520 000

例 10－3

某施工企业发生确实无法支付的应付账款120 000元。做如下会计分录：

借：应付账款　　120 000

　贷：营业外收入　　120 000

（二）应付票据的核算

1．应付票据核算的内容

应付票据是施工企业在商品购销活动中由于采用商业汇票结算方式而发生的、由收款人（或承兑申请人）签发、承兑人承兑的票据，包括商业承兑汇票和银行承兑汇票。按照我国《支付结算办法》的规定，商业汇票的付款期限最长不得超过6个月。因此，将应付票据归于流动负债进行管理和核算。

应付票据按是否带息分为带息应付票据和不带息应付票据两种。如为带息应付票据，应于期末按照确定的利率按期计提利息，计入当期损益；到期不能支付的带息应付票据，在转入“应付账款”账户核算后，期末不再计提利息。

2．应付票据核算应设置的账户

为了核算和监督企业购买材料、商品和接受劳务供应等而开出、承兑的商业汇票的实际情况，施工企业应设置“应付票据”账户。其贷方登记企业开出承兑商业汇票或以承兑商业汇票抵付应付账款时的金额；借方登记票据到期支付的金额或票据到期无力支付而转为应付账款的金额。期末贷方余额反映企业尚未到期的应付票据本息。

施工企业还应设置“应付票据备查簿”，详细登记每一笔应付票据的种类、号数、签发日期、到期日、票面金额、票面利率、合同交易号、收款人姓名或单位名称，以及付款日期和金额等详细资料。应付票据到期结清时，应在备查簿内逐笔注销。

3．应付票据核算的会计处理

（1）施工企业开出承兑商业汇票采购或以商业汇票抵付应付账款时：

借：材料采购

　　应交税费——应交增值税（进项税额）

　　应付账款

　贷：应付票据

（2）支付银行承兑汇票的手续费时：

借：财务费用

　　贷：银行存款

（3）带息票据期末计算应付利息时：

借：财务费用

　　贷：应付票据

（4）到期偿还票据时：

借：应付票据

　　财务费用（带息票据未计提的利息）

　　贷：银行存款

（5）施工企业开出并承兑的银行承兑汇票如果不能按期支付，承兑银行除凭票向持票人无条件付款外，对出票人尚未支付的汇票金额按天计收利息并转作逾期贷款处理。

借：应付票据

　　贷：短期借款

（6）对于带息商业承兑汇票，到期如果企业不能按期支付时：

借：应付票据

　　贷：应付账款

施工企业应付票据核算的会计处理流程如图 10－1 所示。

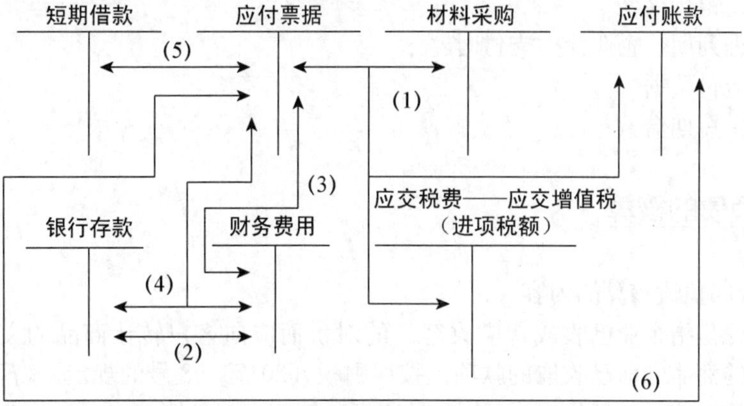

图 10－1　应付票据核算的会计处理流程图

例 10－4

2×18 年 6 月 20 日，某施工企业（增值税一般纳税人）开出一张半年期的商业承兑汇票，用于购进一批木材，增值税专用发票上注明的材料金额为 3 600 000 元，增值税款为 468 000 元。该增值税专用发票已得到认证。做如下会计分录：

（1）开出票据时：

借：材料采购	3 600 000	
应交税费——应交增值税（进项税额）	468 000	
贷：应付票据		4 068 000

（2）票据到期承兑时：

借：应付票据	4 068 000	
贷：银行存款		4 068 000

（3）票据到期，企业无力支付时：

借：应付票据　　4 068 000

　贷：应付账款　　4 068 000

例 10－5

2×18 年 6 月，某施工企业（增值税一般纳税人）开出并承兑一张面值为 800 000 元、票面利率为 6%、半年期的银行承兑汇票，用于抵顶前欠应付账款。做如下会计分录：

（1）开出票据时：

借：应付账款　　800 000

　贷：应付票据　　800 000

（2）按月计提利息时：

每月应计提的利息＝800 000×6%÷12＝4 000(元)

借：财务费用　　4 000

　贷：应付票据　　4 000

（3）票据到期承兑时：

借：应付票据　　824 000

　贷：银行存款　　824 000

（4）票据到期，企业无力支付时：

借：应付票据　　824 000

　贷：短期借款　　824 000

四、合同负债的核算

（一）合同负债核算的内容

合同负债是指企业已收或者应收客户的对价而应向客户转让商品的义务，如企业在转让承诺的商品之前已收取的款项。按照财税〔2017〕58 号的规定，《营业税改征增值税试点实施办法》（财税〔2016〕36 号印发）第四十五条第（二）项修改为“纳税人提供租赁服务采取预收款方式的，其纳税义务发生时间为收到预收款的当天”。纳税人提供建筑服务取得预收款，应在收到预收款时以取得的预收款扣除支付的分包款后的余额，按照现行规定应在建筑服务发生地预缴增值税的项目，纳税人收到预收款时在建筑服务发生地预缴增值税；按照现行规定无须在建筑服务发生地预缴增值税的项目，纳税人收到预收款时在机构所在地预缴增值税。

适用一般计税方法计税的项目预征率为 2%，适用简易计税方法计税的项目预征率为 3%。因此，一般纳税人施工企业当月收取的预收款项，应当在预收款的当月，按照 9%的适用税率或 3%的征收率，区分一般计税和简易计税项目，分别按照 2%或 3%的预征率在建筑服务发生地或机构所在地计算预缴增值税。也就是说建筑服务企业预收款不再具有增值税纳税义务，仅按照上述方式预缴增值税而已。

（二）合同负债核算应设置的账户

为了核算和监督企业在转让承诺的商品之前已收取的款项，施工企业应设置“合同负债”账户。其贷方登记企业在向客户转让商品之前，客户已经支付的合同对价，或企业已经取得无条件收取合同对价权利时在客户实际支付款项与到期应支付款项孰早时点已收或应收的金额；借方登记企业向客户转让相关商品时扣还的金额。期末贷方余额反映企业尚未扣还的款项。本账户应按预收账款的类别设置明细账，如“预收销货款”“预收工程款”等，并分别按预收账款的单位或个人进行明细核算。

（三）预收账款核算的会计处理

（1）收到预收备料款和预收工程款时：

借：银行存款

　贷：合同负债

（2）预收款预缴增值税时：

借：应交税费——预交增值税或简易计税

　贷：银行存款

（3）收到发包单位拨来材料抵预付工程款时：

借：原材料

　　应交税费——应交增值税（进项税额）

　贷：合同负债

（4）扣还预收的备料款（预付款）和工程款时：

借：合同负债

　贷：应收账款

（5）退还多收的预收备料款（预付款）和预收工程款时：

借：合同负债

　贷：银行存款

施工企业“合同负债”账户的会计处理流程如图 10-2 所示。

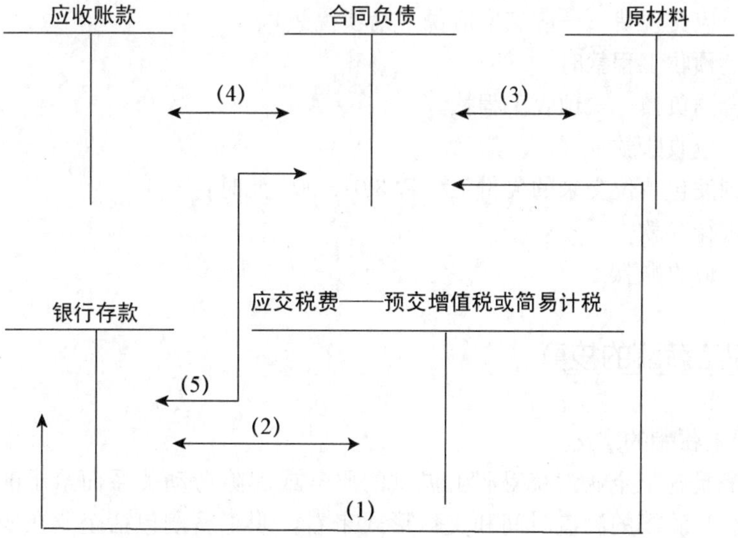

图 10-2 “合同负债”账户的会计处理流程

例 10-6

2×18 年 7 月，某施工企业（增值税一般纳税人）跨县市区承包项目，采取一般计税方法，在转让承诺的承包项目之前已收取发包单位拨付的工程款 5 994 000 元（含税）和抵作备料款的材料 4 068 000 元（含税，增值税税率为 13%）。取得的增值税专用发票已得到认证，应预缴的增值税已通过银行支付。做如下会计分录：

（1）预收工程款和钢材时：

借：银行存款　　5 994 000
　　原材料　　3 600 000
　　应交税费——应交增值税（进项税额）　　468 000
　贷：合同负债——预收工程款　　10 062 000

（2）在项目地预缴增值税时：

10 062 000÷(1+9%)×2%=184 623.85(元)

借：应交税费——预交增值税　　184 623.85
　贷：银行存款　　184 623.85

例 10-7

接例 10-6，上述工程完工并验收合格后，施工企业与发包单位办理竣工结算手续，按合同规定的结算价格 13 080 000 元（含税）进行结算。做如下会计分录：

（1）结算工程价款时：

13 080 000÷(1+9%)×9%=1 080 000(元)

13 080 000-1 080 000=12 000 000(元)

借：应收账款　　13 080 000
　贷：合同结算——价款结算　　12 000 000
　　　应交税费——应交增值税（销项税额）　　1 080 000

（2）扣还预收工程款时：

借：合同负债——预收工程款　　10 062 000
　贷：应收账款　　10 062 000

（3）收到发包单位交来的欠付工程款 3 018 000 元时：

借：银行存款　　3 018 000
　贷：应收账款　　3 018 000

五、应付职工薪酬的核算

（一）职工薪酬的定义

职工薪酬是施工企业为获得职工提供的服务或解除劳动关系而给予的各种形式的报酬或补偿。从薪酬的涵盖时间和支付形式来看，职工薪酬包括企业在职工在职期间和离职后给予的所有货币性薪酬和非货币性福利；从薪酬的支付对象来看，职工薪酬包括企业提供给职工本人及其配偶、子女或其他被赡养人的福利，比如支付给因公伤亡职工的配偶、子女或其他被赡养人的抚恤金。总之，企业与职工之间因职工提供服务形成的关系，大多数构成企业的现时义务，将导致企业未来经济利益的流出，从而形成企业的一项负债。

这里所称职工，是指与企业订立劳动合同的所有人员，含全职、兼职和临时职工，也包括虽未与企业订立劳动合同但由企业正式任命的人员。未与企业订立劳动合同或未由企业正式任命，但向企业所提供服务与职工所提供服务类似的人员，也属于职工的范畴，包括通过企业与劳动中介公司签订用工合同而向企业提供服务的人员。

（二）职工薪酬核算的内容

根据《企业会计准则第 9 号——职工薪酬》的规定，职工薪酬主要包括短期薪酬、离职后福利、辞退福利和其他长期职工福利。

1. 短期薪酬

短期薪酬是指企业在职工提供相关服务的年度报告期间结束后 12 个月内需要全部予以支付的职工薪酬，因解除与职工的劳动关系给予的补偿除外①。短期薪酬具体包括：

（1）职工工资、奖金、津贴和补贴，是指按照国家统计局的规定构成工资总额的计时工资、计件工资、支付给职工的超额劳动报酬等的劳动报酬，为了补偿职工特殊或额外的劳动消耗和因其他特殊原因支付给职工的津贴，以及为了保证职工工资水平不受物价影响而支付给职工的物价补贴等。其中，企业按照短期奖金计划向职工发放的奖金属于短期薪酬，按照长期奖金计划向职工发放的奖金属于其他长期职工福利。

（2）职工福利费，是指企业向职工提供的生活困难补助、丧葬补助费、抚恤费、职工异地安家费、防暑降温费等职工福利支出。

（3）医疗保险费、工伤保险费和生育保险费等社会保险费，是指企业按照国家规定的基准和比例计算，向社会保险经办机构缴存的医疗保险费、工伤保险费和生育保险费。

（4）住房公积金，是指企业按照国家规定的基准和比例计算，向住房公积金管理机构缴存的住房公积金。

（5）工会经费和职工教育经费，是指企业为了改善职工文化生活、为职工学习先进技术和提高文化水平和业务素质，用于开展工会活动和职工教育及职业技能培训等相关支出。

（6）短期带薪缺勤，是指企业支付工资或提供补偿的职工缺勤，包括年休假、病假、婚假、产假、丧假、探亲假等。长期带薪缺勤属于其他长期职工福利。

（7）短期利润分享计划，是指因职工提供服务而与职工达成的基于利润或其他经营成果提供薪酬的协议。长期利润分享计划属于其他长期职工福利。

（8）非货币性福利以及其他短期薪酬，是指除上述薪酬以外的其他为获得职工提供的服务而给予的短期薪酬。

2. 离职后福利

离职后福利，是指企业为获得职工提供的服务而在职工退休或与企业解除劳动关系后提供的各种形式的报酬和福利，属于短期薪酬和辞退福利的除外。离职后福利计

① 因解除与职工的劳动关系给予的补偿属于辞退福利的范畴。

划，是指企业与职工就离职后福利达成的协议，或者企业为向职工提供离职后福利制定的规章或办法等。离职后福利计划按照企业承担的风险和义务情况，可以分为设定提存计划和设定受益计划。设定提存计划，是指企业向独立的基金缴存固定费用后，不再承担进一步支付义务的离职后福利计划；设定受益计划，是指除设定提存计划以外的离职后福利计划。

3. 辞退福利

辞退福利，是指企业在职工劳动合同到期之前解除与职工的劳动关系，或者为鼓励职工自愿接受裁减而给予职工的补偿。辞退福利主要包括：

(1) 在职工劳动合同尚未到期前，不论职工本人是否愿意，企业决定解除与职工的劳动关系而给予的补偿。

(2) 在职工劳动合同尚未到期前，为鼓励职工自愿接受裁减而给予的补偿，职工有权选择继续在职或接受补偿离职。

4. 其他长期职工福利

其他长期职工福利，是指除短期薪酬、离职后福利、辞退福利之外的职工薪酬，包括长期带薪缺勤、长期残疾福利、长期利润分享计划等。

(三) 职工薪酬的确认和计量

1. 短期薪酬的确认和计量

根据《企业会计准则第 9 号——职工薪酬》的规定，企业应当在职工为其提供服务的会计期间，将实际发生的短期薪酬确认为负债，并计入当期损益，其他会计准则要求或允许计入资产成本的除外。

(1) 职工工资、奖金、津贴和补贴。企业应当根据职工提供服务情况和工资标准计算应计入职工薪酬的工资总额，按照受益对象计入当期损益或相关资产成本。

(2) 职工福利费。企业发生的职工福利费，应当在实际发生时根据实际发生额计入当期损益或相关资产成本。职工福利费为非货币性福利的，应当按照公允价值计量。

【特别提示】按照营改增的相关规定，企业将购进货物、加工修理修配劳务、服务、无形资产（不包括其他权益性无形资产）和不动产，用于简易计税方法计税项目、免征增值税项目、集体福利或者个人消费的，其进项税额不得抵扣。

(3) 社会保险费、住房公积金、工会经费和职工教育经费。企业为职工缴纳的医疗保险费、工伤保险费、生育保险费等社会保险费和住房公积金，以及按规定提存的工会经费和职工教育经费，应当在职工为其提供服务的会计期间，根据规定的计提基础和计提比例计算确定相应的职工薪酬金额，并确认相应负债，计入当期损益或相关资产成本。

其中，关于工会经费和职工教育经费，企业应当按照《企业财务通则》等相关规定，分别按照职工工资总额的 2%和 8%的计提标准，计量应付职工薪酬（工会经费、职工教育经费）义务金额和应计入成本费用的薪酬金额。

(4) 带薪缺勤。企业可能对因各种原因产生的缺勤进行补偿，比如年休假、生病、短期伤残、婚假、产假、丧假、探亲假等。根据带薪权利能否结转下期使用，带薪缺勤可以分为两类：

第一，非累积带薪缺勤，是指带薪权利不能结转下期的带薪缺勤，即如果当期权利没有行使完就予以取消，并且职工在离开企业时对未使用的权利无权获得现金支付。我国企业职工休婚假、产假、丧假、探亲假、病假期间的工资通常属于非累积带薪缺勤。由于职工提供服务本身不能增加其能够享受的福利金额，企业应当在职工缺勤时确认负债和相关资产成本或当期损益。实务中，我国企业一般是在缺勤期间计提应付工资时一并处理。

第二，累积带薪缺勤，是指带薪权利可以结转下期的带薪缺勤。如果本期的权利没有用完，可以在未来期间使用。当职工提供了服务从而增加了其享有的未来带薪缺勤的权利时，企业就产生了一项义务，应当予以确认和计量，并按照带薪缺勤计划予以支付。

(5) 短期利润分享计划。利润分享计划同时满足下列条件的，企业应当确认相关的应付职工薪酬：

1）企业因过去事项导致现在具有支付职工薪酬的法定义务或推定义务。

2）因利润分享计划所产生的应付职工薪酬义务金额能够可靠估计。属于下列三种情形之一的，视为义务金额能够可靠估计：①在财务报告批准报出之前企业已确定应支付的薪酬金额；②该短期利润分享计划的正式条款中包括确定薪酬金额的方式；③过去的惯例为企业确定推定义务金额提供了明显证据。

2. 离职后福利的确认和计量

(1) 设定提存计划。企业应当在职工为其提供服务的会计期间，将根据设定提存计划计算的应缴存金额确认为负债，并计入当期损益或相关资产成本。

(2) 设定受益计划。在设定受益计划下，企业的义务是为现在及以前的职工提供约定的福利，它可能是不注入资金的，或者可能是全部或部分地由企业（有时由其职工）向法律上独立于报告主体的企业或基金，以缴纳提存金形式注入资金，并由其向职工支取福利。到期时已注资福利的支付不仅取决于基金的财务状况和投资业绩，而且取决于企业补偿基金资产短缺的能力和意愿，故其中的精算风险和投资风险实质上是由企业来承担的。

设定受益计划的核算涉及四个步骤：

1）确定设定受益义务现值和当期服务成本。设定受益义务的现值，是指企业在不扣除任何计划资产的情况下，为履行当期和以前期间职工服务产生的义务所需的预期未来支付额的现值。企业应当通过预期累计福利单位法确定其设定受益义务的现值、相关的当期服务成本和过去服务成本。在预期累计福利单位法下，每一服务期间会增加一个单位的福利权利，并且需对每一个单位单独计量，以形成最终义务。企业应当将福利归属于提供设定受益计划的义务发生的期间，并计入当期损益或相关资产成本。这一期间是指从职工提供服务以获取企业在未来报告期间预计支付的设定受益计划福利开始，至职工的继续服务不会导致这一福利金额显著增加之日为止。

2）确定设定受益计划净负债或净资产。设定受益计划存在资产的，应当将设定受益计划义务现值减去设定受益计划资产公允价值所形成的赤字或盈余确认为一项设定受益计划净负债或净资产。设定受益计划存在盈余的，企业应当以设定受益计划的盈余和资产上限两项孰低者计量设定受益计划净资产。其中，资产上限，是指企业可从设定受益计划退款或减少未来对设定受益计划缴存资产而获得的经济利益的现值。

3）确定应当计入当期损益的金额。

4）确定应当计入其他综合收益的金额。

报告期末，企业应当将设定受益计划产生的职工薪酬成本确认为下列组成部分：

1）服务成本，包括当期服务成本、过去服务成本和结算利得或损失。其中，当期服务成本，是指职工当期提供服务所导致的设定受益计划义务现值的增加额；过去服务成本，是指设定受益计划修改所导致的与以前期间职工服务相关的设定受益计划义务现值的增加或减少。

2）设定受益计划净负债或净资产的利息净额，包括计划资产的利息收益、设定受益计划义务的利息费用以及资产上限影响的利息。

3）重新计量设定受益计划净负债或净资产所产生的变动。

除非其他会计准则要求或允许职工福利成本计入资产成本，上述第1）项和第2）项应计入当期损益。其中，企业应当在下列日期孰早日将过去服务成本确认为当期费用：修改设定受益计划时、企业确认相关重组费用或辞退福利时。第3）项应计入其他综合收益，并且在后续会计期间不允许转回至损益，但企业可以在权益范围内转移这些在其他综合收益中确认的金额。

3. 辞退福利的确认和计量

辞退福利通常采取解除劳动关系时一次性支付补偿的方式，也有通过提高退休后养老金或其他离职后福利的标准，或者在职工不再为企业带来经济利益后，将职工工资支付到辞退后未来某一期间的方式。需要强调的是，辞退福利与正常退休养老金应当区分对待。

（1）辞退福利的确认。《企业会计准则第9号——职工薪酬》规定，同时满足下列条件的，应当确认因解除与职工的劳动关系给予补偿而产生的预计负债，并计入当期管理费用。

第一，企业已经制订正式的解除劳动关系计划或提出自愿裁减建议，并即将实施。正式的解除劳动关系计划应当经过董事会或类似权力机构的批准；即将实施是指辞退工作一般应当在一年内实施完毕，但因付款程序等原因使部分付款推迟到一年后支付的，视为符合辞退福利预计负债确认条件。

第二，企业不能单方面撤回解除劳动关系计划或裁减建议。如果企业能够单方面撤回解除劳动关系计划或裁减建议，则表明未来经济利益流出不是很可能，因而不符合负债确认条件。

（2）辞退福利的计量。企业应当根据《企业会计准则第9号——职工薪酬》和《企业会计准则第13号——或有事项》，严格按照辞退计划条款的规定，合理预计并确认辞退福利产生的负债。

4. 其他形式职工薪酬的确认和计量

除上述短期薪酬、离职后福利和辞退福利等常规薪酬外，实务中，企业还存在长期带薪缺勤以及递延酬劳等职工薪酬形式，这里不详细叙述。

（四）职工薪酬核算应设置的账户

为了核算企业根据有关规定应付给职工的各种薪酬，施工企业应设置“应付职工薪酬”账户。其贷方登记月份终了企业根据职工提供服务的受益对象分配实际发生的职工薪酬；借方登记实际支付给职工的薪酬。本账户可以设置“工资”“职工福利”“社会保险费”“住房公积金”“工会经费”“职工教育经费”“非货币性福利”“辞退福利”“股份支付”等明细科目进行核算。本账户期末贷方余额反映企业应付未付的职工薪酬。

1. 工资及职工福利费核算应设置的账户

为了核算和监督企业应付给职工的工资总额，施工企业应设置“应付职工薪酬——工资”明细账户。其贷方登记月份终了按职工工作部门和服务对象分配本月应发放的工资；借方登记实际支付给职工的工资。本账户期末一般应无余额，如果企业本月实发工资是按上月考勤记录计算的，实发工资与按本月考勤记录计算的应付工资的差额，即为本账户的期末余额。如果企业实发工资与应付工资相差不大，也可以按本月实发工资作为应付工资进行分配，这样本账户期末即无余额。如果不是由于上述原因引起的应付工资大于实发工资的，期末贷方余额反映企业工资结余。企业应设置应付工资明细账，按照职工类别分设账页，按照工资的组成内容分设专栏，根据工资单或工资汇总表进行明细核算。

2. 职工福利核算应设置的账户

为了核算和监督职工福利费使用情况，施工企业应设置“应付职工薪酬——职工福利”明细账户。其贷方登记本月实际发生的应付职工福利费的情况，即应付职工福利费的分配数；借方登记本月实际支付的职工福利费；期末贷方余额反映企业尚未支付的应付职工福利费的结余，资产负债表日该明细账户应无余额。职工福利费应单独设置备查簿进行管理。

3. 辞退福利核算应设置的账户

为了核算企业因辞退福利产生的预计负债，施工企业应设置“应付职工薪酬——辞退福利”明细账户。该账户贷方登记应当支付的辞退福利；借方登记实际支付的辞退福利。期末贷方余额反映应付未付的辞退福利。

由于应付职工薪酬的其他核算事项在企业日常经营活动中发生的较少，这里就不一一介绍，企业可以参考上述各明细账户的结构进行核算。

(五) 应付职工薪酬核算的会计处理

(1) 企业发生应付职工工资和福利费等时，应根据部门或者产生原因，借记相关账户，贷记“应付职工薪酬”账户。

借：合同履约成本——工程施工
　　管理费用
　　在建工程
　　未确认融资费用（辞退福利支付超过一年）
　贷：应付职工薪酬

(2) 企业发放、支付货币性福利时：

借：应付职工薪酬——工资
　　　　　　　　——职工福利
　　　　　　　　——社会保险费
　　　　　　　　——住房公积金
　　　　　　　　——工会经费
　　　　　　　　——职工教育经费

贷：银行存款

库存现金

（3）企业将拥有的房屋等资产无偿提供给职工使用时：

借：应付职工薪酬——非货币性福利

贷：累计折旧

同时，如果该企业拥有的房屋在取得时已抵扣进项税额，在转用职工福利时，应按不动产净值及适用税率计算转出。

借：固定资产

贷：应交税费——应交增值税（进项税额转出）

（4）企业租赁住房供员工无偿使用时：

借：应付职工薪酬——非货币性福利

贷：其他应付款

同时，如果该企业所租赁的住房取得的进项税额已抵扣，在提供给员工无偿使用时，应将租赁时取得的进项税额予以转出。

借：管理费用

贷：应交税费——应交增值税（进项税额转出）

（5）因解除与职工的劳动关系，各期支付辞退福利款项时：

借：应付职工薪酬——辞退福利

贷：银行存款

同时：

借：财务费用

贷：未确认融资费用

例 10-8

某施工企业提取现金 880 000 元以备发工资。月份终了，分配本月应付的工资总额，其中工程施工现场人员工资 500 000 元，企业行政管理人员工资 80 000 元，改建、扩建工程人员工资 300 000 元。做如下会计分录：

（1）从银行提取现金时：

借：库存现金	880 000	
贷：银行存款		880 000

（2）月份终了分配工资时：

借：合同履约成本——工程施工	500 000	
管理费用	80 000	
在建工程	300 000	
贷：应付职工薪酬——工资		880 000

（3）发放工资时：

借：应付职工薪酬——工资	880 000	
贷：库存现金		880 000

（4）企业预计该月应承担的职工福利费义务金额为职工工资总额 880 000 元的 14%。做如下会计分录：

借：合同履约成本——工程施工	70 000	

管理费用 11 200

在建工程 42 000

贷：应付职工薪酬——职工福利 123 200

例 10-9

某施工企业根据辞退计划，将某施工队的 6 名员工辞退，每人补偿 80 000 元。做如下会计分录：

借：管理费用 480 000

贷：应付职工薪酬——辞退福利 480 000

六、应交税费的核算

企业在一定时期内取得的营业收入和实现的利润或发生特定经营行为，按规定要向国家缴纳各种税金，这些应缴的税金，应按照权责发生制的原则确认。施工企业按规定应向国家缴纳的税费有多种，主要包括增值税、城市维护建设税、企业所得税、房产税、车船税、城镇土地使用税、印花税、代扣职工个人所得税等。

（一）增值税

2011 年 11 月 16 日，财政部、国家税务总局发布的《关于印发〈营业税改征增值税试点方案〉的通知》（财税〔2011〕110 号）规定：建筑业适用增值税一般计税方法，适用的税率为 11%。同天发布的《财政部、国家税务总局关于在上海市开展交通运输业和部分现代服务业营业税改征增值税试点的通知》（财税〔2011〕111 号）规定：2012 年 1 月 1 日，我国首先从上海的交通运输业和部分现代服务业开始营业税改征增值税的试点工作。2012 年 10 月 21 日，国务院召开扩大营改增试点范围座谈会，提出要适时将建筑业等行业纳入改革试点范围，由此，建筑业营改增被提上日程。2016 年 3 月 23 日，财政部、国家税务总局发布的《关于全面推开营业税改征增值税试点的通知》（财税〔2016〕36 号）规定：2016 年 5 月 1 日起，在全国范围内全面推开营业税改征增值税试点，建筑业、房地产业、金融业、生活服务业等全部营业税纳税人纳入试点范围，由缴纳营业税改为缴纳增值税。施工企业属于建筑服务业，一般计税方法下增值税税率为 11%，简易计税方法下增值税征收率为 3%。我国现行增值税基本规范是 2017 年 11 月 19 日发布的修订后的《中华人民共和国增值税暂行条例》（简称《增值税暂行条例》）和 2016 年 3 月财政部和国家税务总局发布的营改增通知以及 2008 年 12 月发布的《中华人民共和国增值税暂行条例实施细则》（简称《增值税暂行条例实施细则》，财政部、国家税务总局令 2008 年第 50 号）。

2018 年 4 月 4 日，财政部、国家税务总局发布《关于调整增值税税率的通知》（财税〔2018〕32 号）规定：纳税人发生增值税应税销售行为或者进口货物，原适用 17% 和 11%税率的，税率分别调整为 16%，10%。从 2018 年 5 月 1 日起，对于建筑服务业，一般计税方法下增值税税率为 10%，简易计税方法下增值税征收率仍为 3%。自 2019 年 4 月 1 日起，增值税一般纳税人发生增值税应税销售行为或者进口货物，原适用 16%税率的，税率调整为 13%；原适用 10%税率的，税率调整为 9%。

1. 增值税的概念

增值税是以商品（含货物、加工修理修配劳务、服务、无形资产或不动产）在流转过程中产生的增值额作为计税依据而征收的一种流转税。按照增值税有关规定，企业购入商品支付的增值税（即进项税额），可以从销售商品按规定收取的增值税（即销项税额）中抵扣。

2. 增值税的计算

一般纳税人销售货物、不动产、无形资产或提供应税服务和劳务，其应纳税额采用扣税法计算。其计算公式如下：

应纳增值税税额＝当期销项税额－当期进项税额

小规模纳税人发生应税销售行为，实行按照销售额和征收率计算应纳税额的简易计税方法，不得抵扣进项税额。其应纳增值税税额的计算公式如下：

应纳增值税税额＝销售额×征收率

（1）当期销项税额的计算。当期销项税额，是指纳税人在当期销售货物、不动产、无形资产或提供应税服务和劳务时，按照销售额和适用税率计算并向购买方收取的增值税税款。销项税额的计算公式如下：

销项税额＝销售额×税率

式中，销售额是指纳税人销售货物或提供应税服务时向购买方收取的全部价款和价外费用，但不包括向购买方收取的销项税额，即为不含税的收入。

销售额＝向购买方收取的全部价款和价外费用÷(1＋增值税税率或征收率)

（2）当期进项税额的计算。当期进项税额是指纳税人在当期购进货物、不动产、无形资产或接受应税服务和劳务时，支付或负担的增值税税额。根据《增值税暂行条例》的规定，下列进项税额准予从销项税额中扣除：

1）从销售方取得的增值税专用发票上注明的增值税税额。

2）从海关取得的海关进口增值税专用缴款书上注明的增值税税额。

3）购进农产品，除取得增值税专用发票或者海关进口增值税专用缴款书外，按照农产品收购发票或者销售发票上注明的农产品买价和9%的扣除率计算的进项税额，国务院另有规定的除外。其进项税额的计算公式如下：

进项税额＝买价×扣除率

4）自境外单位或者个人购进劳务、服务、无形资产或者境内的不动产，从税务机关或者扣缴义务人取得的代扣代缴税款的完税凭证上注明的增值税税额。

另外，2016年5月1日后允许将新增不动产纳入抵扣范围。

根据《增值税暂行条例》的规定，企业发生的下列项目的进项税额不得从销项税额中抵扣：

1）用于简易计税方法计税项目、免征增值税项目、集体福利或者个人消费的购进货物、劳务、服务、无形资产和不动产；

2）非正常损失的购进货物，以及相关的劳务和交通运输服务；

3）非正常损失的在产品、产成品所耗用的购进货物（不包括固定资产）、劳务和交通运输服务；

4）国务院规定的其他项目。

（3）税率。施工企业在《销售服务、无形资产、不动产注释》中属于建筑服务的范畴，增值税税率为9%，征收率为3%。增值税计税方法分为适用一般计税方法和适用简易计税方法。具体税率、征收率如表10-1所示。

表10-1 一般纳税人提供建筑服务适用增值税税目、税率表

税目	分类	详细分类	税率
建筑服务	适用一般计税方法的项目	工程服务	9%
		安装服务	
		修缮服务	
		装饰服务	
		其他建筑服务	
	适用简易计税方法的项目	以清包工方式提供的建筑服务	3%
		甲供工程[①]	
		为建筑工程老项目[②]提供的建筑服务。 国家税务总局公告2017年第11号规定：2017年5月1日起，纳税人销售活动板房、机器设备、钢结构件等自产货物的同时提供建筑、安装服务，不属于《营业税改征增值税试点实施办法》（财税〔2016〕36号文件印发）第四十条规定的混合销售，应分别核算货物和建筑服务的销售额，分别适用不同的税率或者征收率。 财税〔2017〕58号规定：2017年7月1日起，建筑工程总承包单位为房屋建筑的地基与基础、主体结构提供工程服务，建设单位自行采购全部或部分钢材、混凝土、砌体材料、预制构件的，适用简易计税方法计税。 地基与基础、主体结构的范围，按照《建筑工程施工质量验收统一标准》（GB 50300-2013）附录B《建筑工程的分部工程、分项工程划分》中的"地基与基础""主体结构"分部工程的范围执行。 国家税务总局公告2018年42号规定：自2018年7月25日起，一般纳税人销售自产机器设备的同时提供安装服务，应分别核算机器设备和安装服务的销售额，安装服务可以按照甲供工程选择适用简易计税方法计税。 一般纳税人销售外购机器设备的同时提供安装服务，如果已经按照兼营的有关规定，分别核算机器设备和安装服务的销售额，安装服务可以按照甲供工程选择适用简易计税方法计税。	

注：

①甲供工程是指全部或部分设备、材料、动力由工程发包方自行采购的建筑工程。

②建筑工程老项目，是指：第一，"建筑工程施工许可证"注明的合同开工日期在2016年4月30日前的建筑工程项目；第二，未取得"建筑工程施工许可证"的，建筑工程承包合同注明的开工日期在2016年4月30日前的建筑工程项目。

施工企业在销售商品、提供劳务和服务时分别按照对应的增值税税率来计算增值税销项税额，但施工企业在购入货物、不动产、无形资产或接受应税劳务、服务时，支付的增值税税额（进项税额），需要根据销售方适用的增值税税率或征收率来确定。

3. 增值税核算的会计处理

（1）增值税一般纳税人。一般纳税人企业应缴纳的增值税，在“应交税费”账户下设置“应交增值税”等十个明细账户进行核算。

1）“应交增值税”：在“应交增值税”二级明细账户下再设置十个三级明细账户进行核算。

2）“未交增值税”：核算一般纳税人月度终了从“应交增值税”或“预交增值税”明细科目转入当月应交未交、多交或预缴的增值税税额，以及当月交纳以前期间未交的增值税税额。

3）“预交增值税”：核算一般纳税人转让不动产、提供不动产经营租赁服务、提供建筑服务、采用预收款方式销售自行开发的房地产项目等，以及其他按现行增值税制度规定应预缴的增值税税额。

4）“待抵扣进项税额”：核算一般纳税人已取得增值税扣税凭证并经税务机关认证，按照现行增值税制度规定准予以后期间从销项税额中抵扣的进项税额。包括：一般纳税人自 2016 年 5 月 1 日后取得并按固定资产核算的不动产或者 2016 年 5 月 1 日后取得的不动产在建工程，按现行增值税制度规定准予以后期间从销项税额中抵扣的进项税额；实行纳税辅导期管理的一般纳税人取得的尚未交叉稽核比对的增值税扣税凭证上注明或计算的进项税额。

5）“待认证进项税额”：核算一般纳税人由于未经税务机关认证而不得从当期销项税额中抵扣的进项税额。包括：一般纳税人已取得增值税扣税凭证，按照现行增值税制度规定准予从销项税额中抵扣但尚未经税务机关认证的进项税额；一般纳税人已申请稽核但尚未取得稽核相符结果的海关缴款书进项税额。

6）“待转销项税额”：核算一般纳税人销售货物、加工修理修配劳务、服务、无形资产或不动产，已确认相关收入（或利得）但尚未发生增值税纳税义务而需于以后期间确认为销项税额的增值税税额。

7）“增值税留抵税额”：核算兼有销售服务、无形资产或者不动产的原增值税一般纳税人，截至纳入营改增试点之日前的增值税期末留抵税额按照现行增值税制度规定不得从销售服务、无形资产或不动产的销项税额中抵扣的增值税留抵税额。

8）“简易计税”：核算一般纳税人采用简易计税方法发生的增值税计提、扣减、预缴、缴纳等业务。

9）“转让金融商品应交增值税”：核算增值税纳税人转让金融商品发生的增值税税额。

10）“代扣代交增值税”：核算纳税人购进在境内未设经营机构的境外单位或个人在境内的应税行为代扣代缴的增值税。

在以上十个二级明细账户中，最常用的是“应交增值税”明细账户，其借方登记企业购进货物或接受应税劳务支付的进项税额，实际已缴纳、月终转出当月应缴未缴的增值税；贷方登记销售货物或提供应税劳务应缴纳的增值税，以及出口企业收到出口退税、进项税额转出数额、转出多缴增值税。期末借方余额反映企业尚未抵扣的增值税。

同时，在“应交税费——应交增值税”账户下设三级账户，“应交税费——应交增值税”各三级账户具体核算内容如表 10-2 所示。

表 10-2 施工企业“应交税费——应交增值税”各三级明细科目具体核算内容

规定设置科目	核算内容
应交税费——应交增值税（销项税额）	记录企业销售货物或提供应税劳务应收取的增值税税额。发生销售退回，用红字在贷方登记。
应交税费——应交增值税（进项税额）	记录企业购入货物或接受应税服务、劳务而支付的，准予从销项税额中抵扣的增值税税额。发生销售退回，用红字在贷方登记。
应交税费——应交增值税（已交税金）	记录企业本月预缴的增值税税额。适用于一个月内分次预缴增值税的纳税人。预缴税退回时做反方向分录。
应交税费——应交增值税（减免税额）	应交增值税的减免税额核算是指经税务部门批准，实际减免的增值税税额。例如，企业初次购进增值税税控系统专用设备支付的费用及其发生的技术维护费，可按增值税专用发票上注明的增值税税额抵减应纳税额。
应交税费——应交增值税（转出多交增值税）	记录企业当月多交的增值税的转出额（仅针对并限于“已交税金”的额度转出），即月终转入“应交税费——未交增值税”科目。
应交税费——应交增值税（出口抵减内销产品应纳税额）	核算企业按照国务院规定的退税率计算的出口货物的进项税额抵减内销产品的应纳税额。
应交税费——应交增值税（进项税额转出）	核算企业在购进货物、提供劳务等发生非正常损失，以及将已抵扣的进项税额项目用于免征增值税应税项目、简易办法征税等不得从销项税额中抵扣进项税额行为时，所抵扣进项税额需在发生用途改变当月进行进项税额转出的金额。
应交税费——应交增值税（转出未交增值税）	记录企业月终将本期发生的应交未交增值税的转出额，即月终转入“应交税费——未交增值税”科目。
应交税费——应交增值税（出口退税）	核算企业出口适用零税率的货物，向海关办理报关出口手续后，凭出口报关单等有关凭据，向税务机关办理退税而收到的退回税款。
应交税费——应交增值税（销项税额抵减）	核算企业因按规定扣减销售额而减少的销项税额。

“应交税费——应交增值税”科目下的三级明细科目的数据只允许在一方反映，凡产生方向相反的数据，用红字记录。该明细科目应采用多栏式日记账形式核算。

月末，企业在向税务部门实际缴纳本期的增值税税额时，按照实际缴纳的增值税金额，借记“应交税费——未交增值税”科目，贷记“银行存款”等科目。同时，企业应在月末先计算出应交未交的增值税，借记“应交税费——应交增值税（转出未交增值税）”科目，贷记“应交税费——未交增值税”科目；当月多交的增值税，借记“应交税费——未交增值税”科目，贷记“应交税费——应交增值税（转出多交增值税）”科目。期末，“应交增值税——未交增值税”科目的余额如果在贷方，表示企业当期应交未交的增值税；余额如果在借方，表示企业本月多交的增值税。

施工企业增值税一般纳税人核算增值税应设置的各级会计账户如图 10-3 所示。

- 应交税费（一级账户）
  - 应交增值税（二级账户）
    - 进项税额（三级账户）
    - 销项税额抵减
    - 已交税金
    - 转出未交增值税
    - 减免税款
    - 出口抵减内销产品应纳税额
    - 销项税额
    - 出口退税
    - 进项税额转出
    - 转出多交增值税
  - 未交增值税
  - 预交增值税
  - 待抵扣进项税额
  - 待认证进项税额
  - 待转销项税额
  - 增值税留抵税额
  - 简易计税
  - 转让金融商品应交增值税
  - 代扣代交增值税

一级账户　　二级账户　　三级账户

图 10-3　施工企业一般纳税人增值税核算应设置的会计科目图

(2) 增值税小规模纳税人只需在“应交税费”科目下设置“应交增值税”明细科目，不需要设置上述专栏及除“转让金融商品应交增值税”“代扣代交增值税”外的明细科目。

例 10-10

2×18 年 5 月，某施工企业（增值税一般纳税人）购入一批钢材用于某施工项目，取得的增值税专用发票上注明钢材的金额为 60 000 000 元，增值税税额为 7 800 000 元（增值税税率为 13%），共计 6 000 吨。该批钢材已验收入库，且款项已通过银行存款付清。取得的增值税专用发票当月已通过认证。做如下会计分录：

借：原材料——钢材	60 000 000	
应交税费——应交增值税（进项税额）	7 800 000	
贷：银行存款		67 800 000

例 10-11

接例 10-10，2×18 年 6 月，该施工企业承接了一项工程，期末向甲方开具合同结算单，双方确认合同结算金额为 132 000 000 元（含税），已知建筑施工企业增值税税率为 9%，企业开出增值税专用发票。做如下会计分录：

确认的增值税税额＝130 800 000÷(1＋9%)×9%＝10 800 000(元)

借：应收账款——甲方　130 800 000
　贷：合同结算——价款结算　120 000 000
　　　应交税费——应交增值税（销项税额）　10 800 000

例 10－12

接例 10－10，期末计算该企业应缴纳的增值税，并通过银行支付。做如下会计分录：

应交增值税＝10 800 000－7 800 000＝3 000 000(元)

（1）月末计算应交增值税并转出时：
借：应交税费——应交增值税（转出未交增值税）　3 000 000
　贷：应交税费——未交增值税　3 000 000
（2）缴纳增值税时：
借：应交税费——未交增值税　3 000 000
　贷：银行存款　3 000 000

（二）城市维护建设税

1. 城市维护建设税的概念

城市维护建设税，简称城建税，是国家对从事工商经营、缴纳消费税和增值税（简称“两税”）的单位和个人，以其实际缴纳的消费税、增值税税额为依据而征收的一种税，是国家为了加强城市的维护建设、扩大和稳定城市维护建设资金的来源而采取的一项税收措施，属于特定目的税。

城市维护建设税的纳税义务人是在征税范围内从事工商经营并缴纳消费税和增值税的单位和个人。自 2010 年 12 月 1 日起，对外商投资企业、外国企业及外籍个人征收城市维护建设税。

2. 城市维护建设税的计算

城市维护建设税应纳税额的计算，以纳税人实际缴纳的消费税、增值税税额为计税依据，再乘以适用税率。其计算公式如下：

$$\begin{matrix}\text{城市维护建设税}\\\text{应纳税额}\end{matrix}=\left(\begin{matrix}\text{实际缴纳的}\\\text{消费税税额}\end{matrix}+\begin{matrix}\text{实际缴纳的}\\\text{增值税税额}\end{matrix}\right)\times\text{适用税率}$$

式中，税率因纳税人所在地不同而有所不同。纳税人所在地为市区的，税率为 7%；纳税人所在地为县城、镇的，税率为 5%；纳税人所在地不在市区、县城或镇的，税率为 1%；开采海洋石油资源的中外合作油（气）田所在地在海上，其城市维护建设税适用 1%的税率。城市维护建设税的税率应当按照纳税人所在地的规定税率执行。但是，对下列两种情况，可按缴纳“两税”所在地的规定税率就地缴纳城市维护建设税。

（1）由受托方代扣代缴、代收代缴“两税”的单位和个人，其代扣代缴、代收代缴的城市维护建设税按受托方所在地适用税率执行；

（2）流动经营等无固定纳税地点的单位和个人，在经营地缴纳“两税”的，其城市维护建设税的缴纳按经营适用税率执行。

3. 城市维护建设税的会计处理

施工企业应缴纳的城市维护建设税，在“应交税费”账户下设置“应交城市维护建设税”明细账户。企业计算出的应缴纳的城市维护建设税，借记“税金及附加”“其他业务成本”等账户，贷记“应交税费——应交城市维护建设税”账户；实际缴纳时，借记“应交税费——应交城市维护建设税”账户，贷记“银行存款”账户。

例 10-13

某施工企业某月上交增值税 190 000 元，城市维护建设税税率为 7%。做如下会计分录：

（1）计算应交城市维护建设税时：

本月应交城市维护建设税=190 000×7%=13 300(元)

借：税金及附加	13 300	
贷：应交税费——应交城市维护建设税		13 300

（2）上缴税金时：

借：应交税费——应交城市维护建设税	13 300	
贷：银行存款		13 300

（三）房产税、城镇土地使用税、车船税和印花税

1. 房产税

房产税是以房屋作为征收对象，按照房屋的计税余值或租金收入向产权所有人征收的一种财产税。房产税以在征税范围内的房屋产权所有人为纳税人。企业自用的房产，征收房产税时借记“税金及附加”账户；出租的房产，征收房产税时借记“其他业务支出”账户；作为投资性房地产，征收房产税时借记“税金及附加”账户。

（1）房产税的纳税义务人是指房屋的产权所有人，包括产权所有人、经营管理单位、承典人、房产代管人或者使用人。房产税的征税对象是房产①，房产税的征税范围为城市、县城、建制镇和工矿区。

（2）房产税的计税依据通常是房产的价值（不含增值税）。经营自用的房屋以房产计税余值（含土地价值）作为计税依据，对出租的房屋按租金（不含增值税）作为计税依据。按照房产计税价值征税的，称为从价计征；按照房产租金收入（不含增值税）征税的，称为从租计征。相应地，房产税的税率也有两种：一是从价计征的，按照房产原值一次减除 10%～30%后的余值计算缴纳，税率为 1.2%；二是从租计征的，按照房产出租的租金收入计算缴纳，税率为 12%。从 2001 年 1 月 1 日起，对个人按市场价格出租的居民住房，用于居住的，可暂按 4%的税率征收房产税；自 2008 年 3 月 1 日起，对个人出租住房，不区分用途，按 4%的税率征收房产税。

房产税应纳税额的计算也采用两种方法：

一是从价计征的计算，即以房产的原值（不含增值税）减除一定比例后的余值作为计税依据。其计算公式如下：

---

① 所谓房产，是指有屋面和围护结构（有墙或两边有柱），能够遮风避雨，可供人们在其中生产、学习、工作、娱乐、居住或储藏物资的场所。

应纳房产税税额＝应税房产原值[1]×(1－减除比例)×1.2%

二是从租计征的计算，即以房产的租金收入（不含增值税）作为计税的依据。其计算公式如下：

应纳房产税税额＝租金收入×12%

2. 城镇土地使用税

城镇土地使用税是以城镇土地为征税对象，以实际占用的土地面积为计税标准，按规定税额对拥有土地使用权的单位和个人征收的一种税。城镇土地使用税于1988年11月1日起对国内企业、单位和个人开征。需要说明的是，自2007年1月1日起，国家将外商投资企业、外国企业列为城镇土地使用税的纳税人。

（1）城镇土地使用税的纳税义务人，是指承担缴纳城镇土地使用税义务的所有单位和个人，包括拥有土地使用权的单位和个人。土地使用权未确定或权属纠纷未解决的，其实际使用人为纳税人；土地使用权共有的，共有各方都是纳税人，由共有各方分别纳税。

（2）城镇土地使用税的征税范围，包括在城市、县城、建制镇和工矿区内的国家所有和集体所有的土地。

（3）城镇土地使用税的计税依据，是以纳税人实际占用的土地面积[2]为计税依据，按照规定的税额计算征收。其计算公式如下：

全年应纳城镇土地使用税税额＝计税土地面积(平方米)×适用税额

城镇土地使用税实行定额税制，即采用有幅度的差别税额，按大、中、小城市和县城、建制镇和工矿区分别规定每平方米城镇土地使用税年应纳税额。具体标准为：大城市1.50～30元，中等城市1.20～24元，小城市0.90～18元，县城、建制镇、工矿区0.60～12元。

3. 车船税

车船税是对在中华人民共和国境内车辆、船舶（以下简称车船）的所有人或者管理人依法征收的一种税。

（1）在中华人民共和国境内，车船税的纳税义务人是车辆、船舶的所有人或管理人。管理人是指对车船具有管理使用权、不具有所有权的单位和个人。

（2）车船税的征收范围，是指依法应在车船管理部门登记的车船。车船管理部门是指公安、交通、农业、渔业、军事等依法具有车船管理职能的部门。在机场、港口以及其他企业内部场所行驶或者作业并在车船管理部门登记的车船，应当缴纳车船税。

（3）车船税实行定额税率[3]。车船税以车船的计税标准和适用税率计算缴纳。其中，车辆中除载货汽车按净吨位计征外，其余无论机动车还是非机动车均按辆计征；机动船按净吨位计征；非机动船按载重吨位计征。

4. 印花税

印花税是对经济活动和经济交往中书立、使用、领受具有法律效力的凭证的单位

---

① 应税房产原值是“固定资产”账户中记载的房屋原价及土地价值。

② 土地面积计量标准为每平方米。

③ 定额税率也称固定税率，是税率的一种特殊形式。

和个人征收的一种税。印花税因其采用在应税凭证上粘贴印花税票的方法缴纳税款而得名。征收印花税有利于增加财政收入、配合和加强经济合同的监督管理、培养纳税意识，也有利于配合对其他应纳税种的监督管理。

(1) 印花税的纳税义务人，是指在中国境内书立、使用、领受《中华人民共和国印花税暂行条例》(简称《印花税暂行条例》) 所列举的凭证并应依法履行纳税义务的单位和个人。其按照书立、使用、领受应税凭证的不同，可以分别确定为立合同人、立据人、立账簿人、领受人和使用人及各类电子应税凭证的签订人。

(2) 印花税的征税范围是只对在《印花税暂行条例》中列举的凭证征收，对没有列举的凭证不征税。正式列举的凭证分为五类，即经济合同，产权转移书据，营业账簿，权利、许可证照和经财政部门确认的其他凭证。

(3) 印花税的税率有两种形式，即比例税率和定额税率。其中，各类合同以及具有合同性质的凭证 (含以电子形式签订的各类应税凭证)、产权转移书据、营业账簿中记载金额的账簿，适用比例税率。印花税的比例税率分 4 个档次，分别是万分之零点五、万分之三、万分之五和千分之一。而“权利、许可证照”和“营业账簿”税目中的其他账簿，适用定额税率，均为按件贴花，每件税额为 5 元。财税〔2018〕50 号规定：自 2018 年 5 月 1 日起，对按万分之五税率贴花的资金账簿减半征收印花税，对按件贴花 5 元的其他账簿免征印花税。

(4) 印花税纳税人的应纳税额，根据应纳税凭证的性质，分别按比例税率或定额税率计算。其计算公式如下：

应纳印花税税额＝应税凭证计税金额(或应税凭证件数)×适用税率

(5) 印花税票为有价证券，其票面金额以人民币为单位，分为 1 角、2 角、5 角、1 元、2 元、5 元、10 元、50 元、100 元九种。

企业缴纳的印花税，应根据税额大小、贴花次数以及税收征收管理的需要，分别采用自行贴花办法、汇贴或汇缴办法和委托代征办法。实行自行贴花办法的施工企业，由纳税人根据应纳税凭证的性质和适用的税目、税率，自行计算应纳税额，自行购买印花税票，自行一次贴足印花税票并加以注销或划销。

5. 房产税、城镇土地使用税、车船税和印花税的会计处理

施工企业应缴纳的房产税、城镇土地使用税、车船税和印花税，在“应交税费”账户下设置“应交房产税”“应交城镇土地使用税”“应交车船税”“应交印花税”等明细账户进行核算。月份终了，企业计算出当月应缴纳的房产税、城镇土地使用税、车船税和印花税时，借记“税金及附加”账户，贷记“应交税费——应交房产税、应交城镇土地使用税、应交车船税、应交印花税”等账户；实际上缴时，借记“应交税费——应交房产税、应交城镇土地使用税、应交车船税、应交印花税”等账户，贷记“银行存款”账户。

七、其他应付款的核算

财会〔2018〕15 号将财务报表中原“应付利息”项目、“应付股利”项目与“其他应付款”项目合并为“其他应付款”项目，所以本部分将应付利息、应付股利和其他应付款内容合并讲述，便于大家对新版财务报表有一个清晰的认识。

(一) 应付股利的核算

1. 应付股利的核算内容

应付股利，是指施工企业在实现利润之后，按照税法及有关法规的规定缴纳相关税费后应给予投资者的回报，作为投资者应该分享的所得税后的利润分配而取得的投资收益。具体包括经董事会或类似机构决议确定分配的应付国家投资利润、应付其他单位投资利润和应付个人的投资利润以及应支付给投资者个人的现金股利（需按照利息、股息、红利所得20%代扣个人所得税）等。应付利润和现金股利在尚未实际支付给投资者之前，构成了施工企业的一项流动负债。

2. 应付股利核算应设置的账户

为了核算和监督企业对投资者分配的现金股利或利润情况，施工企业应设置“应付股利”账户。其贷方登记企业根据通过的股利或利润分配方案计算的应支付给投资者的现金股利或利润；借方登记企业实际支付的现金股利或利润。期末贷方余额反映企业尚未支付的现金股利或利润。

3. 应付股利核算的会计处理

施工企业计算出应支付给投资人的现金股利或利润时，借记“利润分配——应付现金股利或利润”账户，贷记“应付股利”账户；企业实际支付现金股利或利润时，借记“应付股利”账户，贷记“银行存款”等账户。

例 10-14

假设某施工企业2×18年实现净利润4 800 000元，按规定分配普通股股利240 000元。做如下会计分录：

(1) 分配时：

借：利润分配——应付现金股利或利润	240 000	
贷：应付股利		240 000

(2) 支付时：

借：应付股利	240 000	
贷：银行存款		240 000

(二) 应付利息的核算

应付利息是指企业按照合同约定应支付的利息，包括分期付息、到期还本的长期借款和企业债券等应支付的利息。

1. 应付利息核算应设置的账户

为了正确核算企业按照合同约定应支付的利息，施工企业应设置“应付利息”账户。其贷方登记企业发生的各种应付利息；借方登记实际支付的各项利息。期末贷方余额反映企业应付未付的利息。本账户可按存款人或债权人设置明细账进行核算。

2. 应付利息核算的会计处理

(1) 资产负债表日，按摊余成本和实际利率计算确定利息费用时：

借：在建工程

　　财务费用

　　研发支出

贷：应付利息（按合同利率计算确定的应付未付利息）

合同利率与实际利率差异较小的，也可以采用合同利率计算确定利息费用。

（2）实际支付利息时：

借：应付利息

贷：银行存款

（三）其他应付款的核算

1. 其他应付款核算的内容

其他应付款，是指施工企业除应付票据、应付账款、预收账款、应付职工薪酬、应付利息、应付股利、应交税费等以外的其他各项应付、暂收的款项。具体包括以下内容：

（1）应付经营租入固定资产和包装物的租金。

（2）职工未按期领取的工资。

（3）存入保证金（如收取包装物押金等）。

（4）应付、暂收所属单位或个人的款项。

（5）其他应付、暂收款项。

2. 其他应付款核算应设置的账户及其会计处理

为了核算和监督企业其他应付款的应付、暂收及支付情况，施工企业应设置“其他应付款”账户。其贷方登记企业发生的各种应付、暂收款项，企业采用售后回购方式融入资金的实际收到金额，按照回购价格与原销售价格之间的差额在售后回购期间按期计提的利息费用等；借方登记实际支付的各种其他应付款项，以及按照合同约定购回售后回购商品时实际支付的金额。期末贷方余额反映企业应付但尚未支付的各种其他应付款项。本账户应按应付或暂收款项的类别和单位或个人设置明细账进行核算。

例 10－15

2×18 年 5 月，某施工企业代扣当月职工应交的水电费 9 200 元。做如下会计分录：

（1）代扣水电费时：

借：应付职工薪酬——工资	9 200	
贷：其他应付款——应付水电费		9 200

（2）实际支付时：

借：其他应付款——应付水电费	9 200	
贷：银行存款		9 200

例 10－16

2×18 年 6 月，某施工企业（增值税一般纳税人）租入施工设备（属于有形动产租赁服务），取得的增值税专用发票上注明的应付经营租入固定资产金额为 135 000 元，增值税税额为 17 550 元①，发票已得到认证。做如下会计分录：

① 根据营改增的相关文件规定，提供有形动产经营租赁服务一般计税方法下适用的增值税税率为13%。

（1）发生时：

借：合同履约成本——工程施工 135 000

应交税费——应交增值税（进项税额） 17 550

贷：其他应付款——应付经营租入固定资产租金 152 550

（2）支付时：

借：其他应付款——应付经营租入固定资产租金 152 550

贷：银行存款 152 550

八、或有负债的核算

（一）或有负债核算的内容

1. 或有负债的概念及特点

或有负债，是指过去的交易或事项形成的潜在义务，其存在须通过未来不确定事项的发生或不发生予以证实，或者过去的交易或事项形成的现时义务，履行该义务不是很可能导致经济利益流出企业或该义务的金额不能可靠地计量。其中，“可能”是指，发生的可能性大于5%但小于或等于50%。金额不能可靠地计量，是指该现时义务导致经济利益流出企业的金额难以预计。或有负债具有以下特点：

（1）或有负债由过去的交易或事项产生。

（2）或有负债的结果具有不确定性。或有负债涉及两项义务：一是潜在义务，指结果取决于不确定未来事项的可能义务。也就是说，潜在义务最终是否转变为现时义务，由某些未来不确定事项的发生或不发生决定。或有负债作为一项潜在义务，其结果只能由未来不确定事项的发生或不发生来证实。二是现时义务，指企业在现行条件下已承担的义务。或有负债作为现时义务，其特征在于，该现时义务的履行不是很可能导致经济利益流出企业，或者该现时义务的金额不能可靠地计量。

（3）或有负债的结果须由未来事项决定。

2. 或有负债的表现形式

在我国的会计实务中，或有负债主要表现在以下几个方面：

（1）已贴现商业承兑汇票形成的或有负债。

（2）未决诉讼、仲裁形成的或有负债。

（3）为其他单位提供债务担保形成的或有负债。

（4）产品质量保证形成的或有负债；

（5）亏损合同形成的或有负债。

（6）重组义务形成的或有负债。

（二）或有负债的确认

与或有事项相关的义务同时满足下列条件的，应当确认为预计负债：

（1）该义务是企业承担的现时义务，即与或有事项相关的义务是在企业当前条件下已承担的义务，企业没有其他现实的选择，只能履行该现时义务。这里所指的义务包括法定义务和推定义务。

（2）履行该义务很可能导致经济利益流出企业，即履行与或有事项相关的现时义务时，导致经济利益流出企业的可能性超过50%，但小于或等于95%。

（3）该义务的金额能够可靠地计量，即与或有事项相关的现时义务的金额能够合理地估计。由于或有事项具有不确定性，且或有事项产生的现时义务的金额也具有不确定性，所以需要估计。要对或有事项确认一项预计负债，相关现时义务的金额应当能够可靠地估计。

（三）预计负债的计量

预计负债的计量主要涉及两个问题：一是最佳估计数的确定；二是预期可获得补偿的处理。

1．最佳估计数的确定

预计负债应当按照履行相关现时义务所需支出的最佳估计数进行初始计量。最佳估计数的确定应当分以下两种情况处理：

（1）所需支出存在一个连续范围（或区间，下同），且该范围内各种结果发生的可能性相同，则最佳估计数应当按照该范围内的中间值即上下限金额的平均数确定。

（2）所需支出不存在一个连续范围，或者虽然存在一个连续范围，但该范围内各种结果发生的可能性不相同，那么，如果或有事项涉及单个项目，最佳估计数按照各种可能结果及相关概率计算确定。

2．预期可获得的补偿

企业清偿预计负债所需支出全部或部分预期由第三方补偿的，补偿金额只有在基本确定能够收到时才能作为资产单独确认。确认的补偿金额不应当超过预计负债的账面价值。

企业预期从第三方获得的补偿，是一种潜在资产，企业能否收到这项补偿具有较大的不确定性，企业只能在基本确定能够收到补偿时才对其进行确认。根据资产和负债不能随意抵销的原则，预期可获得的补偿在基本确定能够收到时应当确认为一项资产，而不能作为预计负债金额的扣减。

企业应当在资产负债表日对预计负债的账面价值进行复核。有确凿证据表明该账面价值不能真实反映当前最佳估计数的，应当按照当前最佳估计数对该账面价值进行调整。

企业应当按照规定的项目以及确认标准，合理地计提各项可能发生的负债。

（四）或有负债核算应设置的账户

为了核算企业确认的对外提供担保、未决诉讼、产品质量保证、重组义务、亏损性合同等而可能发生的各项预计负债，施工企业应设置“预计负债”账户。其贷方登记企业按规定的预计项目和预计金额确认的预计负债；借方登记实际偿付的负债；期末贷方余额反映企业已预计但尚未支付的债务。本账户可按形成预计负债的交易或事项设置明细账户进行核算。

（五）或有负债核算的会计处理

（1）确认预计负债金额时：

借：管理费用

财务费用

营业外支出

贷：预计负债

（2）实际偿付负债时：

借：预计负债

贷：银行存款

（3）根据确凿证据需要对已确认的预计负债进行调整时：

借：有关账户

贷：预计负债（调整增加的预计负债）

或 借：预计负债（调整减少的预计负债）

贷：有关账户

九、持有待售负债的核算

为了核算持有待售的处置组中的负债，施工企业应设置“持有待售负债”账户，本账户按照负债类别进行明细核算。施工企业将相关处置组划分为持有待售类别时，按相关负债的账面余额，借记“应付账款”“应付职工薪酬”等账户，贷记“持有待售负债”账户。本账户期末贷方余额反映企业持有待售的处置组中负债的账面余额。

随堂小测验 10-2

1.【单项选择题】下列税金中，与企业当期损益无直接关系的是（ ）。

A. 消费税 B. 增值税 C. 关税 D. 所得税

2.【单项选择题】某施工企业（增值税一般纳税人）本月确认合同结算价 5 450 000 元（不含税），应确认的增值税销项税额为（ ）元。

A. 3 400 000 B. 600 000

C. 450 000 D. 400 000

3.【多项选择题】下列各项中，应通过“应交税费”账户核算的有（ ）。

A. 教育费附加 B. 矿产资源补偿费

C. 耕地占用税 D. 企业代扣代缴的个人所得税

4.【多项选择题】下列各项中，属于流动负债的有（ ）。

A. 短期借款 B. 应付票据

C. 应付股利 D. 应付账款

5.【多项选择题】企业下列各项支出中，属于职工薪酬范围的有（ ）。

A. 职工工资、奖金、津贴和贴补 B. 医疗保险费

C. 住房公积金 D. 职工教育经费

6.【判断题】应付利润和现金股利在实际支付给投资者之后，构成了施工企业的一项流动负债。（ ）

7.【判断题】或有负债的特点是由过去的交易或事项产生且其结果具有不确定性。（ ）

第三节 非流动负债的核算

非流动负债主要包括长期借款、应付债券和长期应付款等。施工企业应正确划分流动负债与非流动负债，因为两者的内容会直接影响对企业短期和长期偿债能力的判断。如果混淆了负债的类别，将会歪曲企业的实际偿债能力，误导财务报表使用者的决策。

一、长期借款的核算

（一）长期借款核算的内容

长期借款，是指企业向银行或其他金融机构借入的期限在一年以上（不含一年）的各项借款。长期借款应当以实际发生额入账。

长期借款核算时应注意以下问题：

（1）其在所购建的固定资产达到预定可使用状态前发生的，应当予以资本化，计入所购建固定资产的成本；在所购建的固定资产达到预定可使用状态后所发生的，应于当期直接计入财务费用。

（2）企业发生的除与固定资产购建有关的借款费用（包括利息、汇兑损失等），属于筹建期间的，计入长期待摊费用；属于生产经营期间的，计入财务费用。

（3）长期借款利息的计算目前有单利和复利两种方法。

（4）企业将长期借款划转出去，或者无须偿还的长期借款，直接转入营业外收入。

（二）长期借款核算应设置的账户

为了核算和监督企业长期借款的借入、应计利息和归还本息的情况，施工企业应设置“长期借款”账户。本账户应按贷款单位和贷款种类进行明细核算，应设置的明细账户有：

1.“长期借款——本金”账户

“长期借款——本金”账户核算企业向银行或其他金融机构借入和归还的长期借款本金数额。其贷方登记企业借入的长期借款本金数额；借方登记企业偿还的本金数额。期末贷方余额反映企业尚未偿还的本金数额。

2.“长期借款——利息调整”账户

企业借入的长期借款分为溢价和折价两种情况。“长期借款——利息调整”账户核算企业实际收到的资金数额与本金之间的差额。

当企业折价借入长期借款时，“长期借款——利息调整”账户借方登记本金与实际收到的借款之间的差额，即折价金额；贷方登记每期按实际利率法计算的利息调整摊销额。期末借方余额反映企业尚未摊销的利息调整数额。长期借款到期后，该账户无余额。

当企业溢价借入长期借款时，“长期借款——利息调整”账户贷方登记本金与实际收到的借款之间的差额，即溢价金额；借方登记每期按实际利率法计算的利息调整摊销额。期末贷方余额反映企业尚未摊销的利息调整数额。同样，长期借款到期后，该账户也无余额。

3. “长期借款——应计利息”账户

“长期借款——应计利息”账户核算企业在到期一次还本付息的情况下每期计提的利息。其贷方登记每期按借款本金和合同规定的利率计算、确定的利息数额；借方登记长期借款到期时利息的偿还数额。长期借款到期后，该账户无余额。

（三）长期借款核算的会计处理

1. 企业借入长期借款时

借：银行存款（实际收到的金额）

　　长期借款——利息调整（借贷双方的借方差额）

　贷：长期借款——本金

　　　　　　——利息调整（借贷双方的贷方差额）

2. 每期计提利息时

（1）对于分期付息、到期还本的长期借款，企业应按照长期借款的摊余成本和实际利率计算、确定利息，按照本金和合同规定的利率计算、确定应付未付的利息，两者的差额记入“利息调整”明细账户。

1）企业计提利息时：

借：财务费用、在建工程等（长期借款摊余成本×实际利率）

　　长期借款——利息调整

　贷：应付利息（本金×合同利率）

　　　长期借款——利息调整

2）偿还利息时：

借：应付利息

　贷：银行存款

（2）对于到期一次还本付息的长期借款，其会计处理方法与分期付息、一次还本的债券相同，只是把“应付利息”账户改为“长期借款——应计利息”账户，其他会计处理不变。

3. 长期借款到期时

（1）采用一次还本、分期付息方式的会计处理：

借：长期借款——本金

　　应付利息

　贷：银行存款（当期计提的利息＋本金）

（2）采用到期一次还本付息方式的会计处理：

借：长期借款——本金

　　　　　　——应计利息

　贷：银行存款（长期借款存续期间的利息＋本金）

例 10－17

某企业向银行借入 28 800 000 元、期限为 3 年的借款，用于购建固定资产。借款年利率为 5%，每年计息一次，按复利计算，到期一次归还本息。该项固定资产于第二年年末达到预定可使用状态。假设实际利率和合同利率相差很小。做如下会计分录：

(1) 取得借款时：

借：银行存款 28 800 000

贷：长期借款——本金 28 800 000

(2) 第一年按月计息时：

第一年应计利息＝28 800 000×5%＝1 440 000(元)

第一年每月应计利息＝1 440 000÷12＝120 000(元)

借：在建工程 120 000

贷：长期借款——应计利息 120 000

(3) 第二年按月计息时：

第二年应计利息＝(28 800 000＋1 440 000)×5%＝1 512 000(元)

第二年每月应计利息＝1 512 000÷12＝126 000(元)

借：在建工程 126 000

贷：长期借款——应计利息 126 000

(4) 第三年每月计息时：

第三年应计利息＝(28 800 000＋1 440 000＋1 512 000)×5%＝1 587 600(元)

第三年每月应计利息＝1 587 600÷12＝132 300(元)

借：财务费用 132 300

贷：长期借款——应计利息 132 300

(5) 借款到期，归还本息时：

借：长期借款——本金 28 800 000

——应计利息 4 539 600

贷：银行存款 33 339 600

二、应付债券的核算

(一) 应付债券核算的内容

1. 应付债券的发行价格

应付债券是指企业为筹集长期资金而实际发行的债券及应付的利息。它是施工企业筹集长期资金的一种重要方式，属于其他金融负债。

2. 应付债券的初始计量

应付债券初始确认时，应当按照公允价值计量，相关交易费用应当计入初始确认金额，构成实际利息的组成部分。在债券的后续计量期间按实际利率法计算其摊余成本、各期利息调整和利息费用。

实际利率法是以债券发行时的实际利率乘以各期期初债券的账面价值作为各期的利息费用。当期入账的利息费用与按票面利率计算的应计利息的差额，即为该期的利息调整。由于债券的账面价值逐期不同，因此计算出来的利息费用也就逐期不同。

实际利率法的具体应用，详见本书第五章第三节“持有至到期投资的核算”内容。

(二) 应付债券核算应设置的账户

为了核算和监督企业为筹集长期资金而实际发行的债券及应付的利息，施工企业应设置“应付债券”账户，并在该账户下设置“面值”“利息调整”“应计利息”等明细账户。发行方对于归类为金融负债的金融工具在“应付债券”账户核算。“应付债券”账户应当按照发行的金融工具种类进行明细核算。当企业发行可转换公司债券时，应在“应付债券”账户下设置“可转换公司债券”明细账户。期末贷方余额反映企业尚未偿还的债券本息数。本账户还应按债券种类进行明细核算。

另外，企业在准备发行债券时，应将待发行债券的票面金额、债券票面利率、还本期限与方式、发行总额、发行日期和编号、委托代售部门、转换股份等在备查簿中逐笔登记。债券到期时，应在备查簿中逐笔注销。

(三) 应付债券核算的会计处理

1. 企业发行债券时

借：银行存款（实际收到的金额）

　　应付债券——利息调整（实际收到的金额与债券的票面金额之间的差额）

　贷：应付债券——面值（债券的票面金额）

　　　　　　——利息调整（实际收到的金额与债券的票面金额之间的差额）

2. 资产负债表日，企业根据计息方式不同分别计算各期的利息费用

(1) 对于分期付息、一次还本的债券：

借：财务费用、在建工程等（摊余成本×实际利率）

　　应付债券——利息调整（两者差额）

　贷：应付利息（面值×票面利率）

　　　应付债券——利息调整（两者差额）

(2) 对于到期一次还本付息的债券。到期一次还本付息的债券，其会计处理方法与分期付息、一次还本的债券基本相同，只是按票面利率计算应付未付利息时应贷记“应付债券——应计利息”账户，其他账户不变。

3. 应付债券到期的会计处理

采用债券到期一次还本、分期付息方式时：

借：应付债券——面值

　　应付利息

　贷：银行存款

采用债券到期一次还本付息方式时：

借：应付债券——面值

　　　　　　——应计利息

　贷：银行存款

例 10-18

2×18 年 1 月 1 日，某施工企业（增值税一般纳税人）发行 3 年期的面值总额为 144 000 000 元的债券，票面利率为 9%，款已收到并存入银行；企业按年计提债券利息，不计复利；发行的债券用于购建固定资产，固定资产于 2×19 年 6 月 30 日达到预定可使用状态；债券于 2×20 年 12 月 31 日偿还本金和利息。做如下会计分录：

（1）发行债券时：

借：银行存款	144 000 000	
贷：应付债券——面值		144 000 000

（2）2×18 年年底计提债券利息时：

应计债券利息＝144 000 000×9%＝12 960 000（元）

借：在建工程	12 960 000	
贷：应付债券——应计利息		12 960 000

（3）2×19 年 6 月 30 日计提债券利息时：

应计债券利息＝144 000 000×9%÷12×6＝6 480 000（元）

借：在建工程	6 480 000	
贷：应付债券——应计利息		6 480 000

（4）2×19 年年底计提债券利息时：

借：财务费用	6 480 000	
贷：应付债券——应付利息		6 480 000

（5）2×20 年年底计提债券利息时：

借：财务费用	12 960 000	
贷：应付债券——应计利息		12 960 000

（6）归还本息时：

借：应付债券——面值	144 000 000	
——应计利息	38 880 000	
贷：银行存款		182 880 000

三、长期应付款的核算

（一）长期应付款核算的内容

长期应付款，是指施工企业除长期借款和应付债券以外的其他各种长期应付款，包括应付融资租入固定资产的租赁费、以分期付款方式购入固定资产发生的应付款项、采用补偿贸易方式引进国外设备价款等。

【特别提示】根据营改增的有关规定，融资租赁服务需要缴纳增值税。有形动产融资租赁服务的增值税税率为 13%，不动产融资租赁服务的增值税税率为 9%。

施工企业在对租赁业务进行分类时，应当全面考虑租赁期届满时租赁资产所有权是否转移给承租人、承租人是否有购买租赁资产的选择权、租赁期占租赁资产尚可使用年限的比例等各种因素。满足以下一项或数项标准的租赁，应当确认为融资租赁：

（1）租赁期届满时，租赁资产的所有权转移给承租人。

（2）承租人有购买资产的选择权，且所订立的购价预计将远低于行使所有权时租赁资产的公允价值，因而在租赁开始日就可以合理确定承租人将会行使这种选择权。

（3）租赁期占租赁资产尚可使用年限的大部分，即大于等于75%。但是，如果租赁资产在开始租赁前已使用年限超过该资产全新时可使用年限的大部分，则该项标准不适用。

（4）就承租人而言，租赁开始日最低租赁付款额的现值几乎相当于租赁开始日租赁资产的公允价值；就出租人而言，租赁开始日最低租赁收款额的现值几乎相当于租赁开始日租赁资产的公允价值。这里的“几乎相当于”是指90%以上。但是，如果租赁资产在开始租赁前已使用年限超过该资产全新时可使用年限的大部分，则该项标准不适用。

（5）租赁资产性质特殊，如果不作较大修整，只有承租人才能使用。

（二）长期应付款核算应设置的账户

为了核算长期应付款的发生和归还情况，以及融资租入固定资产所发生的未实现融资费用，施工企业应设置以下有关的会计账户。

1.“长期应付款”账户

“长期应付款”账户核算和监督企业长期应付款的发生和归还情况。其贷方登记应支付的长期应付款；借方登记实际支付的长期应付款；期末贷方余额反映企业尚未支付的各种长期应付款。本账户应按长期应付款的种类和债权人设置明细账进行核算。

2.“未确认融资费用”账户

“未确认融资费用”账户核算企业融资租入固定资产所发生的未实现融资费用。其借方登记租赁开始日租赁资产的公允价值和最低租赁付款额的现值的较低者与最低租赁付款额之间的差额；贷方登记“未确认融资费用”按照实际利率法在各个期间分摊的金额。期末借方余额反映企业未实现融资费用的摊余价值。

（三）长期应付款核算的会计处理

1. 企业购入资产超过正常信用条件延期支付价款

（1）购入固定资产时。企业购入有关资产超过正常信用条件延期支付价款，实质上具有融资的性质。

借：固定资产（或在建工程）（购买价款的现值）
　　未确认融资费用
　　应交税费——应交增值税（进项税额）或待抵扣进项税额
　贷：长期应付款（购买时支付的价款和税款）

（2）按期支付价款时：

借：长期应付款
　贷：银行存款

（3）分摊未确认融资费用时：

借：财务费用（长期应付款摊余成本×实际利率）
　贷：未确认融资费用

2. 融资租入固定资产

（1）租入固定资产时。融资租入固定资产，应当在租赁开始日按租赁开始日租赁资产的公允价值与最低租赁付款额的现值两者中较低者，作为资产的入账价值。

借：固定资产（或在建工程）

　　未确认融资费用

　　应交税费——应交增值税（进项税额）或待抵扣进项税额

　贷：长期应付款——应付融资租赁款（最低租赁付款额）

（2）按期支付融资租赁费时：

借：长期应付款——应付融资租赁款

　贷：银行存款

（3）按期摊销未确认融资费用时：

借：财务费用（长期应付款摊余成本×实际利率）

　贷：未确认融资费用

（4）租赁期满时。租赁期满，如果合同规定将设备所有权转归承租企业，则应当进行转账，将固定资产从“融资租入固定资产”明细账户转入有关明细账户。

施工企业长期应付款（应付融资租赁款）核算的会计处理流程如图 10-4 所示。

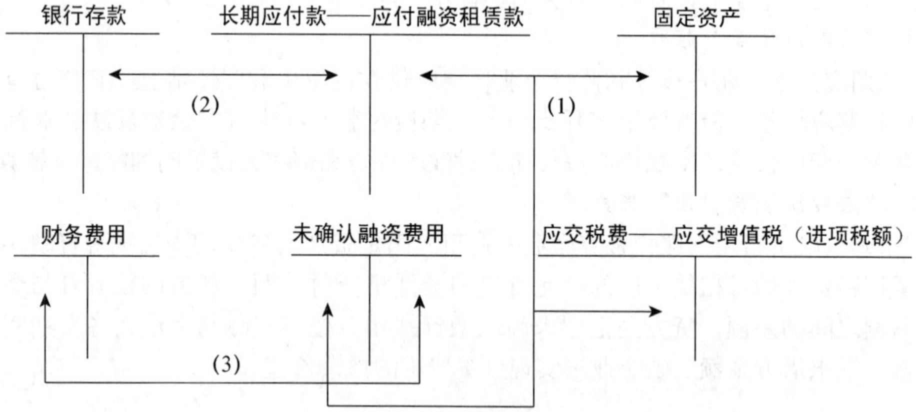

图 10-4　长期应付款（应付融资租赁款）核算的会计处理流程

例 10-19

2×18 年 6 月 1 日，某施工企业（增值税一般纳税人）采用融资租赁方式租入一台设备，合同规定租期为 2×18 年 6 月 1 日至 2×22 年 5 月 31 日；2×18 年 6 月 1 日该设备的公允价值为 16 740 000 元，设备现已交付使用；租金于每年的 5 月 31 日偿还 4 500 000 元，合同约定的利率为 4%；取得的增值税专用发票上注明的增值税税额为 2 176 200 元①。租赁期届满设备所有权转归企业。做如下会计分录：

（1）融资租入设备时：

$$
\begin{aligned}
\text{最低租赁付款额的现值} &= 4\,500\,000\times(P/A,4\%,4)(\text{年金现值系数})\\
&= 4\,500\,000\times 3.629\,9\\
&= 16\,334\,550(\text{元})
\end{aligned}
$$

① 根据《营业税改征增值税试点有关事项的规定》，经中国人民银行、银保监会或者商务部批准从事融资租赁业务的试点纳税人提供融资租赁服务，以取得的全部价款和价外费用，扣除支付的借款利息（包括外汇借款和人民币借款利息）、发行债券利息和车辆购置税后的余额为销售额。

即最低租赁付款额的现值 16 334 550 元小于租赁开始日设备的公允价值 16 740 000 元，应采用最低租赁付款额作为设备的入账价值。

借：固定资产——融资租入固定资产 16 334 550
　　应交税费——应交增值税（进项税额） 2 176 200
　　未确认融资费用 1 665 450
　贷：长期应付款——融资租入固定资产应付款 20 176 200

（2）按实际利率法摊销未确认融资费用如表 10-4 所示。

表 10-4 未确认融资费用分摊表 单位：元

日期	租金 ①	确认的融资费用 ②=期初④×4%	应付本金减少额 ③=①-②	应付本金余额 期末④=期初④-③
2×18 年 6 月 1 日				16 334 550
2×19 年 5 月 31 日	4 500 000	653 382	3 846 618	12 487 932
2×20 年 5 月 31 日	4 500 000	499 517.28	4 000 482.72	8 487 449.28
2×21 年 5 月 31 日	4 500 000	339 497.98	4 160 502.02	4 326 947.26
2×22 年 5 月 31 日	4 500 000	173 052.74	4 326 947.26	0

2×19 年 5 月 31 日偿还本金时，做如下会计分录：

借：长期应付款——融资租入固定资产应付款 4 500 000
　贷：银行存款 4 500 000
借：财务费用 653 382
　贷：未确认融资费用 653 382

其后，每年 5 月 31 日支付融资租赁费并摊销未确认融资费用时，其会计处理方法与 2×19 年 5 月 31 日相同，各年承担的财务费用和未确认融资费用金额如表 10-4 所示。

（3）租赁期满，设备所有权转归企业时：

借：固定资产——经营用固定资产 16 334 550
　贷：固定资产——融资租入固定资产 16 334 550

随堂小测验 10-3

1.【单项选择题】下列各项中，属于非流动负债项目的是（ ）。

A. “应付债券” B. “应付票据”
C. “应付股利” D. “应付职工薪酬”

2.【单项选择题】应付债券初始确认时，应当按照下列（ ）计量属性计量。

A. 历史成本 B. 重置成本
C. 可变现净值 D. 公允价值

3.【多项选择题】下列描述中，符合非流动负债的有（ ）。

A. 企业筹集长期资金的方式主要有增发股票和举借长期债务
B. 非流动负债包括长期借款、应付债券、长期应付款和或有负债
C. 企业筹集长期资金主要是为了购置大型设备进行施工生产活动，以及固定资产的改建、扩建等
D. 一些偿还期在一年或者超过一年的一个营业周期以上的应付账款也应当划分为

非流动负债

4.【多项选择题】企业的下列筹资方式中，属于长期负债的有（　　）。

A. 发行 3 年期公司债券　　B. 发行 9 个月的公司债券

C. 向银行借入 2 年期的借款　　D. 融资租入固定资产的租赁费

5.【判断题】无论是按面值发行，还是溢价发行或折价发行，均按债券面值记入“应付债券”账户的“面值”明细科目，实际收到的款项与面值的差额记入“利息调整”明细科目。（　　）

6.【判断题】债券溢价、折价是发行债券企业在债券存续期内对利息费用的调整。（　　）

□ 本章思考题

1. 什么是流动负债？流动负债应如何计价？试举出几个流动负债的例子。
2. 应付票据和应付账款在核算上有什么区别？
3. 应付债券的发行方式有哪几种？分别该怎样核算？
4. 施工企业应交税费包括哪些内容？
5. 施工企业举借长期债务有何利弊？

□ 本章练习题

1. 某施工企业（增值税一般纳税人）2×18 年发生如下经济业务：

（1）1 月 1 日，向银行借入流动资金 42 000 000 元，为期一年，借款利率为月息 6‰。

（2）4 月 1 日，购买钢材一批，原材料连同增值税发票同时到达，已验收入库，发票上载明该批材料金额 180 000 元、增值税税额 23 400 元，货款已经支付。

（3）5 月 12 日，开出并承兑一张面值 1 200 000 元、票面利率 5%、半年期的银行承兑汇票，用于抵顶前欠应付账款，年末无力支付，转为应付账款。

（4）6 月 30 日，提取现金 2 250 000 元，以备发工资。月份终了，分配本月应付的工资总额，其中工程施工现场人员工资 1 500 000 元，企业行政管理人员工资 90 000 元，改建、扩建工程人员工资 660 000 元。

（5）6 月 30 日，确认上半年建造合同收入 72 000 000 元，确认合同费用 40 000 000 元。

（6）7 月 23 日，购买印花税票 9 000 元。

已知该施工企业适用增值税税率 9%，取得的增值税专用发票均已得到认证。

要求：

（1）根据上述资料第（1）至（4）项，编制相关的会计分录。

（2）根据上述资料第（5）至（6）项，计算本期施工企业应缴纳的各项税费（城市维护建设税税率为 7%），并编制相关的会计分录。

2. 2×18 年 6 月 1 日，某施工企业（增值税一般纳税人）为建造一幢自用办公大楼，借入期限为两年的长期专门借款 18 000 000 元，款项已存入银行；借款利率为 7%，每年付息一次，期满后一次还清本金。2×18 年 6 月 1 日，以银行存款支付工程价款共计 10 800 000 元（含增值税），2×19 年 6 月 1 日又以银行存款支付工程费用 7 200 000 元（含增值税）。取得的增值税专用发票已得到认证，适用的增值税税率为 9%。该办公大楼于 2×20 年 2 月底完工，达到预定可使用状态。

要求：根据上述业务编制有关的会计分录：

(1) 取得借款时。

(2) 2×18 年 6 月 1 日，支付工程款时。

(3) 计算 2×18 年后半年每月应计入工程成本的利息时。

(4) 2×18 年 12 月 31 日支付借款利息时。

(5) 2×19 年 6 月 1 日支付工程款时。

(6) 2×20 年 2 月达到预定可使用状态计算应计入工程成本的利息时。

(7) 2×20 年 5 月 31 日计算 2×18 年 3—5 月应计入财务费用的利息时。

(8) 2×20 年 5 月 31 日支付利息时。

(9) 2×20 年 6 月 1 日到期还本时。

第十一章 所有者权益

Chapter 11

学习目标

1. 掌握实收资本、其他权益工具、资本公积、其他综合收益及留存收益核算内容及会计处理。

2. 理解实收资本及股份有限公司股本的含义，了解实收资本、其他权益工具核算的原则。

3. 了解所有者权益的含义、基本特征以及来源，一般企业实收资本的核算原则，股份有限公司股本的核算原则。

导入案例

西藏天路股份有限公司（简称西藏天路），是由西藏公路工程总公司（现更名为“西藏天路建筑工业集团有限公司”）作为主要发起人，联合西藏自治区交通工业总公司（现更名为“西藏天海集团有限责任公司”）、西藏拉萨汽车运输总公司（现更名为“西藏天海集团有限责任公司”）、西藏自治区汽车工业贸易总公司、西藏自治区交通厅格尔木运输总公司，于1999年以发起方式设立，注册资本为86 538.5万元。公司于2001年在上海证券交易所上市交易。公司主营业务为工程施工及水泥生产销售，兼营矿产开发。公司具有公路路面工程专业承包一级资质、桥梁工程专业承包一级资质，公路工程施工总承包二级资质、公路路基工程专业承包二级资质、房屋建筑工程施工总承包二级资质、市政公用工程施工总承包二级资质、铁路工程施工总承包三级资质。主要承揽建筑施工工程，包括公路、市政、桥梁、铁路、水利等施工业务，同时参与西藏自治区外PPP，EPC等项目建设。

2018年，公司紧紧围绕发展战略和年初既定的经营目标任务，在保持战略连续性和稳定性的前提下，实施战略性深入，适当延伸建筑、建材相关的产业链，坚持以市场为导向，以提高执行力为抓手，以提质增效为目标，狠抓内部管理、风险控制和降本增效，全年业绩实现了平稳较快增长的良好态势。2018年度实现利润总额95 872万元，较上年同期增加32 783万元，增幅达51.96%。截止到2018年12月31日，公司经评估净资产为 429 649 万元。

截止到 2018 年年末，西藏天路总股本合计 86 538.45 万元，不存在其他权益工具，资本公积为 80 389.58 万元，盈余公积为 12 205.3 万元，未分配利润为 125 052 万元。2018 年度可供投资者分配的利润为 125 052 万元，经公司股东大会批准，按 2018 年 12 月 31 日公司总股本 865 384 510 为基数，向全体股东每 10 股派 0.8 元现金红利（含税），共计分配现金红利 6 923.08 万元。另外，2018 年年末按《公司章程》的有关规定计提 10%法定盈余公积 2 654.84 万元。本年度不进行资本公积转增股本。

资料来源：根据西藏天路董事会公告、2018 年年度报告等整理而得。

西藏天路分配股利和计提盈余公积是如何进行会计处理的？对所有者权益总额会产生影响吗？施工企业资本增加有哪些途径？应该如何处理？通过本章的学习，相信你会找到问题的答案。

第一节 所有者权益概述

所有者权益又称股东权益，是指企业资产扣除负债后由所有者享有的剩余权益，实质上是指所有者在企业资产中享有的经济利益，其金额为资产减去负债后的余额。所有者权益既可反映所有者投入资本的保值增值情况，又体现了保护债权人权益的理念。

一、所有者权益的基本特征

（1）所有者权益的实质。所有者权益是所有者在某个企业所享有的一种财产权利，包括所有者对投入财产的所有权、使用权和收益分配权，但只是一种剩余权益。

（2）所有者权益是一种权利。这种权利来自投资者投入的可供企业长期使用的资源。任何企业的设立都需要有一定的由所有者投入的资本金。

（3）所有者权益的构成要素。所有者权益包括所有者的投入资本、其他权益工具、其他综合收益和企业的资产增值及经营利润。所有者的投入资本是企业实收资本的唯一来源，也是资本公积最主要的来源。

二、所有者权益的来源

所有者权益根据其核算的内容和要求，可分为实收资本（股本）、其他权益工具、资本公积、其他综合收益、盈余公积和未分配利润等。其中，盈余公积和未分配利润统称为留存收益。

（一）实收资本

按照我国有关法律的规定，投资者设立企业首先必须投入资本。实收资本是投资者投入资本形成的法定资本价值，一般情况下无须偿还，可以长期周转使用。实收资本的构成比例即投资者的出资比例或股东的股份比例，通常是确定所有者在企业所有者权益中所占的份额和参与企业财务经营决策的基础，也是企业进行利润分配或股利分配的依据，同时还是企业清算时确定所有者对净资产要求权的依据。

（二）其他权益工具

其他权益工具，是指企业发行的除普通股以外，按照金融负债和权益工具区分原则分类为权益工具的其他权益工具，如企业发行的分类为权益工具的优先股、永续债等。企业发行权益工具收到的对价扣除交易费用后，应当增加所有者权益；回购自身权益工具支付的对价和交易费用，应当减少所有者权益。

（三）资本公积

资本公积是企业收到投资者的超出其在企业注册资本（或股本）中所占份额的投资，以及直接计入所有者权益的利得和损失等。资本公积包括资本溢价（或股本溢价）和其他资本公积。资本溢价（或股本溢价）是企业收到投资者的超出其在企业注册资本（或股本）中所占份额的投资。形成资本溢价（或股本溢价）的原因有溢价发行股票、投资者超额缴入资本等。其他资本公积，是指除资本溢价（或股本溢价）项目以外所形成的资本公积。

（四）其他综合收益

其他综合收益是指企业未在当期损益中确认的各项利得和损失，包括以后会计期间不能重分类计入损益的其他综合收益和以后会计期间满足规定条件时将重分类进损益的其他综合收益两类。

（五）留存收益

留存收益是指企业历年实现的净利润留存在企业的部分，主要包括累计计提的盈余公积和未分配利润。盈余公积包括法定盈余公积和任意盈余公积，均从企业当年实现的净利润中计提。未分配利润是企业留待以后年度进行分配的结存利润。

随堂小测验 11－1

1.【单项选择题】下列会计事项会引起所有者权益总额变化的是（　　）。

A. 从净利润中提取盈余公积　　B. 用盈余公积弥补亏损

C. 取得销售商品的收入　　D. 向投资者分配股票股利

2.【单项选择题】下列各项中，不属于所有者权益内容的是（　　）。

A. 其他权益工具　B. 其他综合收益　C. 留存收益　D. 金融负债

3【多项选择题】下列各项中，属于企业所有者权益组成部分的有（　　）。

A. 其他综合收益　B. 资本公积　C. 盈余公积　D. 未分配利润

4.【多项选择题】下列各项中，能同时引起资产和所有者权益发生增减变化的项目有（　　）。

A. 减少实收资本　　B. 投资者投入资本

C. 接受捐赠　　D. 用盈余公积转增资本

5.【判断题】所有者权益是指企业投资者对企业总资产的所有权。（　）

6.【判断题】所有者权益是企业所有者享有的经济利益，一般情况下不需要偿还。（　）

第二节 实收资本和其他权益工具的核算

实收资本是指投资者按照法律的规定等，实际投入企业的资本，包括货币资金、实物和无形资产等。投资者向企业投入的资本，在一般情况下不需要偿还，并可以长期周转使用。企业筹集的资本金，按投资主体分为国家资本金、法人资本金、个人资本金和外商资本金等。其他权益工具反映企业发行的、除了计入股本的、作为股权的权益工具。

一、实收资本核算的内容

（一）一般企业实收资本的核算原则

《中华人民共和国民法通则》明确规定，设立企业法人必须要有必要的财产或者经费。《中华人民共和国企业法人登记管理条例》《中华人民共和国公司登记管理条例》也明确规定，企业申请开业，必须具备符合国家规定并与其生产经营和服务规模相适应的资金数额。

我国目前实行的是注册资本制度，要求企业的实收资本与其注册资本相一致。企业资本（或股本）除下列情况外，不得随意变动：

(1) 符合增资条件，并经有关部门批准增资的，在实际取得投资者的出资时登记入账。

(2) 企业按法定程序报经批准减少注册资本的，在实际归还投资时登记入账。采用收购本企业股票方式减资的，在实际购入本企业股票时登记入账。

施工企业投资人可以用现金投资，也可以用实物、知识产权、土地使用权等可以用货币估价并可以依法转让的非货币财产作价出资。企业收到投资时，按以下原则确定入账价值：

(1) 投资者以现金投入的资本，应当以实际收到或者存入企业开户银行的金额作为实收资本入账。实际收到或者存入企业开户银行的金额超过其在该企业注册资本中所占份额的部分，计入资本公积。

(2) 投资者以非现金资产投入的资本，按照投资合同或协议约定的价值确定，但合同或协议约定价值不公允的除外。取得增值税进项扣税凭证的，可以抵扣进项税额。在依法完成资产转移手续后，可以作为实收资本入账。为首次发行股票而接受投资者投入的无形资产，应按该项无形资产在投资方的账面价值和其进项税额入账。

(3) 初建有限责任公司时，各投资者按照合同、协议或公司章程投入公司的资本，应全部记入“实收资本”账户，公司的实收资本应等于公司的注册资本。在公司增加资本时，如果有新的投资者介入，新介入的投资者缴纳的出资额大于按约定比例计算的其在注册资本中所占的份额部分，不记入“实收资本”账户，而作为资本公积，记入“资本公积”账户。

(二) 股份有限公司股本的核算原则

(1) 股份有限公司是指依据《中华人民共和国公司法》设立，全部资本分为等额股份，股东以其所持股份为限对公司承担责任，公司以其全部资产对公司的债务承担责任的企业法人。公司的股份采取发行股票的形式，股票是股份有限公司签发的证明股东所持股份的凭证。股份有限公司通过发行股票筹集资本，公司的注册资本为公司在登记机关登记的实收股本总数，由等额股份构成；股票的面值与股份总数的乘积为股本，股本应等于企业的注册资本。

(2) 股份有限公司采取发起设立方式设立的，注册资本为在公司登记机关登记的全体发起人认购的股本总额。在发起人认购的股份缴足前，不得向他人募集股份。股份有限公司采取募集方式设立的，注册资本为在公司登记机关登记的实收股本总额。法律、行政法规以及国务院决定对股份有限公司注册资本实缴、注册资本最低限额另有规定的，从其规定。

(3) 公司的股本应当在核定的股本总额及核定的股份总额的范围内发行股票取得。公司发行的股票，按其面值作为股本，超过面值发行取得的收入作为股本溢价，记入“资本公积”账户。

(三) 实收资本核算应设置的账户

为了核算和监督投资者实收资本的增减变化情况，施工企业应设置“实收资本”或“股本”账户。股份有限公司投资者投入的资本应当用“股本”账户进行核算。其贷方登记企业收到投资人投入企业各种资产的价值和企业用资本公积、盈余公积等转增资本的数额以及可转换公司债券按规定转为股本时的股票面值总额；借方登记按规定程序减少注册资本的数额。期末贷方余额反映企业实有的资本或股本数额。本账户应按投资人设置明细账进行核算。

另外，投资者按规定转让出资的，应于有关的转让手续办理完毕时，将出让方所转让的股份，在股东账户有关明细账及备查记录中转到受让方名下；企业应当将因减资而使股份发生变动的情况，在“股本”账户的有关明细账及备查簿中详细记录。

(四) 实收资本核算的会计处理

1. 有限责任公司在收到资本时的会计处理

借：银行存款、固定资产、无形资产等

　　应交税费——应交增值税（进项税额）或待抵扣进项税额

　贷：实收资本

2. 股份有限公司股本核算的会计处理

股份有限公司应在核定的股本总额及核定的股份总额的范围内发行股票。在我国，股票的发行价格可以按股票票面金额发行，即面值发行，也可以超过股票票面金额发行，即溢价发行，但不得低于股票票面金额发行，即折价发行。公司在采用溢价发行股票时，所得溢价款列入公司资本公积。因此，股份有限公司溢价发行的股票，在收到现金等资产时，按实际收到的金额，借记“库存现金”“银行存款”等账户；按股票面值和核定的股份总额的乘积计算的金额，贷记“股本”账户；按其差额扣除股票发行支付的手续费、佣金等，贷记“资本公积”账户。按面值发行的股票，则将发行收入全部记入“股本”账户；支付的发行股票费用以及溢价不足以支付的部分，应借记“资本公积”账户；资本公积（溢价）不足冲减的，冲减留存收益。股份有限公司溢价发行股票的会计处理流程如图 11－1 所示。

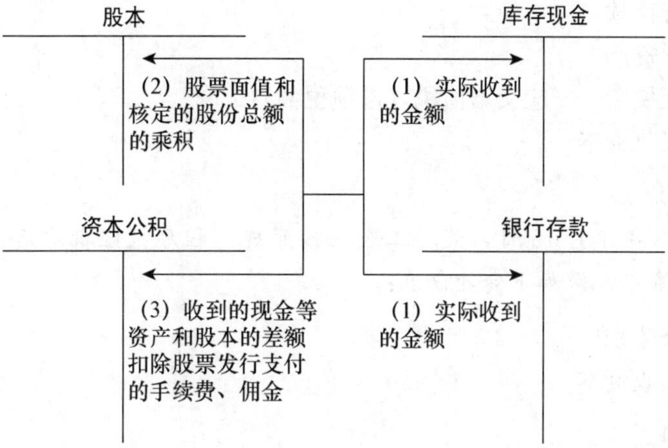

图 11－1　溢价发行股票的会计处理流程图

股份有限公司在账务处理时有时还会涉及“库存股”账户。库存股是指已公开发行的股票但发行公司通过购入、赠与或其他方式重新获得可再行出售或注销的股票。库存股股票既不分配股利，也不附投票权。在公司资产负债表上，库存股不能列为公司资产，而是以负数形式列为一项股东权益。借方表示增加，贷方表示减少。

股份有限公司因减少注册资本而回购本公司股份的，按实际支付的金额，借记“库存股”账户，贷记“银行存款”等账户；注销股份时，按面值借记“股本”账户，按注销库存股的账面余额贷记“库存股”账户，按其差额借记“资本公积”账户；回购价格超过上述“股本”及“资本公积”账户的部分，依次借记“盈余公积”“利润分配——未分配利润”等账户。如果回购价格低于所回购股份的面值，所注销库存股的账面余额与所冲减股本的差额作为增加股本溢价处理。

【特别提示】库存股属于所有者权益备抵项，回购库存股时，所有者权益减少；注销库存股时，为所有者权益内部变动，不影响所有者权益总额。

例 11－1

2×18 年 5 月 6 日，某施工企业（增值税一般纳税人）收到投资人投入的材料一批，按照双方协商定价，取得的增值税专用发票上注明材料的金额为 550 000 元；同时收到一台不需要安装的设备，按照双方协商定价，该项设备账面原值为 86 000 元，累计折旧 9 000 元，取得的增值税专用发票上注明的设备价款为 84 000 元，投入的材料和设备的增值税税额合计为 82 420 元，取得的增值税专用发票已通过认证。做如下会计分录：

借：原材料	550 000	
固定资产	84 000	
应交税费——应交增值税（进项税额）	82 420	
贷：实收资本		716 420

例 11-2

2×18年5月30日，某施工企业（增值税一般纳税人）收到投资人投入货币资金255 000元，存入银行；同时收到无形资产一项，按照双方协商定价，取得的增值税专用发票上注明的无形资产金额为45 000元，增值税税额为2 700元，取得的增值税专用发票已通过认证。做如下会计分录：

借：银行存款	255 000	
无形资产	45 000	
应交税费——应交增值税（进项税额）	2 700	
贷：实收资本		302 700

例 11-3

2×18年1月15日，某施工企业按照规定程序报经批准后，将盈余公积金180 000元转作资本。做如下会计分录：

借：盈余公积	180 000	
贷：实收资本		180 000

例 11-4

某施工企业是股份有限公司，2×18年1月23日发行股票9 000 000股，每股面值为1元，发行价格为每股9元，实收价款为81 000 000元，已存入银行。做如下会计分录：

借：银行存款	81 000 000	
贷：股本		9 000 000
资本公积		72 000 000

例 11-5

某施工企业是股份有限公司，2×18年12月31日的股本为300 000股，每股面值为1元，资本公积（股本溢价）为20 000元，盈余公积为30 000元。经股东大会批准，公司以现金回购本公司股票10 000股并注销。假定公司以每股2元回购股票。做如下会计分录：

借：库存股	20 000	
贷：银行存款		20 000
借：股本	10 000	
资本公积	10 000	
贷：库存股		20 000

二、其他权益工具核算的内容

（一）其他权益工具会计核算的基本原则

企业发行的其他权益工具应当按照《企业会计准则第37号——金融工具列报》进行初始确认和计量；其后，于每个资产负债表日，对于归类为权益工具的金融工具，无论其名称中是否包含“债”，其利息支出或股利分配都应当作为企业的利润分配，其回购、注销等作为权益的变动处理；对于归类为金融负债的金融工具，无论其名称中是否包含“股”，其利息支出或股利分配原则上按照借款费用进行处理，其回购或赎回产生的利得或损失等计入当期损益。

企业发行金融工具，其发生的手续费、佣金等交易费用，如分类为债务工具且以摊余成本计量，应当计入所发行工具的初始计量金额；如分类为权益工具，应当从权益（其他权益工具）中扣除。

（二）其他权益工具核算应设置的账户

为了核算企业发行的除普通股以外的归类为权益工具的各种金融工具，施工企业应设置“其他权益工具”账户，贷方登记企业实际收到的优先股、永续债等其他权益工具的账面价值，金融负债重分类为权益工具的账面价值，以及企业发行的复合金融工具实际收到的金额扣除负债成分的公允价值后的金额；借方登记权益工具重分类为金融负债的账面价值，企业按合同条款约定将发行的除普通股以外的金融工具转换为普通股的账面价值，以及企业按合同条款约定赎回所发行的除普通股以外的分类为权益工具的账面价值。期末贷方余额反映企业实际拥有的其他权益工具的公允价值。本账户应按发行金融工具的种类等进行明细核算，如优先股、永续债、认股权证等。

（三）其他权益工具核算的会计处理

（1）施工企业发行的金融工具归类为权益工具的，按实际收到的金额借记“银行存款”等账户，贷记“其他权益工具——优先股、永续债”等账户。在存续期间分派股利的，借记“利润分配——应付优先股股利、应付永续债利息”等账户，贷记“应付股利——优先股股利、永续债利息”等账户。

（2）施工企业发行的金融工具为复合金融工具的，应按实际收到的金额借记“银行存款”等账户；按金融工具的面值贷记“应付债券——优先股、永续债（面值）”账户；按负债成分的公允价值与金融工具面值之间的差额借记或贷记“应付债券——优先股、永续债（利息调整）”账户；按实际收到的金额扣除负债成分的公允价值后的金额贷记“其他权益工具——优先股、永续债”账户。

（3）权益工具与金融负债重分类。

1）权益工具重分类为金融负债：

借：其他权益工具——优先股、永续债等（账面价值）
　　贷：应付债券——优先股、永续债等（面值）
　　　　　　　　——优先股、永续债等（利息调整）（或借方）
　　　　资本公积——资本溢价（或股本溢价）（或借方）

2）金融负债重分类为权益工具：

借：应付债券——优先股、永续债等（面值）
　　　　　　——优先股、永续债等（利息调整）（利息调整余额）（或贷方）
　　贷：其他权益工具——优先股、永续债等

（4）施工企业按合同条款约定赎回所发行的除普通股以外的分类为权益工具的金融工具。

1）回购：

借：库存股——其他权益工具

贷：银行存款

2）注销：

借：其他权益工具（账面价值）

贷：库存股——其他权益工具

资本公积——资本溢价（或股本溢价）（或借方）

（5）企业按合同条款约定将发行的除普通股以外的金融工具转换为普通股的金融工具。

借：应付债券（账面价值）

其他权益工具（账面价值）

贷：实收资本（或股本）（面值）

资本公积——资本溢价（或股本溢价）（差额）

银行存款

随堂小测验 11-2

1.【单项选择题】股份有限公司溢价发行股票时支付的手续费、佣金等，财务人员应进行的会计处理是（　　）。

A. 从溢价收入中列支　　B. 全部列作开办费

C. 全部计入财务费用　　D. 全部计入管理费用

2.【单项选择题】增值税一般纳税人企业接受原材料投资时，应该作为实收资本入账的金额是（　　）。

A. 按照协议约定的材料价值加上或减去材料成本差异

B. 按照协议约定的材料价值加上进项税额

C. 按照投资合同确认的材料价值

D. 原材料的市场价值

3.【多项选择题】企业吸收投资者出资时，下列会计科目的余额可能发生变化的有（　　）。

A. "盈余公积"　　B. "资本公积"

C. "实收资本"　　D. "利润分配"

4.【多项选择题】下列各项中，通过"其他权益工具"账户核算的有（　　）。

A. 可转换公司债券权益成分的公允价值

B. 溢价发行股票超过面值的部分

C. 发行方发行的金融工具归类为权益工具的部分

D. 发行方发行的金融工具归类为金融负债的部分

5【判断题】股份制企业"股本"账户的入账金额应为核定的股份总额与股票面值的乘积。（　　）

6.【判断题】按面值发行的股票，将发行收入全部记入"股本"账户；支付的发行股票费用以及溢价不足以支付的部分，应借记"资本公积"账户，作为长期待摊费用分期摊销。（　　）

第三节　资本公积和其他综合收益的核算

资本公积是企业收到投资者的超出其在企业注册资本（或股本）中所占份额的投资，以及其他资本公积。

一、资本公积核算的内容

（一）资本（或股本）溢价

1. 资本溢价

资本溢价是指企业在筹集资金的过程中，投资人的投入资本超过其注册资金的数额。所有制单一的企业，不存在资本溢价问题。而在由两个以上的投资者合资经营的企业（非股份有限公司），则会有资本溢价发生。企业发生资本溢价的原因主要有以下几个方面：

（1）相同数量的投资，由于出资时间不同，对企业的影响程度则不同。企业在创立初期进行的投资具有较高的风险性，且资本利润率很低，而企业在正常施工生产经营以后，一般情况下，资本利润率要高于企业初创阶段。这时，如果有新的投资者加入，为了维护原有投资者的权益，新加入的投资者要付出大于原有投资者的出资额才能取得与原有投资者相同的投资比例。

（2）企业通过经营积累了留存收益，使原有投资不仅从质量上而且从数量上均发生了变化。新加入的投资者将与原有投资者共同享有投资者所积累的盈余公积和未分配利润。因此，新加入的投资者要付出大于原有投资者的出资额才能取得与原有投资者相同的投资比例。

投资者投入的资本应等于按其投资比例计算的出资额，并作为实收资本；大于实收资本的部分作为资本溢价进行核算。

2. 股本溢价

股本溢价是股份有限公司按溢价发行股票时，公司所取得的股票发行收入超过股票面值的数额。股本溢价归股份有限公司全体股东所有。

境外上市公司以及在境内发行外资股的公司，按确定的人民币股票面值和核定的股份总额的乘积计算的金额，作为股本入账；按收到股款当日的汇率折合的人民币金额与按人民币计算的股票面值总额的差额，作为资本公积处理。

（二）其他资本公积

其他资本公积，是指除资本（或股本）溢价以外所形成的资本公积，包括以权益结算的股份支付以及采取权益法核算的长期股权投资涉及的业务。

（三）资本公积核算应设置的账户

为了核算企业收到投资者出资额超出其在注册资本或股本中所占份额的部分，以及直接计入所有者权益的利得和损失取得的各项资本公积，施工企业应设置“资本公积”账户，并在本账户下设置“资本溢价”（或“股本溢价”）和“其他资本公积”两个明细账户。其贷方登记企业取得的各项资本公积；借方登记企业按规定用途转出的资本公积。期末贷方余额反映企业实有的资本公积。本账户应按资本公积形成的类别进行明细核算。

(四) 资本公积核算的会计处理

资本公积核算的会计处理在前面各章节中已有所涉及，其主要会计处理如下：

1. 资本溢价（或股本溢价）的会计处理

(1) 企业收到投资者投入的资金时：

借：银行存款（按实际收到的金额）

固定资产（按照确定的价值）

贷：实收资本（按实际投入资本在注册资本中所占的份额）

资本公积——资本溢价（按实际投入资本与其在注册资本中所占份额的差额）

(2) 股份有限公司溢价发行股票时：

借：库存现金

银行存款（按实际收到的金额）

贷：股本（按股票面值和核定的股份总额的乘积计算的金额）

资本公积——股本溢价（按溢价部分）

(3) 资本公积转增资本：

借：资本公积——资本溢价（或股本溢价）

贷：实收资本（或股本）

2. 其他资本公积的会计处理

(1) 采用权益法核算的长期股权投资。

1) 被投资单位除净损益、其他综合收益和利润分配以外的所有者权益的其他变动，投资方按持股比例计算应享有的份额。

借：长期股权投资——其他权益变动

贷：资本公积——其他资本公积（或作相反会计分录）

2) 处置采用权益法核算的长期股权投资时：

借：资本公积——其他资本公积

贷：投资收益（或相反分录）

(2) 以权益结算的股份支付换取职工或其他方提供服务。企业以权益结算的股份支付换取职工或其他方提供服务的，在权益工具授予日及行权日，会涉及与其相关的其他资本公积和资本溢价（或股本溢价）。

1) 以权益结算的股份支付换取职工或其他方提供的服务时：

借：管理费用

贷：资本公积——其他资本公积

2) 行权日：

借：资本公积——其他资本公积（按实际行权的权益工具数量计算确定的金额）

贷：实收资本（或股本）

　　资本公积——资本溢价（或股本溢价）（按差额）

（3）资本公积转增资本（或股本）的会计处理：

借：资本公积

　贷：实收资本（或股本）

二、其他综合收益的核算内容

（一）其他综合收益核算应设置的账户

为了核算和监督其他综合收益的增减变化情况，施工企业应设置“其他综合收益”账户。其贷方登记企业取得的各项其他综合收益；借方登记企业按规定用途转出的其他综合收益；期末贷方余额反映企业实有的其他综合收益。本账户应按资本公积形成的类别进行明细核算。

（二）其他综合收益核算的内容及其会计处理

其他综合收益包括以后会计期间满足规定条件时将重分类进损益的其他综合收益和以后会计期间不能重分类进损益的其他综合收益两类。

1. 以后会计期间满足规定条件时将重分类进损益的其他综合收益项目

（1）以公允价值计量且其变动计入其他综合收益的金融资产（债务工具）产生的其他综合收益。符合《企业会计准则第 22 号——金融工具确认和计量》的规定，同时符合以下两个条件的金融资产应当分类为以公允价值计量且其变动计入其他综合收益：

1）企业管理该金融资产的业务模式既以收取合同现金流量为目标又以出售该金融资产为目标；

2）该金融资产的合同条款规定，在特定日期产生的现金流量，仅为对本金和以未偿付本金金额为基础的利息的支付。

（2）按照《企业会计准则第 22 号——金融工具确认和计量》的规定，对金融资产重分类可以将原计入其他综合收益的利得或损失转入当期损益的部分。

（3）采用权益法核算的长期股权投资。

1）被投资单位其他综合收益增加，投资方按持股比例计算应享有的份额。

借：长期股权投资——其他综合收益

　贷：其他综合收益（被投资单位其他综合收益减少作相反的会计分录）

2）处置采用权益法核算的长期股权投资时。

借：其他综合收益（可转损益的其他综合收益）

　贷：投资收益（或相反分录）

（4）存货或自用房地产转换为投资性房地产。

1）企业将作为存货的房地产转为采用公允价值模式计量的投资性房地产，转换日其公允价值大于账面价值。

借：投资性房地产——成本（转换日的公允价值）

　　存货跌价准备

　贷：合同履约成本——工程施工等

其他综合收益（按差额）

2）企业将自用房地产转为采用公允价值模式计量的投资性房地产，转换日其公允价值大于账面价值。

借：投资性房地产——成本（转换日的公允价值）

累计折旧

固定资产减值准备

贷：固定资产

其他综合收益（按差额）

3）处置该项投资性房地产时，因转换计入其他综合收益的金额应转入当期其他业务成本。

借：其他综合收益

贷：其他业务成本

2．以后会计期间不能重分类进损益的其他综合收益项目

以后会计期间不能重分类进损益的其他综合收益项目包括：（1）重新计量设定受益计划净负债或净资产导致的变动；（2）按照权益法核算因被投资单位重新计量设定受益计划净负债或净资产变动导致的权益变动，投资企业按持股比例计算确认的该部分其他综合收益项目；（3）在初始确认时，企业将非交易权益工具指定为以公允价值计量且其变动计入其他综合收益的金融资产，该指定后不得撤销，即当该类非交易性权益工具终止确认时原计入其他综合收益的公允价值变动损益不得重分类进损益。

例 11-6

某施工企业拥有甲公司25%有表决权的股票，2×18年2月12日，甲公司因增资扩股增加资本公积9 000 000元。2×18年5月28日，该施工企业将拥有的甲公司的股份全部转让。做如下会计分录：

（1）2×18年2月12日，因甲公司增资扩股而增加资本公积。

借：长期股权投资——其他权益变动	2 250 000	
贷：资本公积——其他资本公积		2 250 000

（2）2×18年5月28日，该施工企业将拥有的甲公司的股份全部转让，原计入资本公积的数额转入当期损益。

借：资本公积——其他资本公积	2 250 000	
贷：投资收益		2 250 000

例 11-7

某施工企业计划将一座自用的办公楼出租以赚取租金。2×18年2月1日，该施工企业与A企业签订了租赁协议，将办公楼租赁给A企业使用，租赁开始日为2×18年2月10日，租赁期为2年。2×18年2月10日，办公楼的公允价值为36 000万元，原值为24 000万元，已提折旧1 800万元，计提减值准备450万元。该施工企业应于租赁期开始日（2×18年2月10日）将办公楼由固定资产转换为投资性房地产。做如下会计分录：

借：投资性房地产——成本	360 000 000
累计折旧	18 000 000

固定资产减值准备 4 500 000
贷：固定资产 240 000 000
其他综合收益 142 500 000

随堂小测验 11-3

1.【单项选择题】甲施工企业是股份有限公司，委托乙证券公司发行普通股，股票面值总额 12 000 万元，发行总额 48 000 万元，发行费按发行总额的 2%计算（不考虑其他因素），股票发行净收入全部收到。甲股份有限公司该笔业务记入“资本公积”账户的金额是（ ）万元。

A. 12 000 B. 35 040 C. 35 280 D. 36 000

2.【单项选择题】某施工企业增资扩股时，投资者实际缴纳的出资额大于按约定比例计算的其在注册资本中所占的份额部分，应记入的账户是（ ）。

A. “资本溢价” B. “实收资本” C. “盈余公积” D. “营业外收入”

3.【多项选择题】下列各项中属于资本公积来源的有（ ）。

A. 资本溢价
B. 股本溢价
C. 处置无形资产形成的利得
D. 权益法下被投资单位因吸收新投资者而增加的资本溢价中投资企业按应享有的份额而增加的数额

4.【多项选择题】下列各项中，属于资本公积的有（ ）。

A. 资本溢价 B. 股本溢价
C. 其他资本公积 D. 实收资本

5.【判断题】用资本公积转增资本后，不仅影响企业的所有者权益总额，也会使施工企业的净资产减少。 （ ）

6.【判断题】所有者投入的资本既包括企业注册资本或者股本，又包括资本溢价或股本溢价，前者计入实收资本，后者计入资本公积。 （ ）

第四节 留存收益的核算

留存收益，是指通过企业的施工生产经营活动而形成的，从历年实现的利润中提取或留存于企业内部的积累，即企业经营所得净收益的积累，包括企业的盈余公积和未分配利润。

一、留存收益核算的内容

（一）盈余公积

盈余公积，是指企业按照规定从净利润中提取的累积资金。企业的盈余公积可以用于弥补亏损、转增资本（或股本）、分配利润或现金股利。一般企业和股份有限公司的盈余公积一般包括：

（1）法定盈余公积，是指企业按照规定的比例从净利润中提取的盈余公积。按照

《中华人民共和国公司法》的规定，法定盈余公积的提取比例一般为净利润扣除规定项目后余额的10%。规定扣除的项目主要有抵补被没收财产损失，违反税法规定支付的滞纳金、罚款，弥补超过用税前利润弥补期限的以前年度亏损等。当法定盈余公积累计金额达到企业注册资本50%以上时，可以不再提取。

(2) 任意盈余公积，是指企业经股东大会或类似机构批准按照规定的比例从净利润中提取的盈余公积。

另外，外商投资企业的盈余公积通常包括储备基金、企业发展基金、利润归还投资和职工奖励及福利基金。

用盈余公积转增资本时，转增后留存的盈余公积数额不得少于转增前注册资本的25%。符合规定条件的企业，也可以用盈余公积分派现金股利或利润。支付股利或分配利润后，留存的法定盈余公积不得低于此前注册资本的25%。

(二) 未分配利润

未分配利润，是指企业历年累积的留待以后年度进行分配的结存利润。企业实现的净利润大致有两种分配去向：一是分配给投资者；二是留在企业。净利润属于所有者权益范畴，净利润中留在企业的部分分为盈余公积和未分配利润。而未分配利润是指未作分配的净利润，它有两层含义：一是这部分净利润没有分给企业投资者；二是这部分净利润没有指定用途。

二、留存收益核算应设置的账户

为了核算和监督企业盈余公积的提取和使用情况，施工企业应设置“盈余公积”账户，并在该账户下设置“法定盈余公积”“任意盈余公积”“储备基金”“企业发展基金”“利润归还投资”五个明细账户。其贷方登记企业按照净利润的一定比例提取的盈余公积；借方登记企业按规定转增资本（或股本）、弥补亏损或发放现金股利等减少的盈余公积。期末贷方余额反映企业提取的盈余公积余额。企业应按盈余公积的种类设置明细账进行核算。

三、留存收益核算的会计处理

留存收益的核算与利润分配的核算密切相关，留存收益中的未分配利润是利润分配的结果，有关未分配利润核算的会计处理详见本书第十三章第五节“利润分配的核算”。这里主要介绍盈余公积的会计处理方法。

(1) 企业提取盈余公积时：

借：利润分配——提取法定盈余公积
　　　　　　——提取任意盈余公积
　贷：盈余公积——法定盈余公积
　　　　　　　——任意盈余公积

(2) 企业用盈余公积弥补亏损时：

借：盈余公积

贷：利润分配——盈余公积补亏

（3）股份有限公司用盈余公积派送新股时：

借：盈余公积（按派送新股计算的金额）

贷：股本（按股票面值和派送新股总数计算的金额）

资本公积——股本溢价（按差额）

（4）股份有限公司用盈余公积分配现金股利或利润时：

借：盈余公积

贷：应付股利

（5）企业用盈余公积分配股票股利或转增资本时：

借：盈余公积

贷：实收资本（股本）

（6）企业用盈余公积弥补亏损时：

借：盈余公积

贷：利润分配——盈余公积补亏

例 11-8

某施工企业 2×18 年度实现净利润总额为 1 500 000 元，以 10%的比例提取法定盈余公积，并按 10%的比例提取任意盈余公积。做如下会计分录：

借：利润分配——提取法定盈余公积	150 000	
——提取任意盈余公积	150 000	
贷：盈余公积——法定盈余公积		150 000
——任意盈余公积		150 000

例 11-9

某施工企业 2×18 年度发生的亏损尚有 105 000 元未弥补，经股东大会决议以盈余公积来弥补。做如下会计分录：

借：盈余公积	105 000	
贷：利润分配——盈余公积补亏		105 000

例 11-10

2×18 年 1 月 21 日，某施工企业以结余的任意盈余公积 270 000 元，报经股东大会批准后转增资本。做如下会计分录：

借：盈余公积——任意盈余公积	270 000	
贷：股本		270 000

随堂小测验 11-4

1.【单项选择题】盈余公积是企业从（　　）中提取的公积金。

A. 销售利润　　B. 营业利润　　C. 利润总额　　D. 税后利润

2.【单项选择题】下列各项中，属于企业未分配利润的是（　　）。

A. 分配给投资者的净利润　　B. 任意盈余公积

C. 法定盈余公积　　D. 未分配给投资者的净利润

3.【多项选择题】下列各项中，属于盈余公积主要用途的有（　　）。

A. 弥补亏损　B. 转增资本　C. 发放股利　D. 集体福利

4. 【多项选择题】下列各项中，属于企业留存收益的有（　）。

A. 资本溢价　B. 未分配利润　C. 任意盈余公积　D. 法定盈余公积

5. 【判断题】公司法定盈余公积累计额达到公司注册资本 50%时，可以不再提取。（　）

6. 【判断题】用盈余公积转增资本时，转增后留存的盈余公积数额不得少于转增前注册资本的 35%。（　）

□ 本章思考题

1. 什么是所有者权益？所有者权益的来源有哪些？
2. 资本公积的性质是什么？主要包含哪些内容？
3. 企业发生资本溢价的原因主要有哪些？
4. 盈余公积包含哪些内容？主要有哪些用途？
5. 其他权益工具核算的基本原则是什么？

□ 本章练习题

1. 某施工企业于设立时收到甲公司作为资本投入的不需要安装的机器设备一台以及一批原材料，合同约定该机器设备的价值为 1 800 000 元，原材料的价值为 300 000 元。合同约定的固定资产、原材料的价值与公允价值相同，不考虑其他因素。

要求：根据上述经济业务编制有关的会计分录。

2. 施工企业 A 委托证券公司 B 代理发行普通股 18 000 000 股，每股面值为 1 元，发行价格为每股 2 元。施工企业 A 与证券公司 B 约定，按发行收入的 2%收取佣金，从发行收入中扣除。假定收到的股款已存入银行。

要求：根据上述经济业务编制相关的会计分录。

3. 甲施工企业 2×18 年发生如下业务：

(1) 2×18 年实现税后利润 1 800 000 元。

(2) 按税后利润的 10%计提法定盈余公积。

(3) 决定用资本公积 900 000 元、盈余公积 300 000 元转增资本。

要求：根据上述经济业务编制相关的会计分录。

第十二章
Chapter 12 成本和费用

学习目标

1. 掌握费用、成本的含义，合同履约成本的内涵、核算的内容以及应设置的账户，人工费、材料费、机械使用费、其他直接费、间接费用各成本项目核算的内容及其会计处理，合同履约成本摊销及减值，期间费用核算的内容及其会计处理。

2. 理解费用的分类，各成本项目归集和分配的方法，成本、费用开支范围。

3. 了解成本和费用核算的基本要求，合同履约成本核算的意义、对象和程序。

导入案例

中国葛洲坝集团股份有限公司（简称葛洲坝），自1970年建企以来，以强企富民为己任，谱写了一曲曲可歌可泣的水电乐章，刷新了一项项彪炳千秋的世界纪录，是拥有多家产值规模过百亿元企业、专业实力领先的大型建筑企业集团。葛洲坝在美国《工程新闻纪录》（ENR）发布的2016年度全球"250家国际承包商"和"250家全球承包商"排行榜中，分列第45位和第31位；在2018年《财富》杂志"中国企业500强"排行榜中名列第69位；在中国建筑业协会发布的"中国建筑业竞争力200强企业"排行榜中名列第3位。

根据中国葛洲坝2018年年度报告显示，公司实现营业利润77.09亿元，较上年同期增长5.74%。其中，建筑业实现营业收入554.39亿元，较上年同期下降4.30%；营业成本为471.11亿元，较上年同期下降了5.69%；建筑业毛利率达到13.62%，较上年同期增加了1.28个百分点。由于公司利息支出增加，本期财务费用为24.88亿元，较上年同期增长了19.71%。葛洲坝在不断开展PPP业务、提高营业收入的同时，贯彻"低成本、高效率"的战略，加强了企业成本费用控制，提高了利润，增强了竞争力。在国际经济复苏、国内经济持续下行、建筑企业举步维艰的严峻形势下，成本费用控制策略使企业实现了逆势前行和跨越发展。

由此可见，控制施工企业的成本与费用是保证营业收入和经营利润双丰收的关键。公司应该以一系列制度严格管控，形成全公司统一的成本与费用管理方法，加强施工企业的成本费用管理，科学地节约、控制成本费用，提高施工企业利润，增加企业价值。

资料来源：根据葛洲坝2018年年报信息整理而得。

上述导入案例说明了成本、费用管理的重要性。施工企业日常开支既有成本，也有期间费用，那么成本、费用都有哪些？如何进行分类？成本和期间费用有什么关系？成本和费用的区别有哪些？施工企业的成本、费用该如何确认与核算？通过本章的学习，相信你会找到问题的答案。

第一节 费用的含义和分类

施工企业在施工生产经营过程中所发生的各项耗费，包括物化劳动耗费和活劳动耗费，统称为费用。费用按照是否计入施工生产成本可以分为生产成本和期间费用。由于费用发生于施工企业生产经营过程的始终，它既代表了施工企业的整体耗费水平，也反映了施工企业的经营管理水平；生产成本是施工企业生产耗费的补偿尺度，是反映施工企业工作质量的综合指标，同时也是工程结算的重要依据。因此，加强对施工企业成本、费用的核算和管理具有非常重要的意义。

一、费用的含义

费用的含义有广义和狭义之分。广义的费用是指企业在生产经营过程中发生的各项耗费。狭义的费用是指企业为销售商品、提供劳务等日常活动所发生的经济利益的流出，它表示企业为取得营业收入所发生的企业经济资源的牺牲，具体表现为资产的流出或负债的增加。根据我国《企业会计准则——基本准则》的解释，费用是指企业在日常活动中发生的、会导致所有者权益减少的、与向所有者分配利润无关的经济利益的总流出。可见，会计上的费用是一个狭义的定义，仅仅指在生产经营过程中所发生的费用，这与我国《企业会计准则——基本准则》将收入定义为营业收入是相对应的。费用不包括非经常性活动中所发生的支出或损失，如由于投资所产生的投资损失、公允价值变动损益、资产减值损失，以及与正常经营活动无直接关系的营业外支出等。

对于施工企业来说，费用是指在一定的会计期间为施工生产经营活动而发生的经济资源耗费的货币表现。按照企业会计准则的规定，费用的确认应同时满足三个条件：一是与费用相关的经济利益很可能流出企业；二是经济利益流出企业的结果会导致资产的减少或者负债的增加；三是经济利益的流出额能够可靠地计量。费用对于企业而言总是伴随着以资产形式表示的资源减少或牺牲，其具体表现为企业实际的现金或非现金支出，如企业支付的职工薪酬和管理费用、消耗的原材料或机器设备等。从这个意义上来说，费用本质上是企业的资源流出，与资源流入企业所形成的收入相配比。具体来说，支付职工薪酬和管理费用等，是一项现时的现金流出；消耗原材料或机器设备等，是由过去的现金流出所转化的未来经济利益的消耗。

在企业的生产经营过程中，有两类支出不归入费用：一是企业的偿债性支出，如以货币资金偿付以前期间所欠的债务，这只是一项资产和一项负债的等额减少，不影响企业的所有者权益，因此不应作为费用；二是企业向所有者分配利润或股利，这一分配活动尽管减少了企业的所有者权益，但其属性是对利润的分配，不是企业经营活动的结果，因此也不应作为费用处理。

二、费用的分类

对费用进行分类是为了正确地计算企业的产品成本，客观反映企业的各期损益；同时控制企业费用的发生，进而降低企业的费用支出。根据费用的性质和特征，可以按照不同的标准对其进行分类。

（一）按经济内容或性质分类

费用按照经济内容或性质不同所进行的分类，在会计上称为费用要素。施工企业的生产经营过程，既是建筑产品的生产过程和劳务的提供过程，同时也是各种耗费的发生过程。将各种耗费按其经济内容或性质分类，不外乎劳动资料耗费、劳动对象耗费和活劳动耗费三大方面费用，这三大方面费用称为企业费用的三大要素。在此基础上，又可以进一步分为若干费用要素，具体包括以下内容：

（1）外购材料，是指施工企业为进行施工生产经营活动而耗用的一切由企业外部购入的以及建设单位等发包商拨入抵作备料款的主要材料、辅助材料、结构件、机械配件、其他材料和修理用备件，以及周转材料的摊销价值等。

（2）外购燃料，是指施工企业为进行施工生产经营活动而耗用的由企业外部购进的各种燃料，包括固体燃料、液体燃料和气体燃料。

（3）外购动力，是指施工企业为进行施工生产经营活动而耗用的由企业外部购进的动力，如电力、热力和蒸汽等。

（4）职工薪酬，是指施工企业在进行施工生产经营活动中为获得职工提供的劳务而给予职工的各种形式的报酬以及其他相关支出。

（5）折旧费，是指施工企业按照规定采用一定方法计算的固定资产折旧费。

（6）利息支出，是指施工企业应计入财务费用的银行借款利息支出减去利息收入后的净额。

（7）税金，是指施工企业应计入管理费用的各种税金，如房产税、车船税、城镇土地使用税、印花税等。

（8）租赁费，是指施工企业为进行施工生产经营活动而支付的从外部租赁（经营性租赁）施工机械和运输设备以及周转材料等而发生的费用。

（9）其他支出，是指不属于以上各项费用要素的支出，如差旅费、邮电费、保险费等。

费用按照其经济内容和性质分类，能够反映施工企业在施工生产经营过程中消耗了何种性质的费用，以及消耗了多少，从而可以了解施工企业生产费用的构成，有利于加强费用的核算和管理，但是不能反映各项费用要素的经济用途，不便于分析各项费用的支出是否节约、是否合理。

(二) 按经济用途分类

费用按照经济用途，也就是按照费用是否构成产品实体，可以分为合同履约成本和期间费用两大类，具体包括以下内容：

1. 合同履约成本

合同履约成本即施工企业建造施工产品的工程实际生产成本，是施工企业为生产产品、提供劳务而发生的各种耗费，是按一定成本计算对象进行归集而形成的对象化了的费用，它仅与一定种类和数量的产品相联系。计入产品成本的费用再按其经济用途进行分类是多数企业计算产品成本时成本分类的依据，因此称为产品成本项目，简称成本项目。施工企业的生产成本一般应设置以下成本项目：

(1) 人工费，是指施工企业从事建筑安装工程施工的生产人员的基本工资、奖金、补贴、工资性质的津贴、职工福利费和劳动保护费等。

(2) 材料费，是指施工企业在施工生产过程中耗用的构成工程实体以及有助于形成工程实体的原材料、辅助材料、构配件、零件、半成品的成本，以及周转材料的摊销额和租赁费用等。

(3) 机械使用费，是指施工企业在施工生产过程中使用自有施工机械所发生的机械使用费和租用外单位施工机械支付的租赁费，以及施工机械的安装、拆卸和进出场费等。

(4) 其他直接费，是指施工企业在施工生产过程中发生的除上述三项直接费用以外的有关设计和技术援助费用、施工现场材料的二次搬运费、环境保护费、文明施工费、安全施工费、夜间施工增加费、生产工具和用具使用费、检验试验费、工程定位复测费、工程点交费、场地清理费、临时设施摊销费、施工排水降水费、已完工程及设备保护费等。

(5) 间接费用，是指企业下属各施工单位为组织和管理施工生产活动所发生的费用，包括施工和生产单位管理人员的基本工资、奖金、补贴、工资性质的津贴、职工福利费、劳动保护费、固定资产折旧费及修理费、物料消耗、低值易耗品摊销、取暖费、办公费、差旅费、财产保险费、工程保修费、排污费等。

以上第 (1) 至 (4) 项构成建筑安装工程的直接成本，第 (5) 项为建筑安装工程的间接成本，直接成本加上间接成本，构成建筑安装工程的生产成本。施工企业在核算产品成本时，就是按照上述成本项目来归集企业在施工生产经营过程中所发生的应计入成本核算对象的各项费用。

2. 期间费用

期间费用是指施工企业当期发生的必须从当期收入得到补偿的费用。期间费用是与一定的会计期间相联系的，与施工生产没有直接联系，因而不计入产品成本，应于发生时直接计入当期损益。施工企业的期间费用具体包括以下内容：

(1) 管理费用，是指施工企业为管理和组织施工生产经营活动而发生的各项费用，包括企业在筹建期间发生的开办费、董事会费和行政管理部门在企业的经营管理中发生的或者应当由企业统一负担的公司经费、工会经费、董事会费、职工教育经费、劳动保险费、社会保险费、咨询费 (含顾问费)、聘请中介机构费、诉讼费、排污费、技术转让费、矿产资源补偿费、研发费用、排污费、无形资产摊销费、业务招待费、差旅费、投标费、存货盘亏或盘盈中扣除应计入营业外支出的存货损失等。

(2) 财务费用，是指施工企业为筹集生产经营所需资金等而发生的各项费用，包括应当计入期间费用的利息支出（含增值税，减利息收入）、汇兑损失（减汇兑收益）、相关的手续费以及企业发生的现金折扣或收到的现金折扣等。

费用按照其经济用途，合理划分了生产成本和期间费用的界限，全面反映了合同履约成本的构成以及各项成本支出是否合理；便于施工企业组织成本核算，加强成本控制，进行成本分析考核以及计算盈亏；有利于施工企业降低成本，进而提高盈利水平。

（三）按计入生产成本的方法分类

费用按照计入生产成本的方法，可以分为直接费用和间接费用两大类。

1. 直接费用

直接费用是指施工企业直接为某一工程施工而发生的费用，因而在费用发生的当时就可以直接计入该工程的实际成本。例如，工程施工过程中领用的材料，如果在领用时能够分清工程的对象，就是直接费用，可以直接计入工程对象的成本中。如果施工企业当期只建造一项工程，其为工程而发生的费用都属于直接费用。

2. 间接费用

间接费用是指施工企业同时承担几项工程时，为几项工程施工共同发生的费用。由于在费用发生的当时无法确定该项费用在各个工程上各支出了多少数额，因而需要按照一定的标准、采用适当的方法在受益的所有工程之间进行共同费用分配，以分别计入各个工程的实际成本。例如，在施工现场有若干个工程共同施工所使用的大堆材料，在领用时无法确定各个工程使用的部分，这时就需要采用一定的方法进行分摊，这种费用就是间接费用。

费用按照其计入生产成本的方法分类，便于施工企业合理地选择费用的分配标准，同时，有利于施工企业正确、及时地分配和计算合同履约成本。

三、合同履约成本

（一）与合同履约成本有关的资产的确认

施工企业为履行合同发生的成本，属于《企业会计准则第 14 号——收入》规范范围且同时满足下列条件的，应当作为合同履约成本确认为一项资产。

(1) 该成本与一份当前或预期取得的合同直接相关，包括人工费、材料费、机械使用费、其他直接费、间接费用、明确由客户承担的成本以及仅因该合同而发生的其他成本；

(2) 该成本增加了企业未来用于履行履约义务的资源；

(3) 该成本预期能够收回。

施工企业为取得合同发生的增量成本（增量成本，是指企业不取得合同就不会发生的成本）预期能够收回的，应当作为合同取得成本确认为一项资产；但是，该资产摊销期限不超过一年的，可以在发生时计入当期损益。

（二）与合同履约成本有关的资产的摊销和减值

1. 摊销

对于确认为资产的合同履约成本，企业应当采用与该资产相关的商品收入确认相同的基础（即在履约义务履行的时点或按照履约义务的履约进度）进行摊销，计入当期损益。

2. 减值

合同履约成本的账面价值高于下列（1）减去（2）的差额时，超出部分应当计提减值准备，并确认为资产减值损失。（1）企业因转让与该资产相关的商品预期能够取得的剩余对价；（2）为转让该相关商品估计将要发生的成本。

以前期间减值的因素之后发生变化，使得上述（1）减去（2）后的差额高于该资产账面价值的，应当转回原已计提的资产减值准备，并计入当期损益，但转回后的资产账面价值不应超过假定不计提减值准备情况下该资产在转回日的账面价值。

在确定合同履约成本的减值损失时，企业应当首先确定其他资产减值损失；然后，按照本节的要求确定合同履约成本的减值损失。企业按照《企业会计准则第 8 号——资产减值》减值测试相关资产组的减值情况时，应当将按照上述规定确定上述资产减值后的新账面价值计入相关资产组的账面价值。

随堂小测验 12-1

1.【单项选择题】下列有关成本和费用的说法正确的是（　　）。

A. 费用是按成本核算对象归集的

B. 成本是按成本核算对象归集的

C. 费用是按工程项目归集的

D. 成本是就会计期间而言的，与成本核算对象无关

2.【单项选择题】下列各项中，属于间接费用的是（　　）。

A. 管理费用　　B. 施工单位办公费

C. 施工机械使用费　　D. 存货报废损失

3.【多项选择题】下列各项中，属于合同履约成本的有（　　）。

A. 其他直接费用　　B. 间接费用　　C. 变动费用　　D. 固定费用

4.【多项选择题】下列施工企业费用中，属于按照经济内容或性质分类的有（　　）。

A. 外购材料　　B. 折旧费　　C. 职工薪酬　　D. 外购动力

5.【判断题】费用是指企业在日常活动中发生的、会导致所有者权益减少的、与向所有者分配利润有关的经济利益的总流出。（　　）

6.【判断题】合同履约成本是指企业在施工生产中所发生的、按一定的成本核算对象归集的费用。（　　）

第二节　成本、费用核算的基本要求

一、严格遵守国家规定的成本、费用开支范围

成本、费用开支范围，是指国家对企业发生的支出，允许其在成本、费用中列支的范围。施工企业与施工生产经营活动有关的各项支出，都应当按照规定计入企业的成本、费用，具体包括合同履约成本和期间费用两大类。其中，合同履约成本包括人

工费、材料费、机械使用费、其他直接费和间接费用等；期间费用包括管理费用和财务费用。

为了严肃财经纪律、加强建筑产品成本管理，按照企业财务制度的规定，施工企业的下列支出不得列入产品成本。

(1) 资本性支出，如施工企业为购置和建造投资性房地产、固定资产、无形资产和临时设施等而发生的支出。这些支出为企业带来的效益涵盖若干个会计期间，在财务上不能一次列入合同履约成本，只能按期逐月摊入成本、费用。

(2) 投资性支出，如施工企业购买交易性金融资产、其他债权投资、其他权益工具投资和长期股权投资等方面对外投资的支出以及分配给投资者的现金股利和利润支出。

(3) 期间费用支出，如施工企业的管理费用和财务费用。这些费用与施工生产活动没有直接的联系，发生后直接计入当期损益。

(4) 营业外支出，如施工企业发生的固定资产盘亏，非流动资产毁损报废损失（不含因出售、转让等原因产生的固定资产、无形资产处置损失），债务重组损失，企业被没收的财物，支付的滞纳金、罚款、违约金、赔偿金等支出，公益性捐赠支出，非常损失等。这些支出与施工企业日常生产经营活动没有直接关系，应冲减本年利润。

成本、费用开支范围体现着国家的财经方针和政策对企业财务管理所提出的规定与要求，也是施工企业加强成本和费用管理、划清成本和费用界限的重要依据。企业严格遵守国家规定的成本、费用开支范围，既能保证产品成本的真实性，使同类企业以及企业本身不同时期之间的产品成本内容一致，具有分析对比的可能，又能正确计算企业的利润并进行分配。因此，施工企业应严格遵守成本、费用的开支范围，正确划分生产成本与资本性支出、期间费用和营业外支出等的界限，根据费用发生的时间和用途，确认施工企业的生产成本和期间费用。

二、加强成本核算的各项基础工作

成本核算的各项基础工作是保证成本核算工作正常进行，以及保证成本核算工作质量的前提条件。施工企业成本核算的基础工作主要包括以下内容：

（一）建立健全原始记录制度

原始记录是反映施工企业施工生产经营活动实际情况的最初书面证明。施工企业应按照规定的格式，对施工生产经营活动中材料的领用和耗费、工时的耗费、生产设备的运转、燃料和动力的消耗、周转材料的摊销、各项费用的开支、合同全部履行已完工建筑产品竣工验收等情况，进行及时准确的记录，使每项原始记录都有人负责，以保证合同履约成本核算的真实可靠，为成本核算和成本管理服务，以及为施工企业分析消耗定额和衡量成本计划完成情况提供依据。因此，根据施工企业的实际情况，建立严格、科学的原始记录制度，对于加强施工企业管理、正确计算施工生产成本具有重要意义。

（二）建立健全各项财产物资的收发、领退、清查和盘点制度

做好各项财产物资的收发、领退、清查和盘点工作，是正确计算成本的前提条件。施工企业的所有财产物资的收发都要经过计量、验收并办理必要的凭证手续。计量工具要经常校正和维修，以便正确计量各种物资的消耗。施工企业领用材料、设备、工具等物资，都要有严格的制度和手续，防止乱领乱用。对于施工生产经营活动中的剩余物资要及时办理退库手续或结转到下期继续使用，以便如实反映计入合同履约成本的物资消耗，以免造成积压浪费。库存物资要定期盘点，做到账实相符，以保护财产物资的安全、完整。

（三）制定或修订各项内部消耗定额

内部消耗定额主要包括劳动定额、材料消耗定额、机械设备利用定额、工具消耗定额和费用定额等。其中，劳动定额也称人工定额，是指在正常的施工技术和组织条件下，完成单位合格产品所必需的人工消耗量标准，是考核各施工单位工效的主要依据；材料消耗定额是指在合理和节约使用材料的条件下，生产单位合格产品所必须消耗的一定规格的原材料、辅助材料、半成品和水电等资源的数量标准，是签发定额领料单的主要依据，用于考核施工过程中材料的消耗情况；机械设备利用定额和工具消耗定额，主要用于考核机械设备的使用效率和生产工具的消耗情况，反映合理、均衡地组织劳动和使用施工机械的单位生产效率；费用定额主要用于控制各项费用开支。内部消耗定额是施工企业对合同履约成本进行量化管理的有效工具，对于提高劳动生产率、节约材料消耗、提高机械设备利用率、减少费用开支、降低合同履约成本等都具有非常重要的意义。

三、划清各种费用界限

为了有效地进行成本核算，控制成本开支，避免重计、漏计、错计或挤占成本的情况发生，施工企业应在成本核算过程中划清有关费用开支的界限。

（一）划清合同履约成本与期间费用之间的界限

合同履约成本即施工企业建造产品的成本，是指施工企业在施工过程中按成本核算对象归集的各种费用，包括耗用的人工费、材料费、机械使用费、其他直接费用和间接费用。期间费用是指施工企业在一定的会计期间为提供一定的施工生产条件，以保证企业财务、经营管理正常运转所发生的费用，包括管理费用和财务费用。期间费用全部由利润表中的当期营业收入项目扣除，不计入合同履约成本。施工企业为了正确计算施工合同履约成本，必须首先分清哪些耗费计入合同履约成本，哪些耗费计入期间费用，只有这样才能正确地核算各期的盈亏水平。

（二）划清各成本项目之间的界限

施工企业在明确成本项目具体内容的基础上，对所发生的各项费用，应比照各成本项目对号入座，不得串项，以便于企业及时了解施工企业合同履约成本的构成情况，

对于成本计算和确定各期损益具有重要的意义。

（三）划清各期施工生产成本之间的界限

施工企业应按照权责发生制和收入与费用相配比的原则，正确核算各期施工合同履约成本，按照合同的相关规定正确计算当期合同履约成本，不得随意多计或少计合同履约成本，不得人为调节各期合同履约成本。

（四）划清成本核算对象之间的界限

成本核算对象一般应在工程施工之前确定，凡是能够直接计入有关合同履约成本的各项直接费用，都应直接计入合同履约成本；凡是由两项或两项以上施工工程共同承担的费用，则必须采用合理的分配标准，在有关工程之间进行分配。这样才能正确计算单位工程的实际成本，便于分析和考核各单位工程成本计划的执行情况。

（五）划清已完合同履约成本与未完合同履约成本的界限

施工企业应定期进行成本核算，对于已完合同履约成本和未完合同履约成本共同发生的费用应采用专门的方法进行分配，不得人为压低或提高未完合同履约成本，以确保合同履约成本核算的真实性、及时性、完整性与准确性。

（六）划清实际成本与计划成本、预算成本之间的界限

为了使施工企业的实际成本与计划成本、预算成本之间具有可比性，实际成本的核算范围和计算口径必须与计划成本、预算成本完全一致。但施工企业在计算当期施工产品的实际成本时，必须以当期实际已完工程数量、实际消耗和合同收入为依据，不得以计划成本或预算成本代替实际成本。

四、加强费用开支的审核和控制

施工企业成本核算的目的是节约消耗，降低费用，提高经济效益，因此，施工企业必须严格进行费用开支的审核和控制。施工企业要由专人负责，依据国家有关法律政策、各项规定及企业内部制定的定额或标准等，对施工生产经营过程中发生的各项耗费进行及时的审核和控制，以检查、监督各项费用是否应该开支，应开支的费用是否应该计入合同履约成本或者期间费用。对于不合理、不合法、不利于提高经济效益的费用支出应严格加以限制。做到事前审核控制，防患于未然；事中实时控制，以纠正偏差；事后分析评价，以奖励或惩罚，确保成本目标的实现。

五、建立工程项目台账

由于施工企业所承担的工程具有规模大、工期长等特点，工程施工有关总账、明细账无法反映各工程项目的综合信息，为了全面了解各工程项目的基本情况，及时向企业决策部门及有关管理部门提供所需信息，施工企业还应按单项合同建立工程项目台账。其具体内容包括以下几个方面：

（1）工程项目名称、项目地点、建设单位（或发包单位）名称、合同规定的工程开工与完工日期。

（2）工程合同总价、合同变更调整金额、索赔款、奖励款、支付的分包款，跨县市区的工程项目还应载明：已扣除的分包款、已扣除的分包款的发票号码、已预缴的税款、已预缴的税款的完税凭证号码等。

（3）预计工程总成本、累计已发生成本以及履约合同尚需发生的成本。

（4）本年和累计的已在利润表中确认的主营业务收入、主营业务成本。

（5）本年和累计的已获客户签证确认的工作量、已办理结算的合同价款。

（6）实际收到的工程价款，包括预收备料款和已收工程进度款等。

随堂小测验 12-2

1.【单项选择题】下列各项中，不属于施工企业合同履约成本的是（　　）。

A. 人工费　B. 材料费　C. 机械使用费　D. 财务费用

2.【单项选择题】下列各项中，属于施工企业期间费用核算范围的有（　　）。

A. 管理费　B. 人工费　C. 机械使用费　D. 材料费

3.【多项选择题】下列各项中，属于施工企业直接费用的有（　　）。

A. 材料费　B. 人工费　C. 其他直接费用　D. 机械使用费

4.【多项选择题】施工企业的下列各项支出，不得列入合同履约成本的有（　　）。

A. 资本性支出　B. 营业外支出　C. 经营性支出　D. 投资性支出

5.【判断题】间接费用是指建筑施工企业下属的各施工单位（分公司、工区、施工队、项目部等）或生产单位为组织和管理施工生产活动所发生的各项费用。（　　）

6.【判断题】施工企业为购置和建造投资性房地产、固定资产、无形资产和临时设施等而发生的支出，可以一次性列入建筑产品成本。（　　）

第三节　合同履约成本核算的意义、对象、组织和程序

一、合同履约成本核算的意义

施工企业主要从事建筑安装活动，其生产成本就是指合同履约成本，而合同履约成本是合同造价的重要组成部分，因此，合同履约成本的高低，将直接影响施工企业合同结算价款中用于生产耗费补偿数额的大小。

（1）通过合同履约成本核算，将各项生产成本按照用途和一定的程序，直接计入或分配计入各项工程，正确计算各项工程的实际成本，并将工程的实际成本与预算成本进行比较，以检查预算成本的实际执行情况，便于挖掘降低成本的潜力，有利于增强企业的竞争能力。

（2）通过合同履约成本核算，可以及时反映施工企业生产经营过程中人力、物力和财力的耗费，通过合同履约成本水平可以看出施工企业劳动生产率的高低、材料消耗的节约或超支、施工机械利用得好坏、施工费用支出是否超支以及施工组织管理水平的高低等，从而可以真实、准确地反映施工企业合同履约成本的构成，有助于施工

企业及时、合理地补偿施工生产耗费，提高企业的经济效益。

(3) 通过合同履约成本核算，可以计算、比较施工企业各个施工单位的经济效益和各项合同的盈亏状况，便于分清各个单位的成本责任，在企业内部实行经济责任制，要求企业的职工和各个部门完成相应的考核指标。

(4) 通过合同履约成本核算，可以为各种不同类型的施工工程积累相关的经济技术资料，为施工企业修订预算定额、施工定额，以及为施工企业进行经营决策提供重要的数据资料。同时，对于提高企业成本管理意识、进行经济预测和经营决策等都具有十分重要的意义。

总之，合同履约成本既是一个价值范畴，又是一个反映施工企业工作质量、经济效益的综合性指标。在市场经济条件下，正确地组织成本核算，科学地计算和确定合同履约成本，对于促进施工企业加强经济核算、改善经营管理、促进增产节约、提高经济效益、不断地发展壮大经济实力、使其有效地参与市场竞争具有深远的意义。

二、合同履约成本核算的对象

合同履约成本核算的对象（以下简称成本核算对象），是指施工企业在进行产品成本核算时，所选择的归集和分配建筑产品生产成本的目标，即建筑产品生产成本的承担者。合理确定成本核算对象，是正确组织施工企业建筑产品成本核算的重要条件之一。

在实际工作中，如果对成本核算对象划分过粗，把相互之间没有联系或联系不大的单项工程或单位工程合并起来，作为一个成本核算对象，就不能反映独立施工的各个单项工程或单位工程的实际成本水平，不利于分析和考核成本的升降情况；反之，如果对成本核算对象划分过细，就会出现许多间接费用需要分摊的状况，其结果不仅增加了成本核算的工作量，而且也不能保证准确、及时地计算出各项工程的实际成本。

一般情况下，施工企业应根据承包工程的规模大小、结构类型、工期长短和施工现场的条件等具体情况，以单位工程为对象编制设计概（预）算或施工图预算，再以施工图预算为依据和客户（建设单位等发包单位）就所承接的每一建设施工项目签订合同。因此，合同与成本核算对象之间存在着非常密切的关系。通常，施工企业应以单位工程为合同履约成本的核算对象，即以每一独立编制的设计概（预）算或每一独立编制的施工图预算所列单位工程作为合同履约成本的核算对象。这样，不仅便于将工程的实际成本与工程的预算成本进行比较，以检查施工图预算的执行情况，也有利于核算、分析和考核施工合同的成本降低或超支情况。但是，在实际工作中，一家施工企业往往要承包多个建设项目，每个建设项目的具体情况又各不相同。例如，有的建设项目工程规模很大、工期很长；有的建设项目只是一些规模较小、工期较短的零星改建或扩建工程；还有的建设项目在一个工地上有若干个结构类型相同的单位工程同时施工，交叉作业，共同耗用施工现场堆放的大堆材料或集中加工的材料等，这就涉及合理划分合同范围以确定成本核算对象的问题。因此，施工企业一般应按照与施工图预算相适应的原则，以每一独立签订合同的单位工程为依据，并结合施工企业组织的特点和加强成本管理的要求，来确定成本核算对象。

成本核算对象的确定方法主要有以下几种：

（1）以单位工程作为成本核算对象。在通常情况下，施工企业应以每一独立编制的设计概（预）算或每一独立编制的施工图预算所列单位工程作为成本核算对象。这样，不仅有利于分析工程概（预）算和施工合同的完成情况，也有利于准确地核算施工合同的成本与损益。

（2）以分部、分项工程作为成本核算对象。如果建设工程规模很大、工期较长，施工企业应该与客户就分部工程或者分项工程签订多个合同，以分别对各个合同的成本进行核算。

（3）将多个合同合并为一份合同作为成本核算对象。施工企业与同一客户（或该客户的关联方）同时订立或在相近时间内先后订立的两份或多份合同，在满足下列条件之一时，应当合并为一份合同，作为施工企业成本的核算对象。1）该两份或多份合同基于同一商业目的而订立并构成一揽子交易；2）该两份或多份合同中的一份合同的对价金额取决于其他合同的对价或履行情况；3）该两份或多份合同中所承诺的商品（或每份合同中所承诺的部分商品）构成规定的单项履约义务。

施工企业的成本核算对象应在工程开工前确定，且一经确定不得随意变更，更不能相互混淆。施工企业所有反映成本费用的原始记录和核算资料都必须按照确定的成本核算对象填写清楚，以便准确地归集和分配施工生产费用。为了集中反映和计算各个成本核算对象本期应负担的生产成本，财务会计部门应该按每一成本核算对象设置合同履约成本明细账，并按成本项目分设专栏来组织成本核算，以便正确计算各个成本核算对象的实际成本。

三、合同履约成本核算的组织

成本核算是施工企业成本管理的一个重要组成部分。为了有效地组织合同履约成本核算，施工企业应根据成本管理的内容和内部经济责任制的要求，结合企业自身的规模和管理体制，建立和完善相应的成本核算组织体系，使企业的成本核算组织与企业的施工管理体制相适应。目前，我国施工企业一般实行公司、工区（或工程处、分公司等）和施工队（或项目经理部）三级管理，或公司、工区两级管理。与之相适应，施工企业成本核算的组织，一般也实行公司、工区和施工队三级核算，或公司、工区两级核算体制。

（一）实行三级核算的施工企业

实行三级核算的施工企业，公司一级负责全面领导所属单位的成本核算工作，主要负责指导所属单位建立健全成本管理制度，核算公司本身的管理费用，汇总整个企业的施工生产成本，审核汇总所属单位的成本报表，全面进行企业施工生产成本分析等。

工区（或工程处、分公司等）一级是施工企业成本核算体系的中心环节，主要负责核算工区本身的管理费用，并对合同履约成本核算工作进行直接指导或直接核算合同履约成本，编制合同履约成本报表或竣工决算，并进行合同履约成本分析等。

施工队（或项目经理部）是工区所属基层成本核算单位，是施工企业成本核算体系的基础，主要负责签发工程任务单和定额领料单，登记工程消耗的各种直接费用和间接费用的原始记录，及时登记工程项目台账，办理因设计变更、材料代用等施工生产经营过程中发生的签证手续，核算工程实际成本，分析材料成本和人工成本等超支或降低的原因，并按照工程编制成本报表。

（二）实行两级核算的施工企业

实行两级核算的施工企业，公司一级核算的内容与实行三级核算的施工企业公司一级核算的内容基本相同；两级核算中的工区则应同时承担三级核算中的工区与施工队两级成本核算单位的成本核算职责。

四、合同履约成本核算的程序

合同履约成本核算的程序，是指施工企业根据成本管理和核算的基本要求，对施工生产费用进行分类核算，将发生的各项要素费用按照经济用途进行归类时所应遵循的一般顺序和步骤。施工企业的合同履约成本核算一般实施二级或三级核算，对一些规模较小的施工企业也可以实行一级核算。在施工企业实行合同履约成本二级核算或三级核算的体制下，公司级一般只核算期间费用，合同履约成本的总分类核算主要是在工区及施工队进行。

施工企业在进行合同履约成本核算时，对施工生产经营过程中发生的各项施工生产费用，首先应按照施工生产费用的用途和发生的地点进行归集，对能够分清受益对象的直接费用，可以直接计入各受益的成本核算对象；对不能分清受益对象的间接费用，则需要先按发生地点进行归集汇总，然后再按照一定的方法分配计入各受益的成本核算对象。施工企业施工生产费用的核算主要包括以下步骤：

（1）分配合同履约成本；

（2）分配机械作业；

（3）分配工程施工间接费用；

（4）结算工程价款；

（5）结转完工履约合同成本。

随堂小测验 12-3

1.【单项选择题】施工企业通常应当以（　　）作为成本核算对象。

A. 每个工程　　B. 单位工程　　C. 部分工程　　D. 一组合同工程

2.【单项选择题】不属于实行三级核算施工企业的管理层级的是（　　）。

A. 公司级　　B. 工区（或工程处、分公司等）

C. 部门级　　D. 施工队（或项目经理部）

3.【多项选择题】将多个合同合并为一份合同作为合同履约成本核算对象的条件有（　　）。

A. 该组合同按一揽子交易签订

B. 工程量较大且工期较长

C. 该两份或多份合同中的一份合同的对价金额取决于其他合同的对价或履行情况

D. 该两份或多份合同中所承诺的商品（或每份合同中所承诺的部分商品）构成规

定的单项履约义务

4.【多项选择题】施工企业合同履约成本核算对象可以是（　　）。

A. 部分工程　　B. 单位工程

C. 分部分项工程　　D. 一组合同工程

5.【判断题】施工企业的成本核算对象应在工程开工前确定，且一经确定不得随意变更，更不能相互混淆。（　　）

6.【判断题】对于按照一揽子交易签订的一组合同，可以合并为一份合同，作为合同履约成本核算对象。（　　）

第四节　合同成本核算应设置的账户

为了归集、汇总和分配企业发生的各项生产成本和正确计算产品的实际成本，施工企业应设置如下会计账户。

一、"合同履约成本"账户

"合同履约成本"账户核算施工企业为履行当前或预期取得的合同所发生的、不属于其他会计准则规范范围且按照《企业会计准则第14号——收入》应当确认为一项资产的成本。施工企业应在"合同履约成本"账户下设"工程施工"二级明细账户，核算各项工程施工合同发生的实际成本。同时，按照施工企业合同履约成本项目设置"人工费""材料费""机械使用费""其他直接费""间接费用"五个三级明细账户。三级明细账户下可以按成本核算对象进行归集。其中，属于人工费、材料费、机械使用费和其他直接费等直接成本费用，直接计入有关合同履约成本。

"间接费用"明细账户，核算施工企业下属施工生产单位管理人员职工薪酬、固定资产折旧费、财产保险费、工程保修费、排污费等间接费用。期末，应将间接费用按一定的分配标准分配计入有关合同成本。

"工程施工"明细账户的借方登记施工企业在施工生产经营过程中发生的材料费、人工费、机械使用费、其他直接费和间接费用，期（月）末分配计入有关合同成本的间接费用；贷方登记对合同履约成本进行摊销时的金额，期（月）末分配计入有关合同成本的间接费用；借方余额反映尚未结转的合同履约成本。企业因履行合同而发生的毛利不在本账户核算。

二、"合同履约成本减值准备"账户

"合同履约成本减值准备"账户核算与合同履约成本有关的资产的减值准备。其贷方登记与合同履约成本有关的资产发生减值时应减记的金额；借方登记转回已计提的资产减值准备金额。期末贷方余额反映企业已计提但尚未转销的合同履约成本减值准备。本账户可以按照合同进行明细核算。

三、“机械作业”账户

“机械作业”账户核算施工企业及其内部独立核算的施工单位、机械站和运输队使用自有施工机械与运输设备进行机械作业（包括机械化施工、运输作业等）所发生的各项费用。其借方登记发生的机械作业支出；贷方登记月末按照受益对象分配结转的机械作业支出。期末应无余额。本账户可按成本核算对象（按照施工机械或运输设备的种类等作为成本核算对象，一般对大型机械按单机或机组设置，对小型机械按类别设置）和成本项目进行明细核算。

【特别提示】施工企业及其内部独立核算的施工单位，从外单位或本企业其他内部独立核算的机械站租入施工机械，按照规定的台班费定额支付的机械租赁费，直接记入成本核算对象的“合同履约成本——工程施工——机械使用费”账户，不通过本账户进行核算。

四、“合同结算”账户

“合同结算”账户核算施工企业在某一时期内履行履约义务涉及与业主结算对价的合同资产或合同负债。“合同结算”账户下设置两个二级明细账户，其中“合同结算——收入结转”明细账户，借方登记按履约进度结转的收入金额；“合同结算——价款结算”明细账户，贷方登记施工企业定期与业主结算的金额。本账户期末如为借方余额，反映施工企业已经履行履约义务但尚未与业主结算的金额，依据其流动性，在资产负债表中分别列示为“合同资产”（施工企业预计与客户结算期限不超过一年或一个正常营业周期）或“其他非流动资产”（施工企业预计与客户结算期限在一年或一个正常营业周期以上）项目；期末如为贷方余额，反映施工企业已经与业主结算但尚未履行履约义务的金额，依据其流动性，在资产负债表中分别列示为“合同负债”或“其他非流动负债”项目。

随堂小测验 12-4

1. 【单项选择题】下列各项中，属于核算施工企业在某一时段内履行履约义务涉及与业主结算对价的合同资产或合同负债的账户的是（　　）。

A. “合同履约成本——工程施工”　　B. “管理费用”
C. “合同结算——价款结算”　　D. “其他业务成本”

2. 【单项选择题】直接计入合同履约成本的人工费应该记入（　　）账户。

A. “合同履约成本——工程施工”　　B. “生产成本”
C. “机械作业”　　D. “制造费用”

3. 【多项选择题】“合同履约成本——工程施工”账户应设置（　　）明细账。

A. “人工费”　B. “材料费”　C. “间接费用”　D. “机械使用费”

4. 【多项选择题】下列费用中，在“合同履约成本——工程施工”的间接费用明细账下核算的有（　　）。

A. 固定资产折旧　B. 财产保险费　C. 工程保修费　D. 排污费

5.【判断题】“合同履约成本——工程施工”账户的借方登记施工企业在施工生产经营过程中发生的材料费、人工费、机械使用费、其他直接费和间接费用；贷方登记与合同履约成本有关的资产发生减值时应减记的金额。 （ ）

6.【判断题】施工企业及其内部独立核算的施工单位，从外单位或本企业其他内部独立核算的机械站租入施工机械，按照规定的台班费定额支付的机械租赁费应通过“机械作业”账户进行核算。 （ ）

第五节 合同履约成本的核算

施工企业为了真实反映施工产品在施工生产过程中的耗费情况，必须正确核算各项施工工程的实际成本。施工企业的合同履约成本包括人工费、材料费、机械使用费、其他直接费和间接费用等成本项目。施工企业在工程施工过程中发生的各项施工费用，首先应按照确定的成本核算对象和成本项目进行归集，凡是能够直接计入有关成本核算对象的，直接计入各成本核算对象的合同成本明细账户的各成本项目；不能直接计入有关成本核算对象的，应先记入“合同履约成本——工程施工——间接费用”账户，然后再采用一定的方法分配计入各成本核算对象的成本项目，最后计算出各工程的实际成本。

一、人工费的核算

（一）人工费核算的内容

施工企业合同履约成本中的人工费，是指施工企业从事建筑安装工程施工的生产人员和在施工现场运料、配料等辅助生产人员的工资、奖金、补贴、职工福利费、工资性质的津贴和劳动保护费等。

（二）人工费的归集与分配

人工费计入成本的方法，一般应根据施工企业所实行的具体工资制度来决定。

1. 计件工资制下人工费的分配

实行计件工资制的施工企业所支付的工资，一般都能分清是为哪个工程所发生的，因此，可以根据工程任务单和工资结算汇总表将其所归集的人工费直接计入各成本核算对象的人工费成本项目中去。

2. 计时工资制下人工费的分配

实行计时工资制的施工企业，如果施工生产只涉及一个单位工程，或所发生的施工生产工人工资能够分清是为哪个工程所发生的，则可以直接计入该成本核算对象的人工费成本项目中去；如果建筑安装工人同时为几项工程工作，就需要将所发生的工资在各个成本核算对象之间进行分配。一般应按照当月工资总额和工人总的出勤工日计算的日平均工资以及各工程当月实际用工数计算分配。分配人工费的计算公式如下：

$$\text{某施工企业当月建筑安装工人日平均工资}=\frac{\text{企业当月建筑安装工人计时工资总额}}{\text{企业当月建筑安装工人实际工日总数}}$$

式中，计时工资总额包括按计时工资标准和工作时间支付给职工的工资。

$$\frac{\text{某工程成本核算对象}}{\text{应负担的计时工资额}}=\frac{\text{该工程成本核算对象}}{\text{当月实际耗用的工日数}}\times\frac{\text{某施工企业当月建筑}}{\text{安装工人日平均工资}}$$

此外，施工企业按照工资总额的一定比例计提的职工福利费等工资附加费，应随同工资总额一并分配计入各成本核算对象的人工费成本项目中去。

（三）人工费的会计处理

施工企业应将其所归集的人工费计入各成本核算对象的人工费成本项目中去，借记“合同履约成本——工程施工——人工费（××工程）”账户，贷记“应付职工薪酬”账户。

例 12－1

某施工企业下属两个工程处，实施两级核算管理体制。第一工程处新承担A，B两项工程，实行计时工资制，2×18 年 3 月发生的人工费资料如表 12－1 所示。第二工程处只承担一项工程，实行计件工资制，2×18 年 3 月应支付建筑工人工资1 119 600 元。

表 12－1 人工费计时工资分配表

施工单位：第一工程处　　　　　　2×18 年 3 月

成本核算对象	实际用工数（小时）	平均工资（元/小时）	应分配工资（元）
A工程	51 300	70	3 591 000
B工程	38 700	70	2 709 000
合计	90 000		6 300 000

（1）对于第一、第二工程处发生的人工费，企业应做如下会计分录：

借：合同履约成本——工程施工——人工费（第一工程处——A工程）　3 591 000
　　　　　　　　　　　　　　——人工费（第一工程处——B工程）　2 709 000
　　　　　　　　　　　　　　——人工费（第二工程处）　1 119 600
　贷：应付职工薪酬——工资　7 419 600

（2）预计本月职工福利费（工资的 14%），做如下会计分录：

借：合同履约成本——工程施工——人工费（第一工程处——A工程）　502 740
　　　　　　　　　　　　　　——人工费（第一工程处——B工程）　379 260
　　　　　　　　　　　　　　——人工费（第二工程处）　156 744
　贷：应付职工薪酬——职工福利　1 038 744

根据上述会计分录，分别登记第一工程处和第二工程处“合同履约成本明细账”和“合同履约成本卡”的“人工费”栏（见表 12－6、表 12－7、表 12－8、表 12－9）。

二、材料费的核算

（一）材料费核算的内容

施工企业合同履约成本中的材料费，是指在工程施工生产过程中耗用的构成工程实体及有助于形成工程实体的原材料、辅助材料、构配件、零件、半成品的成本，以及周转材料的摊销额和租赁费用等，但不包括被安装设备本身的价值。

施工企业的材料，除了主要用于施工生产外，还用于固定资产等在建工程，以及其他非生产性耗用。因此，施工企业进行材料费核算，必须严格划分施工生产性耗用与非生产性耗用的界限，只有直接用于工程施工的材料才能计入合同履约成本的“材料费”成本项目中。

（二）材料费的归集与分配

材料费在施工企业合同履约成本中所占的比重较大，工程施工耗用的材料品种繁多，数量较大，领用的次数也比较频繁。因此，施工企业必须建立健全材料物资的收发、领退等管理制度，制定统一的定额领料单、领料单、大堆材料耗用计算单、集中配料耗用计算单、周转材料摊销计算分配表、退料单等自制原始凭证，并区别不同的材料，根据不同的情况，采取不同的方法进行材料费的归集和分配。

（1）凡是领用材料时能够点清数量、分清用料对象的，应在有关领料凭证上注明成本核算对象的名称，并直接记入成本核算对象的“材料费”成本项目中。

（2）凡是领用材料时虽能点清数量，但系集中配料或需统一下料的材料，如油漆、玻璃、木材等，应在有关领料凭证上注明“工程集中配料”字样，月末由材料管理部门或领用部门根据用料情况，结合材料消耗定额编制集中配料耗用计算分配表，据以分配计入各受益成本核算对象中。

（3）凡是领用材料时既不易点清数量又难以分清成本受益对象的，如砖、瓦、灰、砂、石等大堆材料，可以根据具体情况，先由材料保管员或施工现场领料部门验收保管，月末实地盘点结存数量后，再按月初结存数量与本月购进数量，倒轧本月实耗数量，最后结合材料耗用定额，编制大堆材料耗用计算单，据以计入各成本核算对象中。

（4）凡是工程施工周转使用的模板、脚手架等周转材料，应根据各成本受益对象的实际在用数量和规定的摊销方法，计算当期周转材料应摊销额并编制各类周转材料摊销计算分配表，据以计入各成本核算对象中。对于施工企业某些租用的周转材料，则应按照实际支付的租赁费用直接计入各受益成本核算对象的“材料费”成本项目中。

（5）凡是施工企业工程竣工后剩余的材料，均应填写退料单或用红字填写领料单，据以办理材料退库手续，以便正确计算施工工程的实际成本。

（6）凡是施工企业在工程施工中发生的残次材料和包装物等，应尽量回收利用，填制废料交库单估价入账，并冲减合同履约成本中的材料费。

（三）材料费的会计处理

施工企业在工程施工过程中所耗用的各种材料，经采用不同的方法进行分配之后，应根据各有关计算分配表以及材料管理部门提供的资料，汇总编制材料费用分配表，以确定各受益成本核算对象应分摊的材料费用，借记“合同履约成本——工程施工——材料费（××工程）”，贷记“原材料”“材料成本差异”等账户。

例 12-2

接例 12-1，2×18 年 3 月该施工企业根据所发生的经济业务以及审核无误的各种原始凭证汇总编制了材料费用分配表（见表 12-2）。

表 12-2　材料费用分配表　　单位：元

成本核算对象	主要材料		结构件		其他材料		合计		周转材料摊销
	计划成本	成本差异	计划成本	成本差异	计划成本	成本差异	计划成本	成本差异	
第一工程处	4 725 000	47 250	810 000	16 200	414 900	−4 149	5 949 900	59 301	73 800
A 工程	2 430 000	24 300	603 000	12 060	291 600	−2 916	3 324 600	33 444	43 200
B 工程	2 295 000	22 950	207 000	4 140	123 300	−1 233	2 625 300	25 857	30 600
第二工程处	819 000	8 190	427 500	8 550	88 200	−882	1 334 700	15 858	15 300
合计	5 544 000	55 440	1 237 500	24 750	503 100	−5 031	7 284 600	75 159	89 100

做如下会计分录：

(1) 领用材料时：

借：合同履约成本——工程施工——材料费（第一工程处——A 工程）　3 324 600
　贷：原材料——主要材料　2 430 000
　　　　　　——结构件　603 000
　　　　　　——其他材料　291 600

借：合同履约成本——工程施工——材料费（第一工程处——B 工程）　2 625 300
　贷：原材料——主要材料　2 295 000
　　　　　　——结构件　207 000
　　　　　　——其他材料　123 300

借：合同履约成本——工程施工——材料费（第二工程处）　1 334 700
　贷：原材料——主要材料　819 000
　　　　　　——结构件　427 500
　　　　　　——其他材料　88 200

(2) 分配材料成本差异时：

借：合同履约成本——工程施工——材料费（第一工程处——A 工程）　33 444
　贷：材料成本差异——主要材料　24 300
　　　　　　　　　——结构件　12 060
　　　　　　　　　——其他材料　[2 916]

借：合同履约成本——工程施工——材料费（第一工程处——B 工程）　25 857
　贷：材料成本差异——主要材料　22 950
　　　　　　　　　——结构件　4 140
　　　　　　　　　——其他材料　[1 233]

借：合同履约成本——工程施工——材料费（第二工程处）　15 858
　贷：材料成本差异——主要材料　8 190
　　　　　　　　　——结构件　8 550
　　　　　　　　　——其他材料　[882]

（3）周转材料摊销时：

借：合同履约成本——工程施工——材料费（第一工程处——A工程）43 200

——材料费（第一工程处——B工程）30 600

——材料费（第二工程处） 15 300

贷：周转材料——周转材料摊销 89 100

根据上述会计分录，分别登记第一工程处和第二工程处合同履约成本明细账和合同履约成本卡的“材料费”栏（见表12-6、表12-7、表12-8、表12-9）。

三、机械使用费的核算

（一）机械使用费核算的内容

施工企业合同履约成本中的机械使用费，是指在施工过程中使用自有施工机械所发生的机械使用费和租入外单位施工机械所发生的租赁费，以及按照规定支付的施工机械安装、拆卸和进出场费等。随着工程施工机械化程度的不断提高，机械使用费在合同履约成本中的比重日益增长。因此，加强施工机械的管理和核算，对于提高施工机械的利用率和降低合同履约成本有着重要意义。

施工企业在施工生产过程中使用的施工机械，分为自有施工机械和租入施工机械。因此，机械使用费的核算也分为两种情况。

1. 租入机械费用的核算

施工企业从外单位或本企业其他内部独立核算的机械站租入不配有操作人员的施工机械支付的租赁费，一般可以根据机械租赁费结算单所列的金额，直接计入有关受益成本核算对象的“机械使用费”成本项目中。如果租入的施工机械是为两个或两个以上的工程服务，应以租入施工机械为各个成本核算对象所提供的作业台班数量为基数进行分配，并计入各成本核算对象的实际成本。其计算公式如下：

$$\begin{matrix}\text{某工程成本核算}\\\text{对象应负担的租赁费}\end{matrix}=\begin{matrix}\text{该工程成本核算对象}\\\text{实际使用的台班数量}\end{matrix}\times\begin{matrix}\text{平均台班}\\\text{租赁费}\end{matrix}$$

$$\text{平均台班租赁费}=\frac{\text{支付的施工机械租赁费总额}}{\text{租入的施工机械作业总台班数}}$$

2. 自有机械费用的核算

施工企业使用自有施工机械和运输设备进行机械作业所发生的各项费用，主要包括以下内容：

（1）人工费，指驾驶和操作施工机械人员的基本工资、奖金、补贴、职工福利费、工资性质的津贴和劳动保护费等。

（2）燃料及动力费，指施工机械和运输设备进行机械作业所耗用的燃料、动力费。

（3）折旧及修理费，指对施工机械和运输设备所计提的固定资产折旧费、发生的固定资产修理费用，以及替换工具和部件的摊销费和维修费。

（4）其他直接费，指施工机械和运输设备所耗用的润滑材料和擦拭材料费用以及预算定额所规定的其他费用，如将施工机械运到施工现场、远离施工现场（若运往其他现场，运出费用由其他施工现场的合同履约成本负担）和在施工现场范围内转移的运输、安装、拆卸及试车费用等。

(5) 间接费用，指施工企业为组织和管理施工机械和运输作业所发生的费用，包括管理人员基本工资、奖金、补贴、职工福利费、工资性质的津贴、劳动保护费、固定资产折旧费及修理费、办公费等。

(二) 机械使用费的分配方法

施工企业使用自有施工机械所发生的机械使用费，其分配方法主要包括以下几种：

1. 台班分配法

台班分配法是指根据成本核算对象使用施工机械的台班数进行分配。其计算公式如下：

$$\text{某工程成本核算对象应负担的机械使用费}=\text{该种机械的每台班实际成本}\times\text{该工程成本核算对象实际使用的台班数}$$

$$\text{某种机械的每台班实际成本}=\frac{\text{该种机械本月实际发生的费用总额}}{\text{该种机械本月实际工作的台班总数}}$$

台班分配法主要适用于按单机或机组进行成本核算的施工机械。

2. 预算分配法

预算分配法是指按照实际发生的机械作业费占预算定额规定的机械使用费的比率进行分配的方法。其计算公式如下：

$$\text{某工程成本核算对象应负担的机械使用费}=\text{该工程成本核算对象预算机械使用费}\times\text{实际发生的机械使用费占预算机械使用费的比率}$$

$$\text{该工程成本核算对象预算机械使用费}=\text{该工程成本核算对象实际完成的工作量}\times\text{单位工程量机械使用费预算定额}$$

$$\text{实际发生的机械使用费占预算机械使用费的比率}=\frac{\text{实际发生的机械使用费总额}}{\text{该工程成本核算对象的预算机械使用费总额}}\times 100\%$$

预算分配法主要适用于不便于计算机械使用台班、无机械使用台班和无台班单价预算定额的中小型施工机械费的分配，如几个成本核算对象共同使用的混凝土搅拌机的费用。

3. 作业量法

作业量法是指以各种机械所完成的作业量为基础进行分配的方法。其计算公式如下：

$$\text{某工程成本核算对象应负担的某种机械使用费}=\text{某种机械为该工程成本核算对象提供的作业量}\times\text{某种机械单位作业量的实际成本}$$

$$\text{某种机械单位作业量的实际成本}=\frac{\text{该种机械实际发生费用总额}}{\text{该种机械实际完成的作业量}}$$

作业量法主要适用于能够计算完成作业量的单台或某类施工机械，如汽车运输作业，按照单台或某类汽车提供的吨公里计算作业量。

(三) 机械使用费的会计处理

施工企业在工程施工过程中所发生的机械使用费，应首先通过“机械作业”账户，并按照机械类别或每台机械分别归集，经采用不同的方法进行分配之后，再编制机械使用费分配表，以确定各受益成本核算对象应分摊的机械使用费，借记“合同履约成本——工程施工——机械使用费（××工程）”账户，贷记“机械作业”账户。

例 12-3

接例 12-2，该施工企业第一工程处有塔吊一台，第二工程处有挖土机和混凝土搅拌机各一台，2×18 年 3 月份根据所发生的经济业务以及审核无误的各种原始凭证编制了机械使用费分配表（见表 12-3）。

表 12-3　机械使用费分配表

2×18 年 3 月　　　　金额单位：元

成本核算对象	塔吊（200 元/台班）		混凝土搅拌机（分配率 25%）		挖土机（3.40 元/台时）		机械使用费合计
	台班	金额	预算机械使用费	金额	台时	金额	
第一工程处	4 950	990 000	4 860 000	1 215 000	74 700	253 980	2 458 980
A 工程	3 600	720 000	2 700 000	675 000	40 500	137 700	1 532 700
B 工程	1 350	270 000	2 160 000	540 000	34 200	116 280	926 280
第二工程处	1 800	360 000	2 592 000	648 000	46 800	159 120	1 167 120
合计	6 750	1 350 000	7 452 000	1 863 000	121 500	413 100	3 626 100

做如下会计分录：

借：合同履约成本——工程施工——机械使用费（第一工程处——A 工程）　1 532 700
　　　　——机械使用费（第一工程处——B 工程）　926 280
　　　　——机械使用费（第二工程处）　1 167 120
　贷：机械作业——塔吊　1 350 000
　　　　——混凝土搅拌机　1 863 000
　　　　——挖土机　413 100

根据上述会计分录，分别登记第一工程处和第二工程处合同履约成本明细账和合同履约成本卡的机械使用费栏（见表 12-6、表 12-7、表 12-8、表 12-9）。

四、其他直接费的核算

（一）其他直接费核算的内容

施工企业合同履约成本中的其他直接费，是指在施工过程中直接发生的但不属于材料费、人工费和机械使用费的其他直接施工生产费用，主要包括以下内容：

（1）生产工具用具使用费，是指在施工生产过程中使用的，不属于固定资产的生产工具及检验用具等的购置、摊销和维修费，以及支付给工人自备工具补贴费。

（2）冬雨季施工费，是指为保证工程质量，采取保温、防雨措施等增加的材料、人工和各项设施的费用。

（3）夜间施工增加费，是指组织夜间连续施工而发生的照明设施摊销费和夜餐补助费等。

(4) 仪器仪表使用费，是指通信、电子等设备安装工程所需安装、测试仪器仪表的摊销及维修费用。

(5) 检验试验费，是指对建筑材料、构件和建筑安装物进行一般鉴定、检查所发生的费用。

(6) 特殊地区施工增加费，是指铁路、公路、通信、输电、长距离输送管道等工程在森林、高原、沙漠等特殊地区施工的增加费。

此外，还包括临时设施摊销费，因场地狭小等原因而发生的材料二次搬运费，水电费，特殊工种培训费，工程定位复测、工程点交、场地清理等费用，流动施工津贴等。

(二) 其他直接费的归集和分配

施工企业在施工生产经营过程中所发生的其他直接费，应根据具体情况进行归集和分配。

(1) 凡是在其他直接费发生时能分清受益对象的，应直接记入成本核算对象的合同成本明细账的“其他直接费”成本项目中。

(2) 凡是在其他直接费发生时不能分清受益对象的，可在发生时先记入“合同履约成本——工程施工——其他直接费”账户，月末再按照一定的方法分配记入各成本核算对象的“其他直接费”成本项目中。

(3) 凡是在其他直接费发生时难以与成本项目中的其他项目分开的费用，如冬雨季施工费、夜间施工增加费、流动施工津贴、场地清理费、材料二次搬运的人工费等。为了简化核算手续，便于合同履约成本分析和考核，施工企业可以将这些其他直接费在其发生时直接记入“人工费”“材料费”“机械使用费”等成本项目中进行核算。

(三) 其他直接费的会计处理

施工企业在工程施工过程中发生的其他直接费，能分清受益对象的，在发生时借记“合同履约成本——工程施工——其他直接费（××工程)”账户，贷记“银行存款”等账户；不能分清受益对象的，可在发生时借记“合同履约成本——工程施工——其他直接费”账户，贷记“银行存款”等账户，月末按照一定的方法进行分配后借记“合同履约成本——工程施工——其他直接费（××工程)”账户，贷记“合同履约成本——工程施工——其他直接费”账户。

例 12-4

接例 12-3，2×18 年 3 月该施工企业第一工程处发生其他直接费 1 193 400 元，已通过银行存款支付。做如下会计分录：

借：合同履约成本——工程施工——其他直接费（第一工程处） 1 193 400
　　贷：银行存款 1 193 400

例 12-5

接例 12-4，根据分配计算结果，其中 A 工程应分摊其他直接费 525 600 元，

B工程应分摊其他直接费667 800元。做如下会计分录：

借：合同履约成本——工程施工——其他直接费（第一工程处——A工程）
525 600
——其他直接费（第一工程处——B工程）
667 800
贷：合同履约成本——工程施工——其他直接费（第一工程处） 1 193 400

例12-6

接例12-5，2×18年3月第二工程处发生其他直接费254 700元，已通过银行存款支付。做如下会计分录：

借：合同履约成本——工程施工——其他直接费（第二工程处） 254 700
贷：银行存款 254 700

根据上述会计分录，分别登记第一工程处和第二工程处合同履约成本明细账和合同履约成本卡的“机械使用费”栏（见表12-6、表12-7、表12-8、表12-9）。

五、间接费用的核算

（一）间接费用核算的内容

间接费用是指施工企业各施工单位，包括工程处、施工队、项目经理部等部门，为组织和管理工程施工所发生的全部支出，包括施工生产单位管理人员基本工资、奖金、补贴、工资性质的津贴、职工福利费、劳动保护费、行政管理用固定资产折旧费及修理费、物料消耗、低值易耗品摊销、取暖费、办公费、差旅费、财产保险费、检验试验费、工程保修费、劳动保护费、排污及其他费用等。

（二）间接费用的归集和分配

间接费用是施工单位为管理多项工程而发生的费用，属于共同性费用，难以分清受益对象。因此，施工企业应在“合同履约成本——工程施工”账户下设置“间接费用”明细账户，汇总本期发生的各项间接费用，期末再按照一定的标准分配计入各有关成本核算对象。

施工企业发生的间接费用，其分配标准应与预算取费基础相一致，而预算取费基础会因工程类别不同而有所不同。一般情况下，建筑工程应以各合同履约成本的直接费用作为分配标准。设备安装工程应以安装工程的人工费用作为分配标准。但是，在实际工作中，由于施工企业承担的施工工程往往既有建筑工程又有设备安装工程，有的辅助生产单位生产的产品或劳务可能还会对外销售，因此施工企业的间接费用一般需要进行两次分配。

首先，施工企业发生的全部间接费用应在不同类别的工程、产品、劳务和作业间进行分配。在实际工作中，由于间接费用中的许多费用项目，同生产工人的工资、工人人数或劳动时间等有着一定的内在联系，因此，通常以各类工程、产品、劳务和作业中的人工费作为间接费用第一次分配的分配标准。其计算公式如下：

$$\text{间接费用分配率}=\frac{\text{企业本期实际发生的间接费用总额}}{\text{各类工程(产品、劳务、作业等)成本中人工费总额}}\times 100\%$$

$$\text{各类工程(产品、劳务、作业等)应分配的间接费用}=\text{该类工程(产品、劳务、作业等)成本中人工费总额}\times\text{间接费用分配率}$$

其次，施工企业间接费用的第二次分配，是将第一次分配到各类工程和产品的间接费用再分配到本类工程或产品以及劳务内部各成本核算对象中去。第二次分配是按照工程（产品、劳务、作业）类别不同，分别以直接费或人工费为基础进行分配。其计算公式如下：

（1）建筑工程间接费用分配方法：

$$\text{建筑工程间接费用的分配率}=\frac{\text{建筑工程本期应分配的间接费用总额}}{\text{全部建筑工程直接费用成本总额}}\times 100\%$$

$$\text{某建筑工程成本核算对象应分配的间接费用}=\text{该建筑工程成本核算对象本期实际发生的直接费用}\times\text{建筑工程间接费用的分配率}$$

（2）安装工程间接费用分配方法：

$$\text{安装工程间接费用的分配率}=\frac{\text{安装工程本期应分配的间接费用总额}}{\text{全部安装工程人工费成本总额}}\times 100\%$$

$$\text{某安装工程成本核算对象应分配的间接费用}=\text{该安装工程成本核算对象本期实际发生的人工费}\times\text{安装工程间接费用的分配率}$$

（三）间接费用的会计处理

施工企业在工程施工过程中发生的间接费用，一般在发生的当时很难分清受益对象，要经过一个归集和分配的过程，才能计入合同履约成本。为了归集和分配间接费用，施工企业应在“合同履约成本——工程施工”总账账户下设置“间接费用”明细账户。在发生间接费用时，借记“合同履约成本——工程施工——间接费用”账户，贷记“银行存款”等有关账户；月末按照一定的方法进行分配后，借记“合同履约成本——工程施工——间接费用（××工程）”账户，贷记“合同履约成本——工程施工——间接费用”账户。

例 12-7

接例 12-6，2×18 年 3 月该施工企业共发生间接费用 658 837 元，款项已通过银行支付。假设第一工程处承担的 A，B 工程均为建筑工程；第二工程处承担的工程为安装工程，没有发生对外销售产品、劳务、作业等业务。根据本月所发生的经济业务以及审核无误的各种原始凭证，进行第一次分配，编制的“间接费用分配表”如表 12-4 所示。假设不考虑增值税进项问题。

表 12-4 间接费用分配表

2×18 年 3 月　　　　金额单位：元

工程类别	分配标准	分配率（%）	分配金额
第一工程处	7 095 240	8	567 619
第二工程处	1 140 228	8	91 218
合计	8 235 468		658 837

做如下会计分录：

（1）间接费用发生时：

借：合同履约成本——工程施工——间接费用　658 837

　贷：银行存款　658 837

（2）第一次间接费用分配时：

借：合同履约成本——工程施工——间接费用（第一工程处）　567 619

　　　　——间接费用（第二工程处）　91 218

　贷：合同履约成本——工程施工——间接费用　658 837

第一工程处编制的“间接费用分配表”如表 12－5 所示。

表 12－5　第一工程处间接费用分配表

2×18 年 3 月　　金额单位：元

工程类别	分配标准	分配率（%）	分配金额
A 工程	7 176 934	4.46	320 091
B 工程	5 549 949	4.46	247 528
合计	12 726 883		567 619

做如下会计分录：

借：合同履约成本——工程施工——间接费用（第一工程处——A 工程）

320 091

　　——间接费用（第一工程处——B 工程）

247 528

　贷：合同履约成本——工程施工——间接费用（第一工程处）　567 619

根据上述会计分录，分别登记第一工程处和第二工程处合同履约成本明细账和合同履约成本卡的“间接费用”栏（见表 12－6、表 12－7、表 12－8、表 12－9）。

表 12－6　合同履约成本明细账

施工单位：第一工程处　　2×18 年 3 月　　单位：元

2×18 年		凭证号数	摘要	借方						贷方	余额
月	日			人工费	材料费	机械使用费	其他直接费	间接费用	合同履约成本合计		
3	1		月初余额	990 000	495 000	288 000	130 500	871 200	2 774 700		
			分配人工费	6 300 000					6 300 000		
			分配职工福利费	882 000					882 000		
			分配材料费		5 949 900				5 949 900		
			分配材料成本差异		59 301				59 301		
			分配周转材料摊销		73 800				73 800		
			分配机械使用费			2 458 980			2 458 980		
			分配其他直接费				1 193 400		1 193 400		
			分配间接费					567 619	567 619		
			本月生产费用合计	7 182 000	6 083 001	2 458 980	1 193 400	567 619	17 485 000		
			减：月末未完施工成本								
			自开工日起实际成本累计发生额	8 172 000	6 578 001	2 746 980	1 323 900	1 438 819	20 259 700		
			已完合同履约成本								

表 12-7　合同履约成本明细账

施工单位：第一工程处——A 工程　　2×18 年 3 月　　单位：元

2×18 年 月	日	凭证号数	摘要	借方 人工费	材料费	机械使用费	其他直接费	间接费用	合同履约成本合计	贷方	余额
3	1		月初余额								
			分配人工费	3 591 000					3 591 000		
			分配职工福利费	502 740					502 740		
			分配材料费		3 324 600				3 324 600		
			分配材料成本差异		33 444				33 444		
			分配周转材料摊销		43 200				43 200		
			分配机械使用费			1 532 700			1 532 700		
			分配其他直接费				525 600		525 600		
			分配间接费					320 091	320 091		
			本月生产费用合计	4 093 740	3 401 244	1 532 700	525 600	320 091	9 873 375		
			减：月末未完施工成本								
			自开工日起实际成本累计发生额	4 093 740	3 401 244	1 532 700	525 600	320 091	9 873 375		
			已完合同履约成本								

表 12-8　合同履约成本明细账

施工单位：第一工程处——B 工程　　2×18 年 3 月　　单位：元

2×18 年 月	日	凭证号数	摘要	借方 人工费	材料费	机械使用费	其他直接费	间接费用	合同履约成本合计	贷方	余额
3	1		月初余额	990 000	495 000	288 000	130 500	871 200	2 774 700		
			分配人工费	2 709 000					2 709 000		
			分配职工福利费	379 260					379 260		
			分配材料费		2 625 300				2 625 300		
			分配材料成本差异		25 857				25 857		
			分配周转材料摊销		30 600				30 600		
			分配机械使用费			926 280			926 280		
			分配其他直接费				667 800		667 800		
			分配间接费					247 528	247 528		
			本月生产费用合计	3 088 260	2 681 757	926 280	667 800	247 528	7 611 625		
			减：月末未完施工成本								
			自开工日起实际成本累计发生额	4 078 260	3 176 757	1 214 280	798 300	1 118 728	10 386 325		
			已完合同履约成本								

六、合同履约义务完成结转合同成本

施工企业为正确组织合同履约成本的核算，应根据工程合同确定的成本核算对象，开设合同履约成本明细账，将施工生产过程中发生的各种生产费用，及时记入按成本核算对象设置的成本明细账中，以便及时反映施工过程中发生的各种支出。当合同履约义务完成时，该明细账的累计发生额，就是该项已完工程的实际总成本。

例 12-8

接例 12-7，假设 2×18 年 3 月该施工企业的第二工程处承担的工程本月全部完工（当年建造当年完工，且双方合同约定竣工后结算工程价款），工程实际发生成本 8 115 240 元；根据双方合同，该工程的造价为 10 574 100 元，上述价款均不含增值税额。假定该施工企业与客户结算时即发生增值税纳税义务，增值税税率为 9%，客户在实际支付工程价款时支付其对应的增值税税款。做如下会计分录：

（1）确认合同收入时：

借：合同结算——收入结转　　10 574 100

　贷：主营业务收入　　10 574 100

（2）结转合同成本时：

借：主营业务成本　　8 115 240

　贷：合同履约成本——工程施工——第二工程处　　8 115 240

（3）结算工程价款时：

借：应收账款　　11 525 769

　贷：合同结算——价款结算　　10 574 100

　　应交税费——应交增值税（销项税额）　　951 669

根据上述会计分录，登记第二工程处的合同履约成本卡（见表 12-9）。

表 12-9　合同履约成本卡

施工单位：第二工程处　　2×18 年 3 月　　单位：元

2×18 年		凭证号数	摘　要	借　方						贷方	余额
月	日			人工费	材料费	机械使用费	其他直接费	间接费用	合同履约成本合计		
3	1		月初余额	2 250 000	900 000	450 000	225 000	135 000	3 960 000		
			分配人工费	1 119 600					1 119 600		
			分配职工福利费	156 744					156 744		
			分配材料费		1 334 700				1 334 700		
			分配材料成本差异		15 858				15 858		
			分配周转材料摊销		15 300				15 300		
			分配机械使用费			1 167 120			1 167 120		
			分配其他直接费				254 700		254 700		
			分配间接费					91 218	91 218		
			本月生产费用合计	1 276 344	1 365 858	1 167 120	254 700	91 218	4 155 240		
			减：月末未完施工成本								
			自开工日起实际成本累计发生额	3 526 344	2 265 858	1 617 120	479 700	266 218	8 115 240		
			已完合同履约成本	3 526 344	2 265 858	1 617 120	479 700	226 218	8 115 240	8 115 240	0

随堂小测验 12-5

1.【单项选择题】机械使用费的分配方法不包括（　　）。

A. 台班分配法　　B. 直接分配法　　C. 预算成本法　　D. 作业量法

2.【单项选择题】（　　）是施工单位为管理多项工程而发生的费用，属于共同费用，难以分清受益对象。

A. 人工费　　B. 其他直接费　　C. 机械使用费　　D. 间接费用

3.【多项选择题】下列项目中，属于间接费用的有（　　）。

A. 临时设施摊销费　　B. 施工单位管理人员工资

C. 施工单位办公费　　D. 利息费

4.【多项选择题】工程施工成本中的机械使用费是指在施工过程中（　　）。

A. 使用自有施工机械发生的费用

B. 租用外单位施工机械的租赁费

C. 施工机械安装拆卸费

D. 施工机械进出场费

5.【判断题】施工企业在工程施工过程中所发生的间接费用，一般在发生的当时就能分清受益对象。（　　）

6.【判断题】施工企业在工程施工过程中发生的各项施工费用，不能直接计入有关成本核算对象的，应先记入“合同履约成本——工程施工——间接费用”账户，然后再采用一定的方法分配计入各成本核算对象的成本项目，最后计算出各工程的实际成本。（　　）

第六节　期间费用的核算

一、期间费用核算的内容

期间费用是指不计入产品成本而在发生时计入当期损益的费用。施工企业的期间费用，包括管理费用和财务费用。期间费用于发生时直接计入当期损益。与计入合同履约成本的费用相比，期间费用通常具有以下特点：第一，期间费用与产品生产活动没有直接联系，可以确定其发生的期间，而难以确定其应归属的成本计算对象，因此不计入合同履约成本。第二，期间费用在发生时即确认为当期费用，与当期的营业收入相配比，全额列入利润表。第三，期间费用在一定范围内与工程项目的多少无关，而与期间长短有关。

（一）管理费用核算的内容

管理费用是指施工企业行政管理部门为管理和组织企业施工生产经营活动而发生的各项费用，具体包括以下内容：

（1）企业的行政管理部门在企业的经营管理中发生的或者应当由企业统一负担的公司经费，具体包括行政管理部门职工工资、奖金、职工福利费、差旅费、办公费、折旧费、修理费、物料消耗、低值易耗品摊销以及其他公司经费。

（2）工会经费，是指企业用于开展工会活动的相关支出，一般按职工工资总额的2%计提并拨交给工会。

（3）职工教育经费，是指企业为职工学习先进技术和提高文化水平而支付的费用，按照职工工资总额的8%计提。

【特别提示】如果企业计提的职工教育经费超过职工工资薪金总额的8%，超过部分税法规定不允许在企业所得税税前扣除，但可以结转以后纳税年度扣除。

（4）劳动保险费，是指企业支付给离退休职工的退休金（包括提取的离退休统筹基金）、价格补贴、医药费（包括企业支付给离退休人员参加医疗保险的费用）、易地安家补助费、职工退职金、6个月以上病假人员工资、职工死亡丧葬补助费、抚恤费、按规定支付给离退休干部的各项经费。

（5）董事会费，是指企业最高权力机构（如董事会）及其成员为执行职能而发生的各项费用，包括董事会成员津贴、差旅费和会议费等。

（6）咨询费，是指企业向有关咨询机构进行科学技术、经营管理咨询时支付的费用，包括聘请经济技术顾问、法律顾问等支付的费用。

（7）聘请中介机构费，是指企业聘请中国注册会计师进行查账验资以及进行资产评估等发生的各项费用。

（8）诉讼费，是指企业因起诉或者应诉而发生的各项费用。

（9）排污费，是指企业按照规定缴纳的排污费用。

（10）技术转让费，是指企业使用非专利技术而支付的费用。

（11）研究与开发费，是指新产品设计费、新工艺规程制定费以及与研发活动直接相关的技术图书资料费、资料翻译费；从事研发活动直接消耗的材料、燃料和动力费用；在职直接从事研发活动的人员的工资、薪金、奖金、津贴、补贴；专门用于研发活动的仪器、设备的折旧费或租赁费；专门用于研发活动的软件、专利权、非专利技术等无形资产的摊销费用；专门用于中间试验和产品试制的模具、工艺装备开发及制造费；勘探开发技术的现场试验费；研发成果的论证、评审、验收费用。

（12）无形资产摊销，是指专利权、商标权、著作权、自然资源使用权、非专利技术、其他权益性无形资产等的摊销。

（13）业务招待费，是指企业为施工生产经营活动的合理需要而支付的招待费用。

【特别提示】企业所得税法规定：企业发生的业务招待费的60%可以在企业所得税前扣除，但扣除金额最高不超过当年营业收入的5‰①，即遵循二者孰低税前扣除原则。

（14）存货盘亏、毁损和报废（减盘盈）损失，是指企业按照规定应计入管理费用的原材料、周转材料等的盘亏、毁损和报废损失。发生的盘盈应当冲减当期管理费用。本项目不包括应计入营业外支出的存货损失。

---

① 假设营业收入为1 000万元，在业务招待费发生额为6万元的情形下：待扣除的业务招待费＝6×60%＝3.6（万元），由于业务招待费扣除限额为5万元（1 000×5‰），实际发生按照扣除比例计算额小于税前扣除限额，则企业所得税前准予扣除的业务招待费为3.6万元。在业务招待费发生额为12万元的情形下：待扣除的业务招待费＝12×60%＝7.2（万元），由于业务招待费扣除限额为5万元，实际发生按照扣除比例计算额大于税前扣除限额，则企业所得税前准予扣除的业务招待费为5万元。

(15) 企业为取得合同发生的、除预期能够收回的增量成本之外的其他支出，例如，无论是否取得合同均会发生的差旅费、投标费、为准备投标资料发生的相关费用等，应当在发生时计入当期损益，除非这些支出明确由客户承担。

(16) 其他管理费用，是指不包括在以上项目内的管理费用。

(二) 财务费用核算的内容

财务费用是指施工企业为筹集生产经营所需资金而发生的各项费用，包括利息支出（减利息收入）、汇兑损失（减汇兑收益）、相关的手续费以及企业发生的现金折扣或收到的现金折扣等。

二、期间费用核算应设置的账户

为了核算和监督企业发生的各项期间费用，施工企业应设置如下会计账户。

(一)“管理费用”账户

“管理费用”账户核算施工企业为组织和管理施工生产经营活动而发生的管理费用。其借方登记企业发生的各项管理费用。期末应将本账户的余额全部转入“本年利润”账户，结转后应无余额。本账户应按管理费用项目设置明细账进行核算。

(二)“财务费用”账户

“财务费用”账户核算施工企业在施工生产经营过程中，为筹集生产经营所需资金等而发生的费用。其借方登记企业发生的各项财务费用；贷方登记发生的冲减财务费用的利息收入、汇兑收益以及现金折扣。期末应将本账户的余额全部转入“本年利润”账户，结转后应无余额。本账户应按财务费用项目设置明细账户进行核算。

例 12－9

A 施工企业 3 月份计提行政管理部门使用的固定资产折旧费 360 000 元。做如下会计分录：

借：管理费用　　360 000
　贷：累计折旧　　360 000

例 12－10

A 施工企业接到银行通知，已从企业存款账户扣收银行结算业务手续费 3 000 元，划拨本月银行借款利息 60 000 元。做如下会计分录：

借：财务费用——手续费　　3 000
　　　　　——利息支出　　60 000
　贷：银行存款　　63 000

例 12－11

A 施工企业 3 月份用银行存款支付诉讼费 39 000 元、业务招待费 360 000 元。做如下会计分录：

借：管理费用——诉讼费 39 000
——业务招待费 360 000
贷：银行存款 399 000

例 12-12

A施工企业接到银行通知，3月份银行存款利息收入30 000元，已转入存款账户。做如下会计分录：

借：银行存款 30 000
贷：财务费用——利息收入 30 000

例 12-13

由于汇率变动，3月份A施工企业的外币长期借款发生汇兑损失219 000元。做如下会计分录：

借：财务费用 219 000
贷：长期借款 219 000

例 12-14

A施工企业3月份分配职工薪酬，其中行政管理部门管理人员工资540 000元、福利费31 200元。做如下会计分录：

借：管理费用 571 200
贷：应付职工薪酬——工资 540 000
——职工福利 31 200

例 12-15

接例12-9至例12-14的资料，期末，施工企业A将3月发生的管理费用和财务费用全部转入“本年利润”账户。做如下会计分录：

借：本年利润 1 582 200
贷：管理费用 1 330 200
财务费用 252 000

随堂小测验 12-6

1. 【单项选择题】施工企业的利息支出应记入（ ）账户中。
A. “管理费用” B. “财务费用”
C. “合同履约成本——工程施工” D. “应付账款”
2. 【单项选择题】存货盘亏、毁损和报废（减盘盈）损失是指企业按照规定应记入（ ）账户中。
A. “管理费用” B. “财务费用”
C. “合同履约成本——工程施工” D. “生产成本”
3. 【多项选择题】下列各项中，属于期间费用的有（ ）。
A. 管理费用 B. 财务费用 C. 间接费用 D. 其他直接费
4. 【多项选择题】期间费用的特点包括（ ）。
A. 期间费用与产品生产活动没有直接联系

B. 期间费用在发生时即确认为当期费用

C. 期间费用在一定范围内与工程项目的多少无关

D. 期间费用与期间长短有关

5.【判断题】施工企业为组织和管理施工机械和运输作业所发生的费用，包括管理人员基本工资、奖金、固定资产折旧费及修理费、办公费等应计入管理费用。
（　　）

6.【判断题】财务费用是指施工企业为筹集生产经营所需资金而发生的各项费用，包括利息支出（减利息收入）、汇兑损失（减汇兑收益）、相关的手续费以及企业发生的现金折扣或收到的现金折扣等内容。（　　）

□ 本章思考题

1. 如何理解费用的含义及特征？
2. 费用的分类方法主要有哪几种？
3. 简述成本、费用核算的基本要求。
4. 合同履约成本核算对象的确定方法主要有哪几种？
5. 简述合同履约成本核算的一般程序。
6. 期间费用包括哪些内容？如何进行期间费用的核算？

□ 本章练习题

1. 某施工企业本月第一工区施工机械领用燃料的计划成本为 90 000 元，应负担的材料成本差异为 4%。

要求：根据上述资料，编制相应的会计分录。

2. 某施工企业当月领用材料 1 509 000 元，其中施工生产用 1 500 000 元，行政管理部门用 9 000 元。本月材料成本差异率为−2%。

要求：根据上述资料，编制相应的会计分录。

3. 2×18 年 2 月某施工企业承担 A，B 两项工程，发生如下经济业务：

（1）企业实行计时工资制度，人工费资料如表 12-10 所示。

表 12-10　人工费分配表（计时工资）

2×18 年 2 月

合同履约成本核算对象	实际用工数（工日）	平均日工资（元/工日）	应分配工资（元）
A 工程	2 880	22	63 360
B 工程	2 040	15	30 600
合计	4 920		93 960

（2）企业根据所发生的经济业务以及审核无误的各种原始凭证汇总编制了材料费用分配表（见表 12-11）。

表 12-11　材料费用分配表

2×18 年 2 月　　单位：元

成本核算对象	主要材料		结构件		其他材料		合计		周转材料摊销
	计划成本	成本差异	计划成本	成本差异	计划成本	成本差异	计划成本	成本差异	
A工程	75 000	750	23 100	462	9 720	−97.2	107 820	1 114.8	10 800
B工程	46 800	468	6 900	138	7 710	−77.1	61 410	528.9	14 100
合计	121 800	1 218	30 000	600	17 430	−174.3	169 230	1 643.7	24 900

（3）企业有塔吊、挖土机和混凝土搅拌机各一台，根据所发生的经济业务以及审核无误的各种原始凭证编制了机械使用费分配表（见表 12-12）。

表 12-12　机械使用费分配表

2×18 年 2 月

成本核算对象	塔吊（150 元/台班）		混凝土搅拌机（分配率 25%）		挖土机（3.20 元/台时）		机械使用费合计（元）
	台班	金额（元）	预算机械使用费（元）	金额（元）	台时	金额（元）	
A工程	1 800	270 000	1 020 000	255 000	13 500	43 200	568 200
B工程	1 020	153 000	840 000	210 000	11 400	36 480	399 480
合计	2 820	423 000	1 860 000	465 000	24 900	79 680	967 680

（4）企业发生其他直接费 259 200 元，已通过银行存款支付，其中 A 工程应分摊其他直接费 145 200 元，B 工程应分摊其他直接费 114 000 元。假设不考虑增值税进项问题。

（5）企业共发生间接费用 189 207 元，款项已通过银行支付，假设 A，B 工程均为建筑工程，根据所发生的经济业务以及审核无误的各种原始凭证编制了间接费用分配表（见表 12-13）。假设不考虑增值税进项问题。

表 12-13　间接费用分配表

2×18 年 2 月

工程类别	分配标准（元）	分配率（%）	分配金额（元）
A工程	2 394 963	4.455 1	106 698
B工程	1 852 012	4.455 1	82 509
合计	4 246 975		189 207

（6）假设 2×18 年 2 月，施工企业承担的 B 工程本月全部完工（当年建造当年完工，且双方合同约定竣工后结算工程价款），工程累计实际成本 706 911.9 元，根据双方合同，该工程的造价为 926 520 元，上述价款均不含增值税税额。假定施工企业与客户结算时即发生增值税纳税义务，增值税税率为 9%，客户在实际支付工程价款时支付其对应的增值税税款。

要求：根据上述资料，编制有关会计分录。

第十三章 收入和利润

Chapter 13

学习目标

1. 掌握收入的含义和特征，收入确认计量的五步法模型的具体内容，合同收入核算应设置的账户及其核算的内容，履约进度的具体确定方法，在某一时段内履行的履约义务的收入确认方法及其会计处理，在某一时点履约的收入确认及其会计处理，利润核算的会计处理、利润分配核算的会计处理。

2. 理解收入的分类，收入核算的基本要求，收入确认的原则，合同、履约义务、交易价格、单独售价等的含义，其他业务收入核算的会计处理。

3. 了解利润总额、净利润的形成，利润分配的内容，利润分配的程序。

导入案例

中国铁建股份有限公司（简称中国铁建），由中国铁道建筑总公司（改制更名为中国铁道建筑集团有限公司）独家发起设立，于2007年在北京成立，为国资委管理的特大型建筑企业。2008年公司分别在上海证券交易所和香港联交所上市。公司业务涵盖工程承包、勘察设计咨询、工业制造、房地产开发、物流与物资贸易等，具有科研、规划、勘察、设计、施工、监理、维护、运营和投融资等完善的行业产业链。在高原铁路、高速铁路、高速公路、桥梁、隧道和城市轨道交通工程设计及建设领域，确立了行业领导地位。公司自成立以来，在工程承包、勘察设计咨询等领域获得了796项国家级奖项，其中，国家科学技术奖77项，国家级勘察设计咨询奖143项，詹天佑土木工程奖92项，国家优质工程奖352项，中国建筑工程鲁班奖132项。累计拥有专利11 423项、获省部级以上工法2 969项。目前，公司经营业务遍全国，以及121个国家。公司连续入选美国《工程新闻记录》（*ENR*）杂志“全球250家最大承包商”，2018年排名第3位；连续入选《财富》杂志世界500强，2018年排名第58位；连续入选中国企业500强，2018年排名第14位。

根据2018年年报显示，截止到2018年12月31日，中国铁建实现营业收入7 301.23亿元，同比增长7.22%；实现利润总额251.05亿元，同比增长18.11%；实现净利润 198.38 亿元，同比增长 17.25%。报告期内，中国铁建大力推进企业转型、产业升级，“转产、转场、转商”，推动产融结合，培育新兴产业、新兴业务，增强企业发展新动能。工程承包业务作为集团核心及传统业务，业务种类覆盖铁路、公路、房屋建设、市政工程、城市轨道、水利水电、桥梁、隧道、机场建设等多个领域。2018 年度工程承包业务营业收入为 6 347.48 亿元，比 2017 年同期增长 8.67%；毛利率为 7.27%，比 2017 年同期增长 0.40%。

2018 年年初母公司未分配利润为 10 900 866 035.34 元，加上本年度母公司实现的净利润 3 394 437 790.53 元，扣除 2018 年度现金分红 2 444 317 470.00 元、本年度因触发强制付息事件导致分配可续期公司债券及可续期贷款支出 866 982 777.79 元，本年末母公司可供分配利润为 10 984 003 678.08 元。根据《公司法》和《公司章程》，2018 年度母公司可供分配利润按以下顺序进行分配：按 2018 年度母公司实现净利润的 10%提取法定盈余公积金 339 443 779.05 元，提取法定盈余公积金后，本年度母公司可供股东分配的利润为 10 644 559 799.03 元；以 2018 年 12 月 31 日总股本（13 579 541 500 股）为基数，每股派发现金股利 0.21 元（含税），共分配现金股利 2 851 703 715.00 元，分配后，母公司尚余未分配利润 7 792 856 084.03 元，转入下一年度。

资料来源：根据中国铁建 2018 年年报整理而得。

中国铁建对收入的确认符合收入确认标准吗？收入的分类有哪些？收入核算的内容是什么？履约进度的确定方法有哪些？收入核算应设置哪些账户？如何进行会计处理？中国铁建的利润是如何形成的？净利润是如何分配的？为了核算利润形成和利润分配应设置哪些账户？与利润相关的业务如何进行会计处理？相信学完本章的内容，你会找到问题的答案。

第一节 收入概述

一、收入的含义和特征

收入是指企业在日常活动中形成、会导致所有者权益增加、与所有者投入资本无关的经济利益的总流入。其中，日常活动，是指企业为完成其经营目标所从事的经常性活动以及与之相关的活动。施工企业所提供的建造服务就属于企业的日常活动。日常活动所形成的经济利益的流入应当确认为收入。

收入从施工企业的日常活动中产生，而不是从偶发的交易或事项中产生，是施工企业在日常经济活动中所形成的经济利益的流入；收入可能表现为企业资产的增加，也可能表现为企业负债的减少，或者二者兼而有之，最终导致企业所有者权益的增加；收入只包括本企业经济利益的流入，不包括为第三方或者客户代收的款项以及所有者投入的资本。

二、收入的分类

收入按其在企业中所占的地位分为主营业务收入和其他业务收入。

(一) 主营业务收入

主营业务收入是指施工企业为完成其经营目标从事日常主要活动所取得的收入。施工企业是主要从事建筑安装工程施工的企业，因此，施工企业的主营业务收入是因销售商品、提供服务等履行了合同义务而确认的合同收入。

(二) 其他业务收入

其他业务收入是指施工企业确认的除主营业务活动以外的其他经营活动实现的收入。它具有每笔业务金额一般较小、不经常发生、在企业的收入总额中所占比重较低等特点，具体包括材料销售收入、机械作业收入、无形资产出租收入、固定资产出租收入、出租包装物和商品收入等。

三、收入核算的基本要求

(一) 施工企业应分清收益、收入和利得的界限

施工企业在会计期间增加的、除所有者投资以外的经济利益通常称为收益，包括收入和利得。

收入是企业在日常活动中所形成的，属于企业主要的、经常性的经济利益流入。

利得是指收入以外的其他收益，通常从偶发的经济业务中取得，属于不经过经营过程就能取得的或不曾期望获得的、会导致所有者权益增加的、与所有者投入资本无关的收益，包括直接计入当期损益的利得（如企业接受捐赠取得的资产、因其他企业违约收取的罚款等）、直接计入其他综合收益的利得。

(二) 施工企业应正确确认和计量收入

正确确认收入是施工企业进行收入核算的基础。施工企业应根据《企业会计准则第 14 号——收入》中规范的收入确认、计量要求确认计量收入。企业确认收入的方式应当反映其向客户转让商品或提供服务（以下简称转让商品）的模式，收入的金额应当反映企业因转让这些商品或者提供这些服务而预期有权收取的对价金额，以如实反映企业的生产经营成果，核算企业实现的损益。

(三) 施工企业应及时结转与收入相关的成本

与合同履约成本有关的资产，应当采用与该资产相关的商品收入确认相同的基础（即在履约义务履行的时点或按照履约义务的履约进度）进行摊销，计入当期损益。

(四) 施工企业应正确计算收入和相关成本税金

施工企业的收入种类很多，包括合同收入、材料销售收入、租金收入等，为取得这些收入需发生相关的成本和税金等。为了正确反映每一项收入和与之相关的成本、税金等，施工企业应按照企业会计准则的要求设置相关的收入、成本和税金等账户进行核算。

随堂小测验 13-1

1.【单项选择题】某施工企业的材料销售收入、机械作业收入、无形资产出租收入属于（　）。

A. 其他业务收入　B. 主营业务收入　C. 营业外收入　D. 投资收益

2.【单项选择题】下列各项中，符合收入会计要素定义，可以确认为收入的是（　）。

A. 出售无形资产净收益　B. 出售固定资产净收益

C. 施工企业合同收入　D. 企业接受捐赠取得的资产

3.【单项选择题】下列各项中，属于其他业务收入的是（　）。

A. 投资收益　B. 设备出租收入　C. 罚款净收入　D. 利息收入

4.【多项选择题】下列各项中，关于收入特征表述正确的有（　）。

A. 收入是与所有者投入资本有关的经济利益流入

B. 收入会导致所有者权益的增加

C. 收入会导致资产的增加

D. 收入是施工企业日常经营活动形成的

5. 下列各项中，属于施工企业营业收入的有（　）。

A. 合同收入　B. 材料销售收入

C. 劳务收入　D. 无形资产出租收入

6.【判断题】企业接受捐赠取得的资产、因其他企业违约收取的罚款、处置固定资产或无形资产的所有权形成的净收益属于利得。（　）

7.【判断题】一项交易的收入尚未确定，如果交易已经发生，相关的成本可以结转。（　）

第二节　收入的确认和计量

一、收入确认的原则

企业应当在履行了合同中的履约义务，即在客户取得相关商品控制权时确认收入。取得相关商品控制权，是指能够主导该商品的使用并从中获得几乎全部的经济利益，也包括有能力阻止其他方主导该商品的使用并从中获得经济利益。施工企业在判断商品的控制权是否发生转移时，应当从客户的角度进行分析，即客户是否取得了相关商品的控制权以及何时取得该控制权。

取得商品控制权同时包括以下三项要素：

第一，能力。企业只有在客户拥有现时权利，能够主导该商品的使用并从中获得几乎全部经济利益时，才能确认收入。如果客户只能在未来的某一期间主导该商品的使用并从中获益，则表明其尚未取得该商品的控制权。

第二，主导该商品的使用。客户有能力主导该商品的使用，是指客户在其活动中有权使用该商品，或者能够允许或阻止其他方使用该商品。

第三，能够获得几乎全部的经济利益。客户必须拥有获得商品几乎全部经济利益的能力，才能被视为获得了对该商品的控制权。商品的经济利益，是指该商品的潜在现金流量，既包括现金流入的增加，也包括现金流出的减少。客户可以通过使用、消耗、出售、处置、交互、抵押等多种方式直接或间接地获得商品的经济利益。

二、收入确认和计量的步骤

收入的确认和计量大致分为五步：第一步，识别与客户订立的合同；第二步，识别合同中的单项履约义务；第三步，确定交易价格；第四步，将交易价格分摊至各单项履约义务；第五步，履行各单项履约义务时确认收入。其中，第一步、第二步和第五步主要与收入的确认有关，第三步和第四步主要与收入的计量有关。

（一）识别与客户订立的合同

1. 合同的识别

（1）合同的含义及合同收入确认的前提条件。合同是指双方或多方之间订立有法律约束力的权利和义务的协议。合同包括书面形式、口头形式以及其他形式（如隐含于商业惯例或企业以往的习惯做法中等）。识别合同的主要目的是判断是否取得商品控制权。施工企业应当在履行了合同中的履约义务，即在客户取得相关商品控制权时确认收入。

企业与客户[1]之间的合同同时满足下列五项条件时，企业应当在客户取得相关商品控制权时确认收入。

第一，合同各方已批准该合同并承诺将履行各自义务；

第二，该合同明确了合同各方与所转让的商品（或提供的服务，以下简称转让的商品）相关的权利和义务；

第三，该合同有明确的与所转让的商品相关的支付条款；

第四，该合同具有商业实质，即履行该合同将改变企业未来现金流量的风险、时间分布或金额；

第五，企业因向客户转让商品而有权取得的对价很可能收回。

企业在进行上述判断时，需要注意以下三点：第一，合同约定的权利和义务是否具备法律约束力，需要根据企业所处的法律环境和实务操作进行判断，例如：合同各方均有权单方面终止完全未执行的合同，且无须对合同其他方作出补偿的，该合同应当被视为不存在。第二，合同应具有商业实质。没有商业实质的非货币性资产交换，无论何时，均不应确认收入。从事相同业务经营的企业之间，为了便于向客户或者潜在客户销售而进行的非货币性资产交换，不应确认收入。第三，企业在评估其因向客户转让商品而有权取得的对价是否很可能收回时，仅应考虑客户到期时支付对价的能力和意图（即客户的信用风险）。

（2）合同的持续评估和合同存续期间的确定。企业与客户之间的合同，在合同开

---

① 客户是指与企业订立合同以向该企业购买其日常活动产出的商品并支付对价的一方。

始日[①]即满足上述五项条件的合同，企业在后续期间无须对其进行重新评估，除非有迹象表明相关事实和情况发生重大变化。对于不能同时满足上述收入确认的五个条件的合同，应当停止确认收入，并且只有当后续合同条件再度满足时或者当企业不再负有向客户转让商品的剩余义务（如合同已完成或取消），且已向客户收取的对价（包括全部或部分对价）无须退回时，才能将已收取的对价确认为收入，但是，不应当调整在此之前已经确认的收入。企业与客户之间的合同，如果不符合上述五项条件，企业应当对其进行持续评估，并在其满足规定条件时确认收入。如果企业在合同满足相关条件之前已经向客户转移了部分商品，当该合同在后续期间满足相关条件时，企业应当将在此之前已经转移的商品所分摊的交易价格确认为收入。

合同存续期间是合同各方拥有现时可执行的具有法律约束力的权利和义务的期间。实务中，有些合同可能有固定的期间，有些合同则可能没有（如无固定期间且合同各方可随时要求终止或变更的合同、定期自动续约的合同等）。企业应当确定合同存续期间，并在该期间内按照规定对合同进行会计处理。

2. 合同合并

企业与同一客户（或该客户的关联方）同时订立或在相近时间内先后订立的两份或多份合同，在满足下列条件之一时，应当合并为一份合同进行会计处理。

（1）该两份或多份合同基于同一商业目的而订立并构成一揽子交易，如一份合同在不考虑另一份合同的对价的情况下将会发生亏损；

（2）该两份或多份合同中的一份合同的对价金额取决于其他合同的对价或履行情况，如一份合同如果发生违约，将会影响另一份合同的对价金额；

（3）该两份或多份合同中所承诺的商品（或每份合同中所承诺的部分商品）构成《企业会计准则第 14 号——收入》规定的单项履约义务。

例 13-1

2×18 年 7 月，某施工企业为承包建造一个冶炼厂而与客户一揽子签订了三项合同，分别建造两个车间和一个工业污水处理系统。根据合同规定，这三个工程将由该施工企业同时施工，并根据整个项目的施工履约进度办理价款结算。

本例中，该施工企业与客户签订的三项合同是基于同一商业目的而订立并构成一揽子交易，如一份合同发生违约，将会影响另一份合同的对价金额等，满足合同合并的条件，施工企业应将该组合同合并为一个合同进行会计核算。

3. 合同变更

合同变更，是指经合同各方同意对原合同范围或价格（或两者）作出的变更。企业应当区分下列三种情形对合同变更分别进行会计处理：

（1）合同变更部分作为单独合同。合同变更增加了可明确区分的商品及合同价款，且新增合同价款反映了新增商品单独售价的应当将该合同变更作为一份单独的合同进行会计处理。

（2）合同变更作为原合同终止及新合同订立。合同变更不属于上述（1）的情形，

① 合同开始日是指合同开始赋予合同各方具有法律约束力的权利和义务的日期，通常指合同生效日。

且在合同变更日已转让的商品与未转让的商品之间可明确区分的，应当视为原合同终止，同时将原合同未履约部分与合同变更部分合并为新合同进行会计处理。

(3) 合同变更部分作为原合同的组成部分。合同变更不属于上述 (1) 的情形，且在合同变更日已转让商品与未转让商品之间不可明确区分的，应当将该合同变更部分作为原合同的组成部分，在合同变更日重新计算履约进度，并调整当期收入和相应成本等。

例 13-2

2×18 年 1 月 1 日，某施工企业和客户签订了一项总金额为 2 000 万元的固定造价合同，在客户自有土地上建造一幢办公楼，预计合同总成本为 1 400 万元。假定该建造服务属于在某一时段内履行的履约义务，并根据累计发生的合同成本占合同预计成本的比例确定履约进度。

2×18 年末，该施工企业累计发生成本 840 万元，履约进度为 60% (840÷1 400)。因此，施工企业在 2×18 年确认收入 1 200 万元 (2 000×60%)。

2×19 年初，合同双方同意更改该办公楼屋顶设计，合同价格和预计总成本因此而分别增加 400 万元和 240 万元。

本例中，由于合同变更后拟提供的剩余服务与在合同变更日或之前已提供的服务不可明确区分（即该合同仍为单项履约义务），因此，该施工企业应当将该合同变更作为原合同的组成部分进行会计处理。合同变更后的交易价格为 2 400 万元 (2 000 + 400)，该施工企业重新估计的履约进度为 51.2% [840÷(1 400 +240)]，企业在合同变更日应额外确认收入 28.8 万元 (51.2%×2 400 −1 200)。

综上所述，判断合同变更的会计处理的步骤如图 13-1 所示。

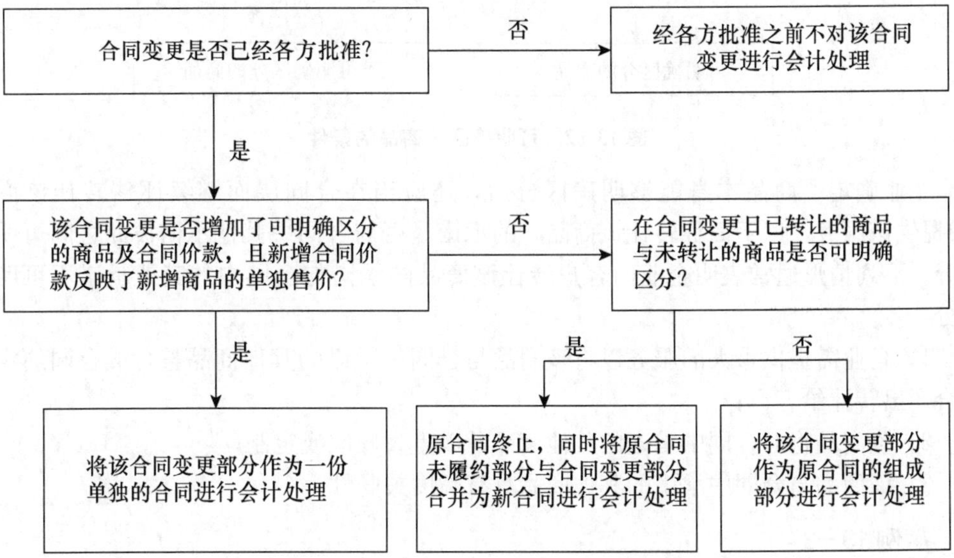

图 13-1　判断合同变更的会计处理步骤

(二) 识别合同中的单项履约义务

履约义务，是指合同中企业向客户转让可明确区分商品的承诺。履约义务既包括合同中明确的承诺，也包括由于企业已公开宣布的政策、特定声明或以往的习惯做法等导致合同订立时客户合理预期企业将履行的承诺。合同开始日，企业应当首先对合同进行评估，识别该合同所包含的各单项履约义务，并确定各单项履约义务是在某一时段内履行还是在某一时点履行，然后在履行了各单项履约义务时分别确认收入。一项合同中可能包含多项履约义务。由于《企业会计准则第 14 号——收入》的核心原则是在履行了履约义务时确认收入，因此，在合同一开始就需要识别合同所包含的各单项履约义务。

1. 识别合同中单项履约义务的条件

在识别合同中的单项履约义务时，如果合同承诺的某项商品不可明确区分，企业应当将该商品与合同中承诺的其他商品进行组合，直到该商品组合在一起构成单项履约义务。

(1) 可明确区分的商品。实务中，企业向客户承诺的商品可能包括企业为销售而生产的产品、使用某商品的权利、向客户提供的各种服务、随时准备向客户提供商品或提供随时可供客户使用的服务、授权使用许可等。企业向客户承诺的商品同时满足如图 13-2 所示两个条件的，应当作为可明确区分商品。

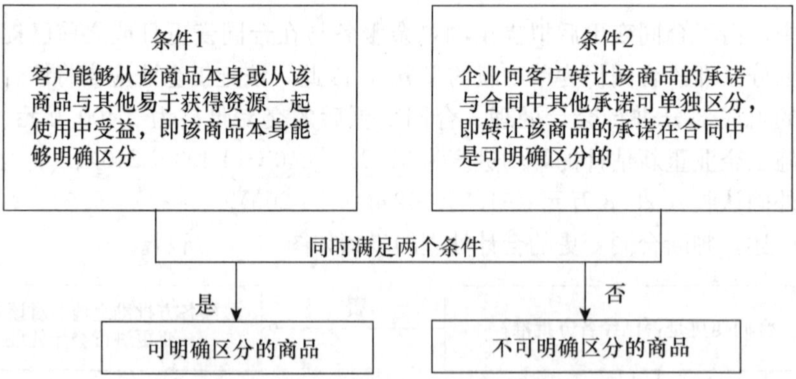

图 13-2　可明确区分商品的条件

企业确定了商品本身能够明确区分后，还应当在合同层面继续评估转让该商品(或提供该服务，以下简称转让该商品)的承诺是否与合同中其他承诺彼此之间可明确区分。下列情形通常表明企业向客户转让该商品的承诺与合同中的其他承诺不可明确区分：

1) 企业需提供重大的服务以将该商品与合同中承诺的其他商品整合成合同约定的组合产出转让给客户；

2) 该商品将对合同中承诺的其他商品予以重大修改或定制；

3) 该商品与合同中承诺的其他商品具有高度关联性。

例 13-3

接例 13-2，假如不涉及合同变更。该施工企业向客户提供的单项商品包括砖头、水泥、人工等，虽然这些单项商品本身都能够使客户获益（如客户可将这些建筑材料以高于残值的价格出售，也可以将其与其他建筑商提供的材料或人工等资源一起使用），但是，在该合同下，该施工企业向客户承诺的是为其建造一幢办公楼，而并非提供这些砖头、水泥和人工等，该施工企业需提供重大的服务将这些单项商品进行整合，以形成合同约定的一项组合产出（即办公楼）转让给客户。因此，在该合同中，砖头、水泥和人工等商品彼此之间不能单独区分。

（2）企业向客户转让一系列实质相同且转让模式相同的、可明确区分商品的承诺。企业应当将实质相同且转让模式相同的一系列商品作为单项履约义务，即使这些商品可明确区分。其中，转让模式相同，是指每一项可明确区分的商品均满足在某一时段内履行履约义务的条件，且采用相同方法确定其履约进度。

企业为履行合同而应开展的初始活动，通常不构成履约义务，除非该活动向客户转让了承诺的商品。

（三）确定交易价格

企业应当首先确定合同的交易价格，再按照分摊至各单项履约义务的交易价格计量收入。

交易价格，是指企业因向客户转让商品而预期有权收取的对价金额。企业代第三方收取的款项（例如增值税）以及企业预期将退还给客户的款项，应当作为负债进行会计处理，不计入交易价格。合同标价并不一定代表交易价格，企业应当根据合同条款，并结合以往的习惯做法等确定交易价格。企业在确定交易价格时，应当考虑可变对价、合同中存在的重大融资成分、非现金对价以及应付客户对价等因素的影响，并应当假定将按照现有合同的约定向客户转让商品，且该合同不会被取消、续约或变更。

1. 可变对价

企业与客户的合同中约定的对价金额可能是固定的，也可能会因折扣、价格折让、返利、退款、奖励积分、激励措施、业绩奖金、索赔等因素而变化。此外，企业有权收取的对价金额，将根据一项或多项或有事项的发生有所不同的情况，也属于可变对价的情形。企业在判断交易价格是否为可变对价时，应当考虑各种相关因素，如企业已公开宣布的政策、特定声明、以往的习惯做法、销售战略以及客户所处的环境等。

例 13-4

某施工企业为其客户建造一栋厂房，合同约定的价款为 500 万元，但是，如果该施工企业不能在合同签订之日的 180 天内竣工，则须支付 50 万元罚款，该罚款从合同价款中扣除。上述金额均不含增值税。

本例中，该合同的对价金额实际由两部分组成，即 450 万元的固定价格和 50 万元的可变对价。

（1）可变对价最佳估计数的确定。在对可变对价进行估计时，企业应当按照期望值或最可能发生金额确定可变对价的最佳估计数。这并不意味着企业可以在两种方法之间随意进行选择，而是应当选择能够更好地预测其有权收取的对价金额的方法，并且对于类似的合同，应当采用相同的方法进行估计。

期望值是按照各种可能发生的对价金额及相关概率计算确定的金额。如果企业拥有大量具有类似特征的合同，企业据此估计合同可能产生多个结果时，按照期望值估计可变对价金额通常是恰当的。

最可能发生金额是一系列可能发生的对价金额中最可能发生的单一金额，即合同最可能产生的单一结果。当合同仅有两个可能结果时，按照最可能发生金额估计可变对价金额可能是恰当的。

例 13-5

接例 13-4，该施工企业对合同结果的估计如下：工程按时完工的概率为 85%，工程延期的概率为 15%。

由于该合同涉及两种可能结果，该施工企业认为按照最可能发生金额能够更好地预测其有权获取的对价金额。因此，该施工企业估计的交易价格为 500 万元，即为最可能发生的单一金额。

需要说明的是，对于某一事项的不确定性对可变对价金额的影响，企业应当在整个合同期间一致地采用同一种方法进行估计。但是，当存在多个不确定性事项均会影响可变对价金额时，企业可以采用不同的方法对其进行估计。企业在对可变对价进行估计时，应当考虑能够合理获得的所有信息（包括历史信息、当前信息以及预测信息），并且在合理的数量范围内估计各种可能发生的对价金额以及概率。通常情况下，企业在估计可变对价金额时使用的信息，应当与其在对相关产品进行投标或定价时所使用的信息一致。

例 13-6

某施工企业与其客户于 2×18 年 1 月 1 日签订了办公楼建造合同，完工日为 2×18 年 12 月 30 日，合同价格为 20 000 万元。若于 2×18 年 12 月 30 日前完工，每提前一天，承诺的对价将增加 10 万元；若于 2×18 年 12 月 30 日前未完工，每延迟一天，承诺的对价将减少 10 万元。该施工企业估计延迟 2 天的概率为 5%，延迟 1 天的概率为 10%，按时完工的概率为 50%，提前 1 天的概率为 20%，提前 2 天的概率为 15%。此外，合同约定，该项工程完工之后将参与省级优质工程奖的评选，如果能够获奖，客户将额外奖励该施工企业 20 万元。

本例中，产生可变对价的事项有两个：一是是否按期完工；二是能否获得省级优质工程奖。对于前者，该施工企业按照期望值进行估计：

$$\begin{aligned}\text{可变对价最佳估计数}&=20\,000+10\times(-2\times5\%-1\times10\%+1\times20\%+2\times15\%)\\&=20\,003(\text{万元})\end{aligned}$$

对于后者，该施工企业按照最有可能的金额进行估计。

（2）计入交易价格的可变对价金额的限制。企业按照期望值或最可能发生金额确定可变对价金额之后，计入交易价格的可变对价金额还应该满足限制条件，即包含可变对价的交易价格应当不超过在相关不确定性消除时累计已确认收入极可能不会发生重大转回的金额。企业在评估累计已确认收入是否极可能不会发生重大转回时，应当同时考虑收入转回的可能性及其比重。

每个资产负债表日，企业应当重新估计应计入交易价格的可变对价金额，包括重新评估将估计的可变对价计入交易价格是否受到限制，以如实反映报告期末存在的情况以及报告期内发生的情况变化。

2. 重大的融资成分

当企业将商品的控制权转移给客户的时间与客户实际付款的时间不一致时，如企业以赊销方式销售商品，或者要求客户支付预付款等，如果各方以在合同中明确（或者以隐含的方式）约定的付款时间为客户或企业就该交易提供了重大融资利益，则合同中即包含了重大融资成分。企业在确定交易价格时，应当对已承诺的对价金额作出调整，以剔除货币时间价值的影响。合同中存在重大融资成分的，企业应当按照假定客户在取得商品控制权时即以现金支付的应付金额（即现销价格）确定交易价格。该交易价格与合同对价之间的差额，应当在合同期内采用实际利率法摊销。

为简化实务操作，如果在合同开始日企业预计客户取得商品控制权与客户支付价款间隔不超过一年，可以不考虑合同中存在的重大融资成分。企业应当对类似情形下的类似合同一致地应用这一简化处理方法。

3. 非现金对价

非现金对价包括实物资产、无形资产、股权、客户提供的广告服务等。客户支付非现金对价的，通常情况下，企业应当按照非现金对价在合同开始日的公允价值确定交易价格。非现金对价公允价值不能合理估计的，企业应当参照其承诺向客户转让商品的单独售价间接确定交易价格。合同开始日后，非现金对价的公允价值因对价形式以外的原因而发生变动的，应当作为可变对价，按照与计入交易价格的可变对价金额的限制条件相关的规定进行处理；合同开始日后，非现金对价的公允价值因对价形式而发生变动的，该变动金额不计入交易价格。

4. 应付给客户的对价

企业在向客户转让商品的同时，需要向客户或第三方支付对价的，应当将该应付对价冲减交易价格，但应付客户对价是为了自客户取得其他可明确区分商品的除外。企业应付客户对价是为了自客户取得其他可明确区分商品的，应当采用与企业其他采购相一致的方法确认所购买的商品。企业应付客户对价超过向客户取得可明确区分商品的公允价值的，超过金额应当冲减交易价格。向客户取得的可明确区分商品的公允价值不能够合理估计的，企业应当将应付客户对价全额冲减交易价格。在进行应付客户对价冲减交易价格处理时，企业应当在确认相关收入与支付（或承诺支付）客户对价二者孰晚的时点冲减当期收入。

（四）将交易价格分摊至各单项履约义务

当合同中包含两项或多项履约义务的，企业应当在合同开始日，按照各单项履约义务所承诺商品的单独售价的相对比例，将交易价格分摊至各单项履约义务。

1. 确定单独售价

单独售价，是指企业向客户单独销售商品的价格。企业在类似环境下向类似客户单独销售某商品的价格，应作为确定该商品单独售价的最佳证据。单独售价无法直接观察的，企业应当综合考虑其能够合理取得的全部相关信息，采用市场调整法、成本加成法、余值法等方法合理估计单独售价，应考虑的信息包括市场情况（如商品的市场供求状况、竞争、限制和趋势等）、企业特定因素（如企业的定价策略和实务操作安排等）以及与客户有关的信息（如客户类型、所在地区和分销渠道等）。

（1）市场调整法，是指企业根据某商品或类似商品的市场售价，考虑本企业的成本和毛利等进行适当调整后，确定其单独售价的方法。

（2）成本加成法，是指企业根据某商品的预计成本加上其合理毛利后的价格，确定其单独售价的方法。

（3）余值法，是指企业根据合同交易价格减去合同中其他商品可观察的单独售价后的余值，确定某商品单独售价的方法。企业在商品近期售价波动幅度巨大，或者因未定价且未曾单独销售而使售价无法可靠确定时，可采用余值法估计其单独售价。企业应当最大限度地采用可观察的输入值，并对类似的情况采用一致的估计方法。

2. 分摊合同折扣

合同折扣，是指合同中各单项履约义务所承诺商品的单独售价之和高于合同交易价格的金额。企业应当在各单项履约义务之间按比例分摊合同折扣。有确凿证据表明合同折扣仅与合同中一项或多项（而非全部）履约义务相关的，企业应当将该合同折扣分摊至相关一项或多项履约义务。

同时满足下列条件时，企业应当将合同折扣全部分摊至合同中的一项或多项（而非全部）履约义务：

（1）企业经常将该合同中的各项可明确区分的商品单独销售或者以组合的方式单独销售；

（2）企业也经常将其中部分可明确区分的商品以组合的方式按折扣价格单独销售；

（3）上述第（2）项中的折扣与该合同中的折扣基本相同，且针对每一组合中的商品的分析为将该合同的全部折扣归属于一项或多项履约义务提供了可观察的证据。

有确凿证据表明合同折扣仅与合同中的一项或多项（而非全部）履约义务相关，且企业采用余值法估计单独售价的，企业应当首先在该一项或多项（而非全部）履约义务之间分摊合同折扣，然后再采用余值法估计单独售价。

3. 分摊可变对价

合同中包含可变对价的，该可变对价可能与整个合同相关，也可能仅与合同中的某一特定组成部分有关。后者包括两种情形：一是可变对价可能与合同中的一项或多项（而非全部）履约义务有关，例如，是否获得奖金取决于企业能否在指定时期内转让某项已承诺的商品。二是可变对价可能与企业向客户转让的构成单项履约义务的一系列可明确区分商品中的一项或多项（而非全部）商品有关。

同时满足下列条件的，企业应当将可变对价及可变对价的后续变动额全部分摊至与之相关的某项履约义务，或者构成单项履约义务的一系列可明确区分商品中的某项商品。

（1）可变对价的条款专门针对企业为履行该项履约义务或转让该项可明确区分商品所作的努力（或者是履行该项履约义务或转让该项可明确区分商品所导致的特定结果）。

（2）企业在考虑了合同中的全部履约义务及支付条款后，将合同对价中的可变金额全部分摊至该项履约义务或该项可明确区分商品符合分摊交易价格的目标。

对于不满足上述条件的可变对价及可变对价的后续变动额，以及可变对价及其后续变动额中未满足上述条件的剩余部分，企业应当按照分摊交易价格的一般原则，将其分摊至合同中的各单项履约义务。对于已履行的履约义务，其分摊的可变对价后续变动额应当调整变动当期的收入。

4. 交易价格的后续变动

合同开始日之后，由于相关不确定性的消除或环境的其他变化等原因，交易价格可能会发生变化，从而导致企业因向客户转让商品而预期有权收取的对价金额发生变化。交易价格发生后续变动的，企业应当按照在合同开始日所采用的基础将该后续变动金额分摊至合同中的履约义务。企业不得因合同开始日之后单独售价的变动而重新分摊交易价格。对于合同变更导致的交易价格后续变动，应当按照本节有关合同变更的要求进行会计处理。合同变更之后发生可变对价后续变动的，企业应当区分下列三种情形分别进行会计处理：

(1) 合同变更属于本节合同变更情形 1（即合同变更部分作为单独合同）的，企业应当判断可变对价后续变动与哪一项合同相关，并按照分摊可变对价的相关规定进行会计处理。

(2) 合同变更属于本节合同变更情形 2（即合同变更作为原合同终止及新合同订立）的，且可变对价后续变动与合同变更前已承诺可变对价相关的，企业应当首先将该可变对价后续变动额以原合同开始日确定的单独售价为基础进行分摊；然后再将分摊至合同变更日尚未履行履约义务的该可变对价后续变动额以新合同开始日确定的基础进行二次分摊。

(3) 合同变更之后发生除上述情形 1 和情形 2 以外的可变对价后续变动的，企业应当将该可变对价后续变动额分摊至合同变更日尚未履行（或部分未履行）的履约义务。

（五）履行每一单项履约义务时确认收入

企业应当在履行了合同中的履约义务，即客户取得相关商品控制权时确认收入。企业将商品的控制权转移给客户，该转移可能在某一时段内（即履行履约义务的过程中）发生，也可能在某一时点（即履约义务完成时）发生。企业应当根据实际情况，首先判断履约义务是否满足在某一时段内履行的条件，如不满足，则该履约义务属于在某一时点履行的履约义务。对于在某一时段内履行的履约义务，企业应当选取恰当的方法来确定履约进度；对于在某一时点履行的履约义务，企业应当综合分析控制权转移的迹象，判断其转移时点。

满足如表 13-1 所示条件之一的，属于在某一时段内履行的履约义务，相关收入应当在该履约义务履行期间确认；否则，属于在某一时点履行的履约义务。

表 13-1 某一时段内履约义务条件

条件	履约义务	确认收入	举例
(1)	客户在企业履约的同时即取得并消耗企业履约所带来的经济利益	在履行履约义务的期间确认收入	常规或经常性的服务
(2)	客户能够控制企业履约过程中在建的商品	在履行履约义务的期间确认收入	在客户场地上建造厂房
(3)	企业履约过程中所产出的商品具有不可替代用途①，且该企业整个合同期间有权就累计至今已完成的履约部分收取款项②	在履行履约义务的期间按照适当的履约进度确认收入	建造只有客户能够使用的专项资产，或按照客户的指示建造资产

①具有不可替代用途，是指因合同限制或实际可行性限制，企业不能轻易地将商品用于其他用途。

②有权就累计至今已完成的履约部分收取款项，是指在由于客户或其他方原因终止合同的情况下，企业有权就累计至今已完成的履约部分收取能够补偿其已发生成本和合理利润的款项，并且该权利具有法律约束力。

【特别提示】由于施工企业所建造的所有产品，均需与客户签订合同，在客户拥有的土地上按照客户的设计要求为其建造工程，在建造过程中客户有权修改设计、支付工程款等，说明客户能够控制企业履约过程中在建的产品，只这一点就决定了施工企业的履约义务基本都属于在某一时段内履行的履约义务。

例 13－7

某施工企业与客户签订合同，在客户拥有的土地上按照客户的设计要求建造厂房。在建造过程中客户有权修改厂房设计，并与该施工企业重新协商设计变更后的合同价款。客户每月末按当月工程进度向该施工企业支付工程款。如果客户终止合同，已完成建造部分的厂房归客户所有。

本例中，该施工企业为客户建造厂房，该厂房位于客户的土地上，客户终止合同时，已建造的厂房归客户所有。这些均表明客户在该厂房建造的过程中就能够控制在建的厂房。因此，该施工企业提供的建造服务属于在某一时段内履行的履约义务，该施工企业应当在提供服务的期间确认收入。

收入确认计量框架的五步法之间的关系以及每一步的要点如图 13－3 所示。

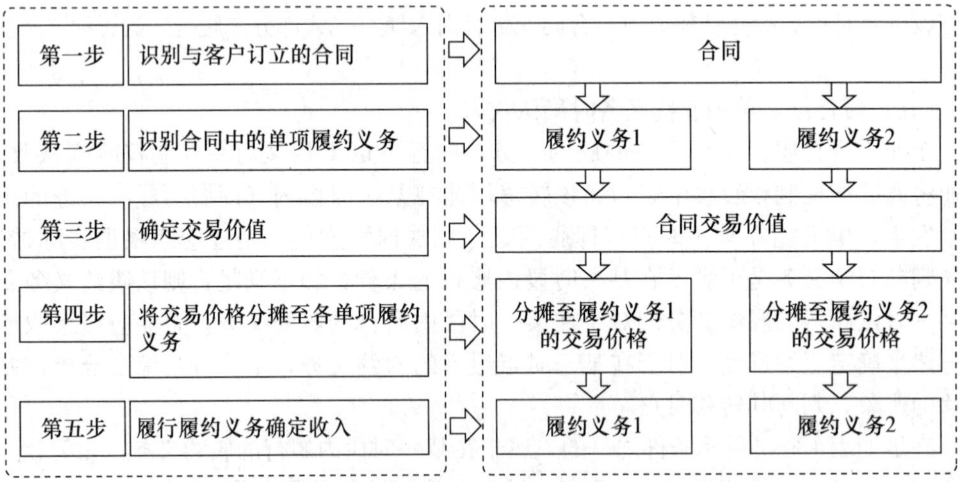

图 13－3 收入确认计量五步法逻辑图

随堂小测验 13－2

1. 【单项选择题】2×18 年度，某施工企业（增值税一般纳税人）承建 A 工程并签订合同，工期为两年。工程开工时预计总成本为 98 万元；2×18 年年末 A 工程的预计总成本为 100 万元；施工企业的“合同履约成本——工程施工——A 工程”账户的实际发生额为 68 万元。经查明，A 工程领用的材料中有一批虽已运到施工现场，但尚未使用，此批材料成本为 8 万元。2×18 年度的履约进度是（　　）。

A. 61.22%　　B. 68%　　C. 60%　　D. 69.39%

2. 【单项选择题】某施工企业（增值税一般纳税人）签订的合同于 2×18 年 6 月开工，合同总收入为 11 000 万元（含税），合同预计总成本为 9 800 万元。至 2×18 年 12 月 31 日，已发生合同成本 9 360 万元，预计完成合同还将发生合同成本 1 040 万元。已知施工企业的增值税税率为 9%。该项合同 2×18 年 12 月 31 日应确认的合同预计损失是（　　）万元。

A. 400　　B. 40　　C. 360　　D. 0

3. 【多项选择题】甲施工企业与客户签订一项合同以出售 A，B，C 三种产品，交易总价为 100 万元。A，B，C 三种产品的单独售价分别为 40 万元、55 万元、45 万元，合计 140 万元。甲施工企业经常将 B 及 C 产品合并按 60 万元价格出售，将 A 产品按 40 万元出售。甲公司的下列会计处理中，正确的有（ ）。

A. A 产品应确认收入 40 万元　　B. B 产品应确认收入 33 万元

C. C 产品应确认收入 27 万元　　D. C 产品应确认收入 45 万元

4.【多项选择题】收入确认的五步法模型中，属于与收入确认有关的有（ ）。

A. 识别与客户订立的合同

B. 识别合同中的单项履约义务

C. 确定交易价格

D. 将交易价格分摊至各单项履约义务

5.【判断题】施工企业应当在客户取得相关商品控制权时确认收入。（ ）

6.【判断题】企业应按照合同开始日之后随着单独售价的变动而重新分摊交易价格。（ ）

第三节 合同收入核算应设置的账户及会计处理

一、合同收入核算应设置的账户

为了真实、准确、及时、系统地核算和反映施工企业确认的销售商品、提供服务等主营业务的收入和在确认主营业务收入时应结转的成本，以及除主营业务活动以外的其他经营活动实现的收入或发生的成本，施工企业应设置“主营业务收入”“主营业务成本”“其他业务收入”“其他业务成本”“税金及附加”“合同履约成本”“合同履约成本减值准备”“合同结算”“合同资产”“合同资产减值准备”“应收账款”等账户。其中一些账户在前面有关章节中已经涉及，本节只介绍前面章节未涉及的相关账户。

（一）“主营业务收入”账户

“主营业务收入”账户核算企业确认销售商品、提供服务等主营业务的收入。其贷方登记企业当期确认的合同收入；借方登记期末结转的主营业务收入。期末应将本账户余额全部转入“本年利润”账户后无余额。本账户可按主营业务的种类进行明细核算。

（二）“主营业务成本”账户

“主营业务成本”账户核算施工企业确认销售商品、提供服务等主营业务收入时应结转的成本。其借方登记施工企业期末根据本期销售各种商品、提供各种服务等的实际成本，计算应结转的主营业务成本；贷方登记期末结转的主营业务成本。期末应将本账户的余额全部转入“本年利润”账户后无余额。本账户可按主营业务的种类进行明细核算。

（三）“其他业务收入”账户

“其他业务收入”账户核算企业确认的除主营业务活动以外的其他经营活动实现的收入，包括出租固定资产、出租无形资产、出租包装物和商品、销售材料、用材料进行非货币性交换或债务重组等实现的收入。其贷方登记企业当期确认的各项其他业务收入；借方登记期末结转的其他业务收入。期末应将本账户余额全部转入“本年利润”账户后无余额。本账户可按主营业务的种类进行明细核算。

（四）“其他业务成本”账户

“其他业务成本”账户核算企业确认的除主营业务活动以外的其他经营活动所发生的支出，包括销售材料成本、出租固定资产的折旧额、出租无形资产的摊销额、出租包装物的成本或摊销额等。其借方登记施工企业发生的其他业务成本；贷方登记期末结转的其他业务成本。期末应将本账户的余额全部转入“本年利润”账户后无余额。本账户可按主营业务的种类进行明细核算。

（五）“税金及附加”账户

“税金及附加”账户核算施工企业营业收入应负担的各种税金及附加费，包括按规定应缴纳的城市维护建设税和教育费附加等（不包括应交增值税）。其借方登记施工企业按规定计算的应由营业收入负担的城市维护建设税和教育费附加；贷方登记期末结转的税金及附加。期末应将本账户的余额全部转入“本年利润”账户后无余额。本账户可按各种税金及附加费的种类进行明细核算。

二、合同收入核算的会计处理

（一）在某一时段内履行的履约义务的收入确认方法

对于在某一时段内履行的履约义务，企业应当在该段时间内按照履约进度确认收入，履约进度不能合理确定的除外。企业应当采用恰当的方法确定履约进度，以使其如实反映企业向客户转让商品的履约情况。企业应当考虑商品的性质，采用产出法或投入法确定恰当的履约进度，并且在确定履约进度时，应当扣除那些控制权尚未转移给客户的商品和服务。企业按履约进度确认收入时，通常应当在资产负债表日按照合同的交易价格总额乘以履约进度，再扣除以前会计期间累计已确认的收入后的金额，确认为当期收入。

1. 产出法

产出法是根据已转移给客户的商品对于客户的价值确定履约进度的方法，主要包括按照实际测量的完工进度、评估已实现的结果、已达到的里程碑、时间进度、已完工或交付的产品等确定履约进度。企业在评估是否采用产出法确定履约进度时，应当考虑所选择的产出指标是否能够如实反映向客户转移商品的进度。

产出法适用于工作量容易确定的合同，如道路工程、土石方挖掘、砌筑工程等。其计算公式如下：

$$合同履约进度=\frac{已经完成的合同工作量}{合同预计总工作量}\times100\%$$

例 13-8

2×18 年 8 月，某施工企业（增值税一般纳税人）签订了一项修建一条 600 千米公路的建造合同，合同规定的总金额为 54 000 万元（不含税），工期为 3 年。假定该施工企业于 2×18 年修建了 210 千米，剩余部分预计在 2×19 年 7 月 31 日之前完成。该合同仅包含一项履约义务，且该履约义务满足在某一时段内履行的条件。假定不考虑其他情况。

本例中，该施工企业修建公路属于在某一时段内履行的履约义务，该施工企业按照已完成的工作量确定履约进度。因此，截至 2×18 年 12 月 31 日合同履约进度为：

$$2\times18\,年度合同履约进度=\frac{210}{600}\times100\%=35\%$$

则企业应确认的收入为 18 900 万元（54 000×35%）。

产出法是直接计量已完成的产出，一般能够客观地反映履约进度。当产出法所需要的信息无法直接通过观察获得，或者为获得这些信息需要花费很高的成本时，可采用投入法。

2. 投入法

投入法是根据企业履行履约义务的投入确定履约进度的方法，主要包括按照已投入的材料数量、花费的人工工时或机器工时、发生的成本和时间进度等投入指标确定履约进度。如果企业从事的工作或发生的投入是在整个履约期间平均发生的，也可以按照直线法确认收入。

投入法所需要的投入指标虽然易于获得，但投入指标与企业向客户转移商品的控制权之间未必存在直接的对应关系。因此，企业在采用投入法确定履约进度时，应当扣除那些虽然已经发生但未导致向客户转移商品的投入。

实务中，通常按照累计实际发生的成本占预计总成本的比例（即成本法）确定履约进度，累计实际发生的成本包括企业向客户转移商品过程中所发生的直接成本和间接成本，如直接人工、直接材料、分包成本以及其他与合同相关的成本。在下列情形下，企业在采用成本法确定履约进度时，可能需要对已发生的成本进行适当调整。

第一，已发生的成本并未反映企业履行其履约义务的进度，如因企业生产效率低下等原因而导致的非正常消耗，包括非正常消耗的直接材料、直接人工及制造费用等，不应包括在累计实际发生的成本中，这是因为这些非正常消耗并没有为合同进度做出贡献，但是，企业和客户在订立合同时已经预见会发生这些成本并将其包括在合同价款中的除外。

第二，已发生的成本与企业履行其履约义务的进度不成比例。当企业已发生的成本与履约进度不成比例时，企业在采用成本法确定履约进度时需要进行适当调整，通常以其已发生的成本为限确认收入。对施工中尚未安装、使用或耗用的商品（本段的商品不包含服务）或材料成本等，当企业在合同开始日就能够预期将满足下列所有条件时，应在采用成本法确定履约进度时不包括这些成本：一是该商品或材料不可明确区分，即不构成单项履约义务；二是客户先取得该商品的控制权，之后才接受与之相关的服务；三是该商品或材料的成本相对于预计总成本而言是重大的；四是企业自第三方采购该商品或材料，且未深入参与其设计和制造，对于包含该商品的履约义务而言，企业是主要责任人。

例 13-9

2×18 年 10 月，某施工企业与客户签订合同，为客户建造一栋办公楼并安装一部电梯，合同总金额为 2 000 万元。该施工企业预计的合同总成本为 1 600 万元，其中包括电梯的采购成本 100 万元。2×18 年 12 月，该施工企业将电梯运达施工现场并经过客户验收，客户已取得对电梯的控制权，但是根据施工进度，预计到 2×19 年 2 月才会安装该电梯。截至 2×18 年 12 月，该施工企业累计发生成本 1 000 万元，其中包括支付给电梯供应商的采购成本 100 万元以及因采购电梯发生的运输和人工等相关成本 10 万元。假定该合同（包括安装电梯）构成单项履约义务，并属于在某一时段内履行的履约义务，该施工企业是主要责任人，但不参与电梯的设计和制造；该施工企业采用成本法确定履约进度。上述金额均不含增值税。

本例中，截至 2×18 年 12 月，该施工企业发生成本 1 000 万元（包括电梯采购成本 100 万元以及因采购电梯发生的运输和人工等相关成本 10 万元），该施工企业认为其已发生的成本和履约进度不成比例，因此需要对履约进度的计算作出调整，将电梯的采购成本排除在已发生成本和预计总成本之外。在该合同中，该电梯不构成单项履约义务，其成本相对于预计总成本而言是重大的，该施工企业是主要责任人，但是未参与该电梯的设计和制造；客户先取得了电梯的控制权，随后才接受与之相关的安装服务。因此，该施工企业在客户取得该电梯控制权时，按照该电梯采购成本的金额确认转让电梯产生的收入。

2×18 年 12 月该合同履约进度＝(1 000－100)÷(1 600－100)＝60%

应确认的收入＝(2 000－100)×60%＋100＝1 240(万元)

应确认的成本＝(1 600－100)×60%＋100＝1 000(万元)

每一资产负债表日，企业应当对履约进度进行重新估计。当客观环境发生变化时，企业也需要重新评估履约进度是否发生变化，以确保履约进度能够反映履约情况的变化，该变化应当作为会计估计变更进行会计处理。对于每一项履约义务，企业只能采用一种方法来确定其履约进度并加以一贯运用。对于类似情况下的类似履约义务，企业应当采用相同的方法确定履约进度。

对于在某一时段内履行的履约义务，只有当其履约进度能够合理确定时，才应当按照履约进度确认收入。企业如果无法获得确定履约进度所需的可靠信息，则无法合理地确定其履约义务的进度。履约进度能够合理确定的，在资产负债表日企业应当在按照合同的交易价格总额乘以履约进度，再扣除以前会计期间累计已确认的收入后的金额，确认为当期收入。当履约进度不能合理确定时，企业已经发生的成本预计能够得到补偿的，应当按照已经发生的成本金额确认收入，直到履约进度能够合理确定为止。

（二）在某一时段内履行的履约义务的会计处理

施工企业根据成本法确认和计量当期的合同收入和合同成本时应包括以下内容：

（1）确认当期的合同收入。对于当期完成的履约合同，应当按照实际合同总收入扣除以前会计期间累计已确认合同收入后的金额，确认为当期合同收入。其计算公式如下：

当期确认的合同收入＝合同总收入×履约进度－以前会计年度累计已确认的收入

（2）确认当期的合同成本。对于当期完成的履约合同，应当按照累计实际发生的合同成本扣除以前会计期间累计已确认费用后的金额，确认为当期合同成本。其计算公式如下：

当期确认的合同成本＝合同预计总成本×履约进度
　　　　　　　　　　－以前会计年度累计已确认的成本

【特别提示】以上公式中涉及的履约进度，都是指累计履约进度。

例 13－10

2×18 年 1 月 1 日，某施工企业与 W 公司签订一项大型工程建造合同。根据双方合同，该工程的总造价为 12 600 万元（不含税），工程期限为一年半，该施工企业负责工程的施工及全面管理，W 公司按照第三方工程监理公司确认的工程完工量，每半年与该施工企业结算一次；预计 2×19 年 6 月 30 日竣工，预计发生的总成本为 8 000 万元。假定该建造工程整体构成单项履约义务，并属于在某一时段内履行的履约义务，该施工企业采用成本法确定履约进度，增值税税率为 9%，不考虑其他相关因素。

2×18 年 6 月 30 日，工程累计实际发生成本 3 000 万元，该施工企业与 W 公司结算合同价款 5 000 万元，该施工企业实际收到价款 4 000 万元；2×18 年 12 月 31 日，工程累计实际发生成本 6 000 万元，该施工企业与 W 公司结算合同价款 2 200 万元，该施工企业实际收到价款 2 000 万元；2×19 年 6 月 30 日，工程累计实际发生成本 8 200 万元，W 公司与该施工企业结算了合同竣工价款 5 400 万元，并支付剩余款项 7 860 万元。上述合同价款均不含增值税税额。假定该施工企业与 W 公司结算时即发生增值税纳税义务，W 公司在实际支付工程价款的同时支付其对应的增值税税款。做如下会计分录：

（1）2×18 年 1 月 1 日至 6 月 30 日实际发生工程成本时：

借：合同履约成本　　30 000 000
　贷：原材料、应付职工薪酬等　　30 000 000

（2）2×18 年 6 月 30 日，

履约进度＝30 000 000÷80 000 000＝37.50%

合同收入＝126 000 000×37.50%＝47 250 000（元）

确认合同收入时：

借：合同结算——收入结转　　47 250 000
　贷：主营业务收入　　47 250 000

结转合同成本时：

借：主营业务成本　　30 000 000
　贷：合同履约成本　　30 000 000

结算工程价款时：

借：应收账款 54 500 000

贷：合同结算——价款结算 50 000 000

应交税费——应交增值税（销项税额） 4 500 000

收到工程价款时：

借：银行存款 40 000 000

贷：应收账款 40 000 000

当日，“合同结算”科目的余额为贷方 275 万元（5 000－4 725），表明该施工企业已经与 W 公司结算但尚未履行履约义务的金额为 275 万元。由于该施工企业预计该部分履约义务将在 2×18 年内完成，因此，应在资产负债表中作为合同负债列示。

该施工企业 2×18 年 1 月 1 日至 6 月 30 日，合同收入确认账务处理流程如图 13－4 所示。

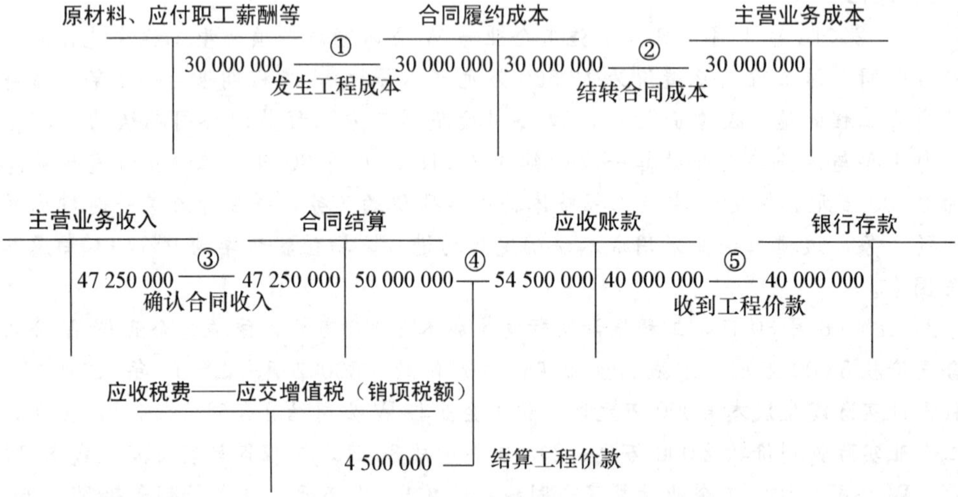

图 13－4 合同收入确认账务处理流程图

（3）2×18 年 7 月 2 日至 12 月 31 日实际发生工程成本时：

借：合同履约成本 30 000 000

贷：原材料、应付职工薪酬等 30 000 000

（4）2×18 年 12 月 31 日，

履约进度＝60 000 000÷80 000 000＝75％

合同收入＝126 000 000×75％－47 250 000＝47 250 000（元）

确认合同收入时：

借：合同结算——收入结转 47 250 000

贷：主营业务收入 47 250 000

结转合同成本时：

借：主营业务成本 30 000 000

贷：合同履约成本 30 000 000

结算工程价款时：

借：应收账款 23 980 000

贷：合同结算——价款结算 22 000 000

应交税费——应交增值税（销项税额） 1 980 000

收到工程价款时：

借：银行存款 20 000 000

贷：应收账款 20 000 000

当日，“合同结算”科目的余额为借方 2 250 万元（4 725－2 200－275），表明该施工企业已经与 W 公司结算但尚未履行履约义务的金额为 2 250 万元。由于该部分金额将在 2×19 年内结算，因此，应在资产负债表中作为合同资产列示。

（5）2×19 年 1 月 1 日至 6 月 30 日实际发生工程成本时：

借：合同履约成本 22 000 000

贷：原材料、应付职工薪酬等 22 000 000

（6）2×19 年 6 月 30 日，由于当日该工程已竣工结算，其履约进度为 100％。

合同收入＝126 000 000－47 250 000－47 250 000＝31 500 000(元)

借：合同结算——收入结转 31 500 000

贷：主营业务收入 31 500 000

借：主营业务成本 22 000 000

贷：合同履约成本 22 000 000

借：应收账款 58 860 000

贷：合同结算——价款结算 54 000 000

应交税费——应交增值税（销项税额） 4 860 000

借：银行存款 78 600 000

贷：应收账款 78 600 000

当日，“合同结算”科目的余额为零（2 250＋3 150－5 400）。

三、其他业务收入核算的会计处理

施工企业除了主要从事建筑安装工程施工业务获得合同收入以外，还开展其他业务并获得其他业务收入。施工企业在获得其他业务收入的同时，也会发生与之相关的其他业务成本。需要说明的是，施工企业对外出租资产收取的租金属于其他业务收入范围，有关的会计处理参照《企业会计准则第 21 号——租赁》进行核算。

例 13-11

2×18 年 6 月，某施工企业（增值税一般纳税人）销售一批工程施工剩余钢材，钢材不含税收入为 1 000 000 元，增值税税率为 13％，钢材已发出，货款全部收讫并存入银行。该批材料计划成本为 1 060 000 元，应分担的材料成本差异为借方差额 21 000 元。做如下会计分录：

借：银行存款 1 130 000

贷：其他业务收入——材料销售收入 1 000 000

应交税费——应交增值税（销项税额） 130 000

同时，

借：其他业务成本——材料销售成本　　1 081 000

　贷：原材料　　1 060 000

　　材料成本差异　　21 000

例 13－12

2×18 年 6 月，某施工企业（增值税一般纳税人）出租一台大型施工设备，取得租金收入 248 600 元（含税）。已知有形动产租赁服务适用的增值税税率为 13%。该设备本月应计提的固定资产折旧为 13 000 元。做如下会计分录：

（1）取得收入时：

借：银行存款　　248 600

　贷：其他业务收入——固定资产出租收入　　220 000

　　应交税费——应交增值税(销项税额)(248 600÷(1+13%)×13%)　28 600

（2）计提折旧时：

借：其他业务成本——出租固定资产折旧　　13 000

　贷：累计折旧　　13 000

随堂小测验 13－3

1.【单项选择题】某施工企业于 2×18 年 6 月接受一次产品安装任务，采用投入法确认收入。预计安装期为 15 个月，合同总收入为 218 万元（含税）。假定至 2×18 年年底，已预收 160 万元，余额在安装完成时收回。假定至 2×19 年 12 月 31 日，实际发生的成本为 152 万元，预计还将发生的成本为 8 万元。已知该施工企业的增值税税率为 9%。2×18 年已确认的不含税收入为 80 万元，则该企业 2×19 年应确认的不含税收入为（　　）万元。

A. 121　　B. 110　　C. 78　　D. 158

2.【单项选择题】2×18 年 7 月，某施工企业（增值税一般纳税人）与客户签订了一项建筑合同，规定的工期为 3 年，合同总价款为 26 400 000 元。其中第一年相关资料如下：实际发生的成本（领用材料）为 5 400 000 元，估计至完工尚需投入的成本为 12 600 000 元，本年开出账单金额为 4 800 000 元，实际收到的款项为 3 600 000 元。已知该施工企业的增值税税率为 9%，采用投入法确定履约进度。该施工企业当年的履约进度和应确认的不含税合同收入分别为（　　）。

A. 30%，7 200 000 元　　B. 30%，7 992 000 元

C. 75%，7 992 000 元　　D. 75%，7 200 000 元

3.【多项选择题】2×18 年 8 月，某施工企业（增值税一般纳税人）与客户签订了一项合同，工期为 2 年，合同总金额为 9 460 万元（含税），最初预计总成本为 8 100 万元。第一年实际发生的成本为 5 400 万元，预计为完成合同尚需发生的成本 3 600 万元。假定该合同的结果能够可靠地估计。已知该施工企业的增值税税率为 9%。下列该施工企业对该合同相关的会计处理中，正确的有（　　）。

A. 第一年确认的履约进度为 60%

B. 第一年确认不含税合同收入为 5 160 万元

C. 第一年确认建造合同成本为 5 400 万元

D. 第一年确认的增值税税额为 567.6 万元

4.【多项选择题】下列各项中，属于履约进度确定方法的有（　　）。

A. 成本法　　B. 产出法　　C. 产值法　　D. 投入法

5.【判断题】施工企业出租固定资产的收入应作为主营业务收入核算。（　　）

6.【判断题】合同资产代表无条件收取合同对价的权利。（　　）

第四节　利润形成的核算

一、利润形成核算的内容

施工企业作为独立的经济实体，应当以自己的经营收入补偿其成本费用，并且实现盈利。施工企业盈利的大小在很大程度上反映企业生产经营的经济效益，表明企业在每一会计期间的最终经营成果。

利润是指施工企业在一定会计期间的经营成果，包括收入减去费用后的净额、直接计入当期利润的利得和损失等。其中，直接计入当期利润的利得和损失，是指应当计入当期损益、会导致所有者权益发生增减变动、与所有者投入资本或者向所有者分配利润无关的利得或者损失。利润的形成包括利润总额的形成和净利润的形成两部分。

（一）利润总额的形成

施工企业的利润总额是指营业利润加上营业外收入，减去营业外支出后的金额。利润总额的形成过程可以用公式表示为：

利润总额(或亏损总额)＝营业利润＋营业外收入－营业外支出

1. 营业利润

营业利润是施工企业利润的主要来源，是营业收入减去营业成本、税金及附加、管理费用、财务费用、资产减值损失，加上公允价值变动收益（减去公允价值变动损失）、投资收益（减去投资损失）、资产处置收益（减去资产处置损失）和其他收益（减去其他损失）后的金额。其计算公式如下：

营业利润＝营业收入－营业成本－税金及附加－管理费用－财务费用
－资产减值损失＋公允价值变动收益(－公允价值变动损失)
＋投资收益(－投资损失)＋资产处置收益(－资产处置损失)
＋其他收益(－其他损失)

式中：

(1) 营业收入是指企业经营业务所确认的收入总额，包括主营业务收入和其他业务收入。

(2) 营业成本是指企业经营业务所发生的实际成本总额，包括主营业务成本和其他业务成本。

(3) 资产减值损失是指企业计提各项资产减值准备所形成的损失。资产减值的主要对象包括应收及预付款项，存货，对子公司、联营企业和合营企业的长期股权投资，固定资产，无形资产及商誉，金融资产等。企业应当在资产负债表日判断资产是否存在减值迹象。如果资产存在减值迹象，就应进行减值测试。对于发生减值的资产，应按照可收回金额低于账面价值的金额，确认为资产减值损失。

【特别提示】因企业合并所形成的商誉和使用寿命不确定的无形资产，无论是否存在减值迹象，每年都应当进行减值测试。

（4）公允价值变动收益（或损失）是指企业以公允价值计量且其变动计入当期损益的金融资产以及其他以公允价值计量的资产或负债由于公允价值变动而形成的应计入当期损益的利得（或损失），主要包括以公允价值计量且其变动计入当期损益的金融资产的公允价值变动、以公允价值计量的投资性房地产的公允价值变动和作为公允价值套期保值工具的衍生金融工具的公允价值变动等。

（5）投资收益（或损失）是指企业从事各项对外投资活动取得的收益（或发生的损失）。企业的对外投资主要包括以公允价值计量且其变动计入当期损益的金融资产投资、以摊余成本计量的金融资产投资、以公允价值计量且其变动计入其他综合收益的金融资产投资以及长期股权投资等。

（6）资产处置收益（或损失）是指企业出售划分为持有待售的非流动资产（金融工具、长期股权投资和投资性房地产除外）或处置组（子公司和业务除外）时确认的处置利得或损失，以及处置未划分为持有待售的固定资产、在建工程、生产性生物资产及无形资产而产生的处置利得或损失。

（7）其他收益是指与企业日常活动相关，但又不宜确认收入或冲减成本费用的政府补助。

2. 营业外收入和营业外支出

营业外收入和营业外支出是指施工企业发生的与其施工生产经营活动没有直接关系的各项收入和支出。营业外收入和营业外支出虽然与企业生产经营活动没有太大关系，但从企业主体来考虑，同样带来收益或形成企业的耗费，也是增加或减少利润的因素，对企业的利润总额及净利润产生较大的影响。营业外收入属于利得，营业外支出属于损失。

（1）营业外收入，是指企业发生的与其日常活动无直接关系的各项利得。营业外收入并不是由企业经营资金耗费所产生的，不需要企业付出代价，实际上是一种纯收入，不可能也不需要与有关费用进行配比。因此，在会计核算上，应当严格区分营业外收入与营业收入的界限。营业外收入主要包括非流动资产毁损报废利得、债务重组利得、政府补助、盘盈利得、捐赠利得等。

非流动资产毁损报废利得，指因自然灾害等发生毁损、已丧失使用功能而报废非流动资产所产生的清理收益。

债务重组利得，指重组债务的账面价值超过清偿债务的现金、非现金资产的公允价值、所转股份的公允价值或者重组后债务账面价值之间的差额。

盘盈利得，指企业对于现金等资产清查盘点中盘盈的资产，报经批准后计入营业外收入的金额。

政府补助，指企业与企业日常活动无关的、从政府无偿取得货币性资产或非货币性资产形成的利得。

捐赠利得，指企业接受捐赠产生的利得。

(2) 营业外支出，是指企业发生的与日常活动无直接关系的各项损失。营业外支出主要包括非流动资产毁损报废损失、债务重组损失、公益性捐赠支出、非常损失、盘亏损失等。

非流动资产毁损报废损失，指因自然灾害等发生毁损、已丧失使用功能而报废非流动资产所产生的清理损失。

债务重组损失，指重组债权的账面余额与受让资产的公允价值、所转股份的公允价值或者重组后债权的账面价值之间的差额。

公益性捐赠支出，指企业通过公益性社会团体或县级以上政府部门对外进行公益性捐赠发生的支出。

【特别提示】 公益性捐赠支出，不超过年度会计利润总额 12%的部分，准予在企业所得税税前扣除。

非常损失，指企业对于因客观因素（如自然灾害等）造成的损失，在扣除保险公司赔偿后计入营业外支出的净损失。

营业外收入和营业外支出应当分别核算，并在利润表中分列项目反映。营业外收入和营业外支出还应当按照具体收入和支出设置明细项目，进行明细核算。

(二) 净利润的形成

净利润是指利润总额减去所得税费用后的金额。施工企业的利润总额在未扣除本期所得税费用之前称为税前利润。税前利润扣除企业本期发生的所得税费用之后的部分称为税后利润，也称净利润，用公式表示为：

净利润＝利润总额－所得税费用

施工企业利润形成核算的内容如图 13－5 所示。

- 利润的形成
  - 利润总额的形成
    - 营业利润
      - 营业收入
      - 营业成本
      - 税金及附加
      - 财务费用
      - 管理费用
      - 资产减值损失
      - 公允价值变动净损益
      - 投资净损益
      - 资产处置净损益
      - 其他收益
    - 营业外收入
    - 营业外支出
  - 净利润的形成
    - 利润总额
    - 所得税费用

图 13－5 利润形成核算的内容图

注：所得税费用，是指施工企业按照税法规定计算的、应计入当期损益的所得税费用。

二、利润形成核算应设置的账户及其会计处理

为了核算企业利润的形成过程，施工企业应设置“本年利润”账户和一些损益类账户，由于大部分损益类账户已在前面有关章节涉及，因此，本节只介绍前面章节未涉及的相关损益类账户。

(1)“营业外收入”账户

为了核算企业发生的与日常施工生产经营活动没有直接关系的各项收入，如非流动资产毁损报废利得、债务重组利得、政府补助、捐赠利得等，施工企业应设置“营业外收入”账户。其贷方登记施工企业发生的各项营业外收入。期末，应将本账户余额全部转入“本年利润”账户，结转后应无余额。本账户应按营业外收入项目设置明细账进行核算。

(2)“营业外支出”账户

为了核算企业发生的与日常施工生产经营活动没有直接关系的各项支出，如非流动资产毁损报废损失、债务重组损失、公益性捐赠支出、非常损失、盘亏损失等，施工企业应设置“营业外支出”账户。其借方登记企业发生的各项营业外支出。期末，应将本账户余额全部转入“本年利润”账户，结转后应无余额。本账户应按营业外支出项目设置明细账进行核算。

(3)“本年利润”账户

“本年利润”账户核算施工企业实现的净利润（或发生的净亏损）。其贷方登记期末由“主营业务收入”、“其他业务收入”、“营业外收入”、“其他收益”、“公允价值变动损益”账户的公允价值变动净收益、“投资收益”账户的投资净收益、“资产处置收益”账户的资产处置净收益等转入的数额；借方登记期末由“主营业务成本”、“其他业务成本”、“税金及附加”、“管理费用”、“财务费用”、“资产减值损失”、“营业外支出”、“所得税费用”、“公允价值变动损益”账户的公允价值变动净损失、“投资收益”账户的投资净损失等转入的数额。年度终了，施工企业应将本年收入和支出相抵之后结出“本年利润”账户的余额。如果“本年利润”账户为贷方余额，反映施工企业本年度自年初开始累计实现的净利润；如果为借方余额，反映施工企业本年度自年初开始累计发生的净亏损。无论是实现的净利润还是发生的净亏损，最终都将转入“利润分配——未分配利润”账户，结转后本账户应无余额。

（一）营业外收支核算的会计处理

例 13－13

2×18 年 7 月，某施工企业（增值税一般纳税人）没收客户的存入质量保证金押金为 59 950 元（含税），属于价外费用①。已知该施工企业的增值税税率为 9%。

---

① 价外费用，是指销售方向购买方价外收取的手续费、补贴、基金、集资费、返还利润、奖励费、违约金、滞纳金、延期付款利息、赔偿金、代收款项、代垫款项、罚息及其他各种性质的价外收费，应作为销售额的构成，征收增值税。但其不包括同时符合以下条件代为收取的政府性基金或者行政事业性收费：(1) 由国务院或者财政部批准设立的政府性基金，由国务院或者省级人民政府及其财政、价格主管部门批准设立的行政事业性收费；(2) 收取时开具省级以上财政部门印制的财政票据；(3) 所收款项全额上缴财政。

做如下会计分录：

借：其他应付款　59 950

　贷：营业外收入　55 000

　　应交税费——应交增值税（销项税额）　4 950

例 13－14

2×18年7月，某施工企业（增值税一般纳税人）没收客户的违约款为174 400元，属于价外费用，已存入银行。已知该施工企业的增值税税率为9%。做如下会计分录：

借：银行存款　174 400

　贷：营业外收入——罚款收入　160 000

　　应交税费——应交增值税（销项税额）　14 400

例 13－15

2×18年9月，某施工企业用银行存款向客户支付违约金6 000元。做如下会计分录：

借：营业外支出——罚款支出　6 000

　贷：银行存款　6 000

例 13－16

2×18年9月，某施工企业处置因正常原因毁损的机器设备，处理后发生净损失370 000元，予以转销。做如下会计分录：

借：营业外支出——处理固定资产净损失　370 000

　贷：固定资产清理　370 000

例 13－17

2×18年9月，某施工企业（增值税一般纳税人）因管理不善盘亏的固定资产净值为60 000元，报经批准后予以转销。假设该固定资产适用的增值税税率为13%。做如下会计分录：

借：营业外支出——固定资产盘亏　67 800

　贷：待处理财产损溢——待处理固定资产损溢　60 000

　　应交税费——应交增值税（进项税额转出）　7 800

（二）本年利润形成核算的会计处理

例 13－18

某施工企业在2×18年度决算时，各损益类账户12月31日的余额如表13－2所示。

表 13－2　各损益类账户余额表　　单位：元

账户名称	结账前借方余额	结账前贷方余额
主营业务收入		640 000 000

续表

账户名称	结账前借方余额	结账前贷方余额
主营业务成本	478 000 000	
其他业务收入		4 050 000
其他业务成本	2 240 000	
税金及附加	75 000 000	
管理费用	51 600 000	
财务费用	19 030 000	
资产减值损失	1 723 000	
其他收益		720 000
公允价值变动损益		735 000
资产处置收益		963 000
投资收益		1 261 000
营业外收入		11 260 000
营业外支出	12 550 000	
所得税费用	5 164 530	

企业根据上述资料，应做如下会计分录：

（1）结转主营业务收入时：

借：主营业务收入　640 000 000

　贷：本年利润　640 000 000

（2）结转主营业务成本时：

借：本年利润　478 000 000

　贷：主营业务成本　478 000 000

（3）结转其他业务收入时：

借：其他业务收入　4 050 000

　贷：本年利润　4 050 000

（4）结转其他业务成本时：

借：本年利润　2 240 000

　贷：其他业务成本　2 240 000

（5）结转税金及附加时：

借：本年利润　75 000 000

　贷：税金及附加　75 000 000

（6）结转期间费用时：

借：本年利润　70 630 000

　贷：管理费用　51 600 000

　　财务费用　19 030 000

（7）结转资产减值损失时：

借：本年利润　1 723 000

　贷：资产减值损失　1 723 000

（8）结转其他收益时：

借：其他收益　720 000

贷：本年利润　720 000

(9) 结转公允价值变动净损益时：

借：公允价值变动损益　735 000

贷：本年利润　735 000

(10) 结转资产处置收益时：

借：资产处置收益　963 000

贷：本年利润　963 000

(11) 结转投资净收益时：

借：投资收益　1 261 000

贷：本年利润　1 261 000

(12) 结转营业外收入时：

借：营业外收入　11 260 000

贷：本年利润　11 260 000

(13) 结转营业外支出时：

借：本年利润　12 550 000

贷：营业外支出　12 550 000

(14) 结转所得税费用时：

借：本年利润　5 164 530

贷：所得税费用　5 164 530

(15) 结转本年净利润时：

借：本年利润　13 681 470

贷：利润分配——未分配利润　13 681 470

随堂小测验 13-4

1.【单项选择题】下列各项中，不影响发生当期营业利润的是（　　）。

A. 固定资产毁损报废损失

B. 投资于银行理财产品取得的收益

C. 预计与当期产品销售相关的保修义务

D. 因授予高管人员股票期权在当期确认的费用

2.【单项选择题】下列原材料相关损失项目中，应计入营业外支出的是（　　）。

A. 计量差错引起的原材料盘亏

B. 火灾造成的原材料损失

C. 原材料运输途中的合理损耗

D. 人为造成的原材料损失

3.【单项选择题】某施工企业当期实际营业利润为 4 000 万元，营业收入为 1 000 万元，投资收益为 400 万元，营业外收入为 100 万元，营业外支出为 120 万元，则该企业的利润总额是（　　）万元。

A. 3 980　　B. 4 300　　C. 5 800　　D. 4 380

4.【多项选择题】下列各项中，通过营业外收支核算的有（　　）。

A. 固定资产报废损失

B. 对外出售不需用原材料实现的净损益

C. 债务重组中债权人收到的现金小于重组债权账面价值的差额

D. 非常原因造成的存货净损失

5.【多项选择题】下列各项中，会导致企业当期营业利润减少的有（　　）。

A. 出售无形资产发生的净损失

B. 计提行政管理部门的固定资产折旧

C. 办理银行承兑汇票支付的手续费

D. 支付增值税、城市维护建设税和教育费附加

6.【判断题】损益类账户期末结转后无余额。（　　）

7.【判断题】“本年利润”账户为贷方余额，反映施工企业本年度自年初开始累计实现的净亏损。（　　）

第五节　利润分配的核算

一、利润分配核算的内容

（一）利润分配的内容

利润分配是指施工企业按照国家的有关规定，对当年实现的净利润和以前年度未分配的利润所进行的分配。企业董事会或类似机构决议提请股东大会或类似机构批准的年度利润分配方案（除股票股利分配方案外），在股东大会或类似机构召开会议前，应当将其列入报告年度的利润分配表①。股东大会或类似机构批准的利润分配方案，与董事会或类似机构提请批准的报告年度利润分配方案不一致时，其差额应当调整报告年度财务报表有关项目的年初数。

（二）利润分配的程序

施工企业实现的净利润应按照有关规定进行分配，其分配顺序如下：

1. 弥补以前年度亏损

按照税法的规定，施工企业作为纳税人，如果发生年度亏损，可以用下一纳税年度的所得弥补，即用所得税前的利润弥补亏损；下一纳税年度的所得不足弥补的，可以逐年延续弥补，但是延续弥补最长不得超过 5 年。也就是说，企业当期实现的净利润首先应按照规定弥补以前年度亏损。

2. 可供分配的利润及其分配

施工企业本年实现的净利润，加上年初未分配利润（或减去年初未弥补的亏损）和其他转入后的余额，为可供分配的利润。企业可供分配的利润，按下列顺序进行分配：

第一，提取法定盈余公积。法定盈余公积的提取比例，一般为当年实现净利润的 10%，但以前年度累计的法定盈余公积达到注册资本 50%时，可以不再提取。

---

① 利润分配表是反映施工企业一定期间对实现净利润的分配或亏损弥补的报表，可以在报表附注中编制，详细说明利润表上所反映的净利润分配去向。通过利润分配表，可以了解企业实现净利润的分配情况或亏损的弥补情况，了解利润分配的构成，以及年末未分配利润的数据。

第二，提取任意盈余公积。企业在从净利润中提取法定盈余公积后，经股东大会决议，还可以再提取任意盈余公积。

外商投资企业应当按照法律、行政法规的规定按净利润提取储备基金、企业发展基金、职工奖励及福利基金等。

中外合作经营企业按规定在合作期内以利润归还投资者的投资，也从可供分配的利润中扣除。

3. 可供投资者分配的利润及其分配

可供分配的利润减去应提取的法定盈余公积、任意盈余公积后，为可供投资者分配的利润。可供投资者分配的利润，按下列顺序分配：

第一，应付优先股股利，是指企业按照利润分配方案分配给优先股股东的现金股利。

第二，应付普通股股利，是指企业按照利润分配方案分配给普通股股东的现金股利。

第三，转作资本（或股本）的普通股股利，是指企业按照利润分配方案以分派股票股利的形式转作的资本（或股本）。

4. 未分配利润

可供投资者分配的利润经过上述分配后就成为未分配利润（或未弥补亏损）。未分配利润可留待以后年度进行分配。企业如发生亏损，可以按规定由以后年度利润进行弥补。

企业未分配的利润（或未弥补的亏损）应当在资产负债表的所有者权益项目中单独反映。

施工企业实现的利润和利润分配应当分别核算，利润构成及利润分配各项目应当设置明细账进行明细核算。企业盈余公积补亏、提取的法定盈余公积、提取的任意盈余公积、应付现金股利或利润、转作股本的股利，以及年初未分配利润（或未弥补亏损）、期末未分配利润（或未弥补亏损）及外商投资企业提取的储备基金、企业发展基金、职工奖励及福利基金等，均应当在利润分配表中分别列项予以反映。

二、利润分配核算应设置的账户

为了核算企业利润的分配（或亏损的弥补）和历年分配（或弥补）后的积存余额，施工企业应设置“利润分配”账户，并在该账户下设置以下明细账户进行核算。

（一）“盈余公积补亏”明细账户

“盈余公积补亏”明细账户核算施工企业按照规定用盈余公积弥补的亏损。其贷方登记企业弥补亏损的数额。年终，应将本明细账户的余额全部转入“利润分配——未分配利润”账户，结转后本明细账户应无余额。

（二）“提取法定盈余公积”明细账户

“提取法定盈余公积”明细账户核算施工企业按照规定从净利润中（按照10%的计提比率）提取的法定盈余公积。但公司法定盈余公积金累计额达到公司注册资本50%

时，可以不再提取。其借方登记企业提取的法定盈余公积数额。年终，应将本明细账户的余额全部转入“利润分配——未分配利润”账户，结转后本明细账户应无余额。

（三）“提取任意盈余公积”明细账户

“提取任意盈余公积”明细账户核算施工企业按照股东会决议规定从净利润中提取的任意盈余公积。其借方登记企业提取的任意盈余公积数额。年终，应将本明细账户的余额全部转入“利润分配——未分配利润”账户，结转后本明细账户应无余额。

（四）“应付现金股利或利润”明细账户

“应付现金股利或利润”明细账户核算施工企业按照规定应当分配给股东的现金股利或利润。其借方登记应当分配给股东的现金股利或利润数额。年终，应将本明细账户的余额全部转入“利润分配——未分配利润”账户，结转后本明细账户应无余额。

（五）“转作股本的股利”明细账户

“转作股本的股利”明细账户核算股东大会或类似机构批准的应分配的股票股利或应转增的资本金额。其借方登记实际分派的股票股利数额和办理转增手续后应转增的资本金额。年终，应将本明细账户的余额全部转入“利润分配——未分配利润”账户，结转后本明细账户应无余额。

（六）“提取储备基金”明细账户

“提取储备基金”明细账户核算外商投资企业按照规定从净利润中提取的储备基金。其借方登记企业提取的储备基金数额。年终，应将本明细账户的余额全部转入“利润分配——未分配利润”账户，结转后本明细账户应无余额。

（七）“提取企业发展基金”明细账户

“提取企业发展基金”明细账户核算外商投资企业按照规定从净利润中提取的企业发展基金。其借方登记企业提取的企业发展基金数额。年终，应将本明细账户的余额全部转入“利润分配——未分配利润”账户，结转后本明细账户应无余额。

（八）“提取职工奖励及福利基金”明细账户

“提取职工奖励及福利基金”明细账户核算外商投资企业按照规定从净利润中提取的职工奖励及福利基金。其借方登记企业提取的职工奖励及福利基金数额。年终，应将本明细账户的余额全部转入“利润分配——未分配利润”账户，结转后本明细账户应无余额。

（九）“未分配利润”明细账户

“未分配利润”明细账户核算施工企业全年实现的净利润（或净亏损）、利润分配和尚未分配利润（或尚未弥补的亏损），以及当股东大会或类似机构批准的利润分配方案与董事会或类似机构提请批准的报告年度利润分配方案不一致时，应按其差额调整批准年度会计报表有关项目的年初数。其贷方登记年度终了由“本年利润”账户借方转入的全年实现的净利润和盈余公积补亏数额以及调整减少的利润分配数额；借方登记年度终了由“本年利润”账户贷方转入的全年发生的净亏损、调整增加的利润分配数额以及年末从“利润分配”各明细账户的贷方转入的数额。年终结转后，本明细账户如为贷方余额，反映企业历年积存的未分配利润；如为借方余额，反映企业历年积存的未弥补亏损。

年终结转后，除“未分配利润”明细账户外，“利润分配”的其他各明细账户应无余额。

三、利润分配核算的会计处理

施工企业在施工生产经营过程中如果发生了亏损，应自“本年利润”账户的贷方转入“利润分配——未分配利润”账户的借方。第二年若实现了净利润，将从“本年利润”账户的借方转入“利润分配——未分配利润”账户的贷方。结转后，“利润分配——未分配利润”账户的贷方发生额与其借方余额自然抵补。因此，施工企业以当年实现的净利润弥补以前年度亏损时，不需要作专门补亏的会计处理。

施工企业发生亏损时的利润分配会计处理流程图如图 13-6 所示。

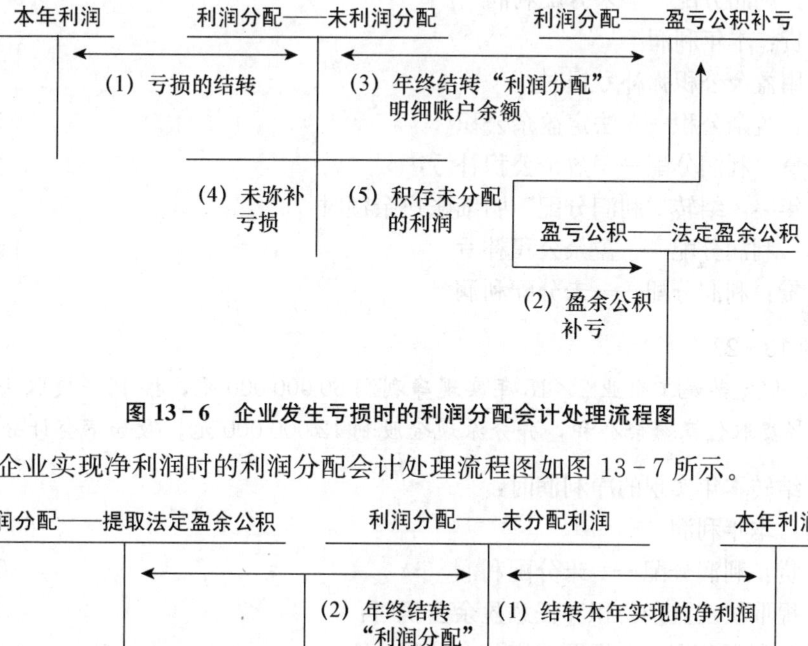

图 13-6 企业发生亏损时的利润分配会计处理流程图

施工企业实现净利润时的利润分配会计处理流程图如图 13-7 所示。

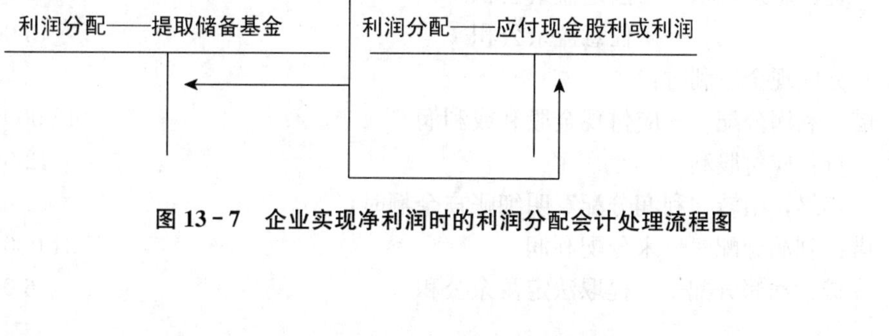

图 13-7 企业实现净利润时的利润分配会计处理流程图

例 13－19

假定某施工企业 2×18 年因经营不善发生亏损 1 800 000 元。做如下会计分录：

借：利润分配——未分配利润　　1 800 000
　贷：本年利润　　1 800 000

例 13－20

假定某施工企业 2×18 年实现利润 5 800 000 元。做如下会计分录：

借：本年利润　　5 800 000
　贷：利润分配——未分配利润　　5 800 000

例 13－21

假定某施工企业 2×18 年发生亏损 3 400 000 元，用盈余公积弥补亏损 500 000 元，年初未分配利润余额为 1 800 000 元。做如下会计分录：

（1）结转发生亏损时：
借：利润分配——未分配利润　　3 400 000
　贷：本年利润　　3 400 000
（2）用盈余公积弥补亏损时：
借：盈余公积——法定盈余公积　　500 000
　贷：利润分配——盈余公积补亏　　500 000
（3）年终，结转“利润分配”明细账户余额时：
借：利润分配——盈余公积补亏　　500 000
　贷：利润分配——未分配利润　　500 000

例 13－22

假定某施工企业 2×18 年实现净利润 60 000 000 元，按 10%提取法定盈余公积，按 5%提取任意盈余公积，并分派现金股利 12 000 000 元。做如下会计分录：

（1）结转本年实现的净利润时：
借：本年利润　　60 000 000
　贷：利润分配——未分配利润　　60 000 000
（2）提取法定盈余公积和任意盈余公积时：
借：利润分配——提取法定盈余公积　　6 000 000
　　　　　　——提取任意盈余公积　　3 000 000
　贷：盈余公积——法定盈余公积　　6 000 000
　　　　　　　——任意盈余公积　　3 000 000
（3）分配现金股利时：
借：利润分配——应付现金股利或利润　　12 000 000
　贷：应付股利　　12 000 000
（4）年终，结转“利润分配”明细账户余额时：
借：利润分配——未分配利润　　21 000 000
　贷：利润分配——提取法定盈余公积　　6 000 000

——提取任意盈余公积　　3 000 000
——应付现金股利或利润　　12 000 000

随堂小测验 13－5

1. 【单项选择题】某施工企业发生亏损，应做的会计分录是（　　）。

A. 借：利润分配——盈余公积补亏
　贷：利润分配——未分配利润

B. 借：本年利润
　贷：利润分配——未分配利润

C. 借：利润分配——未分配利润
　贷：本年利润

D. 不做账务处理

2. 【单项选择题】企业在用盈余公积弥补亏损时，应借记（　　）账户。

A. “盈余公积”　B. “利润分配——盈余公积补亏”
C. “利润分配——提取法定盈余公积”　D. “本年利润”

3. 【多项选择题】下列各项中，属于利润分配内容的有（　　）。

A. 提取法定盈余公积　B. 向投资者分配利润
C. 提取任意盈余公积　D. 以税前利润弥补亏损

4. 【多项选择题】下列账户中，期末结账后无余额的是（　　）。

A. “利润分配——提取法定盈余公积”　B. “利润分配——盈余公积补亏”
C. “本年利润”　D. “利润分配——未分配利润”

5. 【判断题】企业以当年实现的净利润弥补以前年度亏损时，不需作专门补亏的会计处理。（　　）

6. 【判断题】年终结转后，除“利润分配”账户下“未分配利润”明细账户外，其他各明细账户应无余额。（　　）

7. 【判断题】企业用当年实现的净利润弥补以前年度亏损时，会引起所有者权益增加。（　　）

□ 本章思考题

1. 简述收入确认的五步法模型。
2. 合同的履约进度应如何确定？有哪些主要方法？
3. 简述合同收入确认的原则。
4. 营业外收入和营业外支出分别包括哪些内容？
5. 简述利润总额的构成内容。
6. 简述利润分配的基本程序。

□ 本章练习题

1. 假定某施工企业 2×18 年发生亏损 3 000 000 元，用盈余公积弥补亏损 1 200 000

元，年初有未分配利润 1 200 000 元。

要求：编制相应的会计分录。

2. 2×18 年 1 月 1 日某施工企业（增值税一般纳税人）与甲公司签订一项建造合同，总价款为 16 500 000 元（不含税），该合同按工程进度支付款项。假定第一年该施工企业实际发生的工程成本为 4 500 000 元，预计还需要发生的成本为 9 000 000 元，合同结算价款为 5 000 000 元；第二年该施工企业实际发生的工程成本为 6 000 000 元，预计还需要发生的成本为 6 000 000 元，合同结算价款为 2 500 000 元；第三年工程建设完工，实际发生的工程成本为 5 100 000 元，合同结算价款为 7 500 000 元。已知该施工企业的增值税税率为 9%，假定该施工企业与甲公司结算合同价款时即发生增值税纳税义务。

要求：按履约进度编制该施工企业每年的相关会计分录。

3. 2×18 年某施工企业（增值税一般纳税人，位于某市）进行某公路施工，施工过程中，临时出租给甲公司装载机 10 台，获取租金 30 万元（不含税），该设备折旧费为 12 万元，其他费用由承租方承担，收入已经存入银行。有形动产租赁服务适用的增值税税率为 13%。

要求：编制相应的会计分录。

4. 某施工企业 2×18 年年末相关损益类账户结账前的本年发生额如表 13－3 所示。

表 13－3 该施工企业 2×18 年年末相关损益类账户结账前余额表 单位：元

账户名称	结账前借方余额	结账前贷方余额
主营业务收入	0	190 000 000
主营业务成本	136 000 000	0
税金及附加	25 200 000	0
其他业务收入	0	1 360 000
其他业务成本	1 040 000	0
管理费用	17 100 000	0
财务费用	6 345 000	0
公允价值变动损益	0	879 000
资产处置收益	0	660 000
投资收益	0	387 000
营业外收入	0	3 420 000
营业外支出	4 185 000	0
所得税费用	1 731 510	0

要求：依据表 13－3 的资料编制相应的会计分录。

5. 某施工企业 2×18 年的会计资料如下：在本年度取得主营业务收入 9 000 万元、其他业务收入 1 500 万元、投资收益 900 万元、营业外收入 90 万元；发生主营业务成本 3 600 万元、其他业务成本 600 万元、税金及附加 300 万元、管理费用 480 万元、财务费用 180 万元、营业外支出 120 万元；本年度所得税费用为 1 800 万元。该施工企业按当年净利润的 10%提取法定盈余公积，按 5%提取任意盈余公积。

要求：

(1) 该施工企业年末一次结转利润，计算当年的净利润，同时编制结转利润的会计分录。

（2）年度终了，进行利润分配，计算应提取的法定盈余公积和任意盈余公积数额，同时编制利润分配和结转“利润分配”各明细账户余额的会计分录。

6. 假定某施工企业 2×18 年度的有关资料如下：

（1）年初未分配利润为 1 000 万元，本年利润总额为 3 000 万元，适用的企业所得税税率为 25%。

（2）提取任意盈余公积 100 万元。

（3）向投资者宣告分配现金股利 300 万元。

要求：

（1）计算当年净利润，并编制该施工企业提取任意盈余公积的会计分录；

（2）编制该施工企业向投资者宣告分配的现金股利的会计分录；

（3）计算年终结转“利润分配”明细账户的余额。

第十四章 财务报告

Chapter 14

学习目标

1. 掌握资产负债表、利润表、现金流量表和所有者权益变动表的含义、作用、编制内容和基本方法。
2. 理解财务报告的含义、构成和基本要求，报表附注披露的基本要求。
3. 了解财务报告的作用。

导入案例

中国中铁股份有限公司（简称中国中铁），成立于2007年，是一家以提供基建建设服务为核心，勘察设计与咨询服务、工程设备和零部件制造、房地产开发、铁路和公路投资及运营、矿产资源开发、物资贸易等业务于一体的多功能、特大型企业集团，也是中国和亚洲最大的多功能综合性建设集团。中国中铁是科技部、国资委和中华全国总工会授予的全国首批“创新型企业”，拥有“高速铁路建造技术国家工程实验室”“盾构及掘进技术国家重点实验室”“桥梁结构健康与安全国家重点实验室”。公司多次荣获国家科技进步奖、鲁班奖、詹天佑奖及国家优质工程奖等多项国家级奖项，专利工法和国家级实验室数量持续增加。2018年，中国中铁位列《工程新闻纪录》全国最大承包商第2位，连续十年进入世界企业500强，在《财富》世界500强企业中排名第56位，在中国企业500强中列第13位。该公司2018年主要经济指标再创历史新高。

2018年公司总体经营情况如下：实现营业收入7 404.40亿元，同比增长6.80%；新签合同额为16 921.60亿元，同比增长8.70%。截至2018年12月31日，公司未完成合同额为29 019.2亿元。

公司每股收益由2017年的0.669元提高至2018年的0.718元，说明其为投资者创造的利润有所增加。通过对其财务报告进行分析可以看出，2018年公司通过积极投身供给侧结构性改革，紧抓基础设施建设市场蓬勃发展、“一带一路”建设稳步推进和国资国企改革持续深化三大历史机遇，加快产业聚集和转型升级的步伐，深化生产经营体制机制改革，保证经营业绩持续稳定增长。

资料来源：根据中国中铁 2018 年年度报告整理而得。

从以上导入案例可以看出，财务报告对其使用者是十分重要的，那么什么是财务报告？财务报告包括哪些内容？如何编制财务报告呢？通过本章的学习，相信你会找到问题的答案。

第一节 财务报告概述

一、财务报告的含义和构成

（一）财务报告的含义

财务报告是企业对外提供的反映企业某一特定日期的财务状况和某一会计期间的经营成果、现金流量等会计信息的文件。

“财务报告”从国际范围来看是一个比较通用的术语，但是在我国现行有关法律、行政法规中使用的是“财务会计报告”术语。为了保持法规体系上的一致性，《企业会计准则——基本准则》中沿用了“财务会计报告”的提法，同时又引入了“财务报告”的通用概念，并指出“财务会计报告”又称“财务报告”，并在所有具体准则的制定中统一使用了“财务报告”的术语。

财务报告至少包括以下几层含义：（1）财务报告应当是对外报告，其服务对象主要是投资者、债权人等外部使用者，专门为内部管理需要的报告不属于财务报告的范畴；（2）财务报告应当综合反映企业的生产经营状况，包括某一时点的财务状况和某一时期的经营成果与现金流量等信息，以勾画出企业经济活动的整体和全貌；（3）财务报告必须形成一个系统的文件，不应是零星的或者不完整的信息。

（二）财务报告的构成

财务报告包括财务报表和其他应当在财务报告中披露的相关信息和资料。其中，财务报表由报表本身及其附注两部分构成。附注是财务报表的有机组成部分，而报表至少应当包括资产负债表、利润表、现金流量表和所有者权益（或股东权益，下同）变动表。

1. 资产负债表

资产负债表是反映企业在某一特定日期（月末、季末、半年末、年末）的财务状况的静态会计报表。它是根据资产、负债和所有权益之间的相互关系，按照一定的分类标准和一定的顺序，把企业在一定日期的资产、负债、所有者权益各项目予以适当排列并对日常工作中形成的大量数据进行汇总整理后编制而成的。企业编制资产负债表的目的是通过如实反映企业的资产、负债和所有者权益金额及其结构情况，从而有助于报表使用者评价企业资产的质量以及偿债能力等，进而预测企业未来财务状况的变动趋势。

2. 利润表

利润表是反映企业在一定会计期间经营成果的动态会计报表。例如，反映 2018 年度的经营成果，就是反映从 2018 年 1 月 1 日到 12 月 31 日这一整年的利润状况。企业编制利润表的目的是通过如实反映企业实现的收入情况（包括实现的营业收入、投资收益、资产处置收益、其他收益、营业外收入等）、耗费情况（包括营业成本、税金及附加、期间费用、资产减值损失、营业外支出等）来体现企业生产经营活动的成果，即净利润的实现情况，据以判断资本是否保值和增值，从而有助于报表使用者分析评价企业的利润构成、盈利能力和利润质量，判断企业未来的发展趋势，进而作出经济决策。

3. 现金流量表

现金流量表是反映企业在一定会计期间的现金和现金等价物流入和流出的会计报表。这里的“现金”通常是指广义的现金，涉及货币资金的相关内容。这里的货币资金主要包括库存现金、银行存款和其他货币资金等随时用于支付的存款和现金。其他货币资金包括外埠存款、银行汇票存款、银行本票存款和在途货币资金等。企业编制现金流量表的目的是通过如实反映企业各项活动的现金流入和现金流出，从而有助于报表使用者评价企业生产经营过程，特别是经营活动中所形成的现金流量和资金周转情况，评价企业偿还债务、进行投资的能力，分析净利润与现金流量之间的差异，并解释差异产生的原因，进而判断企业未来产生现金净流量的能力。

4. 所有者权益变动表

所有者权益变动表应当反映构成所有者权益的各组成部分当期的增减变动情况。当期损益、直接计入所有者权益的利得和损失，以及与所有者（或股东，下同）的资本交易导致的所有者权益的变动，应当在所有者权益变动表中分别列示，应根据所有者权益变动的性质，分别按照会计政策变更、前期差错更正、当期净利润、其他综合收益、所有者投入资本和向所有者分配以及所有者权益内部结转等情况分别列示。这种列示方法，既体现了主次和轻重的差异，也充分体现了资本的流向（或分配），便于报表使用者理解财务信息。同时还体现了企业综合收益的理念，即将企业获得的各种收益进行分类，除了正常经营的净利润以外，将一些与经营无关的却同样能增加所有者权益的项目，全部纳入列示，有利于报表使用者更全面地掌握企业所有者权益变化的原因。

5. 附注

附注是对在会计报表中列示项目所作的进一步说明，以及对未能在这些报表中列示的项目的说明等。附注由若干附表和对有关项目的文字性说明组成。企业编制附注的目的是通过对财务报表本身作补充说明，以更加全面、系统地反映企业财务状况、经营成果和现金流量的全貌，从而有助于向使用者提供更为有用的决策信息，帮助其作出更加科学合理的决策。

可见，财务报表是财务报告的核心内容，但是除了财务报表之外，财务报告还应当包括其他相关信息，具体可以根据有关法律法规的规定和外部使用者的信息需求而定。如企业可以在财务报告中披露其承担的社会责任、对社区的贡献、可持续发展能力等信息，这些信息对于使用者的决策也是相关的，尽管其属于非财务信息，无法包括在财务报表中，但是如果有规定或者使用者有需求，企业应当在财务报告中予以披露。

（三）列报财务报告的作用

财务报告是企业财务会计确认与计量的最终结果体现，投资者等使用者主要是通过财务报告来了解企业当前的财务状况、经营成果和现金流量等情况，从而预测未来的发展趋势。对于施工企业而言，财务报告是向投资者等财务报告使用者提供决策有用信息的媒介和渠道，是沟通投资者、债权人、政府及其他利益相关者等与企业管理层之间信息的桥梁和纽带。其作用主要表现在：

第一，施工企业通过对财务报告提供的各项指标进行全面的考核和分析，可以了解自身施工生产经营活动情况、财务状况、经营成果和现金流量的信息，检查、落实财务成本计划和有关方针政策的执行情况，总结企业在施工生产经营管理活动中取得的成绩和存在的问题，以便采取更为有效的措施，扬长避短，同时为施工企业列报下一期的财务计划、进行财务决策提供科学的依据。

第二，施工企业的投资者、债权人通过对财务报告的分析，可以了解施工企业的偿债能力、盈利能力、营运能力以及增长能力的变化，为他们进行决策提供重要的依据。随着市场经济的不断发展，施工企业与各利益相关者的经济联系越来越密切，企业广大投资者和债权人从维护自身利益出发必然关心企业的经营状况，财务报告是他们了解企业的重要途径。

第三，财政、税务等政府部门及其他机构通过财务报告提供的资料，可以了解施工企业的资金使用情况，检查施工企业对国家有关财务会计政策、法规、制度的执行情况以及施工企业的税收执行情况，从而促使施工企业遵纪守法，不断提高经营管理水平，同时也为国家经济管理部门进行宏观经济调控提供决策依据。

二、财务报表列报

财务报表是对企业财务状况、经营成果和现金流量的结构性表述。会计要素确认、计量的结果和综合性描述，会计准则中对会计要素确认、计量过程中所采用的各项会计政策，被企业实际应用后将有助于促进企业可持续发展，反映企业管理层受托责任的履行情况。

（一）财务报表的构成、列报及分类

企业在生产经营过程中通过应用会计准则实现发展战略，需要经过一套完整的结构化的报表体系，科学地进行列报。投资者等报表使用者通过全面阅读和综合分析财务报表，可以了解和掌握企业过去和当前的状况，预测企业的未来发展趋势，从而作出相关决策。

1. 财务报表的构成及列报

为了达到财务报表有关决策有用和评价企业管理层受托责任的目标，一套完整的财务报表至少应当包括“四表一注”，即资产负债表、利润表、现金流量表、所有者权益变动表以及附注。

列报，是指交易和事项在报表中的列示和在附注中的披露。在财务报表的列报中，列示通常反映资产负债表、利润表、现金流量表和所有者权益变动表等报表中的信息，披露通常反映附注中的信息。施工企业应按照《企业会计准则第30号——财务报表列报》的要求，进行财务报表列报，以保证同一企业不同期间和同一期间不同企业的财务报表之间相互可比。

2. 财务报表的分类

作为财务报告核心部分的财务报表，按照不同的标准可以做以下分类：

(1) 按编报期间不同分类。财务报表按编报期间的不同，可以分为中期财务报表和年度财务报表。

中期财务报表是以短于一个完整会计年度的报告期间为基础编制的财务报表，包括月报、季报和半年报等。中期财务报表至少应当包括资产负债表、利润表、现金流量表和附注，其中，中期资产负债表、利润表和现金流量表应当是完整报表，其格式和内容应当与年度财务报表相一致。与年度财务报表相比，中期财务报表中的附注披露可适当简略。施工企业编制中期财务报表，应遵循《企业会计准则第 32 号——中期财务报告》的规范。

年度财务报表是指企业对外提供的反映企业一个完整会计年度财务状况、经营成果和现金流量信息的报表。

(2) 按列报主体不同分类。财务报表按列报主体的不同，可以分为个别财务报表和合并财务报表。

个别财务报表是由企业在自身会计核算基础上对账簿记录进行加工而编制的财务报表，主要用以反映企业自身的财务状况、经营成果和现金流量情况。

合并财务报表是以母公司和子公司组成的企业集团为会计主体，根据母公司和所属子公司的财务报表，由母公司编制的综合反映企业集团财务状况、经营成果及现金流量的财务报表。

(3) 按反映的经济内容不同分类。财务报表按反映的经济内容的不同，可以分为反映财务状况的报表、反映经营成果的报表、反映现金流量状况的报表以及反映所有者权益各组成部分当期变动情况的报表。

反映财务状况的报表是指资产负债表及其附表；反映经营成果的报表主要有利润表及其附表；反映现金流量状况的报表是指现金流量表及其附表；反映所有者权益各组成部分当期变动情况的报表是指所有者权益变动表及其附表。

(4) 按财务报表服务对象不同分类。财务报表按其服务对象的不同，可以分为对内报表和对外报表。

对内报表是指根据企业内部管理需要编制的，以满足企业战略实现为目标，以决策和控制为核心，提供具有相关性、可靠性和可比性信息保证的文件，主要包括经营决策报表、成本报表和有关的附表、预算报表、业绩考评报表等。对外报表就是指企业对外报送的财务报表。

(二) 财务报表列报的基本要求

1. 依据各项会计准则进行确认和计量的结果编制财务报表

企业应当根据实际发生的交易和事项，遵循各项具体会计准则的规定进行确认和计量，并在此基础上编制财务报表。企业应当在附注中对遵循企业会计准则编制的财务报表这一情况作出声明，只有遵循了企业会计准则的所有规定，财务报表才应当被称为"遵循了企业会计准则"。

企业不应以在附注中披露代替对交易和事项的确认和计量。也就是说，企业采用的不恰当的会计政策，不得通过在附注中披露等其他形式予以更正，企业应当对交易和事项进行正确的确认和计量。

2. 财务报表的列报基础

持续经营是会计的基本前提，是会计确认、计量及编制财务报表的基础。企业会计准则规范的是持续经营条件下企业对所发生交易和事项的确认、计量及报表列报；相反，如果企业出现了非持续经营，致使以持续经营为基础编制财务报表不再合理的，企业应当采用其他基础编制财务报表。《企业会计准则第 30 号——财务报表列报》的规定是以持续经营为基础的。

在编制财务报表的过程中，企业管理层应当对企业持续经营的能力进行评价，需要考虑的因素包括市场经营风险、企业目前或长期的盈利能力、偿债能力、财务弹性以及企业管理层改变经营政策的意向等。评价后对企业持续经营的能力产生严重怀疑的，应当在附注中披露导致对持续经营能力产生重大怀疑的重要的不确定因素。

非持续经营是企业在极端情况下出现的一种情况，往往取决于企业所处的环境以及企业管理部门的判断。一般而言，如果企业存在以下情况之一的，通常表明其处于非持续经营状态：（1）企业已在当期进行清算或停止营业；（2）企业已经正式决定在下一个会计期间进行清算或停止营业；（3）企业已确定在当期或下一个会计期间没有其他可供选择的方案而将被迫进行清算或停止营业。

企业处于非持续经营状态时，应当采用其他基础编制财务报表，比如破产企业的资产采用可变现净值计量、负债按照其预计的结算金额计量等。由于企业在持续经营和非持续经营环境下采用的会计计量基础不同，产生的经营成果和财务状况不同，因此在附注中披露非持续经营信息对报表使用者而言非常重要。在非持续经营情况下，企业应当在附注中声明财务报表未以持续经营为基础列报，披露未以持续经营为基础的原因以及财务报表的编制基础。

3. 重要性和项目列报

财务报表是通过对大量的交易或其他事项进行处理而生成的，这些交易或其他事项按其性质或功能汇总归类而形成财务报表中的项目。关于项目在财务报表中是单独列报还是合并列报，应当依据重要性原则来判断。总的原则是，如果某项目单个看不具有重要性，则可将其与其他项目合并列报；如果具有重要性，则应当单独列报。具体而言，应当遵循以下几点：

第一，性质或功能不同的项目，一般应当在财务报表中单独列报，但是不具有重要性的项目可以合并列报。比如存货和固定资产在性质上和功能上都有本质差别，必须分别在资产负债表上单独列报。

第二，性质或功能类似的项目，一般可以合并列报，但是对其具有重要性的类别应该单独列报。比如原材料、周转材料等项目在性质上类似，均通过生产过程形成企业的产品存货，因此可以合并列报，合并之后的类别统称为“存货”，在资产负债表上单独列报。

第三，项目单独列报的原则不仅适用于报表，还适用于附注。某些项目的重要性程度不足以在资产负债表、利润表、现金流量表或所有者权益变动表中单独列示，但是可能对附注而言具有重要性，在这种情况下应当在附注中单独披露。对施工企业而言，原材料、周转材料、在建施工产品、施工产品等项目的重要性程度不足以在资产负债表上单独列示，因此在资产负债表上合并列示，但是鉴于其对该施工企业的重要性，应当在附注中单独披露。

第四，无论是《企业会计准则第 30 号——财务报表列报》规定的单独列报项目，还是其他具体会计准则规定单独列报的项目，企业都应当予以单独列报。

重要性是判断项目是否单独列报的重要标准。企业会计准则对“重要性”进行了定义，即如果财务报表某项目的省略或错报会影响使用者据此作出经济决策，则该项目就具有重要性。企业在进行重要性判断时，应当根据所处环境，从项目的性质和金额大小两方面予以判断。一方面，应当考虑该项目的性质是否属于企业日常活动、是否对企业的财务状况和经营成果具有较大影响等因素；另一方面，判断项目金额大小的重要性，应当通过单项金额占资产总额、负债总额、所有者权益总额、营业收入总额、净利润等直接相关项目金额的比重加以确定。

4. 财务报表列报的一致性

可比性是会计信息质量的一项重要质量要求，目的是使同一企业不同期间和同一期间不同企业的财务报表相互可比。为此，财务报表项目的列报应当在各个会计期间保持一致，不得随意变更，这一要求不仅针对财务报表中的项目名称，还包括财务报表项目的分类、排列顺序等方面。

当会计准则要求改变，或企业经营业务的性质发生重大变化，变更财务报表项目的列报能够提供更可靠、更相关的会计信息时，财务报表项目的列报是可以改变的。

5. 财务报表项目金额间的相互抵销

财务报表项目应当以总额列报，资产和负债、收入和费用不能相互抵销，即不得以净额列报，但企业会计准则另有规定的除外。这是因为，如果相互抵销，所提供的信息就不完整，信息的可比性大为降低，难以在同一企业不同期间以及同一期间不同企业的财务报表之间实现相互可比，报表使用者难以据此做出判断。比如，企业欠客户的应付款不得与其他客户欠本企业的应收款相抵销，如果相互抵销就掩盖了交易的实质。再如，收入和费用反映了企业投入和产出之间的关系，是企业经营成果的两个方面，为了更好地反映经济交易的实质、考核企业经营管理水平以及预测企业未来现金流量，收入和费用不得相互抵销。

以下两种情况不属于抵销，可以以净额列示：第一，资产计提的减值准备，实质上意味着资产的价值确实发生了减损，资产项目应当按扣除减值准备后的净额列示，这样才能反映资产当时的真实价值，并不属于上面所述的抵销。第二，非日常活动产生的损益。非日常活动并非企业主要的业务，具有偶然性。从重要性来讲，非日常活动产生的损益以收入和费用抵销后的净额列示，对公允地反映企业财务状况和经营成果影响不大，抵销后反而更有利于报表使用者理解。因此，非日常活动产生的损益应当以同一交易形成的收入扣减费用后的净额列示，并不属于抵销。例如，非流动资产处置形成的利得和损失，应按处置收入扣除该资产的账面金额和相关销售费用后的余额列示。

6. 比较信息的列报

企业在列报当期财务报表时，至少应当提供所有列报项目上一可比会计期间的比较数据，以及与理解当期财务报表相关的说明，目的是向报表使用者提供对比数据，提高信息在会计期间的可比性，以反映企业财务状况、经营成果和现金流量的发展趋势，提高报表使用者的判断与决策能力。

在财务报表项目的列报确需发生变更的情况下，企业应当对上期比较数据按照当期的列报要求进行调整，并在附注中披露调整的原因和性质，以及调整的各项目金额。但是，在某些情况下，对上期比较数据进行调整是不切实际的，则应当在附注中披露不能调整的原因。

7. 财务报表表首的列报要求

财务报表一般分为表首、正表两部分，其中，在表首部分企业应当概括地说明下列基本信息：

第一，编报企业的名称。如果企业名称在所属当期发生了变更，还应明确标明。

第二，对资产负债表而言，须披露资产负债表日；对利润表、现金流量表、所有者权益变动表而言，须披露报表涵盖的会计期间。

第三，货币名称和单位。按照我国企业会计准则的规定，企业应当以人民币作为记账本位币列报，并标明金额单位，如人民币元、人民币万元等。

第四，财务报表是合并财务报表的，应当予以标明。

8. 报告期间

企业至少应当编制年度财务报表。根据《中华人民共和国会计法》的规定，会计年度自公历1月1日起至12月31日止。因此，在编制年度财务报表时，可能存在年度财务报表涵盖的期间短于一年的情况，比如企业在年度中间（如3月1日）开始设立等，在这种情况下，企业应当披露年度财务报表的实际涵盖期间及其短于一年的原因，并应当说明由此引起财务报表项目与比较数据不具可比性这一事实。

通常，施工企业月度财务报表应当于月度终了后6天内（节假日顺延，下同）对外提供；季度财务报表应当于季度终了后15天内对外提供；半年度中期财务报表应当于年度中期结束后60天内（相当于两个连续的月份）对外提供；年度财务报表应当于年度终了后4个月内对外提供。

随堂小测验 14-1

1. 【单项选择题】在下列各个财务报表中，属于企业对外提供的静态财务报表的是（ ）。

A. 资产负债表　B. 利润表　C. 现金流量表　D. 所有者权益变动表

2. 【单项选择题】财务报表按列报主体的不同可分为（ ）。

A. 中期财务报表和年度财务报表

B. 个别财务报表和合并财务报表

C. 单位会计报表和汇总会计报表

D. 对内报表和对外报表

3. 【多项选择题】财务报表项目金额不可以抵销的有（ ）。

A. 企业欠客户的应付款与其他客户欠本企业的应收款

B. 收入和费用

C. 计提的减值准备

D. 日常活动产生的损益

4. 【多项选择题】根据《企业会计准则第30号——财务报表列报》的规定，财务报表至少应当包括（ ）。

A. 资产负债表　B. 利润表　C. 现金流量表　D. 所有者权益变动表

5.【判断题】为了简洁明了地反映企业的最终经营成果，财务报表中收入和费用项目可以相互抵销。（ ）

6.【判断题】财务报表项目的列报应当在各个会计期间保持一致，不得随意变更，这一要求仅针对财务报表中的项目名称。（ ）

第二节 资产负债表

一、资产负债表的含义及作用

资产负债表是反映施工企业在某一特定日期财务状况的报表。资产负债表按月报送，一般反映的是施工企业月末、季末、半年末、年末的财务状况，属于静态会计报表。

资产负债表以“资产＝负债＋所有者权益”这一会计等式为依据，按照一定的分类标准和一定的次序，把施工企业在某一特定日期的资产、负债和所有者权益项目予以适当排列编制而成。其作用主要表现在以下几个方面：

第一，资产负债表能够提供施工企业在某一特定日期所拥有的资产总额及其结构，表明企业拥有或控制的资源及其分布情况，使用者可以一目了然地从资产负债表上了解企业在某一特定日期所拥有的资产总量及其分布状况。

第二，资产负债表能够提供施工企业在某一特定日期所负担的债务总额及其结构，表明企业未来需要用多少资产或劳务清偿债务及清偿时间，进而了解企业偿还债务的能力。

第三，资产负债表能够表明施工企业在某一特定日期所拥有净资产的数额，以及施工企业所有者权益的构成，据以判断企业资本保值增值的情况以及对负债的保障程度。

第四，资产负债表能够反映施工企业在某一特定日期的资产总额和权益总额，从企业资产总量方面反映企业的财务状况，进而分析、评价企业未来的发展趋势。

二、资产负债表的列报

（一）资产负债表列报的总体要求

1. 分类别列报

资产负债表列报的最根本目标是如实反映企业在资产负债表日所拥有的资源、所承担的负债以及所有者所拥有的权益。因此，资产负债表应当按照资产、负债和所有者权益三大类别分类列报。

2. 资产和负债按流动性列报

资产和负债应当按照流动性分为流动资产和非流动资产、流动负债和非流动负债分别列示。流动性，通常按资产的变现或耗用时间长短或者负债的偿还时间长短来确定。按照《企业会计准则第30号——财务报表列报》的规定，应先列报流动性强的资产或负债，再列报流动性弱的资产或负债。

3. 列报相关的合计、总计项目

资产负债表中的资产类至少应当列示流动资产和非流动资产的合计项目；负债类至少应当列示流动负债、非流动负债以及负债的合计项目；所有者权益类应当列示所有者权益的合计项目。

资产负债表遵循了“资产＝负债＋所有者权益”这一会计恒等式，把企业在特定时日所拥有的经济资源和与之相对应的企业所承担的债务及偿债以后属于所有者的权益充分反映出来。因此，资产负债表应当分别列示资产总计项目和负债与所有者权益之和的总计项目，并且这二者的金额应当相等。

（二）资产负债表的分项列报

1. 资产的列报

资产负债表中的资产应当按照流动资产和非流动资产两大类别在资产负债表中列示，在流动资产和非流动资产类别下进一步按性质分项列示。

值得注意的是，判断流动资产、流动负债时所称的一个正常营业周期，是指企业从购买用于加工的资产起至实现现金或现金等价物的期间。

正常营业周期通常短于一年，在一年内有几个营业周期。但是，也存在正常营业周期长于一年的情况，例如，施工企业承建的大型工程，从购买原材料进入施工生产，到建造出产品移交甲方并收回现金或现金等价物的过程，往往超过一年。在这种情况下，与生产循环相关的施工产品、原材料等尽管是超过一年才变现、出售或耗用，仍应作为流动资产列示。当正常营业周期不能确定时，应当以一年（12 个月）作为正常营业周期。

2. 负债的列报

资产负债表中的负债应当按照流动负债和非流动负债在资产负债表中进行列示，在流动负债和非流动负债类别下再进一步按性质分项列示。

3. 所有者权益的列报

资产负债表中的所有者权益一般按照净资产的不同来源和特定用途进行分类，应当按照实收资本（或股本）、其他权益工具、资本公积、其他综合收益、盈余公积、未分配利润等项目分项列示。

三、企业资产负债表的列报格式

（一）资产负债表正表的列报格式

资产负债表正表的列报格式一般有两种，即报告式资产负债表和账户式资产负债表。报告式资产负债表是上下结构，上半部列示资产，下半部列示负债和所有者权益。具体排列形式又有两种：一是按“资产＝负债＋所有者权益”的原理排列；二是按“资产－负债＝所有者权益”的原理排列。账户式资产负债表是左右结构，左边列示资产，右边列示负债和所有者权益。根据《企业会计准则第 30 号——财务报表列报》的规定，资产负债表采用账户式格式，即左侧列报资产方，一般按资产的流动性大小排列；右侧列报负债方和所有者权益方，一般按要求清偿时间的先后顺序排列。账户式资产负债表中的资产各项目的合计等于负债和所有者权益各项目的合计，即资产负债表左方和右方平衡。因此，账户式资产负债表可以反映资产、负债、所有者权益之间的内在关系，即“资产＝负债＋所有者权益”。

（二）列示资产负债表的比较信息

根据《企业会计准则第30号——财务报表列报》的规定，企业需要提供比较资产负债表，以便报表使用者通过比较不同时点资产负债表的数据，掌握企业财务状况的变动情况及发展趋势。所以，资产负债表还就各项目再分为“上年年末余额”[①]和“期末余额”两栏分别填列。企业资产负债表的格式如表14-2所示。

四、资产负债表的列报方法

（一）资产负债表“上年年末余额”栏的填列方法

资产负债表中的“上年年末余额”栏内各项数字，通常应根据上年年末有关项目的期末余额填列，且与上年年末资产负债表“期末余额”栏相一致。企业在首次执行企业会计准则当年对“上年年末余额”栏及相关项目进行调整；以后期间，如果企业发生了会计政策变更、前期差错更正，应当对“上年年末余额”栏中的有关项目进行相应调整。此外，如果企业上年度资产负债表规定的项目名称和内容与本年度不一致，应当对上年年末资产负债表相关项目的名称和数字按照本年度的规定进行调整，填入“上年年末余额”栏。

（二）资产负债表“期末余额”栏的填列方法

资产负债表中“期末余额”栏内各项数字，应根据报告期末资产、负债和所有者权益账户的余额资料填列。有些项目可根据总账账户余额直接填列；有些项目可根据总账账户余额计算填列；有些项目可根据明细账户的余额计算填列；有些项目可根据总账账户和明细账户余额分析计算填列；有些项目可根据有关账户余额减去其备抵账户余额后的净额填列等。其具体填列方法如下：

1. 资产项目的列报

（1）“货币资金”项目，反映施工企业库存现金、银行结算户存款、外埠存款、银行汇票存款、银行本票存款、信用卡存款、信用证保证金存款等的合计数。本项目应根据“库存现金”“银行存款”“其他货币资金”账户期末余额的合计数填列。

（2）“交易性金融资产”项目，反映企业分类为以公允价值计量且其变动计入当期损益的金融资产，以及企业持有的直接指定为以公允价值计量且其变动计入当期损益的金融资产的期末账面价值。本项目应根据“交易性金融资产”账户的相关明细账户期末余额分析填列。

（3）“衍生金融资产”项目，反映衍生金融工具的资产价值。本项目应根据“衍生金融资产”账户的期末余额填列。

（4）“应收票据”项目，反映资产负债表日以摊余成本计量的，企业因销售商品或提供服务等收到的商业汇票，包括银行承兑汇票和商业承兑汇票。该项目应根据“应

① 参照财政部发布的《关于修订印发2019年度一般企业财务报表格式的通知》（财会〔2019〕6号）。

收票据”科目的期末余额，减去“坏账准备”科目中相关坏账准备期末余额后的金额分析填列。

（5）“应收账款”项目，反映资产负债表日以摊余成本计量的，企业因销售商品或提供服务等经营活动应收取的款项。该项目应根据“应收账款”科目的期末余额，减去“坏账准备”科目中相关坏账准备期末余额后的金额分析填列。

（6）“预付款项”项目，反映企业预付给承包单位的款项和预付给供应单位的款项。本项目应根据“预付账款”和“应付账款”账户所属各明细账户的期末借方余额合计数，减去“坏账准备”账户中有关预付款项计提的坏账准备期末余额后的金额填列。如“预付账款”账户所属各明细账户期末有贷方余额的，应在资产负债表“应付账款”项目内填列。

（7）“其他应收款”项目，反映企业分类为以摊余成本计量的，企业除存出保证金、买入返售金融资产、应收票据、应收账款、预付账款、长期应收款等经营活动以外的其他各种应收暂付的款项。本项目应根据“应收利息”“应收股利”“其他应收款”账户的期末余额合计数，减去“坏账准备”账户中相关坏账准备期末余额后的金额填列。

（8）“存货”项目，反映企业期末在库、在途和在加工中的各种存货的可变现净值，包括库存材料、周转材料、尚未建造完成工程的合同履约成本等。本项目应根据“材料采购”“原材料”“周转材料”“委托加工物资”“材料成本差异”“合同履约成本”等账户的期末余额合计，减去“存货跌价准备”“合同履约成本减值准备”账户期末余额后的金额填列。材料采用计划成本核算的企业，还应按加或减材料成本差异后的金额填列。

（9）“合同资产”项目，反映企业已向客户转让商品而有权收取对价的权利的价值，且该权利取决于时间流逝之外的其他因素。本项目应分别根据“合同资产”账户的期末余额、“合同结算”账户的相关明细账户期末借方余额分析填列；同一合同下的合同资产应当以净额列示，其中净额为借方余额的，应当根据其流动性在“合同资产”项目中填列，已计提减值准备的，还应减去“合同资产减值准备”账户中相关的期末余额后的金额填列。

（10）“持有待售资产”项目，反映企业划分为持有待售类别的非流动资产及划分为持有待售类别的处置组中的流动资产和非流动资产的期末账面价值。本项目应根据“持有待售资产”账户的期末余额，减去“持有待售资产减值准备”账户的期末余额后的金额填列。

（11）“一年内到期的非流动资产”项目，反映企业将于一年内到期的非流动资产项目金额。本项目应根据有关账户的期末余额填列。

（12）“其他流动资产”项目，反映企业除货币资金、交易性金融资产、应收票据、应收账款、存货等流动资产以外的其他流动资产。本项目应根据有关账户的借方期末余额填列。

（13）“债权投资”项目，反映企业以摊余成本计量的长期债权投资的期末账面价值。本项目应根据“债权投资”账户的相关明细账户期末余额，减去“债权投资减值准备”账户中相关减值准备的期末余额后的金额分析填列。自资产负债表日起一年内到期的长期债权投资的期末账面价值，在“一年内到期的非流动资产”项目反映。企业购入的以摊余成本计量的一年内到期的债权投资的期末账面价值，在“其他流动资产”项目反映。

(14)“其他债权投资”项目，反映企业分类为以公允价值计量且其变动计入其他综合收益的长期债权投资的期末账面价值。本项目应根据“其他债权投资”账户的相关明细账户期末余额分析填列。自资产负债表日起一年内到期的长期债权投资的期末账面价值，在“一年内到期的非流动资产”项目反映。企业购入的以公允价值计量且其变动计入其他综合收益的一年内到期的债权投资的期末账面价值，在“其他流动资产”项目反映。

(15)“长期应收款”项目，反映企业融资租赁产生的应收款项、采用递延方式具有融资性质的销售商品和提供劳务等产生的长期应收款项等。本项目应根据“长期应收款”账户的期末余额，减去相应的“未实现融资收益”账户和“坏账准备”账户所属相关明细账户期末余额后的金额填列。

(16)“长期股权投资”项目，反映企业持有的对子公司、联营企业和合营企业的长期股权投资。本项目应根据“长期股权投资”账户的期末余额减去“长期股权投资减值准备”账户期末余额后的金额填列。

(17)“其他权益工具投资”项目，反映企业指定为以公允价值计量且其变动计入其他综合收益的非交易性权益工具投资的期末账面价值。本项目应根据“其他权益工具投资”账户的期末余额填列。

(18)“其他非流动金融资产”项目，反映企业自资产负债表日起超过一年到期且预期持有超过一年的以公允价值计量且其变动计入当期损益的非流动金融资产的期末账面价值。本项目应根据“交易性金融资产”账户的发生额分析填列。

(19)“投资性房地产”项目，反映企业持有的投资性房地产。企业采用成本模式计量投资性房地产的，本项目应根据“投资性房地产”账户的期末余额，减去“投资性房地产累计折旧（摊销）”和“投资性房地产减值准备”账户期末余额后的金额填列；企业采用公允价值模式计量投资性房地产的，本项目应根据“投资性房地产”账户的期末余额填列。

(20)“固定资产”项目，反映企业各项固定资产的账面净值。本项目应根据“固定资产”账户的期末余额，减去“累计折旧”和“固定资产减值准备”账户期末余额及“固定资产清理”账户的期末余额填列。

(21)“在建工程”项目，反映企业期末尚未达到预定可使用状态的在建工程的账面价值和企业为在建工程准备的各种物资的账面价值。本项目应根据“在建工程”账户的期末余额减去“在建工程减值准备”账户的期末余额后的金额，以及“工程物资”账户的期末余额减去“工程物资减值准备”账户的期末余额后的金额填列。

(22)“无形资产”项目，反映企业持有的无形资产成本，包括专利权、非专利技术、商标权、著作权、土地使用权等。本项目应根据“无形资产”账户的期末余额减去“累计摊销”和“无形资产减值准备”账户期末余额后的金额填列。

(23)“开发支出”项目，反映企业开发无形资产过程中能够资本化形成无形资产成本的支出部分。本项目应根据“研发支出”账户中所属的“资本化支出”明细账户期末余额填列。

(24)“商誉”项目，反映企业合并中形成的商誉的价值。本项目应根据“商誉”

账户的期末余额减去相应减值准备后的金额填列。

(25)“长期待摊费用”项目，反映企业已经发生但应由本期和以后各期负担的分摊期限在一年以上的各项费用。长期待摊费用中在一年内（含一年）摊销的部分，在资产负债表“一年内到期的非流动资产”项目中填列。本项目应根据“长期待摊费用”账户的期末余额减去将于一年内（含一年）摊销的数额后的金额填列。

(26)“递延所得税资产”项目，反映企业确认的可抵扣暂时性差异产生的递延所得税资产。本项目应根据“递延所得税资产”账户的期末余额填列。

(27)“其他非流动资产”项目，反映企业除长期股权投资、固定资产、在建工程、无形资产等资产以外的其他非流动资产。本项目应根据有关账户的期末余额填列，如“临时设施”项目①。

2. 负债项目的列报

(1)“短期借款”项目，反映企业向银行或其他金融机构等借入的期限在一年以下（含一年）的借款。本项目应根据“短期借款”账户的期末余额填列。

(2)“交易性金融负债”项目，反映企业承担的以公允价值计量且其变动计入当期损益的为交易目的所持有的金融负债。本项目应根据“交易性金融负债”账户的期末余额填列。

(3)“衍生金融负债”项目，反映衍生金融工具的负债价值。本项目应根据“衍生金融负债”账户的期末余额填列。

(4)“应付票据”项目，反映资产负债表日以摊余成本计量的，企业因购买材料、商品和接受服务等开出、承兑的商业汇票，包括银行承兑汇票和商业承兑汇票。该项目应根据“应付票据”科目的期末余额填列。

(5)“应付账款”项目，反映资产负债表日以摊余成本计量的，企业因购买材料、商品和接受服务等经营活动应支付的款项。该项目应根据“应付账款”和“预付账款”科目所属的相关明细科目的期末贷方余额合计数填列。

(6)“预收款项”项目，反映企业按照销货合同规定预收购买单位的款项。本项目应根据“预收账款”和“应收账款”账户所属各明细账户的期末贷方余额合计数填列。如“预收账款”账户所属各明细账户期末有借方余额，应在资产负债表“应收账款”项目内填列。

(7)“合同负债”项目，反映企业已收或应收客户对价而应向客户转让商品的义务。本项目应分别根据“合同负债”账户期末余额、“合同结算”账户的相关明细账户期末贷方余额分析填列；同一合同下的合同负债应当以净额列示，其中净额为贷方余额的，应当根据其流动性在“合同负债”或“其他非流动负债”项目中填列。

(8)“应付职工薪酬”项目，反映企业根据有关规定应付给职工的工资、职工福利、社会保险费、住房公积金、工会经费、职工教育经费、非货币性福利、辞退福利等各种薪酬。外商投资企业按规定从净利润中提取的职工奖励及福利基金，也在本项目列示。本项目应根据“应付职工薪酬”账户的期末余额填列。

(9)“应交税费”项目，反映企业按照税法规定计算应缴纳的各种税费，包括增值

① “临时设施”项目，作为“其他非流动资产”项目之一，可以在“其他非流动资产”项目下单独反映。“临时设施”项目，反映临时设施的摊余价值、尚未清理完毕临时设施的价值以及清理净收入。本项目根据“临时设施”和“临时设施清理”账户余额之和减“临时设施摊销”账户余额后的金额填列。

税、企业所得税、资源税、土地增值税、城市维护建设税、房产税、城镇土地使用税、车船税、教育费附加等。企业代扣代缴的个人所得税，也通过本项目列示。企业所缴纳的税金需要预计应缴数的，如印花税、耕地占用税等，也在本项目列示。本项目应根据“应交税费”账户的期末贷方余额填列，如“应交税费”账户期末为借方余额，应以“－”号填列。

(10)“其他应付款”项目，反映企业除应付票据、应付账款、预收账款、应付职工薪酬、应交税费等经营活动以外的其他各项应付、暂收的款项。本项目应根据“应付利息”“应付股利”“其他应付款”账户的期末余额填列。

(11)“持有待售负债”项目，反映资产负债表日处置组中与划分为持有待售类别的资产直接相关的负债的期末账面价值。本项目应根据“持有待售负债”账户的期末余额填列。

(12)“一年内到期的非流动负债”项目，反映企业非流动负债中将于资产负债表日后一年内到期部分的金额，如将于一年内偿还的长期借款。本项目应根据有关账户的期末余额填列。

(13)“其他流动负债”项目，反映企业除短期借款、交易性金融负债、应付票据、应付账款、应付职工薪酬、应交税费、应付利息、应付股利、其他应付款、一年内到期的非流动负债等流动负债以外的其他流动负债。本项目应根据有关账户的期末余额填列。

(14)“长期借款”项目，反映企业向银行或其他金融机构借入的期限在一年以上(不含一年)的各项借款。本项目应根据“长期借款”账户的期末余额填列。

(15)“应付债券”项目，反映企业以摊余成本计量的为筹集资金而发行的债券本金和利息。本项目应根据“应付债券”账户的期末余额填列。

(16)“长期应付款”项目，反映企业除长期借款和应付债券以外的其他各种长期应付款项。本项目应根据“长期应付款”账户的期末余额，减去相应的“未确认融资费用”账户的期末余额后的金额填列。

(17)“预计负债”项目，反映企业确认的对外提供担保、未决诉讼、产品质量保证、重组义务、亏损性合同等预计负债。本项目应根据“预计负债”账户的期末余额填列。

(18)“递延收益”项目，反映企业按照《企业会计准则第16号——政府补助》相关规定确认的应在以后期间计入当期损益的政府补助。本项目应根据“递延收益”账户的余额填列。

(19)“递延所得税负债”项目，反映企业确认的应纳税暂时性差异产生的所得税负债。本项目应根据“递延所得税负债”账户的期末余额填列。

(20)“其他非流动负债”项目，反映企业除长期借款、应付债券等负债以外的其他非流动负债。本项目应根据有关账户的期末余额减去将于一年内(含一年)到期偿还数后的余额填列。非流动负债各项目中将于一年内(含一年)到期的非流动负债，应在“一年内到期的非流动负债”项目内单独反映。

3. 所有者权益项目的列报

(1)“实收资本(或股本)”项目，反映企业各投资者实际投入的资本(或股本)总额。本项目应根据“实收资本”(或“股本”)账户的期末余额填列。

（2）“其他权益工具”项目，反映企业发行的除普通股以外的归类为权益工具的优先股、永续债的价值。本项目应根据“其他权益工具”账户的期末余额填列。“其他权益工具”项目下设“优先股”和“永续债”两个项目，分别反映企业发行的分类为权益工具的优先股和永续债的账面价值。

（3）“资本公积”项目，反映企业资本公积的期末余额。本项目应根据“资本公积”账户的期末余额填列。

（4）“库存股”项目，反映企业持有尚未转让或注销的本公司股份金额。本项目应根据“库存股”账户的期末余额填列。

（5）“其他综合收益”项目，反映企业根据会计准则规定未在当期损益中确认的各项利得和损失。本项目应根据“其他综合收益”账户的期末余额填列。

（6）“盈余公积”项目，反映企业盈余公积的期末余额。本项目应根据“盈余公积”账户的期末余额填列。

（7）“未分配利润”项目，反映企业尚未分配的利润。本项目应根据“本年利润”账户和“利润分配”账户的余额计算填列。未弥补的亏损在本项目内以“－”号填列。

例 14－1

某施工企业（增值税一般纳税人）2×18 年 12 月 31 日有关账户的余额如表 14－1 所示。其中，长期借款中将于一年内到期的为 9 000 000 元。

表 14－1　某施工企业会计科目余额表

2×18 年 12 月 31 日

单位：元

会计科目	借方余额	贷方余额
库存现金	27 000	
银行存款	14 400 000	
其他货币资金	9 000 000	
其他权益工具投资	288 000	
应收票据	7 200 000	
应收账款	14 040 000	
坏账准备		36 000
其他应收款	54 000	
预付账款	1 260 000	
原材料	3 960 000	
周转材料	2 700 000	
材料采购	1 440 000	
材料成本差异		54 000
合同履约成本	101 021 400	
存货跌价准备		360 000
交易性金融资产	1 890 000	
固定资产	32 400 000	
累计折旧		4 140 000
固定资产减值准备		360 000
在建工程	5 760 000	
无形资产	1 872 000	

续表

会计科目	借方余额	贷方余额
无形资产减值准备		72 000
长期待摊费用	3 240 000	
短期借款		9 000 000
应付票据		14 400 000
应付账款		18 054 000
预收账款		5 400 000
应付职工薪酬		864 000
应付利息		414 000
应交税费		392 400
其他应付款		720 000
一年内到期的非流动负债		9 000 000
应付债券		1 368 000
长期借款		18 000 000
实收资本		90 000 000
资本公积		14 400 000
其他综合收益		18 000
盈余公积（其中：任意盈余公积 100 000 元）		3 600 000
利润分配		9 900 000
合　计	200 606 400	200 606 400

根据以上资料，编制该企业 2×18 年 12 月 31 日的资产负债表（见表 14-2）。

表 14-2　资产负债表

会企 01 表

编制单位：某施工企业　　2×18 年 12 月 31 日　　单位：元

资产	期末余额	上年年末余额	负债和股东权益	期末余额	上年年末余额
流动资产：			流动负债：		
货币资金	23 427 000	21 084 300	短期借款	9 000 000	8 100 000
交易性金融资产	1 890 000	1 701 000	交易性金融负债	0	0
应收票据	7 200 000	6 480 000	应付票据	14 400 000	12 960 000
应收账款	14 040 000	12 603 600	应付账款	18 054 000	16 248 600
应收账款融资	0	0	预收款项	5 400 000	4 860 000
预付款项	1 260 000	1 134 000	合同负债	0	0
其他应收款	54 000	48 600	应付职工薪酬	864 000	777 600
存货	108 707 400	97 836 660	应交税费	392 400	353 160
合同资产	0	0	其他应付款	1 134 000	1 020 600
持有待售资产	0	0	持有待售负债	0	0
一年内到期的非流动资产	0	0	一年内到期的非流动负债	9 000 000	8 100 000
其他流动资产	0	0	其他流动负债	0	0
流动资产合计	156 542 400	140 888 160	流动负债合计	58 244 400	52 419 960
非流动资产：	0	0	非流动负债：	0	0
债权投资	0	0	长期借款	18 000 000	16 200 000

续表

资产	期末余额	上年年末余额	负债和股东权益	期末余额	上年年末余额
其他债权投资	0	0	应付债券	1 368 000	1 231 200
长期应收款	0	0	租赁负债	0	0
长期股权投资	0	0	长期应付款	0	0
其他权益工具投资	288 000	243 000	预计负债	0	0
其他非流动金融资产	0	0	递延收益	0	0
投资性房地产	0	0	递延所得税负债	0	0
固定资产	27 900 000	24 480 795.6	其他非流动负债	0	0
在建工程	5 760 000	5 184 000	非流动负债合计	19 368 000	17 431 200
生产性生物资产	0	0	负债合计	77 612 400	69 851 160
油气资产	0	0	股东权益：	0	0
使用权资产	0	0	股本	90 000 000	81 000 000
无形资产	1 800 000	1 620 000	其他权益工具	0	0
开发支出	0	0	资本公积	14 400 000	12 960 000
商誉	0	0	减：库存股	0	0
长期待摊费用	3 240 000	2 916 000	其他综合收益	18 000	0
递延所得税资产	0	0	专项储备	0	0
其他非流动资产	0	0	盈余公积	3 600 000	720 795.6
非流动资产合计	38 988 000	34 443 795.6	未分配利润	9 900 000	10 800 000
资产总计	195 530 400	175 331 955.6	股东权益合计	117 918 000	105 480 795.6
			负债和股东权益总计	195 530 400	175 331 955.6

随堂小测验 14－2

1. 【单项选择题】反映企业某一特定日期财务状况的财务报表是（　）。

A. 资产负债表　　B. 利润表

C. 现金流量表　　D. 所有者权益变动表

2. 【单项选择题】在编制报表时，以“资产＝负债＋所有者权益”等式作为编制依据的报表是（　）。

A. 资产负债表　　B. 利润表

C. 现金流量表　　D. 所有者权益变动表

3. 【单项选择题】资产负债表的下列项目中，其金额根据几个总账账户的期末余额进行汇总填列的是（　）。

A. 应收股利　　B. 短期借款

C. 货币资金　　D. 累计折旧

4. 【多项选择题】下列各项中，应计入资产负债表“应收账款”项目的有（　）。

A. “应收账款”账户所属明细账户的借方余额

B. “应收账款”账户所属明细账户的贷方余额

C. “预收账款”账户所属明细账户的借方余额

D. “预收账款”账户所属明细账户的贷方余额

5. 【多项选择题】资产负债表中所有者权益列示的内容包括（　）。

A. 实收资本（或股本）　　B. 资本公积

C. 盈余公积　　D. 其他综合收益

6. 【判断题】“其他应收款”项目应根据“其他应收款”账户的期末余额，减去

“坏账准备”账户中有关其他应收款计提的坏账准备期末余额后的金额填列。（　）

7.【判断题】对施工企业而言，原材料、周转材料、在建施工产品、施工产品等项目的重要性程度足以在资产负债表上单独列示。（　）

第三节　利润表

一、利润表的含义及其作用

利润表是反映施工企业在一定会计期间经营成果的财务报表。在实际工作中，企业一般按月计算利润，因此应按月报送利润表。

利润表是以“利润＝收入－费用＋利得－损失”这一会计等式为依据，按照一定的步骤计算出构成利润（或亏损）总额的各项要素编制而成的，它属于动态报表。其作用主要表现在以下几个方面：

第一，提供了反映企业财务成果的信息。利润表的列报必须充分反映企业经营业绩的主要来源和构成，有助于使用者判断净利润的质量及其风险，有助于使用者预测净利润的持续性，从而做出正确的决策。企业的财务成果，即企业当期实现的利润，是企业经营的根本目标。利润表系统地提供了企业不同时期的财务成果信息，这对于分析评价各方面的经营业绩及与同类企业的同类业务对比，都是有益的。

第二，提供了反映企业盈利能力的信息。企业盈利能力是企业投资者和经营者都非常关心的问题。利润表不仅提供了财务成果的信息，也提供了盈利能力分析所需要的收入信息和成本费用信息，这对于评价企业盈利能力是十分重要的。

第三，提供了反映企业营业收入、成本费用状况的信息。企业营业收入和成本费用状况是企业生产经营状况的直接和具体体现，因此对营业收入的分析往往成为经营分析的重点问题。通过对营业收入和成本费用的分析，可以找出企业生产经营过程中存在的问题和不足，这对于评价企业业绩、规划企业未来都是有重要作用的。

第四，为财务分析提供信息支持。将利润表中的信息与资产负债表中的信息相结合，还可以提供进行财务分析的基本资料，如将营业收入与应收账款平均余额进行比较计算出应收账款周转率，将营业成本与存货平均余额进行比较计算出存货周转率，将净利润与净资产平均余额进行比较计算出净资产收益率等，这些指标可以反映企业资产周转情况以及企业的盈利能力和水平，便于报表使用者判断企业未来的发展趋势，做出经济决策。

二、利润表的列报格式

（一）利润表的格式

利润表正表的格式一般有两种，即单步式利润表和多步式利润表。

1. 单步式利润表

单步式利润表是把施工企业本期所有收入列在一起，然后再把所有费用、支出列在一起，两者相减即可计算出本期净利润。

单步式利润表结构简单，易于理解，但不能反映施工企业日常业务收益与非日常业务收益的成果、主要经营业务收益与次要经营业务收益对实现净利润的影响，因而不能满足报表使用者对会计信息的需求。

2. 多步式利润表

多步式利润表是把施工企业当期净利润，按其构成内容通过几个计算步骤逐步计算出来，并按照其构成内容的重要性，在表中从上到下依次计算排列。

《企业会计准则第 30 号——财务报表列报》规定，企业应当采用多步式列报利润表，将不同性质的收入和费用类进行对比，从而可以得出一些中间性的利润数据，便于报表使用者理解企业经营成果的不同来源。企业可以分如下四个步骤编制利润表：

第一步，以营业收入为基础，减去营业成本、税金及附加、管理费用、财务费用、资产减值损失，加上公允价值变动收益（减去公允价值变动损失）、投资收益（减去投资损失）、资产处置收益（减去资产处置损失）和其他收益，计算出营业利润。

第二步，以营业利润为基础，加上营业外收入，减去营业外支出，计算出利润总额。

第三步，以利润总额为基础，减去所得税费用，计算出净利润（或净亏损）。

第四步，以净利润为基础，加上其他综合收益的税后净额，计算出综合收益总额。

普通股或潜在普通股已公开交易的企业，以及正处于公开发行普通股或潜在普通股过程中的企业，还应当在利润表中列示每股收益信息。

多步式利润表关注收入与费用支出配比的层次性，便于对施工企业施工生产经营情况进行分析，有利于不同企业之间进行比较，有利于预测企业未来的盈利能力，从而满足报表使用者对会计信息的需求。

（二）列示利润表的比较信息

根据《企业会计准则第 30 号——财务报表列报》的规定，企业需要提供比较利润表，以使报表使用者通过比较不同期间利润的实现情况，判断企业经营成果的未来发展趋势。所以，利润表还就各项目再分为“本期金额”和“上期金额”两栏分别填列。

三、利润表的列报方法

（一）“上期金额”栏的填列方法

利润表“上期金额”栏内各项数字，应根据上年该期利润表“本期金额”栏内所列数字填列。如果上年该期利润表规定的各个项目的名称和内容同本期不一致，应对上年该期利润表各项目的名称和数字按本期的规定进行调整，填入利润表“上期金额”栏内。

（二）“本期金额”栏的填列方法

利润表“本期金额”栏内各项数字一般应根据损益类科目和所有者权益类科目的发生额分析填列。各项目的填列方法如下：

（1）“营业收入”项目，反映企业经营主要业务和其他业务所确认的收入总额。本项目应根据“主营业务收入”和“其他业务收入”账户的发生额分析填列。

（2）“营业成本”项目，反映企业经营主要业务和其他业务所发生的成本总额。本项目应根据“主营业务成本”和“其他业务成本”账户的发生额分析填列。

（3）“税金及附加”项目，反映企业经营业务应负担的消费税、城市维护建设税、资源税、教育费附加及房产税、土地使用税、车船税、印花税等。本项目应根据“税金及附加”账户的发生额分析填列。

（4）“管理费用”项目，反映企业为组织和管理生产经营发生的管理费用。本项目应根据“管理费用”账户的发生额分析填列。

（5）“研发费用”项目，反映企业进行研究与开发过程中发生的费用化支出，以及计入管理费用的自行开发无形资产的摊销。该项目应根据“管理费用”账户下的“研发费用”明细账户的发生额，以及“管理费用”科目下的“无形资产摊销”明细科目的发生额分析填列。

（6）“财务费用”项目，反映企业筹集生产经营所需资金等而发生的筹资费用。本项目应根据“财务费用”账户的发生额分析填列。其中，“利息费用”项目，反映企业为筹集生产经营所需资金等而发生的应予费用化的利息支出，应根据“财务费用”账户的相关明细账户的发生额分析填列；“利息收入”项目，反映企业确认的利息收入，应根据“财务费用”账户的相关明细账户的发生额分析填列。

（7）“资产减值损失”项目，反映企业各项资产发生的减值损失。本项目应根据“资产减值损失”账户的发生额分析填列。

（8）“信用减值损失”项目，反映企业各项金融工具减值准备所形成的预期信用损失。本项目应根据“信用减值损失”账户的发生额分析填列。

（9）“其他收益”项目，反映计入营业利润的政府补助等。本项目应根据“其他收益”账户的发生额分析填列。

（10）“投资收益”项目，反映企业以各种方式对外投资取得的收益。本项目应根据“投资收益”账户的发生额分析填列；如为投资损失，本项目以“－”号填列。

（11）“净敞口套期收益”项目，反映净敞口套期下被套期项目累计公允价值变动转入当期损益的金额或现金流量套期储备转入当期损益的金额。本项目应根据“净敞口套期损益”账户的发生额分析填列；如为套期损失，以“－”号填列。

（12）“公允价值变动收益”项目，反映企业应当计入当期损益的资产或负债公允价值变动收益。本项目应根据“公允价值变动损益”账户的发生额分析填列；如为净损失，本项目以“－”号填列。

（13）“资产处置收益”项目，反映企业出售划分为持有待售的非流动资产（金融工具、长期股权投资和投资性房地产除外）或处置组（子公司和业务除外）时确认的处置利得或损失，以及处置未划分为持有待售的固定资产、在建工程、生产性生物资产及无形资产而产生的处置利得或损失。债务重组中因处置非流动资产产生的利得或损失和非货币性资产交换中换出非流动资产产生的利得或损失也包括在本项目内。本项目应根据“资产处置损益”账户的发生额分析填列；如为处置损失，以“－”号填列。

（14）“营业利润”项目，反映企业实现的营业利润。如为亏损，本项目以“－”号填列。

（15）“营业外收入”项目，反映企业发生的与经营业务无直接关系的各项收入，主要包括债务重组利得、与企业日常活动无关的政府补助、盘盈利得、捐赠利得（企业接受股东或股东的子公司直接或间接的捐赠，经济实质属于股东对企业的资本性投入的除外）等。本项目应根据“营业外收入”账户的发生额分析填列。

（16）“营业外支出”项目，反映企业发生的与经营业务无直接关系的各项支出，主要包括债务重组损失、公益性捐赠支出、非常损失、盘亏损失、非流动资产毁损报废损失等。本项目应根据“营业外支出”账户的发生额分析填列。

（17）“利润总额”项目，反映企业实现的利润。如为亏损，本项目以“－”号填列。

（18）“所得税费用”项目，反映企业应从当期利润总额中扣除的所得税费用。本项目应根据“所得税费用”账户的发生额分析填列。

（19）“净利润”项目，反映企业实现的净利润。如为亏损，本项目以“－”号填列。

（20）“持续经营净利润”和“终止经营净利润”项目，分别反映净利润中与持续经营相关的净利润和与终止经营相关的净利润。如为净亏损，以“－”号填列。两个项目应按照《企业会计准则第 42 号——持有待售的非流动资产、处置组和终止经营》的相关规定分别列报。

（21）“其他综合收益的税后净额”项目，反映企业根据企业会计准则的规定未在当期损益中确认的各项利得和损失扣除所得税影响后的净额的合计数。本项目根据“其他综合收益”账户及其所属的相关明细账户的本期发生额分析填列。其中，“其他权益工具投资公允价值变动”及“企业自身信用风险公允价值变动”应根据“其他综合收益”账户相关明细账户的发生额分析填列；“金融资产重分类计入其他综合收益的金额”“其他债券投资信用减值准备”“现金流量套期储备”应根据“其他综合收益”“信用减值准备”等科目的发生额分析填列。

（22）“综合收益总额”项目，反映企业在某一期间除与所有者以其所有者身份进行的交易以外的其他交易或事项所引起的所有者权益变动。

（23）“基本每股收益”项目，只考虑当期实际发行在外的普通股股份，按照归属于普通股股东的当期净利润除以当期实际发行在外的普通股的加权平均数计算确定。

（24）“稀释每股收益”项目，是以“基本每股收益”为基础，假设企业所有发行在外的稀释性潜在普通股均已转换为普通股，从而分别调整归属于普通股股东的当期净利润以及发行在外的普通股的加权平均数计算而得的每股收益。

例 14－2

A 施工企业 2×18 年 12 月末有关损益类账户的累计发生额如表 14－3 所示，“其他综合收益”明细账户中涉及 2×18 年度的累计发生净额如表 14－4 所示。

根据表 14－3 和表 14－4 的资料，编制该施工企业 2×18 年度的利润表（见表 14－5）。

表 14－3　A 施工企业损益类科目发生额表

2×18 年度（未结转利润以前）　　单位：元

会计科目	借方发生额	贷方发生额
主营业务收入		64 080 000

续表

会计科目	借方发生额	贷方发生额
其他业务收入		15 760 800
投资收益		576 000
营业外收入		1 440 000
主营业务成本	21 276 000	
其他业务成本	13 237 200	
税金及附加	3 843 000	
管理费用	13 105 800	
财务费用	990 000	
其中：利息费用		
利息收入		
营业外支出	756 000	
所得税费用	7 162 200	
其他综合收益		18 000

表 14－4　A 施工企业“其他综合收益”明细科目表

2×18 年度累计发生净额表　　单位：元

明细科目名称	借方发生额	贷方发生额
其他权益工具投资公允价值变动形成的利得或损失		18 000
合计		18 000

表 14－5　利润表

会企 02 表

编制单位：A 施工企业　　2×18 年度　　单位：元

项目	本期金额	上期金额
一、营业收入	79 840 800	71 856 720
减：营业成本	34 513 200	31 061 880
税金及附加	3 843 000	3 458 700
管理费用	13 105 800	11 795 220
研发费用	0	0
财务费用	990 000	891 000
其中：利息费用	990 000	891 000
利息收入		
资产减值损失	0	0
信用减值损失	0	0
加：其他收益	0	0
投资收益（损失以“－”号填列）	576 000	518 400
其中：对联营企业和合营企业的投资收益	0	0
净敞口套期收益（损失以“－”号填列）	0	0
公允价值变动收益（损失以“－”号填列）	0	0
资产处置收益（损失以“－”号填列）	0	0
二、营业利润（亏损以“－”号填列）	27 964 800	25 168 320
加：营业外收入	1 440 000	1 296 000
减：营业外支出	756 000	680 400

续表

项目	本期金额	上期金额
三、利润总额（亏损总额以"一"号填列）	28 648 800	25 783 920
减：所得税费用	7 162 200	6 445 980
四、净利润（净亏损以"一"号填列）	21 486 600	19 337 940
（一）持续经营净利润（净亏损以"一"号填列）	21 486 600	19 337 940
（二）终止经营净利润（净亏损以"一"号填列）	0	0
五、其他综合收益的税后净额	18 000	0
（一）不能重分类进损益的其他综合收益		
1. 重新计量设定受益计划变动额	0	0
2. 权益法下不能转损益的其他综合收益	0	0
3. 其他权益工具投资公允价值变动	18 000	0
4. 企业自身信用风险公允价值变动	0	0
（二）将重分类进损益的其他综合收益		
1. 权益法下可转损益的其他综合收益	0	0
2. 其他债权投资公允价值变动	0	0
3. 金融资产重分类计入其他综合收益的金额	0	0
4. 其他债权投资信用减值准备	0	0
5. 现金流量套期储备	0	0
6. 外币财务报表折算差额	0	0
六、综合收益总额	21 504 600	19 337 940
七、每股收益		
（一）基本每股收益	（略）	（略）
（二）稀释每股收益	（略）	（略）

随堂小测验 14-3

1.【单项选择题】反映企业一定会计期间经营成果的会计报表是（　　）。

A. 资产负债表　B. 利润表　C. 现金流量表　D. 所有者权益变动表

2.【单项选择题】根据《企业会计准则第 30 号——财务报表列报》的规定，企业利润表的列报格式应当采用（　　）。

A. 单步式利润表　B. 多步式利润表

C. 账户式利润表　D. 混合式利润表

3.【单项选择题】某施工企业 2×18 年发生的营业收入为 1 000 万元，营业成本为 600 万元，管理费用为 40 万元，财务费用为 40 万元，投资收益为 40 万元，资产减值损益为 70 万元（损失），公允价值变动损益为 80 万元（收益），营业外收入为 25 万元，营业外支出为 20 万元。该施工企业 2×18 年的营业利润为（　　）万元。

A. 370　B. 320　C. 330　D. 390

4.【单项选择题】在编制报表时，以"收入－费用＝利润"等式作为编制依据的报表是（　　）。

A. 资产负债表　B. 利润表　C. 现金流量表　D. 所有者权益变动表

5.【多项选择题】下列各项中，利润表的作用主要表现在（　　）。

A. 提供了反映企业财务成果的信息

B. 提供了反映企业盈利能力的信息

C. 提供了反映企业营业收入的信息

D. 提供了反映企业成本费用状况的信息

6.【多项选择题】下列关于利润表项目的表述，正确的有（　　）。

A. “营业收入”项目，反映企业经营主要业务和其他业务确认的收入总额

B. “未分配利润”项目，反映企业尚未分配的利润

C. “投资收益”项目，反映企业以各种方式对外投资取得的收益

D. “资产减值损失”项目，反映企业各项资产发生的减值损失

7.【判断题】利润表“上期金额”栏内各项数字应根据上年该期利润表“本期金额”栏内所列数字填列。（　　）

8.【判断题】“营业收入”项目，只反映企业经营主要业务所确认的收入总额。（　　）

第四节　现金流量表

一、现金流量表的含义及作用

（一）现金流量和现金流量表

现金流量，是指企业现金和现金等价物的流入和流出。现金流量是衡量施工企业经营状况是否良好、资金是否紧缺、企业偿付能力大小的重要指标。现金净流量，是指现金流入与流出的差额。如果差额是正数，则为净流入；如果是负数，则为净流出。一般来说，如果施工企业的现金流入大于流出，则反映企业现金流量的积极现象和趋势。在现金流量表中，现金及现金等价物被视为一个整体，企业现金与现金等价物自身形式的转换不会产生现金的流入和流出，例如，企业从银行提取现金，是企业现金存放形式的转换，并未流出企业，不构成现金流量。同样，现金与现金等价物之间的转换也不属于现金流量，例如，企业用现金购买 3 个月内到期的国库券。

《企业会计准则第 31 号——现金流量表》根据企业业务活动的性质和现金流量的来源，将企业一定期间产生的现金流量分为三类，即经营活动产生的现金流量、投资活动产生的现金流量和筹资活动产生的现金流量。这三部分构成了现金流量表的基本内容。

1. 经营活动现金流量

经营活动，是指施工企业投资活动和筹资活动以外的所有交易和事项。施工企业的经营活动主要包括：承发包工程、提供劳务、经营性租赁、购买材料物资、接受劳务、支付职工薪酬、支付税费等。

2. 投资活动现金流量

投资活动，是指施工企业长期资产的购建和不包括在现金等价物范围内的投资及其处置活动。长期资产是指长期股权投资、固定资产、在建工程、无形资产、临时设施以及其他资产等持有期限在 1 年或一个营业周期以上的资产。这里所讲的投资活动，既包括实物资产投资，也包括非实物资产投资。这里之所以将“包括在现金等价物范围内的投资”排除在外，是因为已经将包括在现金等价物范围内的投资视同现金。不

同企业由于行业特点不同，对投资活动的认定也存在差异。

投资活动主要包括取得和收回投资，购建和处置固定资产、无形资产和其他资产等。

3. 筹资活动现金流量

筹资活动，是指导致施工企业资本及债务规模和构成发生变化的活动。其中，资本包括实收资本或股本、资本溢价或股本溢价；债务指对外举债，包括发行债券、向金融企业借入款项以及偿还债务等。

对于企业日常活动之外特殊的、不经常发生的项目，如自然灾害损失、保险赔款、捐赠等，应当归并到相关类别中并单独反映。比如，对于自然灾害损失和保险赔款，如果能够确指属于流动资产损失，应当列入经营活动产生的现金流量；若属于固定资产损失，应当列入投资活动产生的现金流量。如果不能确指，则可以列入经营活动产生的现金流量。捐赠收入和支出，可以列入经营活动。如果特殊项目的现金流量金额不大，则可以列入现金流量类别下的“其他”项目，不单列项目。

现金流量表是反映施工企业一定会计期间现金和现金等价物流入和流出的会计报表，属于动态的财务报表。施工企业编制现金流量表是为财务报表使用者提供企业一定会计期间内现金和现金等价物流入和流出的信息，反映企业施工生产经营活动、投资活动和筹资活动的动态情况，以便于报表使用者了解和评价企业获取现金和现金等价物的能力，并据以预测企业未来的现金流量。施工企业现金流量表的格式如表 14-9 所示。

（二）现金流量表的作用

现金流量表的作用主要表现在以下几个方面：

1. 提供现金流量信息，以对企业整体财务状况作出客观评价

施工企业的经济活动主要包括施工生产经营活动、投资活动和筹资活动三个方面。这三方面的经济活动都影响企业的现金流量，从而影响企业的财务状况。虽然有关现金流量的资料可以从企业比较资产负债表和利润表中获得，但这两张报表却不能提供企业现金流量的全貌。而现金流量表能够说明施工企业在一定会计期间现金和现金等价物流入和流出的原因，通过分析企业现金流量状况，可以大致判断其经营周转是否顺畅；将施工生产经营活动产生的现金流量与净利润相比较，可以从现金流量的角度了解净利润的质量，为分析和预测企业的经济前景提供信息。

2. 有助于评价企业的支付能力、偿债能力和周转能力

通过现金流量表，并结合利润表，可以反映施工企业盈利的质量；可以将现金流量净额与发行在外的普通股加权平均股数进行比较计算出每股现金流量，将施工生产经营活动现金流量净额与净利润进行比较计算出盈利现金比率等；可以了解施工企业的现金能否偿还到期债务，能否支付股利和进行必要的固定资产投资；可以了解施工企业的现金流转效率和效果等，从而便于投资者作出投资决策，也便于债权人对企业的支付能力和偿债能力以及企业对外部资金的需求情况作出可靠的判断。

3. 有助于预测企业未来的发展情况

如果现金流量表中各部分现金流量结构合理，现金流入、流出无重大异常波动，一般说明施工企业的财务状况基本良好。通过现金流量表及其他财务信息，可以了解

施工企业现金的来源和用途是否合理；了解施工生产经营活动产生的现金流量有多少，施工企业在多大程度上依赖外部资金；分析施工企业未来获取或支付现金的能力，评价施工企业产生净现金流量的能力是否偏低，从而为施工企业编制现金流量计划、合理有效地使用现金创造条件，为投资者和债权人评价施工企业的未来现金流量、做出投资和信贷决策提供必要信息。

二、现金流量表的编制基础

现金流量表以现金及现金等价物为基础，按照收付实现制原则编制，将权责发生制下的盈利信息调整为收付实现制下的现金流量信息。

（一）现金

现金，是指企业的库存现金以及可以随时用于支付的存款。会计上所说的现金通常指企业的库存现金。而现金流量表中的“现金”，不仅包括“库存现金”账户核算的现金，还包括企业“银行存款”账户核算的存入金融企业、可以随时用于支付的存款，也包括“其他货币资金”账户核算的外埠存款、银行汇票存款、银行本票存款、信用卡存款、信用证保证金存款和存出投资款等其他货币资金。

【特别提示】银行存款和其他货币资金中有些不能随时用于支付的存款，如不能随时支取的定期存款等，不应作为现金；提前通知金融企业便可支取的定期存款，则应包括在现金范围内。

（二）现金等价物

现金等价物，是指施工企业持有的期限短、流动性强、易于转换为已知金额现金、价值变动风险很小的投资。其中，期限短，一般是指从购买日起 3 个月内到期。例如，可在证券市场上流通的 3 个月内到期的短期债券投资等。

现金等价物虽然不是现金，但其支付能力与现金的差别不大，可视为现金。如施工企业为保证支付能力，持有必要的现金，为了不使现金闲置，可以购买短期债券，在需要现金时，随时可以变现。

现金等价物的定义本身包含了判断一项投资是否属于现金等价物的四个条件：（1）期限短；（2）流动性强；（3）易于转换为已知金额的现金；（4）价值变动风险很小。其中，期限短、流动性强，强调了变现能力；易于转换为已知金额的现金、价值变动风险很小，则强调了支付能力。

【特别提示】现金等价物通常包括 3 个月到期的短期债券投资。权益性投资变现的金额通常不确定，因而不属于现金等价物。

（三）现金及现金等价物范围的确定和变更

不同企业现金及现金等价物的范围可能不同。企业应当根据经营特点等具体情况，确定现金及现金等价物的范围。根据《企业会计准则第 31 号——现金流量表》及其应用指南的规定，企业应当根据具体情况，确定现金及现金等价物的范围，一经确定不得随意变更；如果发生变更，应当按照会计政策变更处理。

三、现金流量表的编制方法

（一）经营活动产生的现金流量的编制方法

编制现金流量表时，列报经营活动现金流量的方法有两种：一是直接法；二是间接法。这两种方法通常也称为现金流量表的编制方法。

1. 直接法

直接法是按现金收入和支出的主要类别直接反映施工企业经营活动产生的现金流量，如施工企业承包工程、销售商品以及提供劳务收到的现金，发包工程、购买商品、接受劳务支付的现金等，就是按照现金收入和现金支出的来源直接反映的。在直接法下，一般是以利润表中的营业收入为起算点，调整与经营活动有关的项目的增减变动，然后计算出经营活动产生的现金流量。

采用直接法时，有关经营活动现金流量的信息，一般通过以下途径之一取得：

（1）施工企业的会计记录。

（2）根据以下项目对利润表中的营业收入、营业成本以及其他项目进行调整：

1）当期存货及经营性应收和应付项目的变动；

2）固定资产折旧、无形资产摊销、临时设施摊销等其他非现金项目；

3）其现金影响属于投资或筹资活动现金流量的其他活动。

2. 间接法

间接法是以本期净利润为起算点，调整不涉及现金的收入、费用、营业外收支等有关项目，据此计算出经营活动产生的现金流量。

采用直接法编报现金流量表，便于分析企业经营活动产生的现金流量的来源和用途，预测企业现金流量的未来前景；采用间接法编报现金流量表，便于将净利润与经营活动产生的现金流量净额进行比较，了解净利润与经营活动产生的现金流量差异的原因，从现金流量的角度分析净利润的质量。所以，《企业会计准则第 31 号——现金流量表》规定，企业应当采用直接法编报现金流量表，同时要求在附注中提供以净利润为基础调节到经营活动现金流量的信息。

（二）经营活动产生的现金流量有关项目的编制方法

1.“销售商品、提供劳务收到的现金”项目

“销售商品、提供劳务收到的现金”项目反映施工企业承包工程、销售商品、提供劳务实际收到的现金，具体包括本期承包工程、销售商品、提供劳务收到的现金，以及前期承包工程、销售商品、提供劳务本期收到的现金和本期预收的款项，减去本期销售本期退回的商品和前期销售本期退回的商品所支付的现金。企业销售材料和代购代销业务收到的现金，也在本项目反映。本项目可以根据“库存现金”“银行存款”“应收账款”“应收票据”“预收账款”“主营业务收入”“其他业务收入”等账户的记录分析填列。

在填列这个项目时，需要考虑以下几个因素：

（1）承包工程、销售商品、提供劳务所取得的收入，可以根据“应收账款”明细账户的本期发生额以及“主营业务收入”“其他业务收入”账户的贷方发生额取得。

(2) 应收账款和应收票据。施工企业本期因承包工程、销售商品、提供劳务所取得的收入并不都是企业本期实际的现金收入，在工程价款已经结算或销售已经实现但尚未收到款项时，按照权责发生制原则仍然要确认收入，并记入“应收账款”或“应收票据”账户。可见，因本期结算、销售而增加的应收账款和应收票据，表明销售实现的收入并没有收到现金；如果本期应收账款和应收票据减少，通常表明本期有现金流入，但如果债务人以非现金实物资产抵偿债务，则应收账款和应收票据的减少实际上是没有现金流入的。因此，在计算填列本项目时，可以根据“主营业务收入”“其他业务收入”账户的本期贷方发生额，加上本期应收账款和应收票据的减少，减去本期应收账款和应收票据的增加，再减去债务人以非现金实物资产抵偿债务而减少的应收账款和应收票据后的数额确认。

(3) 结算、销售退回支付的现金。本期结算、销售退回一般通过“应收账款”“主营业务收入”“其他业务收入”账户的借方反映，但本期结算、销售退回有的已经支付了现金，有的尚未支付现金，在填列本项目时，应当减去已支付现金的结算或销售退回。

(4) 预收账款。本期收到的预收账款有实际的现金流入，在填列本项目时，应当加上本期预收账款的增加，减去本期预收账款的减少。

(5) 核销的坏账损失。本期核销的坏账损失是减少应收账款的因素，通常减少应收账款表明收回现金，但核销坏账减少的应收账款并没有现金流入，在填列本项目时，应减去因核销坏账损失而减少的应收账款。如果在本期收回前期已核销的坏账损失，在填列本项目时还应当将其加上。

在填列“销售商品、提供劳务收到的现金”项目时，可根据以下公式计算：

销售商品、提供劳务收到的现金 = 本期承包工程、销售商品、提供劳务实际收到的现金 + 本期收到前期的应收账款 + 本期收到前期的应收票据 + 本期的预收账款 + 本期收回前期核销的坏账损失 − 本期因结算、销售退回而支付的现金

或

销售商品、提供劳务收到的现金 = 本期承包工程、销售商品、提供劳务收入（不含结算、销售退回冲减的收入）+（应收账款期初余额 − 应收账款期末余额）+（应收票据期初余额 − 应收票据期末余额）+（预收账款期末余额 − 预收账款期初余额）+ 本期收回前期核销的坏账损失 − 本期因结算、销售退回而支付的现金 − 本期实际核销的坏账损失 − 本期以非现金资产清偿债务减少的应收账款和应收票据

上述应收账款、应收票据中如有本期购货退回收到的现金，应从应收票据、应收账款项目中扣除，并从“购买商品、接受劳务支付的现金”项目中扣除。

2. “收到的税费返还”项目

“收到的税费返还”项目反映施工企业收到返还的各种税费，如实际收到的增值税、消费税、企业所得税、城市维护建设税、教育费附加等返还。本项目可以根据“库存现金”“银行存款”“其他应付款”“应交税费”“税金及附加”等账户的记录分析填列。

3. “收到其他与经营活动有关的现金”项目

“收到其他与经营活动有关的现金”项目，反映施工企业除了上述各项目以外收到的其他与经营活动有关的现金流入，如罚款收入、经营租赁固定资产收到的现金、投资性房地产收到的租金收入、流动资产损失中由个人赔偿的现金收入、除税费返还外的其他政府补助收入等。其他与经营活动有关的现金，如果价值较大，应单列项目反映。本项目可以根据“营业外收入”“营业外支出”“库存现金”“银行存款”“其他应收款”“其他应付款”“管理费用”“其他收益”等账户的记录分析填列。

4. “购买商品、接受劳务支付的现金”项目

“购买商品、接受劳务支付的现金”项目反映施工企业发包工程、购买商品、接受劳务实际支付的现金，包括本期发包工程、购入商品、接受劳务支付的现金（包括增值税进项税额），以及本期支付前期发包工程、购入商品、接受劳务的未付款项和本期预付款项，减去本期发生的结算、购货退回收到的现金。本项目可以根据“应付账款”“应付票据”“预付账款”“库存现金”“银行存款”“合同履约成本”等账户的记录分析填列。在填列本项目时，可以根据以下公式计算：

$$\text{购买商品、接受劳务支付的现金}=\text{本期发包工程、购买商品、接受劳务实际支付的现金}+\text{本期支付前期的应付账款}+\text{本期支付前期的应付票据}+\text{本期预付账款}-\text{本期因结算、购货退回而收到的现金}$$

或

$$\begin{aligned}\text{购买商品、接受劳务支付的现金}=&\ \text{本期主营业务成本}+(\text{存货期末余额}-\text{存货期初余额})\\&+(\text{应付账款期初余额}-\text{应付账款期末余额})+(\text{应付票据期初余额}-\text{应付票据期末余额})\\&+(\text{预付账款期末余额}-\text{预付账款期初余额})\\&+(\text{合同结算}-\text{价款结算期初余额}-\text{合同结算}-\text{价款结算期末余额})\\&-\text{本期因结算、购货退回而收到的现金}-\text{本期以非现金资产清偿债务减少的应付账款和应付票据}\end{aligned}$$

上述支付现金的应付账款、应付票据如包含结算、销售退回支付的部分，应从应付账款、应付票据中扣除，并在“销售商品、提供劳务收到的现金”项目中反映。

5. “支付给职工以及为职工支付的现金”项目

“支付给职工以及为职工支付的现金”项目，反映施工企业实际支付给职工及为职工支付的现金，包括企业为获得职工提供的服务、本期实际给予各种形式的报酬以及其他相关支出，如支付给职工的工资、奖金、各种津贴和补贴等，以及为职工支付的

其他费用，不包括支付给在建工程人员的工资。支付给在建工程人员的工资，在“购建固定资产、无形资产和其他长期资产支付的现金”项目中反映。

【特别提示】施工企业为职工支付的医疗、养老、失业、工伤、生育等社会保险基金，补充养老保险，住房公积金，为职工交纳的商业保险金，因解除与职工劳动关系给予的补偿，现金结算的股份支付，以及支付给职工或为职工支付的其他福利费用等，应根据职工的工作性质和服务对象，分别在“购建固定资产、无形资产和其他长期资产支付的现金”和本项目中反映。

本项目可以根据“库存现金”“银行存款”“应付职工薪酬”等账户的记录分析填列。

6.“支付的各项税费”项目

“支付的各项税费”项目反映施工企业按照规定支付的各项税费，包括本期发生并支付的税费，以及本期支付以前各期发生的税费和预交的税金，如支付的消费税、企业所得税、教育费附加、印花税、房产税、土地增值税、车船税、增值税等，不包括计入固定资产价值、实际支付的耕地占用税等，也不包括本期退回的企业所得税。本期退回的企业所得税，在“收到的税费返还”项目中反映。本项目可以根据“应交税费”“库存现金”“银行存款”等账户的记录分析填列。

7.“支付其他与经营活动有关的现金”项目

“支付其他与经营活动有关的现金”项目反映施工企业除上述各项目外，支付的其他与经营活动有关的现金，如罚款支出，支付的差旅费、业务招待费、保险费，经营租赁支付的现金等。其他与经营活动有关的现金流出，如果价值较大，应单列项目反映。本项目可以根据有关账户的记录分析填列。

（三）投资活动产生的现金流量有关项目的编制方法

投资活动现金流入和现金流出包括的各项目的内容和填列方法如下：

1.“收回投资收到的现金”项目

“收回投资收到的现金”项目，反映施工企业出售、转让或到期收回除现金等价物以外的交易性金融资产、债权投资、其他债权投资、其他权益工具投资、长期股权投资等而收到的现金，不包括债权性投资收回的利息、收回的非现金资产，以及处置子公司及其他营业单位收到的现金净额。债权性投资收回的本金，在本项目中反映；债权性投资收回的利息，不在本项目中反映，而在“取得投资收益收到的现金”项目中反映。处置子公司及其他营业单位收到的现金净额单设项目反映。本项目可以根据“交易性金融资产”“债权投资”“其他债权投资”“其他权益工具投资”“长期股权投资”“库存现金”“银行存款”等账户的记录分析填列。

2.“取得投资收益收到的现金”项目

“取得投资收益收到的现金”项目，反映施工企业因股权性投资而分得的现金股利以及因债权性投资而取得的现金利息收入。股票股利由于不产生现金流量，不在本项目中反映；包括在现金等价物范围内的债券性投资，其利息收入在本项目中反映。本项目可以根据“应收股利”“应收利息”“投资收益”“库存现金”“银行存款”等账户的记录分析填列。

3.“处置固定资产、无形资产和其他长期资产收回的现金净额”项目

“处置固定资产、无形资产和其他长期资产收回的现金净额”项目，反映施工企业

出售投资性房地产、固定资产、无形资产和其他长期资产所取得的现金，减去为处置这些资产而支付的有关费用后的净额。处置固定资产、无形资产和其他长期资产所收到的现金，与处置活动支付的现金，两者在时间上比较接近，以净额列报能更准确反映处置活动对现金流量的影响。本项目可以根据“固定资产清理”“库存现金”“银行存款”等账户的记录分析填列。

【特别提示】施工企业由于自然灾害等原因造成的固定资产等长期资产报废、毁损而收到的保险赔偿收入也在本项目中反映。如处置固定资产、无形资产和其他长期资产所收回的现金净额为负数，则应作为投资活动产生的现金流量，在“支付其他与投资活动有关的现金”项目中反映。

4.“处置子公司及其他营业单位收到的现金净额”项目

“处置子公司及其他营业单位收到的现金净额”项目，反映施工企业处置子公司及其他营业单位所取得的现金，减去子公司或其他营业单位持有的现金和现金等价物以及相关处置费用后的净额。本项目可以根据有关账户的记录分析填列。

企业处置子公司及其他营业单位是整体交易，子公司和其他营业单位可能持有现金和现金等价物，因此，整体处置子公司或其他营业单位的现金流量，应以处置价款中收到现金的部分，减去子公司或其他营业单位持有的现金和现金等价物以及相关处置费用后的净额反映。处置子公司及其他营业单位收到的现金净额如为负数，则将该金额填列至“支付其他与投资活动有关的现金”项目中。

5.“收到其他与投资活动有关的现金”项目

“收到其他与投资活动有关的现金”项目，反映施工企业除上述各项目以外，收到的其他与投资活动有关的现金流入。其他与投资活动有关的现金流入如价值较大，应单列项目反映。本项目可以根据“库存现金”“银行存款”和其他有关账户的记录分析填列。

6.“购建固定资产、无形资产和其他长期资产支付的现金”项目

“购建固定资产、无形资产和其他长期资产支付的现金”项目，反映施工企业购买或建造投资性房地产、固定资产，取得无形资产和其他长期资产支付的现金，包括购买机器设备支付的现金、建造工程支付的现金、支付在建工程人员的工资等现金支出，不包括为购建固定资产、无形资产和其他长期资产而发生的借款利息资本化部分，以及融资租入固定资产所支付的租赁费。为购建固定资产、无形资产和其他长期资产而发生的借款利息资本化部分，在“分配股利、利润或偿付利息支付的现金”项目中反映；融资租入固定资产所支付的租赁费，在“支付其他与筹资活动有关的现金”项目中反映。本项目可以根据“固定资产”“在建工程”“工程物资”“无形资产”“库存现金”“银行存款”等账户的记录分析填列。

7.“投资支付的现金”项目

“投资支付的现金”项目，反映施工企业进行权益性投资和债权性投资所支付的现金，包括企业取得的除现金等价物以外的交易性金融资产、债权投资、其他债权投资、其他权益工具投资而支付的现金，以及支付的佣金、手续费等交易费用。

【特别提示】施工企业购买股票和债券时，实际支付的价款中包含的已宣告但尚未领取的现金股利或已到付息期但尚未领取的债券利息，应在“支付其他与投资活动有

关的现金”项目中反映；收回购买股票和债券时支付的已宣告但尚未领取的现金股利或已到付息期但尚未领取的债券利息，应在“收到其他与投资活动有关的现金”项目中反映。

本项目可以根据“交易性金融资产”“债权投资”“其他债权投资”“其他权益工具投资”“投资性房地产”“长期股权投资”“库存现金”“银行存款”等账户的记录分析填列。

8.“取得子公司及其他营业单位支付的现金净额”项目

“取得子公司及其他营业单位支付的现金净额”项目，反映施工企业取得子公司及其他营业单位购买出价中以现金支付的部分，减去子公司或其他营业单位持有的现金和现金等价物后的净额。本项目可以根据有关账户的记录分析填列。

整体购买子公司或其他营业单位的现金流量，应以购买出价中以现金支付的部分，减去子公司或其他营业单位持有的现金和现金等价物后的净额反映；如为负数，应在“收到其他与投资活动有关的现金”项目中反映。

9.“支付其他与投资活动有关的现金”项目

“支付其他与投资活动有关的现金”项目，反映施工企业除了上述各项以外支付的其他与投资活动有关的现金流出。其他现金流出如价值较大，应单列项目反映。本项目可以根据“库存现金”“银行存款”和其他有关账户的记录分析填列。

(四) 筹资活动产生的现金流量有关项目的编制方法

筹资活动产生的现金流入和现金流出包括的各项目的内容和填列方法如下：

1.“吸收投资收到的现金”项目

“吸收投资收到的现金”项目反映施工企业以发行股票等方式筹集资金实际收到的款项净额（发行收入减去支付的佣金等发行费用后的净额）。以发行股票等方式筹集资金而由企业直接支付的审计、咨询等费用，在“支付其他与筹资活动有关的现金”项目中反映。本项目可以根据“实收资本”（或“股本”）、“资本公积”、“库存现金”、“银行存款”等账户的记录分析填列。

2.“取得借款收到的现金”项目

“取得借款收到的现金”项目，反映施工企业举借各种短期、长期借款而收到的现金，以及发行债券实际收到的款项净额（发行收入减去直接支付的佣金等发行费用后的净额）。本项目可以根据“短期借款”“长期借款”“交易性金融负债”“应付债券”“库存现金”“银行存款”等账户的记录分析填列。

3.“收到其他与筹资活动有关的现金”项目

“收到其他与筹资活动有关的现金”项目，反映施工企业除了上述各项以外收到的其他与筹资活动有关的现金流入。其他与筹资活动有关的现金流入如价值较大，应单列项目反映。本项目可以根据“库存现金”“银行存款”和其他有关账户的记录分析填列。

4.“偿还债务支付的现金”项目

“偿还债务支付的现金”项目，反映施工企业以现金偿还债务的本金，包括归还金融企业的借款本金、偿付企业到期的债券本金等。企业偿还的借款利息、债券利息，在“分配股利、利润或偿付利息支付的现金”项目中反映。本项目可以根据“短期借款”“长期借款”“交易性金融负债”“应付债券”“库存现金”“银行存款”等账户的记录分析填列。

5.“分配股利、利润或偿付利息支付的现金”项目

“分配股利、利润或偿付利息支付的现金”项目，反映施工企业实际支付的现金股利、支付给其他投资单位的利润或用现金支付的借款利息、债券利息等。本项目可以根据“应付股利”“利润分配”“财务费用”“在建工程”“研发支出”“库存现金”“银行存款”等账户的记录分析填列。

6.“支付其他与筹资活动有关的现金”项目

“支付其他与筹资活动有关的现金”项目，反映施工企业除了上述各项目以外支付的其他与筹资活动有关的现金，如以发行股票、债券等方式筹集资金而由企业直接支付的审计、咨询等费用，融资租赁各期所支付的现金，以分期付款方式构建固定资产、无形资产等除首期外各期支付的现金。其他与筹资活动有关的现金如价值较大，应单列项目反映。本项目可以根据“库存现金”“银行存款”和其他有关账户的记录分析填列。

（五）“汇率变动对现金及现金等价物的影响”项目的编制方法

“汇率变动对现金及现金等价物的影响”项目，反映施工企业外币现金流量以及境外子公司的现金流量，采用现金流量发生日的即期汇率或即期汇率的近似汇率折算成记账本位币时对现金的影响额。汇率变动对现金的影响额应当作为调节项目，在现金流量表中单独列报。

企业外币现金流量及境外子公司的现金流量折算成记账本位币时，所采用的是现金流量发生日的汇率或即期汇率的近似汇率；而现金流量表“现金及现金等价物净增加额”项目中外币现金净增加额是按资产负债表日的即期汇率折算。二者差额即为汇率变动对现金的影响。

在编制现金流量表时，对当期发生的外币业务，也可以不必逐笔计算汇率变动对现金的影响，可以通过现金流量表补充资料中“现金及现金等价物净增加额”数额与现金流量表中“经营活动产生的现金流量净额”“投资活动产生的现金流量净额”“筹资活动产生的现金流量净额”三项之和比较，其差额即为汇率变动对现金及现金等价物的影响金额。

（六）“现金及现金等价物净增加额”项目的编制方法

“现金及现金等价物净增加额”项目，反映施工企业当期现金流量的净增加额。本项目可以根据“库存现金”“银行存款”“其他货币资金”账户以及现金等价物的期末余额与期初余额计算填列。本项目与现金流量表补充资料中的“现金及现金等价物净增加额”项目存在金额相等的勾稽关系。

四、现金流量表的编制程序

现金流量表具有结构复杂、分析内容较多、汇总分类工作量较大等特点，为了提高现金流量表编制工作的效率，在编制正式的现金流量表之前可以采用类似草稿性质

的工作底稿法和T形账户法做好编报前的准备工作。

(一) 工作底稿法的编制程序

采用工作底稿法编制现金流量表，就是以工作底稿为手段，以利润表和资产负债表数据为基础，对每一项目进行分析并编制调整分录，直到工作底稿上的全部项目调整完毕并核对无误后，据以编制现金流量表。

现金流量表的工作底稿，在直接法下横向分为五栏，第一栏是项目栏，第二栏是期初数，第三栏是调整分录的借方，第四栏是调整分录的贷方，第五栏是期末数。纵向分成三段，均与横向第一栏项目栏相对应：第一段是资产负债表项目，又分为借方项目和贷方项目两部分；第二段是利润表项目；第三段是现金流量表项目。

采用工作底稿法编制现金流量表的基本程序是：

第一步：根据编表日资产负债表的年初余额和期末余额，直接过入工作底稿第一段并与横向对应的期初数栏和期末数栏中。

第二步：对当期业务进行分析并编制调整分录。编制调整分录时，要以利润表项目为基础，从营业收入开始，结合资产负债表项目逐一进行分析。调整分录大致有以下几类：

(1) 涉及利润表中的收入、成本和费用项目以及资产负债表中的资产、负债及所有者权益项目，通过调整，将权责发生制下的收入费用转换为现金基础。

(2) 涉及资产负债表和现金流量表中的投资、筹资项目，反映投资和筹资活动的现金流量。

(3) 涉及利润表和现金流量表中的投资和筹资项目，目的是将利润表中有关投资和筹资方面的收入和费用列入现金流量表的投资、筹资现金流量中去。

(4) 不涉及现金收支，只是为了核对资产负债表项目的期末、期初变动的调整分录。在调整分录中，有关现金和现金等价物的事项，并不直接借记或贷记现金，而是分别记入“经营活动产生的现金流量”“投资活动产生的现金流量”“筹资活动产生的现金流量”有关项目。借记表示现金流入，贷记表示现金流出。

总之，根据利润表的本期发生额，将其填列在工作底稿第二段并与横向对应的第五栏本期数栏中。

第三步：将调整分录过入工作底稿中的相应部分。

第四步：核对调整分录的借方金额和贷方金额，两者合计应当相符，资产负债表项目期初数加减调整分录中的借贷金额以后，应当等于期末数。

第五步：根据工作底稿中的现金流量表项目部分，经核实无误后，编制正式的现金流量表。

现金流量表工作底稿的格式如表14-8所示。

(二) T形账户法的编制程序

T形账户法，就是以T形账户为手段，以利润表和资产负债表数据为基础，对每一项目进行分析并编制调整分录，从而编制出现金流量表。

采用T形账户法编制现金流量表的基本程序如下：

第一步：为所有的非现金项目（包括资产负债表项目和利润表项目）分别开设T

形账户，并将各自的期末、期初变动数过入各账户。具体过入方法如下：

(1) 当资产负债表项目的期末余额大于期初余额时，将其差额过入与该项目余额相同方向的T形账户内；当资产负债表项目的期末余额小于期初余额时，将其差额过入与该项目余额相反方向的T形账户内。

(2) 利润表中的收入类项目，按本期金额过入T形账户的贷方；成本、费用类项目，按本期金额过入T形账户的借方。

第二步：开设一个大的"现金及现金等价物"T形账户，左右两边各分为经营活动、投资活动和筹资活动三个部分，左边记现金流入，右边记现金流出。与其他账户一样，过入期末、期初变动数。

第三步：以利润表项目为基础，结合资产负债表，分析每一个非现金项目的增减变动，并据此编制调整分录。

第四步：将调整分录过入各T形账户，并进行核对。该账户借贷相抵后的余额与原先过入的期末、期初变动数应当一致。

第五步：根据大的"现金及现金等价物"T形账户编制正式的现金流量表。

企业在编制现金流量表时，如果所涉及的关于现金的增减、运用以及其他方面的事项比较简单，可采用T形账户法；如果涉及的事项比较复杂，业务量大且数据较多，可采用工作底稿法。

五、现金流量表补充资料的编制

企业应当采用间接法在现金流量表附注中披露将净利润调节为经营活动现金流量的信息。现金流量表补充资料包括将净利润调节为经营活动现金流量、不涉及现金收支的重大投资和筹资活动、现金及现金等价物净变动情况等项目。

(一) 将净利润调节为经营活动现金流量

现金流量表采用直接法反映经营活动产生的现金流量，同时，企业还应采用间接法反映经营活动产生的现金流量。间接法，是指以本期净利润为起点，通过调整不涉及现金的收入、费用、营业外收入、营业外支出以及经营性应收、应付等项目的增减变动，调整不属于经营活动的现金收入和支出项目，据此计算并列报经营活动产生的现金流量的方法。在我国，现金流量表补充资料应采用间接法反映经营活动产生的现金流量情况，以对现金流量表中采用直接法反映的经营活动现金流量进行核对和补充说明。

采用间接法列报经营活动产生的现金流量时，需要对四大类项目进行调整：第一，实际没有支付现金的费用；第二，实际没有收到现金的收益；第三，不属于经营活动的损益；第四，经营性应收、应付项目的增减变动。

在净利润的基础上进行调节的项目主要包括：

(1) "资产减值准备"项目，反映施工企业计提的坏账准备、存货跌价准备、合同预计损失准备、投资性房地产减值准备、长期股权投资减值准备、债权投资减值准备、固定资产减值准备、在建工程减值准备、工程物资减值准备、无形资产减值准备、商誉减值准备等。施工企业当期计提和按规定转回的各项资产减值准备包括在利润表中，属于利润的减除项目，但没有发生现金流出。所以，在将净利润调节为经营活动现金流量时应当予以加回。本项目可以根据“资产减值损失”账户的记录分析填列。

（2）“固定资产折旧、油气资产折耗、生产性生物资产折旧”项目，反映企业当期累计提取的固定资产折旧和临时设施摊销额。企业计提的固定资产折旧，有的包括在管理费用中，有的包括在合同履约成本中。计入管理费用中的部分，作为期间费用在计算净利润时已从中扣除，但没有发生现金流出，在将净利润调节为经营活动现金流量时应当予以加回；计入合同履约成本中的已变现部分，在计算净利润时已通过主营业务成本扣除，但没有发生现金流出，在将净利润调节为经营活动现金流量时应当予以加回；计入合同履约成本中没有变现的部分，由于在调节存货时已从中扣除，但也没有涉及现金支出，在将净利润调节为经营活动现金流量时应当予以加回。临时设施摊销计入合同履约成本中的已变现部分和未变现部分，在将净利润调节为经营活动现金流量时应当予以加回。本项目可以根据“累计折旧”“临时设施摊销”账户的贷方发生额分析填列。

（3）“无形资产摊销”和“长期待摊费用摊销”项目，分别反映施工企业当期累计计入成本费用的无形资产价值和长期待摊费用。企业对使用寿命有限的无形资产计提摊销时，计入管理费用或合同履约成本。长期待摊费用摊销时，有的计入管理费用，有的计入合同履约成本。其中，已计入管理费用的部分和计入合同履约成本中的已变现部分，在计算净利润时已从中扣除，但没有发生现金流出，在将净利润调节为经营活动现金流量时应当予以加回；计入合同履约成本中的未变现部分，在将净利润调节为经营活动现金流量时也应当予以加回。这两个项目可以根据“累计摊销”“长期待摊费用”账户的贷方发生额分析填列。

（4）“处置固定资产、无形资产和其他长期资产的损失”项目，反映施工企业当期由于处置固定资产、无形资产和其他长期资产而发生的净损失。企业处置固定资产、无形资产和其他长期资产发生的损益，属于投资活动产生的损益，不属于经营活动产生的损益，在将净利润调节为经营活动现金流量时应当予以剔除。如为净损失，应当予以加回；如为净收益，应当予以扣除。本项目可根据“资产处置损益”“其他业务收入”“其他业务成本”等账户所属有关明细账户的记录分析填列；如为净收益，以“—”号填列。

（5）“固定资产报废损失”项目，反映施工企业当期固定资产盘亏后的净损失。企业发生的固定资产报废损益，属于投资活动产生的损益，不属于经营活动产生的损益，在将净利润调节为经营活动现金流量时应当予以剔除。如为净损失，应当予以加回；如为净收益，应当予以扣除。本项目可根据“营业外收入”“营业外支出”等账户所属有关明细账户的记录分析填列。

（6）“公允价值变动损失”项目，反映施工企业交易性金融资产、投资性房地产等公允价值变动形成的应计入当期损益的损失。企业发生的公允价值变动损益，通常与企业的投资活动或筹资活动有关，而且并不影响企业当期的现金流量。为此，应当将其从净利润中剔除。本项目可以根据“公允价值变动损益”账户的发生额分析填列。如为持有损失，在将净利润调节为经营活动现金流量时，应当加回；如为持有利得，在将净利润调节为经营活动现金流量时，应当扣除。

（7）“财务费用”项目，反映施工企业当期发生的属于经营活动的财务费用。企业发生的财务费用中，有些项目属于筹资活动或投资活动，在将净利润调节为经营活动现金流量时应当予以剔除。本项目可根据“财务费用”账户的借方发生额分析填列；如为收益，以“一”号填列。

在实务中，施工企业的财务费用明细账一般是按费用项目设置的，为了编制现金流量表，企业可在此基础上再按“经营活动”“筹资活动”“投资活动”分设明细分类账。在每一笔财务费用发生时即将其直接计入所属的“经营活动”“筹资活动”“投资活动”项目中。

(8)“投资损失”项目，反映施工企业当期投资所发生的损失减去收益后的净损失。企业发生的投资损益属于投资活动产生的损益，不属于经营活动产生的损益，在将净利润调节为经营活动现金流量时应当予以剔除。如为净损失，应当予以加回；如为净收益，应当予以扣除。本项目可以根据利润表中“投资收益”项目的数字填列；如为投资收益，以“一”号填列。

(9)“递延所得税资产的减少”项目，反映施工企业当期递延所得税资产的净减少。递延所得税资产减少使计入所得税费用的金额大于当期应缴的所得税金额，其差额没有发生现金流出，但在计算净利润时已经扣除，在将净利润调节为经营活动现金流量时应当加回。递延所得税资产增加使计入所得税费用的金额小于当期应缴的所得税金额，二者之间的差额并没有发生现金流入，但在计算净利润时已经包括在内，在将净利润调节为经营活动现金流量时应当扣除。本项目可以根据资产负债表“递延所得税资产”项目的期初、期末余额分析填列。

(10)“递延所得税负债的增加”项目，反映施工企业当期递延所得税负债的净增加。递延所得税负债增加使计入所得税费用的金额大于当期应缴的所得税金额，其差额没有发生现金流出，但在计算净利润时已经扣除，在将净利润调节为经营活动现金流量时应当加回。如果递延所得税负债减少使计入当期所得税费用的金额小于当期应缴的所得税金额，其差额并没有发生现金流入，但在计算净利润时已经包括在内，在将净利润调节为经营活动现金流量时应当扣除。本项目可以根据资产负债表“递延所得税负债”项目的期初、期末余额分析填列。

(11)“存货的减少”项目，反映施工企业当期存货的减少。施工企业期末存货比期初存货减少，说明本期施工生产经营过程中耗用的存货有一部分是期初的存货，耗用这部分存货并没有发生现金流出，但在计算净利润时已经扣除，在将净利润调节为经营活动现金流量时应当予以加回；期末存货比期初存货增加，说明当期购入的存货除耗用外还剩余一部分，这部分存货已经发生了现金流出，但在计算净利润时没有包括在内，在将净利润调节为经营活动现金流量时应当予以扣除。除此之外，存货的增减变化过程还涉及应付项目，这个因素在“经营性应付项目的增加”项目中考虑；如果存货的增减变化过程属于投资活动的，应当将其剔除。本项目可根据资产负债表中“存货”项目的年初余额、期末余额之间的差额填列；期末余额大于年初余额的差额，以“一”号填列。

(12)“经营性应收项目的减少”项目，反映施工企业当期经营性应收项目，包括应收账款、应收票据、预付账款、合同资产、长期应收款和其他应收款中与经营活动有关部分的减少。企业经营性应收项目期末余额小于经营性应收项目期初余额，说明本期收回的现金大于利润表中所确认的主营业务收入，在将净利润调节为经营活动现金流量时应当予以加回；经营性应收项目期末余额大于经营性应收项目期初余额，说明本期结算、销售收入中有一部分没有收回现金，但在计算净利润时这部分结算、销售收入已包括在内，在将净利润调节为经营活动现金流量时应当予以扣除。

（13）“经营性应付项目的增加”项目，反映施工企业当期经营性应付项目，包括应付账款、应付票据、预收账款、合同负债、应付职工薪酬、应交税费、应付利息、长期应付款和其他应付款中与经营活动有关部分的增加。企业经营性应付项目期末余额大于经营性应付项目期初余额，说明本期发包结算以及购入的存货中有一部分没有支付现金，但在计算净利润时已通过主营业务成本扣除，在将净利润调节为经营活动现金流量时应当予以加回；经营性应付项目期末余额小于经营性应付项目期初余额，说明本期支付的现金大于利润表中所确认的主营业务成本，在将净利润调节为经营活动现金流量时应当予以扣除。

（二）不涉及现金收支的重大投资和筹资活动

不涉及现金收支的重大投资和筹资活动，反映企业一定期间影响资产或负债但不形成该期现金收支的所有投资和筹资活动的信息。这些投资和筹资活动虽然不涉及现金收支，但对以后各期的现金流量均有重大影响，例如，企业融资租入设备，将形成的负债记入“长期应付款”账户，当期并不支付设备款及租金，但以后各期必须为此支付现金，从而在一定期间形成了一项固定的现金支出。

企业应当在附注中披露不涉及当期现金收支，但影响企业财务状况或在未来可能影响企业现金流量的重大投资和筹资活动，主要包括：（1）债务转为资本，反映企业本期转为资本的债务金额；（2）一年内到期的可转换公司债券，反映企业一年内到期的可转换公司债券的本息；（3）融资租入固定资产，反映企业本期融资租入的固定资产。

（三）现金及现金等价物的构成

企业应当在附注中披露与现金及现金等价物有关的下列信息：（1）现金及现金等价物的构成及其在资产负债表中的相应金额。（2）企业持有但不能由母公司或集团内其他子公司使用的大额现金及现金等价物。企业持有现金及现金等价物但不能被集团使用的情形多种多样，例如，国外经营的子公司，由于受当地外汇管制或其他立法的限制，其持有的现金及现金等价物，不能由母公司或其他子公司正常使用。

例 14-3

某施工企业（增值税一般纳税人）2×18 年 12 月 31 日的资产负债表如表 14-2 所示。

第一，该施工企业在 2×19 年发生下列有关经济业务，并做如下会计分录。

（1）收到银行通知，用银行存款支付到期的商业承兑汇票 1 800 000 元。

借：应付票据　　1 800 000

　贷：银行存款　　1 800 000

（2）用银行汇票支付采购材料价款。该施工企业收到开户银行转来的银行汇票多余款收账通知，通知上填写的多余款为 53 838 元，购入材料的价款为 1 068 300 元（不含增值税），原材料已验收入库，计划成本为 990 000 元。已知该原材料适用的增值税税率为13%，已取得增值税专用发票并已认证。

借：材料采购　1 068 300
　　应交税费——应交增值税（进项税额）　138 879
　　银行存款　53 838
　贷：其他货币资金——银行汇票　1 261 017

同时：

借：原材料　990 000
　　材料成本差异　78 300
　贷：材料采购　1 068 300

(3) 2×18年1月1日，该施工企业与甲公司签订一项工期为半年的合同，本年度发生的工程成本为10 800 000元，其中，原材料为9 568 800元，应付施工人员工资为1 080 000元、职工福利为151 200元。本年度已结算并收到甲工程价款14 715 000元（含税）。已知建筑施工企业的增值税税率为9%。

借：合同履约成本——工程施工　10 800 000
　贷：原材料　9 568 800
　　应付职工薪酬——工资　1 080 000
　　　　　　　　——职工福利　151 200

借：应收账款　14 715 000
　贷：合同结算——价款结算　14 715 000
　　应交税费——应交增值税（销项税额）(14 715 000÷(1+9%)×9%)
　　　　1 215 000

借：银行存款　14 715 000
　贷：应收账款——应收工程款（甲工程）　14 715 000

同时：

借：主营业务成本　10 800 000
　贷：合同履约成本　10 800 000

借：合同结算——收入结转　9 000 000
　贷：主营业务收入　9 000 000

(4) 将以公允价值计量且其变动计入其他综合收益的金融资产148 500元出售，收到本金135 000元、投资收益13 500元，均存入银行，假设不考虑增值税的影响。

借：银行存款　148 500
　贷：其他权益工具投资　135 000
　　投资收益　13 500

(5) 购入不需要安装的设备一台，取得的增值税专用发票上注明的价款为9 900 000元，增值税税额为1 287 000元，取得的增值税专用发票已通过认证。另外支付运杂费45 000元，均已通过银行存款支付，设备已交付使用。

借：固定资产　9 945 000
　　应交税费——应交增值税（进项税额）　1 287 000
　贷：银行存款　11 232 000

(6) 固定资产购建工程应付工资900 000元、职工福利费126 000元，应付城镇土地使用税 450 000 元。

借：在建工程 1 476 000

贷：应付职工薪酬——工资 900 000

——职工福利 126 000

应交税费——城镇土地使用税 450 000

（7）出售一台 2×15 年购入的设备，原价为 7 200 000 元，已提折旧 1 800 000 元，出售所得收入为 4 635 000 元（含税），按照简易计税方法适用征收率 3%减按 2%计算增值税。发生清理费用 450 000 元，均通过银行存款收支，清理费用取得增值税普通发票，均通过银行存款收支。该项设备已清理完毕。

借：固定资产清理 5 400 000

累计折旧 1 800 000

贷：固定资产 7 200 000

借：银行存款 4 635 000

贷：固定资产清理 4 545 000

应交税费——应交增值税（销项税额）（4 635 000÷（1+3%）×2%） 90 000

借：固定资产清理 450 000

贷：银行存款 450 000

借：资产处置损益 1 305 000

贷：固定资产清理 1 305 000

（8）向银行借入长期借款 18 000 000 元，已存入银行。

借：银行存款 18 000 000

贷：长期借款 18 000 000

（9）2×19 年 5 月 31 日，该施工企业与乙公司签订一项工期为半年的合同，本年度发生的工程成本为 5 400 000 元，其中，原材料 4 784 400 元，应付施工人员工资 540 000 元、职工福利 75 600 元。该施工企业本年度应结算乙公司工程价款 9 810 000 元（含税）。已知该施工企业的增值税税率为 9%。

借：合同履约成本——工程施工 5 400 000

贷：原材料 4 784 400

应付职工薪酬——工资 540 000

——职工福利 75 600

借：应收账款——应收工程款（乙工程） 9 810 000

贷：合同结算——价款结算 9 000 000

应交税费——应交增值税（销项税额）（9 000 000×9%） 810 000

同时：

借：合同结算——收入结转 9 000 000

贷：主营业务收入 9 000 000

借：主营业务成本 5 400 000

贷：合同履约成本 5 400 000

（10）计提应收账款的坏账准备 97 200 元。

借：资产减值损失 97 200

贷：坏账准备 97 200

(11) 归还短期借款本金 4 500 000 元、利息 180 000 元。

借：短期借款 4 500 000

财务费用 180 000

贷：银行存款 4 680 000

(12) 提取现金 2 700 000 元，以备发工资。

借：库存现金 2 700 000

贷：银行存款 2 700 000

(13) 支付工资 2 700 000 元，其中，包括支付给固定资产购建工程人员的工资 900 000 元。

借：应付职工薪酬——工资 2 700 000

贷：库存现金 2 700 000

(14) 分配企业行政管理人员工资 180 000 元。

借：管理费用 180 000

贷：应付职工薪酬——工资 180 000

(15) 按上述行政管理职工工资提取职工福利 25 200 元。

借：管理费用 25 200

贷：应付职工薪酬——职工福利 25 200

(16) 用银行存款 1 242 000 元支付业务招待费。

借：管理费用 1 242 000

贷：银行存款 1 242 000

(17) 提取现金 270 000 元，支付职工补充养老保险。

借：库存现金 270 000

贷：银行存款 270 000

借：管理费用 270 000

贷：库存现金 270 000

(18) 本期应交增值税 689 121 元、城市维护建设税 48 238.47 元、教育费附加 20 673.63 元。

借：应交税费——应交增值税（转出未交增值税） 689 121

贷：应交税费——未交增值税 689 121

借：税金及附加 68 912.1

贷：应交税费——应交城市维护建设税 48 238.47

——应交教育费附加 20 673.63

(19) 用银行存款缴纳增值税 689 121 元、城市维护建设税 48 238.47 元、教育费附加 20 673.63 元、城镇土地使用税 450 000 元。

借：应交税费——未交增值税 689 121

——应交城市维护建设税 48 238.47

——应交教育费附加 20 673.63

——城镇土地使用税 450 000

贷：银行存款 1 208 033.1

(20) 计算并结转应交所得税 736 296.99 元，企业所得税税率为 25%。

借：所得税费用　　736 296.99

　贷：应交税费——应交所得税　　736 296.99

(21) 结转本年利润。

借：主营业务收入　　22 500 000

　　投资收益　　13 500

　贷：本年利润　　22 513 500

借：本年利润　　20 304 609.09

　贷：管理费用　　1 717 200

　　　资产处置损益　　1 305 000

　　　主营业务成本　　16 200 000

　　　财务费用　　180 000

　　　税金及附加　　68 912.1

　　　资产减值损失　　97 200

　　　所得税费用　　736 296.99

(22) 结转本年实现的利润。

借：本年利润　　2 208 890.91

　贷：利润分配——未分配利润　　2 208 890.91

(23) 提取法定盈余公积金 220 889.1 元、任意盈余公积金 110 444.55 元。

借：利润分配——提取法定盈余公积　　220 889.1

　　　　　　——提取任意盈余公积　　110 444.55

　贷：盈余公积　　331 333.65

同时：

借：利润分配——未分配利润　　331 333.65

　贷：利润分配——提取法定盈余公积　　220 889.1

　　　　　　　——提取任意盈余公积　　110 444.55

(24) 用银行存款缴纳所得税 736 296.99 元。

借：应交税费——应交所得税　　736 296.99

　贷：银行存款　　736 296.99

(25) 归还一年内到期的长期借款 9 000 000 元。

借：长期借款　　9 000 000

　贷：银行存款　　9 000 000

第二，根据上述经济业务及其会计处理，编制该施工企业 2×19 年 12 月 31 日的资产负债表（见表 14－6）和 2×19 年度的利润表（表 14－7）。

表 14－6　资产负债表　　　　会企 01 表

编制单位：某施工企业　　　　2×19 年 12 月 31 日　　　　单位：元

资产	期末余额	上年年末余额	负债和股东权益	期末余额	上年年末余额
流动资产：			流动负债：		
货币资金	26 399 990.91	23 427 000	短期借款	4 500 000	9 000 000

续表

资产	期末余额	上年年末余额	负债和股东权益	期末余额	上年年末余额
交易性金融资产	1 890 000	1 890 000	交易性金融负债	0	0
应收票据	7 200 000	7 200 000	应付票据	12 600 000	14 400 000
应收账款	23 716 800	14 040 000	应付账款	18 054 000	18 054 000
应收账款融资	0	0	预收款项	5 400 000	5 400 000
预付款项	1 260 000	1 260 000	合同负债	0	0
其他应收款	54 000	54 000	应付职工薪酬	1 242 000	864 000
存货	95 422 500	108 707 400	应交税费	392 400	392 400
合同资产	0	0	其他应付款	1 134 000	1 134 000
持有待售资产	0	0	持有待售负债	0	0
一年内到期的非流动资产	0	0	一年内到期的非流动负债	0	9 000 000
其他流动资产	0	0	其他流动负债	0	0
流动资产合计	155 943 290.91	156 542 400	流动负债合计	43 822 400	58 244 400
非流动资产：			非流动负债：		
债权投资	0	0	长期借款	36 000 000	18 000 000
其他债权投资	0	0	应付债券	1 368 000	1 368 000
长期应收款	0	0	长期应付款	0	0
长期股权投资	0	0	预计负债	0	0
其他权益工具投资	153 000	288 000	递延收益	0	0
其他非流动金融资产	0	0	递延所得税负债	0	0
投资性房地产	0	0	其他非流动负债	0	0
固定资产	32 445 000	27 900 000	非流动负债合计	37 368 000	19 368 000
在建工程	7 236 000	5 760 000	负债合计	80 690 400	77 612 400
生产性生物资产	0	0	股东权益：		
油气资产	0	0	股本	90 000 000	90 000 000
无形资产	1 800 000	1 800 000	其他权益工具	0	0
开发支出	0	0	专项储备	0	0
商誉	0	0	资本公积	14 400 000	14 400 000
长期待摊费用	3 240 000	3 240 000	减：库存股	0	0
递延所得税资产	0	0	其他综合收益	18 000	18 000
其他非流动资产	0	0	盈余公积	3 931 333.65	3 600 000
非流动资产合计	44 874 000	38 988 000	未分配利润	11 777 557.26	9 900 000
资产总计	200 817 290.91	195 530 400	股东权益合计	120 126 890.91	117 918 000
			负债和股东权益总计	200 817 290.91	195 530 400

表 14-7 利润表

会企 02 表

编制单位：某施工企业　　2×19 年度　　单位：元

项目	本期金额	上期金额
一、营业收入	22 500 000	79 840 800
减：营业成本	16 200 000	34 513 200
税金及附加	68 912.1	3 843 000
管理费用	1 717 200	13 105 800
研发费用	0	0
财务费用	180 000	990 000
加：其他收益	0	0
投资收益（损失以“—”号填列）	13 500	576 000
其中：对联营企业和合营企业的投资收益	0	0
净敞口套期收益（损失以“—”号填列）	0	0
公允价值变动收益（损失以“—”号填列）	0	0
信用减值损失（损失以“—”号填列）	0	0
资产减值损失（损失以“—”号填列）	—97 200	0
资产处置收益（损失以“—”号填列）	—1 305 000	0
二、营业利润（亏损以“—”号填列）	2 945 187.9	27 964 800
加：营业外收入	0	1 440 000
减：营业外支出	0	756 000
三、利润总额（亏损总额以“—”号填列）	2 945 187.9	28 648 800
减：所得税费用	736 296.99	7 162 200
四、净利润（净亏损以“—”号填列）	2 208 890.91	21 486 600
五、其他综合收益的税后净额	0	18 000
（一）以后不能重分类进损益的其他综合收益		
1. 重新计量设定受益计划变动额	0	0
2. 权益法下不能转损益的其他综合收益	0	0
3. 其他权益工具投资公允价值变动	0	18 000
4. 企业自身信用风险公允价值变动	0	0
（二）以后将重分类进损益的其他综合收益		
1. 权益法下可转损益的其他综合收益	0	0
2. 其他债权投资公允价值变动	0	0
3. 金融资产重分类计入其他综合收益的金额	0	0
4. 其他债权投资信用减值准备	0	0
5. 现金流量套期储备	0	0
6. 外币财务报表折算差额	0	0
六、综合收益总额	2 208 890.91	21 504 600
七、每股收益		
（一）基本每股收益	（略）	（略）
（二）稀释每股收益	（略）	（略）

第三，编制现金流量表。采用工作底稿法编制程序，具体步骤如下：

第一步：将资产负债表的上年年末余额和期末余额过入工作底稿的期初数栏和期末数栏（见表 14-8）。

第二步：对当期业务进行分析并编制调整分录。编制分录时，要以利润表项目为基础，从“营业收入”项目开始，结合资产负债表项目逐一分析。调整分录如下：

（1）分析调整营业收入：

借：经营活动现金流量——销售商品、提供劳务收到的现金　12 787 200
　　应收账款　9 712 800
　贷：营业收入　22 500 000
　　　合同负债　500 000

（2）分析调整营业成本：

借：营业成本　16 200 000
　　应付票据　1 800 000
　贷：经营流动现金流量——购买商品、接受劳务支付的现金　4 715 100
　　　存货　13 284 900

（3）调整管理费用：

借：管理费用　1 717 200
　贷：经营活动现金流量——支付其他与经营活动有关的现金　1 717 200

（4）调整税金及附加：

借：税金及附加　68 912.1
　贷：经营活动现金流量——支付的各项税费　68 912.1

（5）调整财务费用：

借：财务费用　180 000
　贷：筹资活动现金流量——偿付利息支付的现金　180 000

（6）调整投资收益：

借：投资活动现金流量——收回投资收到的现金　148 500
　贷：其他权益工具投资　135 000
　　　投资收益　13 500

（7）调整所得税：

借：所得税费用　736 296.99
　贷：应交税费　736 296.99

（8）调整资产处置收益：

借：投资活动现金流量——处置固定资产收到的现金　4 095 000
　　资产处置收益　1 305 000
　贷：固定资产　5 400 000

（9）调整坏账准备：

借：资产减值损失　97 200
　贷：经营活动现金流量——销售商品、提供劳务收到的现金　97 200

（10）调整固定资产：

借：固定资产　9 945 000
　贷：投资活动现金流量——购建固定资产支付的现金　9 945 000

（11）调整在建工程：

借：在建工程　1 476 000

贷：应付职工薪酬 126 000

投资活动现金流量——购建固定资产支付的现金 1 350 000

（12）调整短期借款：

借：短期借款 4 500 000

贷：筹资活动现金流量——偿还债务支付的现金 4 500 000

（13）调整应付职工薪酬：

借：经营流动现金流量——购买商品、接受劳务支付的现金 1 846 800

——支付其他与经营活动有关的现金 205 200

贷：经营活动现金流量——支付给职工以及为职工支付的现金 1 800 000

应付职工薪酬 252 000

（14）调整应交税费：

借：应交税费 736 296.99

贷：经营活动现金流量——支付的各项税费 736 296.99

（15）调整长期借款，以现金偿还一年内到期的长期借款时：

借：一年内到期的非流动负债 9 000 000

贷：筹资活动现金流量——偿还债务支付的现金 9 000 000

（16）举借长期借款时：

借：筹资活动现金流量——取得借款收到的现金 18 000 000

贷：长期借款 18 000 000

（17）结转净利润：

借：净利润 2 208 890.91

贷：未分配利润 2 208 890.91

（18）提取盈余公积：

借：未分配利润 331 333.65

贷：盈余公积 331 333.65

（19）调整现金及现金等价物净变化额：

借：货币资金 2 972 990.91

贷：现金及现金等价物 2 972 990.91

第三步：将上述调整分录过入工作底稿的相应部分（见表 14－8）。

表 14－8 现金流量表工作底稿 单位：元

项目	期初数	调整分录		期末数
		借方	贷方	
一、资产负债表项目				
借方项目：				
货币资金	23 427 000	(19)2 972 990.91		26 399 990.91
交易性金融资产	1 890 000			1 890 000
应收票据	7 200 000			7 200 000
应收账款	14 004 000	(1)9 712 800		23 716 800
预付款项	1 260 000			1 260 000

续表

项目	期初数	调整分录		期末数
		借方	贷方	
其他应收款	54 000			54 000
存货	108 707 400		(2) 13 284 900	95 422 500
其他权益工具投资	288 000		(6) 135 000	153 000
固定资产	27 900 000	(10) 9 945 000	(8) 5 400 000	32 445 000
在建工程	5 760 000	(11) 1 476 000		7 236 000
无形资产	1 800 000			1 800 000
长期待摊费用	3 240 000			3 240 000
借方项目合计	195 530 400			200 817 290.9
贷方项目：				
短期借款	9 000 000	(12) 4 500 000		4 500 000
应付票据	14 400 000	(2) 1 800 000		12 600 000
应付账款	18 054 000			18 054 000
预收款项	5 400 000			5 400 000
应付职工薪酬	864 000		(11) 126 000 (13) 252 000	1 242 000
应交税费	392 400	(14)736 296.99	(7) 736 296.99	392 400
其他应付款	1 134 000			1 134 000
一年内到期的非流动负债	9 000 000	(15) 9 000 000		0
长期借款	18 000 000		(16) 18 000 000	36 000 000
应付债券	1 368 000			1 368 000
股本	90 000 000			90 000 000
资本公积	14 400 000			14 400 000
其他综合收益	18 000			18 000
盈余公积	3 600 000		331 333.65	3 931 333.65
未分配利润	9 900 000	(18) 276 254.19	(17)1 841 694.6	11 465 440.41
贷方项目合计	195 530 400			200 817 290.9
二、利润表项目				
营业收入	0		(1) 22 500 000	22 500 000
营业成本	0	(2) 16 200 000		16 200 000
税金及附加	0	(4) 68 912.1		68 912.1
管理费用	0	(3) 1 717 200		1 717 200
财务费用	0	(5) 180 000		180 000
资产减值损失	0	(9) 97 200		97 200
投资收益	0		(6) 13 500	13 500
资产处置收益	0	(8) 1 305 000		−1 305 000
营业外收入	0			0
营业外支出	0			0
所得税费用	0	(7) 736 296.99		736 296.99
净利润	0	(17)2 208 890.91		2 208 890.91

续表

项目	期初数	调整分录		期末数
		借方	贷方	
三、现金流量表项目				
（一）经营活动产生的现金流量				
销售商品、提供劳务收到的现金	0	（1）12 787 200	（9）97 200	12 690 000
经营活动现金流入小计	0			12 690 000
购买商品、接受劳务支付的现金	0	（13）1 846 800	（2）4 715 100	2 868 300
支付给职工以及为职工支付的现金	0		（13）1 800 000	1 800 000
支付的各项税费	0		（4）68 912.1 （14）736 296.99	805 209.09
支付其他与经营活动有关的现金	0	（13）205 200	（3）1 717 200	1 512 000
经营活动现金流出小计	0			6 985 509.09
经营活动产生现金流量净额	0			5 704 490.91
（二）投资活动产生的现金流量				0
收回投资收到的现金	0	（6）148 500		148 500
取得投资收益收到的现金	0			0
处置固定资产、无形资产和其他长期资产收回的现金净额	0	（8）4 095 000		4 095 000
投资活动现金流入小计	0			4 243 500
购建固定资产、无形资产和其他长期资产支付的现金	0		（10）9 945 000 （11）1 350 000	11 295 000
投资活动现金流出小计	0			11 295 000
投资活动产生的现金流量净额	0			−7 051 500
（三）筹资活动产生的现金流量				
取得借款收到的现金	0	（16）18 000 000		18 000 000
筹资活动现金流入小计	0			18 000 000
偿还债务支付的现金	0		（12）4 500 000 （15）9 000 000	13 500 000
分配股利、利润或偿付利息支付的现金	0		（5）180 000	180 000
筹资活动现金流出小计	0			13 680 000
筹资活动产生现金流量净额	0			4 320 000
（四）现金及现金等价物净增加额	0		（19）2 972 990.91	2 972 990.91
调整分录借贷合计		100 070 621.55	100 070 621.55	

第四步：核对调整分录，借方、贷方合计数均已经相等，资产负债表项目期初数加减调整分录中的借贷金额以后，应等于表中的期末数。

第五步：根据工作底稿中的现金流量表项目部分编制正式的现金流量表（见表 14-9），现金流量表补充资料如表 14-10 所示。

表 14-9 现金流量表

会企 03 表

编制单位：某施工企业　　2×19 年度　　单位：元

项目	本期金额	上期金额（略）
一、经营活动产生的现金流量		
销售商品、提供劳务收到的现金	12 690 000	
收到的税费返还	0	
收到其他与经营活动有关的现金	0	
经营活动现金流入小计	12 690 000	
购买商品、接受劳务支付的现金	2 868 300	
支付给职工以及为职工支付的现金	1 800 000	
支付的各项税费	805 209.09	
支付其他与经营活动有关的现金	1 512 000	
经营活动现金流出小计	6 985 509.09	
经营活动产生的现金流量净额	5 704 490.91	
二、投资活动产生的现金流量	0	
收回投资收到的现金	148 500	
取得投资收益收到的现金	0	
处置固定资产、无形资产和其他长期资产收回的现金净额	4 095 000	
处置子公司及其他营业单位收到的现金净额	0	
收到其他与投资活动有关的现金	0	
投资活动现金流入小计	4 243 500	
购建固定资产、无形资产和其他长期资产支付的现金	11 295 000	
投资支付的现金	0	
取得子公司及其他营业单位支付的现金净额	0	
支付其他与投资活动有关的现金	0	
投资活动现金流出小计	11 295 000	
投资活动产生的现金流量净额	−7 051 500	
三、筹资活动产生的现金流量	0	
吸收投资收到的现金	0	
取得借款收到的现金	18 000 000	
收到其他与筹资活动有关的现金	0	
筹资活动现金流入小计	18 000 000	
偿还债务支付的现金	13 500 000	
分配股利、利润或偿付利息支付的现金	180 000	
支付其他与筹资活动有关的现金	0	
筹资活动现金流出小计	13 680 000	
筹资活动产生的现金流量净额	4 320 000	

续表

项目	本期金额	上期金额（略）
四、汇率变动对现金及现金等价物的影响	0	
五、现金及现金等价物净增加额	2 972 990.91	
加：期初现金及现金等价物余额	23 427 000	
六、期末现金及现金等价物余额	26 399 990.91	

表 14-10 现金流量表补充资料表 单位：元

补充资料	本期金额	上期金额（略）
1. 将净利润调节为经营活动现金流量：		
净利润	2 208 990.91	
加：资产减值准备	97 200	
固定资产折旧、油气资产折耗、生产性生物资产折旧	0	
无形资产摊销	0	
长期待摊费用摊销	0	
处置固定资产、无形资产和其他长期资产的损失（收益以“—”号填列）	1 305 000	
固定资产报废损失（收益以“—”号填列）	0	
公允价值变动损失（收益以“—”号填列）	0	
财务费用（收益以“—”号填列）	180 000	
投资损失（收益以“—”号填列）	—13 500	
递延所得税资产的减少（增加以“—”号填列）	0	
递延所得税负债的增加（减少以“—”号填列）	0	
存货的减少（增加以“—”号填列）	13 284 900	
经营性应收项目的减少（增加以“—”号填列）	—9 810 000	
经营性应付项目的增加（减少以“—”号填列）	—1 548 000	
其他	0	
经营活动产生的现金流量净额	5 704 490.91	
2. 不涉及现金收支的重大投资和筹资活动：	0	
债务转为资本	0	
一年内到期的可转换公司债券	0	
融资租入固定资产	0	
3. 现金及现金等价物净变动情况：	0	
现金的期末余额	26 399 990.91	
减：现金的期初余额	23 427 000	
加：现金等价物的期末余额	0	
减：现金等价物的期初余额	0	
现金及现金等价物净增加额	2 972 990.91	

随堂小测验 14-4

1. 【单项选择题】通过现金流量表可以了解到的会计信息是（　　）。

A. 企业固定资产的新旧程度

B. 企业资金的来源渠道和构成
C. 企业所掌握的经济资源及其分布情况
D. 企业在一定期间现金及现金等价物的流入和流出信息及其现金增减变动的原因

2.【单项选择题】处置固定资产的净损益应归为（　）。
A. 投资活动　B. 筹资活动　C. 经营活动　D. 投资和经营活动

3.【单项选择题】不符合现金流量表中现金概念的是（　）。
A. 银行本票存款　B. 银行汇票存款
C. 购入 3 个月内到期国债　D. 不能随时用于支付的存款

4.【多项选择题】下列各项中，属于经营活动产生现金流量的有（　）。
A. 施工企业承包工程实际收到的现金
B. 施工企业销售商品收到的现金
C. 处置固定资产取得净收入
D. 施工企业收到的各种税费返还

5.【多项选择题】下列各项中，属于筹资活动产生现金流量的有（　）。
A. 发行股票收到的现金　B. 核销的坏账损失
C. 借款收到的现金　D. 分配股利支付的现金

6.【判断题】支付在建工程人员的工资属于筹资活动产生的现金流量。（　）

7.【判断题】现金流量表中，罚款支出、支付的差旅费、业务招待费支出、支付的保险费等应在“经营活动产生的现金流量”项下“支付的各项税费”中反映。（　）

第五节　所有者权益变动表

一、所有者权益变动表的含义和意义

所有者权益变动表是反映构成所有者权益的各组成部分当期的增减变动情况的报表。所有者权益变动表应当全面反映一定时期所有者权益变动的情况，不仅包括所有者权益总量的增减变动，还包括所有者权益增减变动的重要结构性信息，特别是要反映直接计入所有者权益的利得和损失，让报表使用者准确理解所有者权益增减变动的根源。

（一）所有者权益变动表在一定程度上体现了企业综合收益

综合收益，是指企业在某一期间与所有者之外的其他方面进行交易或发生其他事项引起的净资产变动。综合收益的构成包括两部分：净利润和其他综合收益。其中，前者是企业已实现并已确认的收益，后者是企业当年根据企业会计准则规定未在损益中确认的各项利得和损失扣除所得税影响后的净额。用公式表示如下：

综合收益＝净利润＋其他综合收益的税后净额

其中　净利润＝收入－费用＋直接计入当期损益的利得和损失

在所有者权益变动表中，净利润和其他综合收益均单列项目反映，体现了企业综

合收益的构成，能够更好地帮助投资者获得与其决策相关的全面收益信息。

（二）所有者权益变动表全面反映了企业的所有者权益在年度内的变化情况

所有者权益变动表可以反映股东所拥有的权益，据以判断资本保值增值的情况以及对负债的保障程度；全面反映企业的所有者权益在年度内的变化情况，便于会计信息使用者深入分析企业所有者权益的增减变化情况，进而对企业的资本保值增值情况做出正确判断。投资人可以透过所有者权益变动表看出被投资方的投资价值，以及股利发放、员工红利等各项权益变动因素，从而预测投资效益。从受托责任角度看，编制所有者权益变动表，既是对投资者负责，也是对股东和企业自身负责。

（三）所有者权益变动表为利润表和资产负债表提供辅助信息

所有者权益变动表中的“其他综合收益”以及“利润分配”，与利润表之间存在较强的关联性。“其他综合收益”与利润表中的“公允价值变动收益”相辅相成，共同反映了公允价值变动对企业产生的影响。“利润分配”则提供了企业利润分配的去向和数量，为利润表提供辅助信息。所有者权益变动表中提供的所有者结构变动信息与资产负债表中所有者权益部分相辅相成，提供了所有者权益具体项目变动的过程及其原因。

（四）所有者权益变动表体现会计政策变更和前期差错更正对所有者权益的影响

会计政策变更和前期差错更正对所有者权益本年年初余额的影响，除了在附注中披露与会计政策变更、前期差错更正有关的信息外，还在所有者权益变动表上直接列示会计政策变更和前期差错更正对所有者权益的影响，使会计政策变更、前期差错更正对所有者权益的影响得到更清晰的体现。

二、所有者权益变动表的内容及列报格式

（一）所有者权益变动表的内容

在所有者权益变动表中，企业至少应当单独列示反映下列信息：

（1）净利润；

（2）其他综合收益；

（3）会计政策变更和差错更正的累积影响金额；

（4）所有者投入资本和向所有者分配利润等；

（5）提取的盈余公积；

（6）实收资本或股本、资本公积、盈余公积、未分配利润的期初和期末余额及其调节情况。

（二）所有者权益变动表的列报格式

1. *以矩阵的形式列报*

为了清楚地表明构成所有者权益的各组成部分当期的增减变动状况，所有者权益变动表应当以矩阵的形式列示。一方面，列示导致所有者权益变动的交易或事项，改变了以往仅仅按照所有者权益的各组成部分反映所有者权益变动情况，而是从所有者

权益变动的来源对一定时期所有者权益变动情况进行全面反映；另一方面，按照所有者权益各组成部分（包括实收资本、资本公积、盈余公积、未分配利润和库存股）及其总额列示交易或事项对所有者权益的影响。

2. 列示所有者权益变动的比较信息

根据《企业会计准则第 30 号——财务报表列报》的规定，企业需要提供比较所有者权益变动表，因此，所有者权益变动表还就各项目再分为“本期金额”和“上期金额”两栏分别填列。所有者权益变动表的具体格式参见《〈企业会计准则第 30 号——财务报表列报〉应用指南》。

三、所有者权益变动表的列报方法

（一）“上期金额”栏的列报方法

所有者权益变动表“上期金额”栏内各项数字，应根据上年度所有者权益变动表“本期金额”栏内所列数字填列。如果上年度所有者权益变动表规定的各个项目的名称和内容同本年度不一致，应对上年度所有者权益变动表各项目的名称和数字按本年度的规定进行调整，填入所有者权益变动表“上期金额”栏内。

（二）“本期金额”栏的填列方法

所有者权益变动表“本期金额”栏内各项数字一般应根据“实收资本”（或“股本”）、“其他权益工具”、“资本公积”、“盈余公积”、“其他综合收益”、“利润分配”、“库存股”、“以前年度损益调整”账户及其明细账户的发生额分析填列。

（三）所有者权益变动表各项目的列报说明

（1）“上年年末余额”项目，反映企业上年资产负债表中实收资本（或股本）、资本公积、盈余公积、未分配利润的年末余额。

（2）“会计政策变更”和“前期差错更正”项目，分别反映企业采用追溯调整法处理的会计政策变更的累积影响金额和采用追溯重述法处理的会计差错更正的累积影响金额。

为了体现会计政策变更和前期差错更正的影响，企业应当在上期期末所有者权益余额的基础上进行调整，得出本期期初所有者权益，根据“盈余公积”“其他综合收益”“利润分配”“以前年度损益调整”等账户的发生额分析填列。

（3）“本年增减变动额”项目分别反映如下内容：

1）“净利润”项目，反映企业当期实现的净利润（或净亏损）金额，并对应列在“未分配利润”栏。

2）“其他综合收益”项目，反映企业当期根据企业会计准则规定未在损益中确认的各项利得和损失扣除所得税影响后的净额，并对应列在“其他综合收益”栏。

综合收益总额，即 1）和 2）小计项目，反映企业当期实现的净利润（或净亏损）金额和当期直接计入其他综合收益金额的合计额。

3）“所有者投入和减少资本”项目，反映企业当期所有者投入的资本和减少的资本。其中："所有者投入资本"项目，反映企业接受投资者投资形成的实收资本（或股本）和资本溢价或股本溢价，并对应列在"实收资本"（或"股本"）和"资本公积"栏；"股份支付计入所有者权益的金额"项目，反映企业处于等待期中的权益结算的股份支付当期计入资本公积的金额，并对应列在"资本公积"栏。

4）"利润分配"下各项目，反映当期对所有者（或股东）分配的利润（或股利）金额和按照规定提取的盈余公积金额，并对应列在"未分配利润"和"盈余公积"栏。其中："提取盈余公积"项目，反映企业按照规定提取的盈余公积；"对所有者（或股东）的分配"项目，反映对所有者（或股东）分配的利润（或股利）金额。

5）"所有者权益内部结转"下各项目，反映不影响当期所有者权益总额的所有者权益各组成部分之间当期的增减变动，包括资本公积转增资本（或股本）、盈余公积转增资本（或股本）、盈余公积弥补亏损等项目的金额。为了全面反映所有者权益各组成部分的增减变动情况，所有者权益内部结转也是所有者权益变动表的重要组成部分，主要指不影响所有者权益总额、所有者权益的各组成部分当期的增减变动。

①"资本公积转增资本（或股本）"项目，反映企业以资本公积转增资本或股本的金额。

②"盈余公积转增资本（或股本）"项目，反映企业以盈余公积转增资本或股本的金额。

③"盈余公积弥补亏损"项目，反映企业以盈余公积弥补亏损的金额。

④"设定受益计划变动额结转留存收益"项目，反映从设定受益计划变动额中转入留存收益的金额。

⑤"其他综合收益结转留存收益"项目，反映企业指定为以公允价值计量且其变动计入其他综合收益的非交易性权益工具投资终止确认时，之前计入其他综合收益的累计利得或损失从其他综合收益中转入留存收益的金额；企业指定为以公允价值计量且其变动计入当期损益的金融负债终止确认时，之前由企业自身信用风险变动引起而计入其他综合收益的累计利得或损失从其他综合收益中转入留存收益的金额等。该项目应根据"其他综合收益"账户的相关明细账户的发生额分析填列。

所有者权益变动表的具体格式如表14－11所示。

例14－4

接例14－1、例14－2和例14－3，该施工企业2×19年度的利润分配情况为：提取法定盈余公积金220 889.1元、任意盈余公积金110 444.55元。做如下会计分录：

借：利润分配——提取法定盈余公积	220 889.1	
——提取任意盈余公积	110 444.55	
贷：盈余公积		331 333.65

根据上述资料，编制施工企业2×19年度的所有者权益变动表（见表14－11）。

表 14－11 所有者权益变动表

会企 04 表

编制单位：某施工企业　　2×19 年度　　单位：元

项目	本年金额											上年金额										
	实收资本（股本）	其他权益工具			资本公积	减：库存股	其他综合收益	专项储备	盈余公积	未分配利润	所有者权益合计	实收资本（股本）	其他权益工具			资本公积	减：库存股	其他综合收益	专项储备	盈余公积	未分配利润	所有者权益合计
		优先股	永续股	其他									优先股	永续股	其他							
一、上年年末余额	90 000 000				14 400 000		18 000		3 600 000	9 900 000	117 918 000	81 000 000				12 960 000				720 795.6	10 800 000	105 480 795.6
加：会计政策变更																						
前期差错更正																						
其他																						
二、本年年初余额	90 000 000				14 400 000		18 000		3 600 000	9 900 000	117 918 000	81 000 000				12 960 000				720 795.6	10 800 000	105 480 795.6
三、本年增减变动金额（减少以“－”号填列）																						
（一）综合收益总额										2 208 890.91	2 208 890.91							18 000			21 486 600	21 504 600
（二）所有者投入和减少资本																						
1. 所有者投入的普通股												9 000 000				1 440 000						10 440 000

续表

项目	本年金额											上年金额										
	实收资本（股本）	其他权益工具			资本公积	减：库存股	其他综合收益	专项储备	盈余公积	未分配利润	所有者权益合计	实收资本（股本）	其他权益工具			资本公积	减：库存股	其他综合收益	专项储备	盈余公积	未分配利润	所有者权益合计
		优先股	永续股	其他									优先股	永续股	其他							
2. 其他权益工具持有者投入资本																						
3. 股份支付计入所有者权益的金额																						
4. 其他																						
（三）利润分配																						
1. 提取盈余公积									331 333.65	−331 333.65										2 879 204.4	−2 879 204.4	
2. 对所有者（或股东）的分配																					−19 507 395.6	−19 507 395.6
3. 其他																						
（四）所有者权益内部结转																						
1. 资本公积转增资本（或股本）																						

续表

项目	本年金额											上年金额										
	实收资本（股本）	其他权益工具			资本公积	减：库存股	其他综合收益	专项储备	盈余公积	未分配利润	所有者权益合计	实收资本（股本）	其他权益工具			资本公积	减：库存股	其他综合收益	专项储备	盈余公积	未分配利润	所有者权益合计
		优先股	永续股	其他									优先股	永续股	其他							
2. 盈余公积转增资本（或股本）																						
3. 盈余公积弥补亏损																						
4. 设定受益计划变动额结转留存收益																						
5. 其他综合收益结转留存收益																						
6. 其他																						
四、本年年末余额	90 000 000				14 400 000		18 000		3 931 333.65	11 777 557.26	120 126 890.9	90 000 000				14 400 000		18 000		3 600 000	9 900 000	117 918 000

随堂小测验 14-5

1.【单项选择题】下列关于所有者权益变动表的等式，正确的是（　　）。

A. 所有者投入和减少的资本＝所有者投入的资本＋股份支付计入所有者权益的金额＋与计入所有者权益项目相关的所得税影响等

B. 直接计入所有者权益的利得和损失＝可供出售金融资产公允价值变动净额＋权益法下被投资单位其他所有者权益变动的影响

C. 利润分配＝提取盈余公积＋对所有者（或股东）的分配等

D. 所有者权益内部结转＝盈余公积转增资本（或股本）＋盈余公积弥补亏损

2.【单项选择题】下列各项中，不属于所有者权益变动表意义的是（　　）。

A. 在一定程度上体现了企业综合收益

B. 能够反映企业的股权集中程度和分散程度

C. 全面反映了企业的所有者权益在年度内的变化情况

D. 体现会计政策变更和前期差错更正对所有者权益的影响

3.【多项选择题】下列项目，属于直接计入所有者权益变动表中所有者权益利得和损失项目的有（　　）。

A. 可供出售金融资产公允价值变动净额

B. 权益法下被投资单位其他所有者权益变动的影响

C. 与计入所有者权益项目相关的所得税影响

D. 现金流量套期工具公允价值变动净额

4.【多项选择题】下列各项中，属于所有者权益内部结转的有（　　）。

A. 资本公积转增资本　　　B. 盈余公积弥补亏损

C. 盈余公积转增资本　　　D. 对所有者（或股东）的分配

5.【判断题】所有者权益变动表中，净利润和其他综合收益均单列项目反映。（　　）

6.【判断题】所有者权益变动表在一定程度上体现了企业综合收益。（　　）

7.【判断题】会计政策变更和差错更正的累积影响金额不需要单独列示。（　　）

第六节　附注

一、附注的含义及披露的基本要求

（一）附注的含义

附注是财务报表不可或缺的组成部分，是对在资产负债表、利润表、现金流量表和所有者权益变动表等报表中列示项目的文字描述或明细资料，以及对未能在这些报表中列示项目的说明等。

财务报表中的数字是经过分类与汇总后的结果，是对企业发生的经济业务的高度简化和浓缩，如没有形成这些数字所使用的会计政策、理解这些数字所必需的披露等，财务报表就不可能充分发挥效用。因此，附注与资产负债表、利润表、现金流量表、所有者权益变动表等报表具有同等重要性，是财务报表的重要组成部分。报表使用者了解企业的财务状况、经营成果和现金流量，应当全面阅读附注。

(二) 附注披露的基本要求

(1) 定量、定性信息相结合。附注披露的信息应是定量、定性信息的结合，从而能从量和质两个角度对企业经济事项完整地进行反映，也才能满足信息使用者的决策需求。

(2) 披露信息应有序并合理排列和分类。由于附注内容繁多，因此更应按逻辑顺序排列，分类披露，条理清晰，具有一定的组织结构，以便于使用者理解和掌握，更好地实现财务报表的可比性。

(3) 与四张主表信息相结合。附注中的相关信息应当与资产负债表、利润表、现金流量表和所有者权益变动表等报表中列示的项目相互参照，以有助于使用者联系相关联的信息，并由此从整体上更好地理解财务报表。

二、附注披露的内容

企业应当按照《企业会计准则第 30 号——财务报表列报》等的要求在附注中至少披露下列内容，但非重要项目除外。

(一) 企业的基本情况

企业应当披露企业注册地、组织形式和总部地址；企业的业务性质和主要经营活动；母公司以及集团最终母公司的名称；财务报告的批准报出者和财务报告批准报出日；按照有关法律、行政法规等的规定，企业所有者或其他方面有权对报出的财务报告进行修改的事实。

(二) 财务报表的编制基础

企业应当披露会计年度、记账本位币、会计计量所运用的计量基础、现金和现金等价物的构成。

(三) 遵循企业会计准则的声明

企业应当明确说明编制的财务报表符合企业会计准则体系的要求，真实、公允地反映了企业的财务状况、经营成果和现金流量。

(四) 重要会计政策和会计估计的说明

企业应当披露重要的会计政策和会计估计，不具有重要性的会计政策和会计估计可以不披露。

1. 重要会计政策的说明

由于企业经济业务的复杂性和多样化，某些经济业务可以有多种会计处理方法，也即存在不止一种可供选择的会计政策。例如，存货的计价可以有先进先出法、加权平均法、个别计价法等；固定资产的折旧，可以有年限平均法、工作量法、双倍余额递减法、年数总额法等。企业在发生某项经济业务时，必须从允许的会计处理方法中选择适合本企业特点的会计政策。企业选择不同的会计处理方法，可能极大地影响企业的财务状况和经营成果，进而编制出不同的财务报表。为了有助于报表使用者理解，有必要对这些会计政策加以披露。

需要特别指出的是，说明会计政策时还需要披露下列两项内容：

第一，财务报表项目的计量基础。会计计量属性包括历史成本、重置成本、可变现净值、现值和公允价值，这直接显著地影响报表使用者的分析。这项披露要求便于使用者了解企业财务报表中的项目是按何种计量基础予以计量的，如存货是按成本还是按可变现净值计量等。

第二，会计政策的确定依据，主要是指企业在运用会计政策过程中所做的对报表中确认的项目金额最具影响的判断。例如，企业如何判断持有的金融资产是持有至到期的投资而不是交易性投资；对于拥有的持股不足50%的关联企业，企业如何判断其拥有该关联企业的控制权因此将其纳入合并范围；企业如何判断与租赁资产相关的所有风险和报酬已转移给企业从而符合融资租赁的标准；投资性房地产的判断标准是什么；等等。这些判断对在报表中确认的项目金额具有重要影响。因此，这项披露要求有助于使用者理解企业选择和运用会计政策的背景，增加财务报表的可理解性。

企业应当披露的重要会计政策主要有：

（1）存货。企业应在财务报表附注中说明确定发出存货成本所采用的方法、可变现净值的确定方法以及存货跌价准备的计提方法。

（2）投资性房地产。企业应在财务报表附注中说明投资性房地产的计量模式；采用公允价值模式的，应说明投资性房地产公允价值的确定依据和方法。

（3）固定资产。企业应在财务报表附注中说明固定资产的确认条件和计量基础、固定资产的折旧方法。

（4）无形资产。企业应在财务报表附注中说明使用寿命有限的无形资产的使用寿命的估计情况，使用寿命不确定的无形资产的使用寿命不确定的判断依据，无形资产的摊销方法，企业判断无形资产项目支出满足资本化条件的依据。

（5）资产减值。企业应在财务报表附注中说明资产或资产组可收回金额的确定方法；可收回金额按照资产组的公允价值减去处置费用后的净额确定的，确定公允价值减去处置费用后的净额的方法、所采用的各关键假设及其依据；可收回金额按照资产组预计未来现金流量的现值确定的，预计未来现金流量的各关键假设及其依据；分摊商誉到不同资产组采用的各关键假设及其依据。

（6）股份支付。企业应在财务报表附注中说明权益工具公允价值的确定方法。

（7）债务重组。企业应在财务报表附注中说明债务人债务重组中转让的非现金资产的公允价值、由债务转成的股份的公允价值和修改其他债务条件后债务的公允价值的确定方法及其依据；债权人债务重组中受让的非现金资产的公允价值、由债权转成的股份的公允价值和修改其他债务条件后债权的公允价值的确定方法及其依据。

（8）收入。企业应在财务报表附注中说明收入确认所采用的会计政策，包括确定提供劳务交易完工进度的方法。

（9）所得税。企业应在财务报表附注中说明确认递延所得税资产的依据。

（10）外币折算。企业应在财务报表附注中说明企业及其境外经营选定的记账本位币及选定的原因，记账本位币发生变更的理由。

（11）金融工具。企业应在财务报表附注中说明与金融工具有关的下列信息：

1）对于指定为以公允价值计量且其变动计入当期损益的金融资产或金融负债，应当披露下列信息：①指定的依据；②指定的金融资产或金融负债的性质；③指定后如何消除或明显减少原来由于该金融资产或金融负债的计量基础不同所导致的相关利得或损失在确认或计量方面不一致的情况，以及是否符合企业正式书面文件载明的风险管理或投资策略的说明。

2）指定金融资产为以公允价值计量且其变动计入其他综合收益的金融资产的条件。

3）确定金融资产已发生减值的客观依据以及计算确定金融资产减值损失所使用的具体方法。

4）金融资产和金融负债的利得和损失的计量基础。

5）金融资产和金融负债终止确认的条件。

6）其他与金融工具相关的会计政策。

（12）租赁。企业应当根据理解财务报表的需要，披露有关租赁活动定性和定量信息。

（13）企业合并。企业应在财务报表附注中说明属于同一控制下企业合并的判断依据、非同一控制下企业合并成本的公允价值的确定方法。

（14）其他。

2. 重要会计估计的说明

《企业会计准则第 30 号——财务报表列报》强调了对会计估计不确定因素的披露要求，企业应当披露会计估计中所采用的关键假设和不确定因素的确定依据，这些关键假设和不确定因素在下一会计期间很可能导致对资产、负债的账面价值进行重大调整。

在确定报表中确认的资产和负债的账面金额过程中，企业有时需要对不确定的未来事项在资产负债表日对这些资产和负债的影响加以估计。例如，固定资产可收回金额的计算需要根据其公允价值减去处置费用后的净额与预计未来现金流量的现值两者之间较高者确定，在计算资产预计未来现金流量的现值时需要对未来现金流量进行预测，并选择适当的折现率，应当在附注中披露未来现金流量预测所采用的假设及其依据、所选择的折现率为什么是合理的等。又如，为正在进行中的诉讼提取准备时最佳估计数的确定依据等。这些假设的变动对这些资产和负债项目金额的确定影响很大，有可能会在下一会计年度内做出重大调整。因此，强调这一披露要求有助于提高财务报表的可理解性。

（五）会计政策和会计估计变更以及差错更正的说明

企业应在财务报表附注中说明与会计政策、会计估计变更以及差错更正相关的下列信息：

（1）会计政策变更的性质、内容和原因。

（2）当期和各个列报前期财务报表中受影响的项目名称和调整金额。

（3）会计政策变更无法进行追溯调整的事实和原因以及开始应用变更后的会计政

策的时点、具体应用情况。

(4) 会计估计变更的内容和原因。

(5) 会计估计变更对当期和未来期间的影响金额。

(6) 会计估计变更的影响数不能确定的事实和原因。

(7) 前期差错的性质。

(8) 各个列报前期财务报表中受影响的项目名称和更正金额；前期差错对当期财务报表也有影响的，还应披露当期财务报表中受影响的项目名称和金额。

(9) 前期差错无法进行追溯重述的事实和原因，以及对前期差错开始进行更正的时点、具体更正情况。

(六) 会计报表重要项目的说明

施工企业应当以文字和数字描述相结合，尽可能以列表形式披露报表重要项目的构成或当期增减变动情况，并且报表中重要项目的明细金额合计应当与报表项目金额相衔接。在披露顺序上，一般应当按照资产负债表、利润表、现金流量表、所有者权益变动表的顺序及其项目的顺序列示。

资产减值准备明细表、分部报表、现金流量表补充资料应当在附注中单独披露，不作为报表附表。

以下就几个重要项目进行举例说明。

1. 应收款项

在财务报表附注中应说明坏账的确认标准，以及坏账准备的计提方法和计提比例，并重点说明如下事项：

(1) 以前年度已全额计提坏账准备或计提坏账准备的比例较大，但在本年度又全额或部分收回或者通过重组等其他方式收回的，应说明其原因、原估计计提比例的理由及原估计计提比例的合理性。

(2) 本年度实际冲销的应收款项及其理由，其中，实际冲销的关联交易产生的应收款项应单独披露。应收款项应参考表 14-12 的格式进行披露。

表 14-12 应收款项明细表金额 单位：元

账龄	期末余额			年初余额		
	金额	比例 (%)	坏账准备	金额	比例 (%)	坏账准备
1年以内						
1～2年						
2～3年						
3年以上						
合计						

2. 存货

在财务报表附注中应说明本期存货跌价准备计提和转回的原因，用于担保的存货的账面价值，以及存货的具体构成。存货应参考表 14-13、表 14-14 的格式进行披露。

表 14-13　存货明细表　　单位：元

项目	期末数			期初数		
	账面余额	跌价准备	账面价值	账面价值	跌价准备	账面价值
1. 原材料						
2. 在产品						
3. 库存商品						
4. 包装物及低值易耗品						
⋮						
合计						

表 14-14　当期合同预计损失原因和金额明细表　　单位：元

合同		合同总金额	当期预计损失	原因
固定造价合同	1.			
	2.			
	3.			
	⋮			
	小计			
成本加成合同	1.			
	2.			
	3.			
	⋮			
	小计			

3. 固定资产

在财务报表附注中应说明固定资产的分类、使用寿命、预计净残值和折旧率，各类固定资产的期初和期末原价、累计折旧额及固定资产减值准备累计金额，对固定资产所有权的限制及其金额和用于债务担保的固定资产账面价值，准备处置的固定资产的名称、账面价值、公允价值、预计处置费用和预计处置时间等。

有关固定资产的分类、使用寿命、预计净残值和折旧率应参考表 14-15 的格式进行披露。

表 14-15　固定资产基本情况明细表　　单位：元

固定资产的种类	使用寿命	预计净残值	折旧率
1. 房屋、建筑物			
2. 机器设备			
3. 运输工具			
⋮			

有关固定资产累计折旧额和固定资产减值准备的披露信息应参考表 14-16 的格式进行披露。

表 14 - 16　固定资产磨损减值情况明细表

单位：元

项目	年初余额	本期增加额	本期减少额	期末余额
一、原价合计				
其中：房屋、建筑物				
机器设备				
运输工具				
⋮				
二、累计折旧合计				
其中：房屋、建筑物				
机器设备				
运输工具				
⋮				
三、固定资产减值准备累计金额合计				
其中：房屋、建筑物				
机器设备				
运输工具				
⋮				
四、固定资产账面价值合计				
其中：房屋、建筑物				
机器设备				
运输工具				
⋮				

有关固定资产处置情况信息应参考表 14 - 17 的格式进行披露。

表 14 - 17　固定资产处置情况明细表

单位：元

固定资产名称	账面价值	公允价值	预计处置费用	预计处置时间	准备采用的处置方式
1.					
2.					
⋮					

4．资产减值准备

在财务报表附注中应说明施工企业各项资产减值准备的增减变动情况，编制资产减值准备明细表。资产减值准备明细表的各项目应根据“可供出售金融资产减值准备”“持有至到期投资减值准备”“坏账准备”“存货跌价准备”“长期股权投资减值准备”“固定资产减值准备”“在建工程减值准备”等账户的记录分析填列。

资产减值准备应参考表 14 - 18 的格式进行披露。

表 14 - 18　资产减值准备明细表

单位：元

项目	本期发生额	上期发生额
一、坏账准备合计		
其中：应收账款		
其他应收款		
长期应收款		

续表

项目	本期发生额	上期发生额
二、存货跌价准备合计		
其中：库存商品		
原材料		
消耗性生物资产		
三、持有至到期投资减值准备		
四、长期股权投资减值准备		
五、固定资产减值准备合计		
其中：房屋、建筑物		
机器设备		
投资性房地产		
六、工程物资减值准备		
七、在建工程减值准备		
八、生产性生物资产减值准备		
九、油气资产减值准备		
十、无形资产减值准备		
其中：专利权		
商标权		
十一、商誉减值准备		

5. 应付职工薪酬

在财务报表附注中应说明应付职工薪酬的增减变动情况，编制应付职工薪酬明细表；说明企业本期为职工提供的非货币性福利形式、各项非货币性福利金额及其计算依据。解除劳动关系补偿对于自愿接受裁减建议的职工数量、补偿标准等不确定而产生的或有负债，应当按照《企业会计准则第 13 号——或有事项》进行披露，具体包括该项或有负债的形成原因、经济利益流出不确定性的说明、该项或有负债预计产生的财务影响，以及获得补偿的可能性等。无法预计的，应当说明原因。

应付职工薪酬应参考表 14－19 的格式进行披露。

表 14－19　应付职工薪酬明细表

单位：元

项目	期初余额	本期增加	本期减少	期末余额
应付短期薪酬				
应付设定提存计划				
应付辞退福利				
一年内到期的其他福利				
合计				

表 14－19 中的应付短期薪酬和应付设定提存计划还可以编制明细表进行披露。

（七）或有和承诺事项的说明

（1）或有负债的种类、形成原因及经济利益流出不确定性的说明。

（2）或有负债预计产生的财务影响，以及获得补偿的可能性；无法预计的，应当说明原因。

(3) 或有资产很可能会给企业带来经济利益的，其形成的原因、预计产生的财务影响等。

(4) 在涉及未决诉讼、未决仲裁的情况下，披露全部或部分信息预期对企业造成重大不利影响的，该未决诉讼、未决仲裁的性质以及没有披露这些信息的事实和原因。

(八) 资产负债表日后事项的说明

说明每项重要的资产负债表日后非调整事项的性质、内容及其对财务状况和经营成果的影响。无法做出估计的，应当说明原因。

(九) 关联方关系及其交易的说明

1. 关联方关系

在企业财务和经营决策中，如果一方有能力直接或间接控制、共同控制另一方或对另一方施加重大影响，则将其视为关联方；如果两方或多方同受一方控制，也将其视为关联方。

关联方关系是指关联方之间的相互关系。关联方关系必须存在于两方或多方之间，任何单独的个体不能构成关联方关系。

2. 关联方交易及其举例

关联方交易，是指在关联方之间发生转移资源或义务的事项，而不论是否收取价款。属于关联方交易的有：购买或销售商品，购买或销售商品以外的其他资产，提供或接受劳务，代理，租赁，提供资金（包括以现金或实物形式的贷款或权益性资金），担保和抵押，管理方面的合同，研究与开发项目的转移，许可协议，关键管理人员报酬等。

3. 关联方关系及其交易在财务报表附注中的披露

(1) 母公司和子公司的名称。母公司不是该企业最终控制方的，说明最终控制方名称。母公司和最终控制方均不对外提供财务报表的，说明母公司之上与其最相近的对外提供财务报表的母公司名称。

(2) 母公司和子公司的业务性质、注册地、注册资本（或实收资本、股本）及其当期发生的变化。

(3) 母公司对该企业或者该企业对子公司的持股比例和表决权比例。

(4) 企业与关联方发生关联方交易的，该关联方关系的性质、交易类型及交易要素。交易要素至少应当包括：交易的金额；未结算项目的金额、条款和条件，以及有关提供或取得担保的信息；未结算应收项目的坏账准备金额；定价政策。

(5) 企业应当按关联方以及交易类型的不同分别披露关联方交易。

随堂小测验 14-6

1.【单项选择题】下列关于企业财务报表附注的处理中，错误的是（　　）。

A. 企业在附注中披露或有负债预计产生的财务影响以及获得补偿的可能性

B. 对于应收账款、预付账款、其他应收款应分别计提坏账准备，并在附注中分别列示

C. 企业披露所有的会计政策和会计估计，不具有重要性的会计政策和会计估计也

要进行披露

D. 预计或有负债产生的财务影响以及获得补偿的可能性，无法预计的要说明原因

2.【单项选择题】下列各项，通常不计提坏账准备的是（ ）。

A. 应收账款 B. 应付账款 C. 预付账款 D. 其他应收款

3. 下列各项，属于财务报表附注包括的内容的有（ ）。

A. 企业的基本情况 B. 财务报表的编制基础

C. 遵循企业会计准则的声明 D. 分部报表

4. 下列各项，属于附注中资产减值准备明细表项目的有（ ）。

A. 在建工程减值准备 B. 商誉减值准备

C. 坏账准备 D. 存货跌价准备

5.【判断题】企业应当披露重要的会计政策和会计估计，不具有重要性的会计政策和会计估计可以不披露。（ ）

6.【判断题】在财务报表附注中应说明本期存货跌价准备计提和转回的原因，用于担保的存货的账面价值，以及存货的具体构成。（ ）

7.【判断题】附注与资产负债表、利润表、现金流量表、所有者权益变动表等报表的重要性不同，在财务报表中可有可无。（ ）

□ 本章思考题

1. 企业编制会计报表的作用有哪些?
2. 什么是资产负债表? 怎样编制资产负债表?
3. 什么是利润表? 怎样编制利润表?
4. 什么是现金流量表? 怎样编制现金流量表?
5. 什么是所有者权益变动表? 怎样编制所有者权益变动表?
6. 财务报表附注应披露哪些重要内容?

□ 本章练习题

某施工企业（增值税一般纳税人）2×18 年发生以下经济业务：

(1) 本年度发生的工程成本为 1 800 000 元，其中，原材料 1 594 800 元，应付施工人员工资 180 000 元，预计职工福利费 25 200 元。本年度已结算并收到甲工程价款 2 200 000 元（含税）。已知该施工企业的增值税税率为 9%。

(2) 出租一台大型施工设备，本年度取得的租金收入为 226 000 元（含税）。已知有形动产租赁服务适用的增值税税率为 13%。该设备本年应提的固定资产折旧为27 000 元。

(3) 归还短期借款本金 900 000 元、利息 20 000 元。

(4) 用银行存款支付管理人员工资 140 000 元。

(5) 将账面价值 39 500 元的其他权益工具投资以 41 500 元出售，价款已存入银行，

假设不考虑增值税的影响。

（6）本年度因自然灾害造成原材料损失 20 000 元，已计入营业外支出。

（7）本年度应交增值税 226 000 元、城市维护建设税 15 820 元、教育费附加 6 780 元。

（8）按利润总额的 25%计算结转企业所得税。

（9）结转本年利润。

根据上述资料编制会计分录和该施工企业的利润表（其中，“上期金额”一栏不需要填写）。

图书在版编目（CIP）数据

施工企业会计/王玉红编著. --北京：中国人民大学出版社，2020.1
21 世纪会计系列教材
ISBN 978-7-300-27679-3

Ⅰ. ①施… Ⅱ. ①王… Ⅲ. ①施工企业—会计 Ⅳ. ①F407.967.2

中国版本图书馆 CIP 数据核字（2019）第 256846 号

21 世纪会计系列教材
施工企业会计
王玉红　编著
Shigong Qiye Kuaiji

出版发行	中国人民大学出版社		
社　　址	北京中关村大街 31 号	**邮政编码**	100080
电　　话	010－62511242（总编室）		010－62511770（质管部）
	010－82501766（邮购部）		010－62514148（门市部）
	010－62515195（发行公司）		010－62515275（盗版举报）
网　　址	http://www.crup.com.cn		
经　　销	新华书店		
印　　刷	北京溢漾印刷有限公司		
规　　格	185 mm×260 mm　16 开本	**版　　次**	2020 年 1 月第 1 版
印　　张	26.75 插页 1	**印　　次**	2022 年 7 月第 2 次印刷
字　　数	624 000	**定　　价**	56.00 元

教师教学服务说明

中国人民大学出版社财会出版分社以出版经典、高品质的会计、财务管理、审计等领域各层次教材为宗旨。

为了更好地为一线教师服务，近年来财会出版分社着力建设了一批数字化、立体化的网络教学资源。教师可以通过以下方式获得免费下载教学资源的权限：

在中国人民大学出版社网站 www.crup.com.cn 进行注册，注册后进入“会员中心”，在左侧点击“我的教师认证”，填写相关信息，提交后等待审核。我们将在一个工作日内为您开通相关资源的下载权限。

如您急需教学资源或需要其他帮助，请在工作时间与我们联络：

中国人民大学出版社　财会出版分社

联系电话：010-62515987，62511076

电子邮箱：ckcbfs@crup.com.cn

通讯地址：北京市海淀区中关村大街甲 59 号文化大厦 1501 室（100872）